高职高专财经类专业系列教材
北京高等教育精品教材

市场营销理论与实训教程

第4版

屈冠银　编著

机械工业出版社

本书围绕营销工作岗位必须掌握的知识和能力，按照"理解营销基本理念—分析营销机会—目标市场确定与定位—制定竞争战略和构建品牌—产品规划和价格制定—传递价值—传播价值"的逻辑框架组织教材内容。具体内容包括：认识市场营销，市场营销调研与预测，分析市场营销环境，消费者行为与组织购买行为，竞争战略，市场细分、目标市场选择与定位，品牌管理，产品策略，服务营销管理，产品定价、渠道管理，促销沟通和企业成长战略。

本书遵循"激发兴趣，联系实际，拓宽视野，培养能力"的指导思想，渗透建构主义教学理念，每章按照"营销名言—开篇案例—知识论述—能力实训"的顺序和体例编写，可以较好地适应"聚焦问题—激活旧知—论证新知—应用新知—融会贯通"的五星教学模式。

本书适合作为高职高专管理、商务类专业的基础课教材，也是营销类职业培训的理想参考书。

本书配有微课视频，扫描二维码即可观看。本书还配有电子课件，需要的教师可登录机械工业出版社教育服务网（www.cmpedu.com）免费注册，审核通过后下载，或联系编辑索取（微信：15910938545，电话：010-88379739）。

图书在版编目（CIP）数据

市场营销理论与实训教程/屈冠银编著． —4版．—北京：机械工业出版社，2022.1

高职高专财经类专业系列教材

ISBN 978-7-111-69686-5

Ⅰ．①市… Ⅱ．①屈… Ⅲ．①市场营销学-高等职业教育-教材 Ⅳ．①F713.50

中国版本图书馆 CIP 数据核字（2021）第 244268 号

机械工业出版社（北京市百万庄大街22号　邮政编码100037）
策划编辑：和庆娣　　责任编辑：和庆娣
责任校对：张艳霞　　责任印制：郜　敏
北京富资园科技发展有限公司印刷
2022年1月第4版·第1次印刷
184mm×260mm·18印张·445千字
标准书号：ISBN 978-7-111-69686-5
定价：69.00元

电话服务　　　　　　　　　网络服务
客服电话：010-88361066　　机　工　官　网：www.cmpbook.com
　　　　　010-88379833　　机　工　官　博：weibo.com/cmp1952
　　　　　010-68326294　　金　书　网：www.golden-book.com
封底无防伪标均为盗版　　　机工教育服务网：www.cmpedu.com

前　言

事物总是在变与不变中向前发展，市场营销也一样。技术手段日新月异，名词概念层出不穷，但"营销学之父"菲利普·科特勒搭建的营销框架依然是当之无愧的经典，"STP"战略和"4P"组合作为"营销大厦"的"四梁八柱"依然必须坚守，只是需要"更换材质，精心装修"。

"三教改革"中，教材是重要载体，要体现教法改革，为教师授课带去便利，为学生学习提供帮助。本次改版在坚守经典市场营销框架、继承第 3 版体例风格的前提下，本着更有利于激发学生的阅读兴趣、引导学生参与课堂教学的原则，主要进行了如下三方面的修改：

1. 更新了 100 多个课堂教学引用案例，全部为近年来发生的新案例。更新了每一章"案例讨论"中的分析案例，以便更好地匹配章节知识点，提升学生的分析能力，体现时代特色。

2. 把能力实训中的"学习评价"改为"总结·记录·关联"。虽然是"留白"，但意义重大：第一，点滴收获都是学生自己学习的成果，学生自己总结章节要点更能培养其学习能力，可以当成课堂作业完成；第二，教材出版有滞后性，而知识更新很快，而且教材不可能适用所有专业和所有老师的知识储备，老师一定会补充一些教材涵盖不到的内容，学生可以随时记录下来，成为固定的"活页教材"；第三，形成自己的理解，学习才算完成。这一过程有助于学生完成知识的迁移和转化，进而融会贯通。另外，本次修订将能力实训中的"情境策划"改为"实践应用"，难度降低，内容设计更加富有弹性。

3. 知识方面，变动较大的章节有：第 1 章补充了"营销 4.0"的内容；第 2 章补充了"大数据"的内容；第 3 章新增"未来环境十大趋势"，反映了新时代的特色；第 9 章增加了"顾客忠诚战略"；第 11 章增加了"全渠道和新零售"，新增了"直播带货渠道案例"；第 12 章补充了"传播环境的变化"，并在案例中展示了自媒体和新媒体传播工具；第 13 章变动最大，去掉了第 3 版中的"蓝海战略和长尾理论"的内容，增加了"增长黑客"和"走向可持续营销"两节内容。

本次改版从思路设计到案例甄选、内容完善均由屈冠银完成。本书配有电子教案，读者可到机械工业出版社教材服务网 www.cmpedu.com 免费下载。由于时间仓促，加之作者水平有限，书中不足之处在所难免，敬请各位专家、读者批评指正。

编　者

目 录

前言

第1章 认识市场营销 ... 1
1.1 市场营销的范畴 ... 1
1.1.1 什么是市场营销 ... 1
1.1.2 市场营销过程中涉及的主要概念 ... 3
1.2 营销观念的演变 ... 7
1.2.1 生产观念 ... 7
1.2.2 产品观念 ... 7
1.2.3 推销观念 ... 8
1.2.4 市场营销观念 ... 8
1.2.5 全方位营销观念 ... 9
1.3 营销3.0与4.0 ... 12
1.3.1 从营销1.0到营销3.0时代 ... 12
1.3.2 营销3.0时代的组成部分 ... 13
1.3.3 协同创新与社区化 ... 16
1.3.4 营销4.0 ... 17
1.4 能力实训 ... 19
1.4.1 营销思辨：创造需要还是满足需要 ... 19
1.4.2 案例讨论：故宫文创营销传播 ... 20
1.4.3 实践应用：疫情期间，餐饮业如何应对需求下降 ... 21
1.4.4 学习笔记：总结·记录·关联 ... 21

第2章 市场营销调研与预测 ... 22
2.1 营销信息系统 ... 22
2.2 市场调研 ... 26
2.2.1 市场调研的步骤 ... 26
2.2.2 市场调研报告 ... 34
2.3 市场预测 ... 36
2.3.1 市场预测的原理 ... 36
2.3.2 市场预测的方法 ... 37
2.3.3 大数据预测 ... 38
2.4 能力实训 ... 40
2.4.1 营销思辨：调研应该定性还是定量 ... 40
2.4.2 案例讨论：亚马逊的"大数据"生存 ... 40
2.4.3 实践应用：确定调研问题 ... 42
2.4.4 学习笔记：总结·记录·关联 ... 42

第3章 分析市场营销环境 ... 43
3.1 营销环境的总体认知 ... 43
3.1.1 营销环境的内涵和特点 ... 43
3.1.2 未来环境十大趋势 ... 45
3.2 分析宏观环境 ... 46
3.2.1 政治法律环境 ... 46
3.2.2 经济环境 ... 47
3.2.3 社会文化环境 ... 48
3.2.4 自然环境 ... 52
3.2.5 人口环境 ... 52
3.2.6 科技环境 ... 54
3.3 分析微观环境 ... 55
3.3.1 供应商 ... 55
3.3.2 营销中介 ... 56
3.3.3 公众 ... 56
3.3.4 竞争者 ... 57
3.3.5 最终顾客 ... 59
3.3.6 内部营销环境 ... 59
3.4 环境分析工具：SWOT ... 60
3.4.1 SWOT分析模型介绍 ... 60
3.4.2 基于SWOT分析的战略 ... 60
3.5 能力实训 ... 61
3.5.1 营销思辨：适应环境还是改变环境 ... 61
3.5.2 案例讨论：强势的采购员 ... 62
3.5.3 实践应用：自我SWOT分析 ... 62
3.5.4 学习笔记：总结·记录·关联 ... 63

第4章 消费者行为与组织购买行为 ... 64
4.1 影响消费者行为的因素 ... 65

目 录

4.1.1 文化和社会因素 ………… 65
4.1.2 个人和心理因素 ………… 69
4.2 消费者购买过程与类型 ……… 76
 4.2.1 消费者购买决策过程 …… 77
 4.2.2 消费者购买行为类型 …… 79
4.3 组织购买行为分析 …………… 80
 4.3.1 组织市场及其特点 ……… 80
 4.3.2 商业采购过程 …………… 81
4.4 能力实训 ……………………… 83
 4.4.1 营销思辨：理性还是感性 … 83
 4.4.2 案例讨论：Z世代视频
    内容消费特征 …………… 83
 4.4.3 实践应用：分析换购的
    消费心理 ………………… 84
 4.4.4 学习笔记：总结·记录·关联 … 85

第5章 竞争战略 ……………… 86
5.1 商场如战场 …………………… 86
 5.1.1 从顾客导向到竞争导向 … 86
 5.1.2 商业竞争的基本原则 …… 87
 5.1.3 竞争战略的主体与形式 … 89
 5.1.4 商战在顾客心智中展开 … 89
5.2 进攻战 ………………………… 90
 5.2.1 进攻战的原则 …………… 90
 5.2.2 进攻战的策略 …………… 92
5.3 侧翼战 ………………………… 93
 5.3.1 侧翼战的原则 …………… 93
 5.3.2 侧翼战的策略 …………… 95
5.4 游击战 ………………………… 96
 5.4.1 游击战的原则 …………… 96
 5.4.2 游击战的策略 …………… 98
5.5 防御战 ………………………… 99
 5.5.1 防御战的原则 …………… 99
 5.5.2 防御战的两个关键点 …… 100
5.6 能力实训 ……………………… 101
 5.6.1 营销思辨："共同发展"还是
    "你死我活" ……………… 101
 5.6.2 案例讨论：阿里、京东、
    拼多多的"农业战争" …… 101
 5.6.3 实践应用：乡间旅馆如何参

与竞争 …………………… 103
 5.6.4 学习笔记：总结·记录·关联 … 103

第6章 市场细分、目标市场选择
    与定位 ……………………… 104
6.1 市场细分 ……………………… 105
 6.1.1 理解市场细分 …………… 105
 6.1.2 消费者市场细分变量 …… 105
 6.1.3 消费者市场细分有效性 … 109
 6.1.4 企业市场细分变量 ……… 109
6.2 目标市场选择 ………………… 110
 6.2.1 目标市场营销策略 ……… 110
 6.2.2 影响目标市场营销策略
    选择的因素 ……………… 112
6.3 制造差异 ……………………… 113
 6.3.1 与强者有差异才能与
    强者并行 ………………… 113
 6.3.2 制造差异的变量 ………… 114
 6.3.3 寻找有效差异 …………… 115
6.4 市场定位 ……………………… 116
 6.4.1 从USP到定位 ………… 116
 6.4.2 定位的方法 ……………… 119
 6.4.3 定位传播 ………………… 121
6.5 能力实训 ……………………… 121
 6.5.1 营销思辨：大众营销是否
    消亡 ……………………… 121
 6.5.2 案例讨论：常温酸奶的三足
    鼎立 ……………………… 122
 6.5.3 实践应用：为自己的职业
    定位 ……………………… 123
 6.5.4 学习笔记：总结·记录·关联 … 123

第7章 品牌管理 ……………… 124
7.1 品牌与品牌资产 ……………… 124
7.2 创建品牌资产 ………………… 127
 7.2.1 建立显著品牌识别 ……… 127
 7.2.2 赋予丰富的品牌内涵 …… 130
 7.2.3 引导积极品牌响应 ……… 131
 7.2.4 形成品牌共鸣关系 ……… 132
 7.2.5 借力"次级品牌知识" …… 134
7.3 设计品牌战略 ………………… 135

V

	7.3.1	品牌架构……………………… 136
	7.3.2	品牌-产品矩阵 ……………… 137
	7.3.3	品牌延伸和多品牌策略 ……… 138
7.4	品牌长期管理……………………………… 140
	7.4.1	品牌衰退分析 ………………… 140
	7.4.2	品牌激活策略 ………………… 141
	7.4.3	品牌保护……………………… 143
7.5	能力实训…………………………………… 144
	7.5.1	营销思辨：品牌的生命有限吗…………………………… 144
	7.5.2	案例讨论：长城汽车的七大品牌战略………………………… 144
	7.5.3	实践应用：如何打造个人品牌………………………………… 146
	7.5.4	学习笔记：总结·记录·关联 … 147

第 8 章 产品策略……………………………… 148

8.1	产品层次与分类…………………………… 148
	8.1.1	产品整体概念………………… 148
	8.1.2	产品分类与营销……………… 149
8.2	产品组合决策……………………………… 150
	8.2.1	产品组合的有关概念 ………… 150
	8.2.2	产品线决策…………………… 151
8.3	包装策略…………………………………… 152
	8.3.1	包装的含义…………………… 152
	8.3.2	包装策略……………………… 154
8.4	产品生命周期策略………………………… 155
	8.4.1	产品生命周期的认识………… 155
	8.4.2	产品生命周期各阶段的特征与营销策略…………………………… 156
8.5	新产品开发与扩散………………………… 160
	8.5.1	从营销角度认识新产品……… 160
	8.5.2	新产品开发过程……………… 161
	8.5.3	跨越消费者采用的"死亡之井"…………………………… 164
8.6	能力实训…………………………………… 166
	8.6.1	营销思辨：形式还是功能…… 166
	8.6.2	案例讨论：宝洁的"众包"创新…………………………… 166
	8.6.3	实践应用：产品分析与策略改进…………………………… 167
	8.6.4	学习笔记：总结·记录·关联 … 168

第 9 章 服务营销管理…………………………… 169

9.1	服务带来的营销挑战……………………… 169
	9.1.1	服务的概念、分类和特征…… 169
	9.1.2	服务的营销挑战与应对 ……… 171
9.2	服务类企业的营销策略…………………… 173
	9.2.1	人员策略……………………… 173
	9.2.2	服务过程设计………………… 176
	9.2.3	打造服务实体环境…………… 178
9.3	顾客忠诚战略……………………………… 179
	9.3.1	构建顾客忠诚的基础………… 180
	9.3.2	创造忠诚约束………………… 181
	9.3.3	减少顾客流失………………… 182
9.4	服务质量管理……………………………… 184
	9.4.1	服务质量差距管理…………… 184
	9.4.2	服务质量的测量……………… 185
	9.4.3	服务质量分析工具与提升方法………………………………… 186
9.5	能力实训…………………………………… 187
	9.5.1	营销思辨：服务营销和产品营销是否不同…………………… 187
	9.5.2	案例讨论：丽思卡尔顿酒店 … 188
	9.5.3	实践应用：如何营销自己的学校………………………………… 189
	9.5.4	学习笔记：总结·记录·关联 … 189

第 10 章 产品定价……………………………… 190

10.1	影响定价的因素…………………………… 190
	10.1.1	从企业自身角度应考虑的因素………………………………… 191
	10.1.2	从顾客需求角度应考虑的因素………………………………… 193
	10.1.3	从竞争及环境角度应考虑的因素………………………………… 195
10.2	定价的方法………………………………… 196
	10.2.1	成本导向定价法……………… 196
	10.2.2	需求导向定价法……………… 198
	10.2.3	竞争导向定价法……………… 199
10.3	定价策略…………………………………… 200

10.3.1	心理定价策略	200
10.3.2	折扣和折让策略	202
10.3.3	差别定价策略	203
10.3.4	产品组合定价策略	203

10.4 价格调整策略 205
    10.4.1 企业降价 205
    10.4.2 企业提价 206
    10.4.3 应对竞争者价格变化 208

10.5 能力实训 209
    10.5.1 营销思辨：正确的价格是公平的价格吗 209
    10.5.2 案例讨论：Priceline 的自我定价模式 209
    10.5.3 实践应用：如何应对竞争性降价 211
    10.5.4 学习笔记：总结·记录·关联 211

第 11 章 渠道管理 212

11.1 认识分销渠道 212
    11.1.1 分销渠道的功能 213
    11.1.2 分销渠道的结构 213
    11.1.3 渠道组织类型 214
    11.1.4 渠道设计决策 217

11.2 渠道管理 218
    11.2.1 选择中间商 218
    11.2.2 渠道权力、中间商激励与调整 220
    11.2.3 渠道冲突管理 222

11.3 物流系统 224
    11.3.1 物流的概念与功能 224
    11.3.2 运输决策 225
    11.3.3 库存管理 226

11.4 全渠道与新零售 227
    11.4.1 全渠道零售 228
    11.4.2 新零售 229

11.5 能力实训 231
    11.5.1 营销思辨：渠道形象是否重要 231
    11.5.2 案例讨论：娃哈哈的渠道变迁 231
    11.5.3 实践应用：渠道扩张 233
    11.5.4 学习笔记：总结·记录·关联 233

第 12 章 促销沟通 234

12.1 促销组合与整合营销传播 234
    12.1.1 传播环境变化 234
    12.1.2 促销组合要素 236
    12.1.3 整合营销传播 237

12.2 广告决策 239
    12.2.1 建立广告目标 239
    12.2.2 广告预算决策 240
    12.2.3 广告信息选择 241
    12.2.4 媒体决策 244
    12.2.5 广告效果衡量 245

12.3 销售促进决策 246
    12.3.1 确定销售促进目标 246
    12.3.2 选择促销工具 246
    12.3.3 制订销售促进方案 248
    12.3.4 预试、实施和控制方案 249
    12.3.5 评价销售促进结果 249

12.4 公共关系 249
    12.4.1 公共关系概述 249
    12.4.2 危机公关 251

12.5 人员推销 252
    12.5.1 销售队伍管理 252
    12.5.2 推销过程 254
    12.5.3 SPIN 销售法 257

12.6 能力实训 259
    12.6.1 营销思辨：伟大的销售员是否是天生的 259
    12.6.2 案例讨论：小葵花成功之道 259
    12.6.3 实践应用：设计销售促进方案 261
    12.6.4 学习笔记：总结·记录·关联 261

第 13 章 企业成长战略 262

13.1 确定发展方向 262
    13.1.1 确定企业使命 262
    13.1.2 建立战略业务单位 263
    13.1.3 评价业务单位并分配资源 264

13.2 确定公司成长战略 265

13.2.1 密集型成长战略 …………… 266
  13.2.2 一体化成长战略 …………… 266
  13.2.3 多元化成长战略 …………… 267
  13.2.4 企业成长战略选择 ………… 268
13.3 增长黑客 …………………………… 270
  13.3.1 增长黑客的内涵 …………… 270
  13.3.2 AARRR 增长模型 ………… 270
  13.3.3 需要说明的两个问题 ……… 272
13.4 走向可持续营销 …………………… 273
  13.4.1 社会对营销的批评 ………… 273
  13.4.2 可持续营销及原则 ………… 274
13.5 能力实训 …………………………… 275
  13.5.1 营销思辨：营销是否是社会物质主义的罪魁祸首 ………………… 275
  13.5.2 案例讨论：联合利华可持续发展 ………………………………… 276
  13.5.3 实践应用：如何处理道德难题 …………………………………… 277
  13.5.4 学习笔记：总结·记录·关联 … 277
参考文献 ………………………………… 278

第 1 章　认识市场营销

> 企业的职能只有两个：一是营销，创造顾客；二是创新。
>
> ——彼得·德鲁克（Peter Drucker）

开篇案例

大白兔跨界营销

2019 年 5 月 23 日，大白兔联合气味图书馆，推出大白兔奶糖沐浴乳、身体乳、护手霜等一系列产品，迅速冲上微博热搜榜，引发大众热议。

作为一个国民老字号，大白兔是很多人的童年记忆，日积月累的积淀已经让这个品牌家喻户晓。

但是，随着时间推移，受单一的口味、竞争对手的涌现等诸多因素的影响，大白兔的市场表现已大不如从前。在大众的认知里，大白兔似乎已经成了上一代人才吃的糖果，成长起来的年轻一代对于大白兔的记忆封存在了脑海深处。

但是封存并不代表遗忘，充满时代记忆的大白兔天生就是一个优质 IP。

这次跨界营销，大白兔以全新姿态出现在消费者面前，不是让消费者认识它，而是唤醒消费者脑海深处的记忆。跨界越远，就越能激发大众的兴奋点——新、奇、特产品的推出正符合了当下年轻人的心理需求和消费需求。

实际上，类似这种的跨界营销，已经成为当下逐渐兴盛的营销新方式。

故宫彩妆、泸州老窖香水、马应龙口红、奥利奥护手霜、养乐多面膜……这几年来，许多传统品牌都在追逐潮流，跨界联名推出以新制造为代表的新国货，受到了大众的热捧，形成滚滚"国潮"。

"守得住经典，当得了网红"已经成为一些传统品牌的营销座右铭。

（资料来源：十大经典营销案例盘点及分析. 赵阳竞价培训的博客，2019 年，有改动）

营销无处不在，任何组织或者个人都在从事着各种各样的营销活动。然而，成功的营销绝非偶然，需要掌握一定的营销基础知识，并根据所处环境不断进行创新。因此，营销是一门科学，也是一门艺术。

1.1　市场营销的范畴

1.1.1　什么是市场营销

课堂思考

根据你的经验，你认为"市场营销"工作的具体内容是什么？

1. 关于营销的不同观点

到现在为止，市场营销（Marketing）还没有一个统一的定义，营销学者和相关组织都是从不同的角度对其内涵进行阐述的，对概念的深刻理解会不断为实践开辟新路径。

关于市场营销最简洁的定义是：满足别人并获得利润。

美国经济学家保罗·马苏（Paul Magur）曾说，市场营销是传递生活标准给社会。

营销学之父菲利普·科特勒（Philip Kotler）认为，市场营销是个人和集体通过创造、提供、出售，并同别人交换产品和价值，以获得其所需所欲之物的一种社会和管理过程。这个观点指出了营销者可以是组织也可以是个人，营销的对象是产品和价值，营销的核心是交换，营销的目的是各取所需，营销的特点是系统或过程。

美国市场营销协会（AMA）在2004年给出的营销的定义是：市场营销既是一种组织职能，也是为了组织自身及利益相关者的利益而创造、传播、传递客户价值、管理客户关系的一系列过程。2007年，美国AMA对营销概念又做了修正，是目前最新的定义。该定义认为，市场营销是创造、传播、交付和交换那些对顾客、代理商、合作伙伴和全社会都有价值的市场供应物的活动、制度和过程。

本书采用菲利普·科特勒在《市场营销原理》（第15版）中的市场营销定义：企业为了从顾客身上获得利益回报，创造顾客价值和建立牢固的顾客关系的过程。

市场营销的过程需要管理。所谓营销管理，是选择目标市场，并通过创造、传播和传递更高的顾客价值来获得、保持和增加顾客的一门艺术和科学。

管理大师彼得·德鲁克认为，市场营销是如此基本，以致不能把它看成一个独立的功能，从它的最终结果来看，也就是从顾客的观点来看，市场营销是整个企业活动。关于推销，德鲁克认为："可以这样说，推销往往是需要的。然而，市场营销的目的却是使推销变得多余。市场营销的目的就在于深刻地认识和了解顾客，从而使产品和服务完全适合特定顾客的需要，实现产品的自我销售。"

我国的相关专家和企业界人士对营销也有独到的理解：

中国人民大学教授包政在《营销的本质》一书中指出，营销和销售都是一项职能。销售（Sales）是实现"产品"向"货币"转换；营销是构建"企业—客户"的关系。营销是持续交易的基础，如果销售是"开车"的话，那么营销就是"开路"。

海尔集团创始人张瑞敏指出："促销只是一种手段，但营销是一种真正的战略。"营销意味着企业应该"先开市场，后开工厂"。

小米创始人雷军在一次演讲中说："最好的产品就是营销，最好的服务就是营销。"

北京赞伯营销管理咨询有限公司董事长路长全认为："营销就是要把同样的产品卖出不同来。"他在一次演讲中做过如下论述："世界上绝大多数同类产品的本质功能和核心价值都是相同的，没有什么本质不同。那些成功的品牌之所以成功，就在于他们能够把相同的产品卖出不同来！大量企业的营销陷入价格漩涡不能自拔，利润越来越低甚至没有利润，没能将企业做大或做长久，其根本原因就是没能把同样的产品卖出不同来！"

回归营销基本面是喧嚣之后的一种回归。上海华与华咨询有限公司创始人华杉曾谈道："4P是营销的全部和全部的营销。"关于"4P"，后面整合营销概念中会有详细的解释。

2. 营销"帝国主义"时代

营销专家路长全下过这样的论断：人类交流的方式有两种——战争和营销。而营销从某种角度上说也是战争，是"软战争"。

市场营销知识在向同一个企业的不同部门，以及社会上的不同行业渗透。企业的"上帝"是顾客，而营销部门是离"上帝"最近的部门，因此，其他部门要为营销部门提供足够的支持。现今企业中的部门关系应如图1-1所示，部门之间也应像对待顾客一样彼此服务。大到国家，小到个人，无论营利性组织还是非营利性组织，学习一些营销知识，掌握一些营销理念，将对自己组织的成长更加有利。

图1-1 营销在组织中的地位

路长全在其新作《先胜后战》一书中提出，营销是改变世界的力量，如果你相信营销，你就会相信：没有哪个企业强大到不能被挑战，也没有哪个企业弱小到不能去竞争。世界上有两种人不需要学习营销：一种是含着金汤匙出生的人，一种是像乔布斯一样的天才。否则，营销就是你一辈子应该学习的知识。

【引例1-1】 一部韩剧就是推介韩国的广告

营销专家路长全在《先胜后战》一书中这样分析韩剧《来自星星的你》：

首先，这部电视剧从主角到配角，无论好人还是坏人，穿衣打扮都美到极致，展示的是美到极致的韩国。为什么韩国电视剧里要把这些人物塑造得这么美呢？因为韩国要向全世界推广它的两个重要产业：化妆品和医疗美容。据不完全统计，我国每年有接近10万名女性到韩国去整容，占韩国医疗观光游客的70%。中国游客给韩国医疗观光产业带去至少100亿韩元的收入，而且这个数字还在以每年10%~15%的速度增长。

第二点让我震撼的是，在这部剧中，每一个镜头、每一个场景都很美。两个人吵架，背后的每一棵树、每一条河都很漂亮，就连路边吃饭的小馆子都很干净漂亮。我们常说"细节决定成败"，韩剧就把细节做到了极致！

最后，韩剧对韩国品牌的宣传达到了极致。比如，这部剧的镜头总是不经意间掠过泡菜、三星手机、LG冰箱、现代汽车、兰芝化妆品等韩国特色产品，不断地向观众展示韩国的品牌。

(资料来源：路长全. 先胜后战 [M]. 北京：机械工业出版社，2019：11-12)

1.1.2 市场营销过程中涉及的主要概念

营销过程中会涉及许多概念，它们是后续学习本门课程的基础。本章简要介绍几个基础性概念，有些概念会在后面的章节中重点介绍。

1. 产品（供应物）——营销什么

产品是任何能满足人类某种需要或欲望的东西。有时可以用其他的术语来描述产品，例如提供物或问题的解决。一般而言，营销人员主要经营10种形态的产品（见表1-1）。

表1-1 10种形态产品的营销

产品形态	简要举例说明
实体产品（Goods）	营销的主要对象，如衣服、食品、汽车、冰箱、彩电等看得见的产品
服务（Services）	无形的劳务逐渐成为主要营销对象，如航空、餐饮、美容、金融、管理咨询、教育等
体验（Experiences）	不同产品和服务组合带给顾客的体会、经验和感觉，如迪士尼的梦幻王国

(续)

产品形态	简要举例说明
事件（Events）	如大型商业展览、艺术表演、公司庆典，甚至一些全球事件，如奥运会
人员（Persons）	个人可以进行营销，如一些球星、政要都很营销自己
地点（Places）	国家、城市、地区、旅游景点都可以通过营销吸引游客，增加旅游收入
所有权（Properties）	如不动产（房地产）和金融证券（股票或债券）市场买卖的就是所有权
组织（Organization）	大学、博物馆、协会、各种各样的俱乐部为了获取资金，也在不断营销自己
信息（Information）	信息是一种特殊的商品，出版社、大学、调研公司都在以一定的价格出售信息
概念或创意（Ideas）	每种产品都包含概念或创意。例如，露华浓公司的查尔斯·雷夫森指出："在我们的工厂里，我们制作化妆品；在商店里，我们出售希望。"社会公益组织宣传"珍爱生命，远离毒品"

2. 营销者和预期顾客：谁来营销

营销者是指积极寻找预期顾客的人，而预期顾客是指营销者所确定的有潜在愿望和能力进行价值交换的人。在买卖双方中，如果一方比另一方更主动、更积极地寻求交换，那么前者称为营销者，后者称为预期顾客。当买卖双方都在积极寻求交换时，他们都可称为市场营销者，并称这种营销为双向市场营销。

3. 市场：营销给谁

课堂思考

举例谈谈以前你对市场是如何认识的？

在营销者看来，卖方构成行业，买方构成市场。营销中的市场是由那些具有特定的需要或欲望，而且愿意并能够通过交换来满足这种需要或欲望的全部潜在顾客所构成的。用公式来表示为

$$市场 = 人口 + 购买欲望 + 购买力$$

上述概念为营销者判断一个市场是否存在提供了依据，忽略其中的任何一个因素都有可能在判断上犯错误。例如，随着人均收入的提高，我国已成为跨国公司最看重的市场。而且，据贝恩公司发布的《我国奢侈品市场研究》显示，我国是世界奢侈品消费第一大国。

【引例1-2】 中国市场有多大？

"中国市场这么大"，究竟有多大呢？经济专家通过数据告诉您中国市场究竟有多大。

第一，我国拥有14亿人口，按照世界银行的标准，其中中等收入群体至少有四亿人，如果再加上中上收入和高收入群体，那么我国大概有六亿人口属于中等收入以上群体，这无疑是世界上最大规模的中等收入群体。

第二，从国内消费市场的规模指标来看，2020年，全国的社会消费品零售总额高达39.2万亿元，全国居民人均消费支出2.12万元。其中，增长较快的是网上零售额，达到了11.8万亿元，实物商品的网上零售额为9.8万亿元。

第三，消费市场进口规模庞大。我国已经连续多年成为世界第二大货物和服务贸易的进

口国。从 2019 年数据来看，我国进口货物贸易总值约 14.31 万亿元人民币，服务贸易进口 3.46 万亿元。

（资料来源：根据央视新闻、中国新闻网、国家统计局的相关资料整理而成）

有时候对一个市场的判断，还与个人的能动性有关，营销者需要能动地对一个市场进行研究。

【引例 1-3】 小岛上是否有市场？

美国有一个制鞋公司要把自己的产品卖给太平洋上一个小岛的土著居民。老板派两名营销员去进行市场调查。过了一段时间，两个人都回来了。一个说："那里的人都不穿鞋，我们的鞋子没有市场，所以我就回来了，准备去开拓其他市场。"另一个人说："那里的人都没鞋穿，许多人脚上有伤病，所以我们的鞋子很有市场。于是我就回来准备弄一批货过去。但是，他们的脚普遍较小，我们必须重新设计我们的鞋。我们还要教他们穿鞋的方法和穿鞋的好处。我们最好能够取得部落首长的支持。他们没有钱，但岛上盛产菠萝，我们可以进行易货贸易。"企业根据第二个营销员的调研结论进行决策，果然取得了成功。

（资料来源：屈冠银. 市场营销理论与实训教程 [M]. 3 版. 北京：机械工业出版社，2014：5）

4. 需要、欲望和需求

（1）需要（Needs）。需要是指没有得到某些基本满足的感受状态，它描述人类最基本的要求，如人们需要食物、衣服、房屋，以及安全、归属感、尊重和自我实现等。需要是客观存在的，市场营销者不能创造需要，只能发现并适应它。

（2）欲望（Wants）。欲望是对具体满足物的愿望。一种需要可以用不同的满足物来满足，从而就表现为不同的欲望。如一个人需要食品，可以是馒头、汉堡，也可以是牛排、鲍鱼。人们的需要是有限的，但欲望是无穷的，商业组织可以刺激人们形成和再形成种种欲望。

（3）需求（Demands）。需求是对有能力购买并且愿意购买某个具体产品的欲望。许多人想购买奔驰轿车，但只有具有支付能力的人才能购买。因此，市场营销者不仅要了解有多少消费者需要某种产品，更重要的是要了解他们是否愿意并且有能力购买。积极的营销人员会根据具体条件去管理不同的需求类型（图 1-2）。

图 1-2 常见需求状态及管理

【引例 1-4】 优衣库跨界联名

据《时尚商业快讯》2019 年 6 月 3 日报道，日本快时尚优衣库与美国当代艺术家 Kaws 合作的 "KAWS: SUMMER" 系列已正式发售，产品包括 12 款成人 T 恤、6 款童装和 4 款帆布包。图案不仅有 KAWS 经典的 XX 眼和骷髅形象的 COMPANION，还有 KAWS 2018 年在 DIOR 男装大秀秀场打造的巨型 BFF PINK。

在预告视频以及众多明星的提前曝光刺激下，该系列在发售前就已获得高度关注，引发一众消费者早早排队等待开店抢购,最高售价仅99元人民币的系列产品在部分网上店铺3秒内就被全部抢光。据消息人士透露,此系列产品在二手市场的价格翻了4倍。

值得关注的是,此系列特别之处在于其是KAWS与优衣库合作的最后一个系列。Kaws本人在合作系列发布前两天通过Instagram官方账号宣布了这一消息,引发了消费者的广泛关注。

(资料来源:周惠宁. LADYMAX(微信公众号ID:lmfashionnews),2019-06-03. 有改动)

5. 价值、成本和满意

价值(Value,公式中简写成V)是顾客从某一特定产品或服务中获得的一组利益,包括产品价值、形象价值、服务价值和人员价值。价值的大小取决于消费者对产品满足各种需要的能力的评价。成本(Cost)是消费者获得、使用和享受产品利益所有的付出,包括货币成本、时间成本、体力成本和精神成本。

顾客在做出购买决策时,既要考虑价值,又要考虑成本,即取决于顾客从产品中所获得的利益与所支付成本的比较,可以用相对值B/C(B=Benefit,利益;C=Cost,成本)反映,也可以用与顾客满意紧密相关的另外一个概念"顾客让渡价值(Customer Delivered Value)"来反映(图1-3),它是指总顾客价值(产品价值、形象价值、服务价值和人员价值)与总顾客成本(货币成本、时间成本、体力成本和精神成本)之差。顾客让渡价值理论已经成为指导企业提高竞争力的战略框架。

顾客满意是指一个人购买和使用产品之后通过对该产品的感知的效果(Perceived Performance)与他的期望值(Expectation)相比较后,所形成的愉悦或失望的感觉状态(图1-4)。由此可见,要使顾客满意,除了提高顾客让渡价值外,还要降低顾客对产品的预期。因为期望越大,失望越大,也就越容易产生不满意。

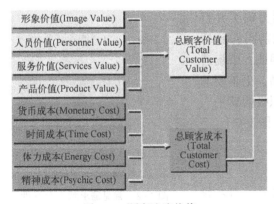

图1-3 顾客让渡价值

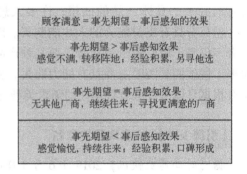

图1-4 顾客满意公式

6. 交换、交易和关系

(1) 交换(Exchange)。企业将产品生产出来,还不能解释为市场营销,产品只有交换才会产生市场营销。只有通过交换,买卖双方都获得所需的产品,才产生了市场营销。交换的价值还在于可以提高生活的品质。可见,交换是市场营销的核心概念。

(2) 交易（Transactions）。交换是一个过程，而交易是一个事件。如果双方正在洽谈并逐渐达成协议，称为在交换中。如果双方通过谈判并达成协议，交易便发生。交易是交换的基本组成部分。

(3) 关系（Relationships）。精明能干的市场营销者通常重视同顾客、分销商等建立长期、信任和互利的关系。而这些关系要靠不断承诺及为对方提供高质量的产品、良好的服务及公平价格来实现，还要靠双方加强经济、技术及社会联系来实现。关系营销可以减少交易费用和时间，最好的交易是使协商成为惯例。

1.2 营销观念的演变

企业营销观念是企业营销活动的指导思想，反映企业如何看待企业自身、顾客和社会利益的关系。无论西方国家的企业还是我国企业，营销观念的演变都经历了由"以生产为中心"转变为"以顾客为中心"，从"以产定销"变为"以销定产"的过程。企业营销观念的演变过程，既反映了社会生产力及市场趋势的变化，又反映了企业领导者对市场营销发展客观规律认识的不断深化。

1.2.1 生产观念

生产观念（Production Concept）认为，消费者喜爱那些可以随处买得到的、价格低廉的产品。生产者应致力于提高生产效率，扩大生产规模，建立广泛的分销网络。

这种观念产生于20世纪20年代，当时，资本主义社会生产力相对落后，市场趋势是求大于供的卖方市场，产品的价值实现不成问题。因而，企业经营哲学不是从消费者需求出发，而是从企业生产出发的，其主要表现是"我生产什么，就卖什么"。例如，福特公司的T型车在20世纪20年代一直供不应求，老福特曾傲慢地说："顾客可以想要他们喜欢的任何颜色的汽车，但是福特汽车只有黑色的一种。"

1.2.2 产品观念

产品观念（Product Concept）认为，消费者最喜欢高质量、多功能和具有某些创新特色的产品。企业营销战略应该是致力于生产优质产品，并不断地改进产品，使之日臻完善。

这些企业认为"好酒不怕巷子深"，只要产品好就会顾客盈门，因而经常迷恋自己的产品，而未看到市场需求的变化。这种观点必然导致"更好的捕鼠器"的错误，患上市场营销近视症，甚至导致经营的失败。

【引例1-5】 诺基亚何以被抛弃

2013年9月3日，微软以71.7亿美元并购了诺基亚手机部门，辉煌多年的诺基亚手机终于倒下了。一个质量过硬到"可以砸核桃"的诺基亚就这样失败了。消息传出，世人唏嘘不已。

其实谈到诺基亚手机，相信很多人都使用过。曾经处于手机行业霸主地位的诺基亚确实带给我们很多的惊喜，不仅手机质量过硬，同时塞班系统也非常好用。可惜这一切优势在智能机的潮流到来的时候全部消失了。

其实这也可以归咎于诺基亚轻敌，诺基亚习惯了自己高高在上的地位，认为自己的产品是最好的，销量不是问题，但是这些在智能手机面前被摧毁得干干净净。当大家都选择做安卓系统手机的时候，诺基亚还在坚持做塞班，错过了一个最好的机会。处于业绩下滑期的诺基亚，如果选择安卓系统的话，这是会有很大的机会成功的，可惜它错失良机。

诺基亚最大的失败之处就是没有顺应潮流，没能真正考虑用户的需求，不断地消费用户对品牌的信赖。

（资料来源：https://www.sohu.com/a/12355684_111230. 有改动）

1.2.3　推销观念

推销观念（Selling Concept）认为，消费者有购买惰性，很难有积极性购买某一组织的产品。企业营销战略应该是致力于主动销售和积极促销。

随着社会生产力的巨大发展，市场趋势由卖方市场向买方市场过渡。美国在1929年—1933年的特大经济危机期间，大量产品销售不出去，迫使企业重视采用广告术与推销术去推销产品。这种观念虽然比前两种观念前进了一步，但其实质仍然是以生产为中心的。事实是，广告费用使企业不堪重负，其他条件又不配套，最终导致失败。

1.2.4　市场营销观念

营销观念（Marketing Concept）认为，实现组织诸目标的关键在于正确确定目标市场的需要和欲望，并且比竞争对手更有效、更有利地让渡目标市场所期望满足的东西。可见，市场营销观念是以满足顾客需要为出发点的，即"顾客需要什么，就生产什么"。这种观念产生于20世纪50年代以后的美国，当时社会生产力迅速发展，市场趋势表现为供过于求的买方市场，同时广大居民个人收入迅速提高，有可能对产品进行选择，企业之间的竞争加剧，许多企业开始认识到，必须转变经营哲学，才能生存和发展。

市场营销观念的出现，使企业经营哲学发生了根本性变化，是营销学的一次革命。市场营销观念同推销观念的比较见表1-2。但也有专家认为，顾客一般是缺乏远见的，营销不是一味地满足顾客需要，而是要创造需要。索尼的创始人盛田昭夫就曾经宣称：索尼不是服务于市场，而是创造市场。

表1-2　推销观念和营销观念的比较

	出 发 点	重 点	方 法	目 的
推销观念	工厂	产品	推销和促销	通过销售获取利润
营销观念	市场	顾客需求	整合营销	通过顾客满意获取利润

你认为市场营销观念可能存在哪些缺陷？

1.2.5 全方位营销观念

全方位营销观念（Holistic Marketing Concept）认为，所有事物都与营销相关，因此需要一种广泛的、整合的观念。图1-5提供了该观念的简图和全方位营销的四个组成部分：关系营销、整合营销、内部营销和绩效营销。全方位营销力图认识并调和营销活动的边界与复杂性。

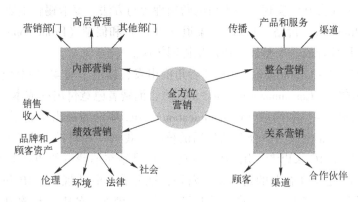

图1-5 全方位营销的维度

1. 关系营销

关系营销最早由美国营销专家巴巴拉·本德·杰克逊提出，其基本含义是：企业要与顾客、供应商、经销商和其他营销伙伴建立长期、互惠的满意关系，从而发展彼此的连续性交往，以提高品牌忠诚度，巩固和扩大市场销售。关系营销与传统交易营销的区别见表1-3。

表1-3 关系营销与传统交易营销的区别

项 目	交易营销	关系营销
适合的顾客	眼光短浅和转换成本低的顾客	眼光长远和转换成本高的顾客
核心概念	交易、你买我卖	建立与顾客之间的长期关系
企业的着眼点	近期利益	长远利益
企业与顾客的关系	不牢固，如果竞争者用较低的价格、较高的技术解决顾客问题，关系可能会终止	比较牢固，竞争者很难破坏企业与顾客的关系
对价格的看法	是主要的竞争手段	不是主要的竞争手段
企业强调的重点	市场占有率	顾客回头率、顾客忠诚度
营销管理追求的目标	单纯交易的利润最大化	追求与对方互利最佳化
市场风险	大	小
了解对方的文化背景	没有必要	非常必要
最终结果	未超出"营销渠道"的范畴	超出"营销渠道"的范畴，可能成为战略伙伴，发展成为营销网络

关系营销的最终结果是建立企业的独特资产——营销网络。营销网络由企业和与其建立了互惠商业关系的利益方（顾客、雇员、合作伙伴和财务圈成员）组成。渐渐地，竞争不是在企业之间展开，而是在不同的营销网络之间进行。具有更好的营销网络的企业将取得最终胜利。

2. 整合营销

整合营销是一种对各种营销工具和手段的系统化结合，是根据环境进行即时性的动态修正，以使交换双方在交互中实现价值增值的营销理念与方法。麦卡锡将主要的营销工具总结为4P：产品（Product）、价格（Price）、渠道（Place）和促销（Promotion）。整合就是把各个独立的营销工具综合成一个整体，以产生协同效应。

美国学者劳特朋（Lauterborn）从消费者角度出发，提出了与4P相对应的4C理论，即消费者的需要与欲望（Consumer wants and needs）、消费者愿意付出的成本（Cost）、购买商品的便利（Convenience）和沟通（Communication）。4C理论的提出引起了营销传播界及工商界的极大反响，从而也成为整合营销传播的核心。我国一些营销界人士认为，4C缺乏可操作性，企业应该用4C来思考，用4P来行动。4C是站在消费者的角度上来看营销，决定了企业的未来；4P是站在企业的角度来看营销，把握着企业的现在。4P和4C间的关系可以这样描述：当企业决定生产什么产品的时候，要考虑消费者的需要和欲望；当为产品制定价格的时候，要考虑消费者愿意付出的成本；当设计销售渠道的时候，要考虑能否给消费者带去方便；当选择促销方式的时候，要考虑是否尽可能做到和消费者的相互沟通。

整合营销有两个关键主题：①采用大量不同的营销活动来宣传和传递同一个价值；②协调所有的营销活动，以实现其总体效果的最大化。换句话说，计划和实施任何一项营销活动时都要考虑其他所有活动。

营销视野

伯德·施密特的体验营销

美国的伯德·施密特博士（Bernd H. Schmitt）在他所写的《体验式营销》一书中指出，体验式营销站在消费者的感官（Sense）、情感（Feel）、思考（Think）、行动（Act）、关联（Relate）五个方面，重新定义、设计营销的思考方式。此种思考方式突破传统的"理性消费者"的假设，认为消费者消费时是理性与感性兼具的，消费者在消费前、消费时、消费后的体验才是研究消费者行为与企业品牌经营的关键。

感官营销的目标是创造知觉体验的感觉，它经由视觉、听觉、触觉、味觉与嗅觉。情感营销诉求顾客内在的感情与情绪，目标是创造情感体验，其范围可以是一个温和、柔情的正面心情，也可以是欢乐、自豪甚至是强烈的激动情绪。思考营销诉求的是智力（Intelligence），以创意的方式引起顾客的惊奇、兴趣、对问题集中或分散的思考，为顾客创造认知和解决问题的体验。行动营销的目标是影响顾客身体的有形体验、生活形态与互动。行动营销通过增强顾客的身体体验，指出做事的替代方法、替代的生活形态与互动，丰富顾客的生活。关联行销包含感官、情感、思考与行动营销等各个层面。

（资料来源：施密特. 体验营销[M]. 刘银娜，高靖，梁丽娟，译. 北京：清华大学出版社，2004）

【引例1-6】 体验来自细节

360公司创始人周鸿祎曾说："用户体验从细节开始，并贯穿于每一个细节。"

在iOS之前，智能手机的操作系统已经有很多了，但为什么直到现在，用户体验最好的操作系统依然是iOS？用比较粗放的方式看，都是手机操作系统，都提供了应用，功能相差得其实也没有那么多。但如果拿放大镜看，会发现很多细节上的差异。

乔布斯是一个追求极致的产品经理。有这么一个故事，在早期的iOS系统中，谷歌公司上传了谷歌地图App。乔布斯在将谷歌地图App的图标放大若干倍后发现，第三行某个像素的颜色不对，他认为这严重影响了iOS系统的整体美观性，是对苹果产品的一种不负责任。于是，乔布斯给谷歌高管打电话，要求谷歌公司立刻修正该像素的颜色，否则便要将谷歌地图App的图标从iOS系统中删除。

苹果公司的所有战略无外乎用户战略和产品战略，即不断发现并满足用户的需求，为用户提供极致的产品体验。乔布斯的关注点永远是某个图标是否精美、手机用起来是否顺畅。比如，他专门为苹果手机设计了一个图形处理器，以保证苹果手机界面屏幕滚动时会让用户感觉更加顺滑。

（资料来源：周鸿祎. 极致产品 [M]. 北京：中信出版集团，2018：67-68）

3. 内部营销

内部营销是指成功地雇佣、培训和激励有能力的员工，使之更好地为顾客服务。聪明的营销者意识到，公司内部的营销活动可能与外部营销活动同样重要，没有满意的员工，就没有满意的顾客。如果公司的员工没有准备好，那么给顾客提供优质服务的承诺是没有任何意义的。

内部营销需要在两个层次上进行：在第一个层次，营销团队、广告、顾客服务、产品管理和营销调研功能必须共同发挥作用，并从顾客的角度进行协调。在第二个层次，其他部门必须给予营销支持，他们也必须"想顾客之所想"。

4. 绩效营销

绩效营销要求了解市场营销活动和方案为企业和社会带来的财务回报和非财务回报。高层管理人员不仅要重视销售收入，还应该了解市场占有率、顾客流失率、顾客满意度、产品质量和其他绩效指标的具体水平。同时，他们也会从更广泛的角度考虑市场营销活动对法律、道德、社会和环境等的影响和效应。

当前，社会要求企业承担更多的社会责任，奉行社会营销观念。营销绩效不但要求企业比竞争者更有效率和更有效果地满足目标消费者的需要，而且还要带动社会福利

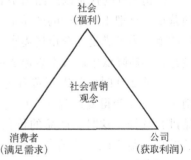

图1-6 社会营销观念需要考虑的因素

的提高。营销者必须平衡好公司利润、消费者需求和社会公共利益三者的关系（图1-6）。

课堂思考

你认为企业奉行社会营销观念有何利弊？什么样的企业更适合奉行这种观念？

【引例1-7】 快手公益音乐节　助力灾区重建

为了纪念"5.12 汶川地震"10 周年,快手联合 BHM 兄弟时光、壹基金于 2018 年 5 月 12—13 日,举办了"因爱无惧"国际公益音乐节。快手将这次活动所有票务收益的 20%,以及现场快手摊位售卖周边所得,都捐赠给壹基金在汶川等地将落地的"音乐教室"项目。相比起前面的线上公益营销,这是一次值得关注的线下公益活动。

像快手这样的短视频平台,"音乐"是平台上的重要体现元素,快手将这一平台元素落地化,呼吁观众一起纪念 10 年前的灾难。关注灾区重建,通过音乐的力量引起社会年轻群体的关注,"公益"赋予了这场音乐节更为精致的内涵与意义,它传递的不仅仅是公益的力量,还有快手的文化。

(资料来源：2018 营销盘点之十大公益营销. http://www.vmarketing.cn/index.php/index/NewsDetail/nid/30159)

1.3　营销 3.0 与 4.0

1.3.1　从营销 1.0 到营销 3.0 时代

营销学之父菲利普·科特勒在《营销革命 3.0》一书中提出了营销 1.0、2.0 和 3.0 的划分方法。他指出,如今的很多营销者仍在利用营销 1.0 时代的营销方式,一部分企业使用的是营销 2.0 时代的营销方式,只有个别企业正在朝营销 3.0 迈进。事实证明,那些践行营销 3.0 时代营销方式的企业必将获得无可限量的商机。

营销 1.0 时代是以产品为中心的时代,出现在工业化时代,工业机械是核心技术,当时的营销就是把工厂生产的产品全部卖给有支付能力的人。这些产品通常都比较初级,其生产目的就是为了满足大众市场需求。在这种情况下,企业的目标就是要实现产品的标准化和规模化,不断降低生产成本以形成低廉的产品价格,吸引更多顾客购买。

营销 2.0 时代是以消费者为导向的时代,其核心技术是信息科技。营销 2.0 时代的营销工作已经变得复杂起来,因为消费者了解的信息比以前更多,可以轻松地对相似的产品进行选择。这时,产品的价值是由消费者来定义的,因为他们在喜好方面存在着巨大的差异。鉴于此,营销者必须对市场进行细分,针对某个特定市场开发出最具优势的产品。对营销 2.0 时代而言,企业获得成功的黄金法则是"客户即上帝",消费者由于需求得到满足而在买卖中享受到了一些优势。他们可以在产品的功能特征等方面精挑细选,直到自己满意为止。尽管很多营销者都努力赢得消费者的青睐和关注,但仍坚持把顾客视为被动的营销对象。

营销 3.0 时代是价值驱动营销的时代。在这个新的时代中,营销者不再把顾客仅仅视为消费的人,而是把他们看作具有独立思想、心灵和精神的完整的人类个体。如今的消费者越来越关注内心焦虑的问题,希望能让这个全球化的世界变得更好。在混乱嘈杂的商业世界中,他们努力寻找那些具有使命感、愿景和价值观的企业,希望这些企业能满足自己对社会、经济和环境等问题的深刻的内心需求。简单来说,他们要寻求的产品和服务不但要满足自己在功能方面的需要,还要满足在精神方面的需要。

和以消费者为中心的营销2.0时代一样,营销3.0也致力于满足消费者的需求。但是,营销3.0时代的企业必须具备更远大的以及服务整个世界的使命、愿景和价值观,它们必须努力解决当今社会存在的各种问题。换句话说,营销3.0已经把营销理念提升到了一个关注人类期望、价值和精神的新高度,它认为消费者是具有独立意识和感情的完整的人,他们的任何需求和希望都不能忽视。因此,营销3.0把情感营销和人文精神营销很好地结合到了一起。营销1.0、2.0和3.0时代的综合对比见表1-4。

表1-4 营销1.0、2.0和3.0时代的综合对比

	营销1.0时代 产品中心营销	营销2.0时代 消费者导向营销	营销3.0时代 价值驱动营销
目标	销售产品	满足并维护消费者	让世界变得更好
推动力	工业革命	信息技术	新浪潮科技(互联网技术)
企业看待市场方式	具有生理需要的大众买方	有思想且具备选择能力的聪明的消费者	具有独立思想、心灵和精神的完整个体
主要营销概念	产品开发	差异化	价值
企业营销方针	产品细化	企业和产品定位	企业使命、愿景和价值观
价值主张	功能性	功能性和情感化	功能性、情感化和精神化
与消费者互动情况	一对多交易	一对一关系	多对多合作

1.3.2 营销3.0时代的组成部分

营销3.0时代由合作营销、文化营销和精神营销三部分构成,其背后的推动力分别是参与化时代、全球化矛盾时代和创造型社会时代的到来。

1. 参与化时代与合作营销

自2000年起,信息技术逐渐渗透到主流市场中并发展成为所谓的新浪潮科技。新浪潮科技指的是能够帮助个体和群体保持互联互动的科技,它包括三个主要组成部分:廉价的计算机和手机、低成本的互联网接入以及开源软件。新浪潮科技允许个人表达自己的观点以及与他人合作,它的出现标志着参与化时代的到来。在参与化时代,人们在消费新闻、观点和娱乐的同时也主动创造它们。新浪潮科技使得人们从被动的消费者变成了生产型消费者。

推动这种新浪潮科技发展的力量之一是社会化媒体的兴起。社会化媒体可以分成两大类,一类是表达性社会媒体,包括博客、微博、YouTube、Facebook、照片分享网站Flickr,以及其他各种社交性网站;另一类是合作性社会媒体,典型代表是维基百科。维基百科网站的内容是由很多网友共同完成的,他们自愿牺牲个人时间,为这个共同作品创建了无数主题和条目。

营销3.0时代,企业必须和消费者合作,它表现出来的第一个特征是营销经理必须学会倾听消费者呼声,了解他们的想法,从而获取市场信息。当消费者开始主动参与产品和服务共建时,企业和他们的合作就会进入一个更深的层次。从某种意义上讲,是生产者把消费者

变成了"雇员"。在数字化生活空间中，企业和消费者的合作不仅可以激发创意，还可以弥补产品的不足，提高产品性能，更重要的是为消费者忠诚奠定基础。对实践营销3.0，意欲改变世界的企业来说，光靠与消费者的合作营销还不够。在经济高度互联化的今天，他们必须学会同其他企业、股东、渠道合作伙伴和员工合作。简而言之，营销3.0就是企业和所有具有相似价值观和期望值的商业实体的密切合作。

【引例1-8】 宝洁公司的开放创新计划

宝洁公司在消费者沟通和开发方面做得很出色，它的营销策略彻底放弃了传统的消费者调研和开发方式。宝洁的营销模式很像一只海星，用《海星模式》的作者布莱福曼（Brafman）和贝克斯特朗（Beckstrom）的话来说，这种模式代表了企业未来的营销发展方向，因为它"无头无尾，更像是一群努力协作的细胞"。正是受到这种开放创新计划的影响，宝洁在全球的管理者和供应商才得以源源不断地拥有各种鲜活生动的产品创意。有数据显示，开放创新计划对宝洁营业收入的贡献值高达35%，公司很多知名产品都是和消费者一同开发创建的，如速易洁除尘拖把、佳洁士电动牙刷等。

（资料来源：科特勒. 营销革命3.0［M］. 毕崇毅，译. 北京：机械工业出版社，2011）

2. 全球化矛盾时代和文化营销

信息技术与物流技术的发展已使全球化延伸到了世界上的每个角落，形成了一个庞大的互联式经济体。全球化是一把双刃剑，同时具有两种完全相反的作用力。在寻找力量平衡的过程中，全球化往往会造成相互矛盾的情形。例如，全球化一方面促进了自由贸易，同时又催生了贸易保护主义；一方面促进了和平与合作，同时又导致了民族主义的出现；一方面推进了全世界的繁荣与进步，同时又造成了财富分配的失衡和贫富分化的加剧。一方面在促进世界文化的融合，同时也在不断深化各国的传统文化。这些全球化矛盾，特别是社会文化矛盾，正在深刻地影响着众多国家、企业和个人，让我们不得不同时承受作为全球化公民和地区性公民所产生的压力。在这种压力下，很多人变得焦虑不安，内心开始出现既冲突又融合的不同的价值观。特别是在经济环境不稳定时期，这种焦虑感会成倍增加，表现得十分明显。

营销专家认为，不是要消除全球化矛盾，而是要抓住主要矛盾或矛盾的主要方面去管理它们。企业在全球化矛盾时代的生存与发展之道是进行文化营销，塑造文化品牌。文化品牌可以为消费者提供生活上的连续感、沟通感、价值感和方向感，促进全球化过程中各种社会、政治、经济和环境问题的解决，降低一个国家的集体焦虑感。因此，文化营销代表着未来的一个营销方向。

文化营销是指企业（或其他组织）在核心价值观的影响下，利用文化的力量进行营销的行为方式。在文化营销观念下，企业给予企业、产品、品牌以丰富的、个性化的文化内涵，努力从文化的角度考虑和检验公司的经营方针。

文化营销可以在产品层面展开，通过产品的概念、设计、包装、命名、广告等塑造产品文化品牌。例如，我国不少白酒品牌因为丰富的文化内涵而走俏市场，如"杏花村"和"杜康"的诗词文化，"金六福"的福文化，"国窖1573"的历史文化，"水井坊"的高尚生活元素，"小糊涂仙"难得糊涂的中庸文化，"舍得"酒的智慧人生，等等。

文化营销也可以在企业管理层面展开，通过导入企业理念系统，形成顾客能接受或推崇的使命、愿景和价值观，从而促进顾客对整个企业及其产品的认同。例如，阿里巴巴的使命是：让天下没有难做的生意。愿景是：让客户相会、工作和生活在阿里巴巴。我们不追求大，不追求强；我们追求成为一家活 102 年的好公司。阿里巴巴的六大核心价值观是：客户第一，员工第二，股东第三；因为信任，所以简单；唯一不变的就是变化；今天最好的表现是明天最低的要求；此时此刻，非我莫属；认真生活，快乐工作。

文化营销应该注意两个方面：

首先，文化营销应该是动态的。企业既要根据不同时期社会文化趋势确定传播重点，又要根据企业成长阶段调整企业文化内涵。例如，联想在收购 IBM 的 PC 事业部之前，是属于民族的，宣传口号是"扛起民族工业大旗""产业报国"；收购 IBM 的 PC 事业部之后，成了一个国际化的联想，宣传口号就变成了"人类失去联想，世界将会怎样"。

其次，文化营销要把握变化中的不变主题。这些主题包括追求公平正义、关注环境、人文关怀、满足人的精神和情感需求等。例如，星巴克致力于抢占人们的第三滞留空间（家庭、办公室之外的空间），创造一种全新的咖啡文化。现场钢琴演奏+欧美经典音乐背景+流行时尚报纸杂志+精美欧式饰品等配套设施，力求给消费者带去一种高品位的感觉，让咖啡消费者在忙乱、寂寞的都市中找到一块小憩的绿洲。

【引例 1-9】 美体小铺：价值观驱动的营销

美体小铺是英国一家著名的护肤品公司，曾被英国消费者协会评为第二大最信得过的品牌，在全球最杰出品牌的排行中居第 27 位。

"有原则获利"是美体小铺的核心品牌价值观。自创业以来，美体小铺坚持五个信念：反对动物实验、支持社区公平交易、唤醒自尊、捍卫人权和保护地球。创始人安妮塔·罗迪克曾说："一个真正成功的企业，应该心里除了钱还有些别的东西。当然，企业是需要盈利的，但它的雄心壮志应更宏大些。"

当人们已经将自己对于环保、责任、和平、家庭、尊严、自由等等价值的追求和美体小铺这个品牌捆绑在一起的时候，人们消费的已经不仅仅是化妆品了，而是伦理、道德和对人类的关怀。比如，一瓶定价 35 英镑的椰子沐浴液，10 英镑付的是原料，3 英镑付的是店租，2 英镑付的是包装，其余的 20 英镑是付给这个代表了社会责任的品牌，作为对其价值观的认同和奖励。

（资料来源：来自 http://arch.pclady.com.cn/beauty/thebodyshop/0712/233692_2.html 网页素材）

3. 创造型社会时代和精神营销

营销 3.0 的第三个组成部分是创造型社会的出现，尽管从事创造性工作的人数远低于从事普通工作的人数，但前者在社会中的影响力正变得越来越突出。从事这些工作的人往往是善于创造和使用新技术和新概念的人。他们是最具表达性和合作性的消费者，对社会化媒体的利用程度也最高。他们的生活方式和态度决定着整个社会的动态，他们对全球化矛盾和社会问题的意见左右着其他民众的看法。

尽管创造型群体在发达国家的比例较高，但这个群体不是发达国家独有的。普拉哈拉德在《金字塔底层的财富》一书中介绍了贫困国家如何利用新兴的创造力解决农村地区存在的社会问题。研究发现，具有创造性的低成本技术经常在贫困国家诞生。

随着创造型人群的规模在发达国家和发展中国家的日益增长,人类文明正在接近前所未有的高峰。一个先进的创造型社会的重要特点在于,生活在这个社会中的人已经超越了对生存需要的基本满足,把自我价值实现作为人生的第一目标。这些人都是富有表达性和合作性的共同创造者,作为复杂的个体,他们以人类精神为信仰,听从发自内心深处的呼唤。据说,马斯洛在临死前曾对自己的理论表示遗憾,认为需要金字塔(生理需要、安全需要、社交需要、尊重需要、自我实现需要)应该颠倒过来才对,把自我实现需求作为人类最基本的需求。

创造型人群是马斯洛需求倒金字塔理论的坚定拥护者。对他们来说,精神性的定义即"重视生活中非物质化的一面,相信永久性现实",这个定义可以说与创造型社会高度相关。在现实生活中,很多科学家和艺术家都是这样,他们往往忽略了物质需求,一心追求自我价值的实现;他们追求的是金钱无法买到的东西,他们渴望的是人生的意义、快乐和精神财富。相比之下,物质方面的需求简直无关紧要,仅仅是心灵满足之余对自己的一个小小的奖赏。

伴随着这种社会变化,当今的消费者不但在寻找能满足自己的基本需要的产品和服务,而且他们更希望能发现一种可以触及自身内心深处的体验。也就是说,为消费者提供意义感将成为企业未来营销活动的价值主张,价值驱动型商业模式将成为营销3.0的制胜之道。心理精神回报对消费者来说才是最重要的需求,能否提供这种回报将成为营销者之间的终极差异。

和创造型人群一样,企业也必须超越自己的物质目标,以企业的自我实现为最终目的。企业必须了解自己的本质、为什么从事这个行业以及未来将何去何从,然后把这些问题的答案写进自己的企业使命、愿景和价值观。只有当企业努力为全人类的利益做出贡献时,消费者才会追随你,利润才会滚滚而来。从企业的角度来看,这就是精神营销,或者叫作人文精神营销。

1.3.3 协同创新与社区化

1. 信任感水平化

麦肯锡咨询公司发布了一份调查报告,其中列出金融危机之后商业发展的十大趋势之一是企业经营所面对的市场正日益转变为低信任度市场。科特勒教授在《营销3.0》一书中指出,信任感实际上并没有缺失,它只是从垂直关系转化成了水平关系。如今,消费者对彼此的信任要远远超过对企业的信任,社会化媒体的兴起本身就反映了消费者信任从企业向其他消费者的转移。根据尼尔森全球调查报告,现在几乎没有多少消费者关注企业制作的广告,更不会以此来引导自己的购买行为,他们认为消费者之间的口碑传播往往比企业广告可靠得多。根据这份调查,约有90%的消费者相信朋友或熟人推荐的产品,70%的消费者信任网络上的顾客观点。来自另一家调查咨询公司Trendstream & Lightspeed的研究也表明,消费者似乎更愿意相信社交网络上的陌生人,而不愿听从企业产品专家的指导建议。

现在,企业要想重新获得消费者的信任,就必须建立"新型消费者信任体系",即水平化的信任体系。如今的消费者喜欢聚集在由自己人组成的圈子或社区内,共同创造属于自己的产品和消费体验,只有那些令人心动和钦佩的产品特征才会吸引他们走出自己的圈子。但是,一旦他们发现自我圈子之外的优秀产品,就会成为其忠实的支持者和传播者。为了取得成功,企业应当认识到,如今的消费者正变得越来越欣赏协同创新和社区化。

2. 协同创新

协同创新是指创新资源和要素有效汇聚，通过突破创新主体间的壁垒，充分释放"人才、资本、信息、技术"等创新要素活力而实现深度合作。在营销中，协同创新是企业、消费者、供应商和渠道合作伙伴形成的有机网络，共同创造产品和服务，共同传播、传递价值的新方式。数字化生活空间为企业和消费者提供了一个协同创新的舞台，这种协同创新的营销方式改变了过去企业主导、单向传播，消费者被动接受的状态，激活了消费者的创新意识和创新激情。协同创新的本质是以多方参与、分享、体验和互动为核心的创新，它将散落在各个角落的智慧聚合起来，并快速进行复制、转发、延展和完善，达到创新传播的目的。

协同创新包括三个主要过程：首先，企业必须建立所谓的"平台"，消费者通过该平台可以实现和企业以及其他消费者的互动交流；其次，企业设计一个消费者感兴趣的问题、话题或活动（北京大学陈刚教授称之为"沟通元"），一旦投入数字化空间，就会迅速激发热烈的关注、讨论和参与；最后，整合消费者的反馈信息，完善产品和服务，扩大品牌影响力。这种做法在开源软件开发中非常普遍，我们认为它同样可以应用到其他行业。企业必须学会利用消费者水平化网络中的协同创新能力来帮助营销。

3. 社区化

科技不仅把世界上的国家和企业连接起来，推动它们走向全球化，还把消费者连接起来，推动他们实现社区化。社区化的概念和营销中的部落主义概念非常接近，雅虎前副总裁赛斯·高汀在其作品《部落》（*Tribes*）中指出，消费者更愿意和其他消费者而不是和企业相关联。如果企业想接受这种新趋势，就必须帮助消费者实现这种需求，让他们更便利地形成圈子，相互沟通。高汀认为，要想实现成功营销，企业必须取得消费者圈子的支持。

按照哈佛商学院教授苏珊·福尼尔和李·拉瑞的观点，消费者可组成池状、网状或星状社区。池状社区是指消费者共享相同的价值观，但并不和其他成员互动，吸引他们走到一起的是对某个品牌的信仰和强大关联。这种类型的社区属于典型的品牌热衷者群体，值得企业重点培育。网状社区和池状社区的不同之处在于，社区内的成员存在互动关系。这种社区属于典型的社会化媒体社区，成员之间存在深刻的一对一影响关系。星状社区和上面两种情况有所不同，群体内的成员会围绕某个明星人物形成忠实的粉丝团。高汀、福尼尔和李·拉瑞都认为，社区存在的目的并不是为企业服务，而是为其成员服务。有鉴于此，企业必须积极参与这些消费者社区的活动，努力为其成员服务，这样才有机会展开营销。

1.3.4 营销4.0

1. 营销4.0的内涵

营销4.0概念的提出是数字经济转型时期，营销3.0发展的必然结果。

科特勒咨询（中国区）合伙人王赛在营销学之父菲利普·科特勒的著作《营销革命4.0》译者序中，关于营销4.0有以下精辟的论述：营销4.0以大数据、社群、价值观营销为基础，企业将营销的中心转移到如何与消费者积极互动、尊重消费者作为"主体"的价值观，让消费者更多地参与到营销价值的创造中来。在数字化连接的时代，洞察与满足这些连接点所代表的需求，帮助客户实现自我价值，就是营销4.0所要面对和解决的问题，它是以价值观、连接、大数据、社区、新一代分析技术为基础所造就的。

《营销革命4.0》第4章最后指出：营销4.0是结合企业和用户线上线下交互的一种营销手法，通过结合形式和实质建立品牌，通过最终用人对人交互补足机对机交互来增加用户参与度。它帮助营销人员适应数字经济时代，重新定义营销活动中的关键概念。数字营销和传统营销将在营销4.0时代共存，最终共同实现赢得用户的终极目标。

通过以上论述可以看出，营销4.0是在数字经济时代，靠大数据、人工智能、云计算、物联网等技术赋能的结果。它不是对营销3.0的否定，而是完善和升级；不是对传统的营销的颠覆，而是促进传统营销和数字化营销的融合。因此，"营销4.0本质就是意识到传统营销和数字营销在促进用户参与和获得用户拥护的过程中角色的变化"。

2. 新的用户购买路径

科特勒等人在《营销4.0》中将用户购买路径总结为5A架构（图1-7）：了解（Aware）、吸引（Appeal）、询问（Ask）、行动（Act）和拥护（Advocate）。

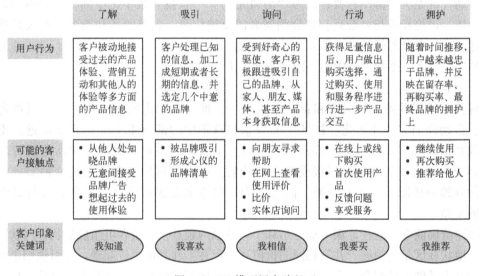

图1-7 5A模型用户路径

了解阶段：用户被动地接受过去的产品体验、营销互动和其他人的体验等多方面的各种产品信息。这时期的信息接收来源主要是从他人处知晓品牌、无意间接受品牌推广、想起过去的用户体验。这是进入整个用户体验路径的大门。

吸引阶段：用户处理已知的信息，加工成短期或者长期信息，并选定几个中意品牌。这时期的用户与品牌间的触发点是被品牌吸引、形成心仪的品牌清单。这个阶段的用户会清楚地知道自己对品牌的态度，是喜欢还是不喜欢，或是持中立态度。

询问阶段：适度引发用户的好奇，在好奇心驱使下，用户会积极从亲友、网络或直接间接从品牌商那里搜集信息。在询问阶段，用户体验路径从个人转为社群，品牌诉求必须获得其他人的认可，才能继续出现在顾客体验路径上。

行动阶段：获得足量的信息后，用户做出购买选择，通过购买、使用和服务程序进行进一步产品交互。此期间触发用户与品牌联系的信息有通过线上或线下的购买，首次使用产品的体验，反馈问题，用户享受的服务体验。用户通过被触发产生了我要买的心理及行动。

拥护阶段：随着时间推移，用户可能会对品牌产生强烈的忠诚度，这反映在顾客保留率、重复购买,以及向其他人宣扬品牌的好处上。活跃的拥护者会在没有人询问的情况下主动推荐,成为品牌的"宣传者"。当品牌出现负面宣传者时,他们觉得自己有义务去捍卫自己喜爱的品牌。

3. 有效的营销策略

(1)人本营销。人本营销并不是新的概念,只是在数字化营销 4.0 时代,人本营销更加重要,而且可行性更强。尤其是大数据技术的应用,可以对潜在顾客进行更精准的画像,充分发掘顾客最深层次的需求和渴望,进而打造出更加人性化的品牌。人性化品牌有六个特征:物质性、智力性、社交性、热情、强烈的个性和高尚的道德(第 7 章也有相关论述)。品牌物质吸引力可以来自精心设计的商标、别出心裁的广告语、精美的产品、优秀的客户体验等。智力是人类获得知识、思想和打破常规思维方式的创新能力。社交性表现在品牌敢于和客户展开对话,听取客户的意见,了解客户间的交流。热情的品牌会经常和顾客互动,通过推送消息加强情感联系,有时也可以用诙谐幽默吸引顾客。有强烈个性的品牌清楚自己的立身之本,拥有自身核心的能力,但并不害怕露出缺点并愿意为改正缺点而努力。强调道德并不是唱高调,而是品牌基业长青之道。有责任感的品牌,不是把赚快钱放在第一位,而是优先考虑解决社会问题,在解决社会问题的过程中找到盈利的机会——小问题带来小机会,大问题带来大机会。

(2)内容营销。简单来讲,内容营销是指以消费者为中心,以优质内容为突破口,通过优化内容创作、分发和销售转化机制来实现内容和商品同步流通与转化的营销方式。创作的内容要求有趣、有用、有情感,表现形式可以是文章、图集、视频、音频、直播、H5、群聊、线下分享会、产品发布会等。"罗辑思维"是内容营销成功的典型代表。除了品牌新闻和出版物之外,内容营销被视作又一种能在品牌和客户间营造深层关系的工具。内容营销做得好的品牌,能提供给客户高品质的原创内容和品牌生产过程中的趣闻。内容营销让客户从品牌拥护者转变成品牌故事的说书人。内容营销和广告的最大区别在于,广告传递的是对品牌或产品有用的信息,而内容营销传递的是对顾客有价值的信息。

(3)多渠道营销。多渠道营销是打破线上线下渠道分割,整合多种渠道,统一目标和战略,创造无缝持续客户体验的营销方式。美国国际数据公司所做的一项调查显示,多渠道买家实现的人生价值比单渠道的多 30%。梅西百货还发现多渠道买家的购买力是单渠道买家的 8 倍。移动设备是连接数字世界和线下世界的桥梁,使营销人员可以了解消费者线上线下购物的全过程。比如,营销人员可以收集到的数据包括客户的人口学数据、线下购物记录、网络浏览记录、社交媒体访问记录、产品和推送偏好、交易记录等。营销人员需要学会使用移动互联设备和大数据技术优化多渠道购物体验。

1.4 能力实训

1.4.1 营销思辨:创造需要还是满足需要

第 1 章 小结

人们常常把营销定义为用来满足自己的需要和欲望。然而,批评家却认为,市场营销的作用不止于此,它还可以创造出以前并不存在的需要和欲望。根据这些批评的论点,营销人实际上是鼓励消费者在那些当前还不是实际需要的产品和服务上花费更多的钱。

辩论双方

正方：市场营销能够创造消费者的需要和欲望。

反方：市场营销只能反映消费者的需要和欲望。

1.4.2 案例讨论：故宫文创营销传播

如今，故宫的历史通过新媒体被更多的人所了解，在受众需要精神世界充盈的趋势下和市场经济迅猛发展的背景下，故宫褪去历史的厚重感。通过对故宫尘封已久的历史文物进行创新，具有青春活力的故宫文创紧跟时代发展的步伐，让沉闷的历史卷章焕然一新。

1. 跨界品牌合作传播

2013年，台北博物馆推出"朕知道了"纸胶带，不到1个月的时间，1000多份全部售罄。这让北京故宫博物院时任院长单霁翔认识到了文创产品的庞大市场，高傲威严的紫禁城转变成人们喜闻乐见的博物馆。从古至今，皇帝在人们心中的形象是"天上天下，唯吾独尊"，让人高不可攀，敬而远之。为了能够迅速成为"网红"，皇帝"改变"当年的"王者风范"，华丽转型成会"摆pose卖萌"的邻家大叔。时尚这条路从来不是单行道，各大品牌商纷纷邀请皇帝代言。故宫与腾讯合作的H5刷爆朋友圈，让我们看到永乐皇帝跳舞蹦迪，自拍装可爱，还发朋友圈让好友点赞。2018年故宫推出了与Kindle合作的联名礼盒，里面包含故宫保护套和热门的故宫日历；与农夫山泉合作的联名瓶身上撰写着中国风的文案，十分引人注目；与国货彩妆品牌"毛戈平"合作了复古潮流的口红腮红，"国风彩妆"一推出艳压群芳，捕获了美妆爱好者的芳心。2019年，紫禁城与麦当劳合作的"上新了·故宫桶"穿越古代和现代，结合中西方美食，为食客奉上乾隆"同款"美味。

2. 整合传播渠道

2010年，故宫首开官方微博，随后又开通了"微故宫"微信公众号，其中的帖子《不一样的紫禁城"萌宠"》介绍了生活在故宫中的鹿、鹤、蝙蝠。这些活泼的生灵为庄严的宫廷增添几分趣味。鹿代表仁慈、善良的君子风范；鹤象征长寿、富贵的人生；"蝙蝠"与"遍福""遍富"谐音，因此蝙蝠是"福""富"的代表。这就清楚地向人们说明了宫内摆件陈设、家具、衣帽服饰都是它们的身影的缘由。故宫随后主动拥抱互联网，与腾讯推出了故宫表情包以及漫画，获得大量网友的好评。带有匠人精神的《我在故宫修文物》纪录片一经开播，点击量就超过70万，里面没有枯燥无味如教科书般的叙述，它的内容是生活化的，拍摄画面轻松愉悦，让原本巍峨的紫禁城变成了自家的后花园。新媒体时代下，故宫的一草一木都可通过微博、微信以视频、图片、文字和纪录片的形式加以传播。这样以多种方式和平台进行传播会吸引具有不同喜好的用户，例如"平安"作为故宫博物院的吉祥物，设计者用一只猫的视角带领用户解锁故宫内外的事物，采用VR技术增强现实感。"大内咪探"系列产品从生活用品、文章到游戏，"故宫猫"可爱机灵的形象深入人心，它还作为连接故宫与游客的沟通元，让人们更好地了解故宫博物院。故宫博物院整合了微博、微信、淘宝等多种营销传播方式，将用户和博物院紧密地联系在一起，与用户建立了长期稳固的关系。

3. 创新传播手段

如今，故宫博物院在不同的渠道进行传播，拥有非常广泛的受众群体。"每日故宫" App 可以每天欣赏到故宫的一件精美文物，例如明代御窑瓷器可以在 App 上随时随地观赏，简约的文字元素加上 3D 立体化的展示效果，人们如同站在博物馆中欣赏这件佳作，满足了受众"把博物馆带回家"的需求。故宫博物院在 2018 年世界博物馆日推出了"玩转故宫"微信小程序，腾讯将真实的景点再现到手机屏幕上，游客不必在拥挤的节假日出发前往故宫博物院参观，只要通过这个小程序，即可随时随地浏览故宫中的珍宝佳品；对于在故宫参观的游客来说，通过这个小程序可以满足所有需求，上面会有故宫不同景点的详细介绍。总的来说，"玩转故宫"App 是传统文化与互联网科技相互碰撞的结果，充分利用了互联网公司的 GPS 导航系统，优化游客游览体验，并使更多没有机会走进博物馆的人们也能充分享受博物馆文化。

（资料来源：王子翼．创意传播管理理论的品牌传播营销研究：以故宫文创为例［J］．新媒体研究，2019（12）．有改动）

问题讨论

1. 品牌跨界有哪些好处？
2. 故宫整合了哪些营销传播手段？整合营销传播应注意什么问题？

1.4.3　实践应用：疫情期间，餐饮业如何应对需求下降

2020 年上半年，突如其来的新冠肺炎疫情使餐饮业受到了巨大冲击。到店堂食客人锐减，收入急剧下降，许多餐饮企业倒闭。为应对疫情，一些餐饮企业纷纷开启自救模式，主动改变经营理念，创新经营方式，最终走出了困境。请结合本章所学营销理论和日常观察，总结一些餐饮企业应对疫情期间需求下降的策略。

1.4.4　学习笔记：总结・记录・关联

总结	自己动手，总结本章的学习要点
记录	记录下老师补充的新知识
关联	联系自身，你认为本章对你成长最有价值的知识是什么？为什么

第2章 市场营销调研与预测

知彼知己者，百战不殆；不知彼而知己，一胜一负；不知彼，不知己，每战必殆。

——《孙子兵法·谋攻篇》

开篇案例

佳得乐品牌任务控制中心

百事可乐公司旗下的佳得乐品牌构建了一个覆盖范围广阔的控制中心来监控品牌相关的媒体活动。该中心位于芝加哥公司总部，是整个公司的神经元。在那里，四个任务中心小组实时监控着社交媒体上的品牌信息，一旦有人在推特、脸书、博客或其他社交媒体上提起了与佳得乐有关的事情（包括竞争者、佳得乐代言人、运动营养等相关话题），相关信息就会以多种可视化的方式呈现在任务中心的六个大屏上。那里的工作人员同时监控线上广告与网页的浏览情况，构建出一副品牌在互联网上的完整图像。

佳得乐利用其任务控制中心所捕捉的信息来改进产品、营销活动以及与顾客的交互。例如，当监控他们的"佳得乐进化"运动时，监控团队迅速捕捉到一则由说唱艺术家大卫·班纳配乐的商业广告在社交媒体上被广泛讨论。于是，在短短24小时之内，他们与班纳合作，发布了这首歌的完整版本，并在推特和脸书上向佳得乐的粉丝们推广。再如，通过捕捉到线上关于某一款佳得乐饮料售空的大量抱怨信息，他们得知应当增加该款饮料的产量。

佳得乐不仅监控社交媒体信息，也积极参与到社交网络的讨论中去。佳得乐的员工时常在脸书的对话中出现，解答关于他们产品的一些疑问。

（资料来源：科特勒，阿姆斯特朗．市场营销原理：第15版［M］．北京：清华大学出版社，2019：106）

许多人失败不是行动前没有计划，而是计划前没有行动。一个搞营销的人，只有亲临市场第一线，才能熟悉市场、抓住本质、把握趋势，制定出科学的决策来。杂交水稻之父袁隆平曾说："一个搞农业的人，仅仅在实验室中是研究不出好品种的。"营销专家路长全说："离得越近，看得越远"。

2.1 营销信息系统

你认为一个营销经理经常需要做哪些营销决策？做这些决策分别需要哪些方面的信息？

营销信息系统（Marketing Information System，MIS）是公司收集信息的一种途径，以满足营销经理对信息的需要。营销信息系统是由人、设备和程序组成的，它为营销决策者收集、挑选、分析、评估和分配需要的、及时的和准确的信息。营销信息系统的构成如图 2-1 所示。

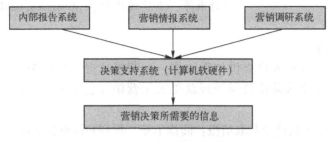

图 2-1 营销信息系统

1. 内部报告系统

营销经理使用的最基本的信息系统是内部报告系统。这是一个报告公司订单、销售额、价格、成本、存货水平、应收账款、应付账款等内容的系统。分析这种信息，营销经理能够发现重要的机会和问题。

（1）订单-收款循环。内部报告系统的核心是订单-收款循环。销售代表、经销商和顾客将订单送交公司。然后销售部门准备发货单，分送各有关部门。存货不足的产品请求延后交付；需装运的产品则附上运单和账单，同时分送各有关部门。顾客非常在意能否准确及时交货，因此公司需要快速、准确地完成这些步骤。

（2）数据库与数据挖掘。企业构建顾客数据库、产品数据库、销售人员数据库、库存数据库等，结合计算机技术和网络技术的应用，营销经理能立即得到关于潜在和现行顾客的资料，并迅速做出反应。例如，沃尔玛使用的销售和库存数据库可以捕捉到每天的每位顾客以及每家店每种商品的信息，而且信息每小时都会进行更新。它知道每种商品发送到了哪一家分店、每家分店的货架摆放情况，以及每天每家店各种产品的销量。

数据挖掘（data mining）是从大量的、不完全的、有噪声的、模糊的、随机的数据中，提取隐含在其中的、人们事先不知道的、但又是潜在有用的信息和知识的过程。数据挖掘是一种深层次商业信息处理技术，其主要特点是对商业数据库中的大量业务数据进行抽取、转换、分析和其他模型化处理，从中提取辅助商业决策的关键性数据。

【引例 2-1】

利用大数据的两个经典案例

（1）啤酒与尿布

全球零售业巨头沃尔玛在对消费者购物行为分析时发现，男性顾客在购买婴儿尿片时，常常会顺便搭配几瓶啤酒来犒劳自己，于是尝试推出了将啤酒和尿布摆在一起的促销手段。没想到这个举措居然使尿布和啤酒的销量都大幅增加了。如今，"啤酒+尿布"的数据分析成果早已成了大数据技术应用的经典案例，为人津津乐道。

（2）超市准确预测高中生怀孕

明尼苏达州一家塔吉特门店被客户投诉，一位中年男子指控塔吉特将婴儿产品优惠券寄给他的女儿——一个高中生。但没多久他却来电道歉，因为女儿经他了解后坦承自己真的怀孕了。塔吉特百货就是靠着分析用户的购物数据，然后通过相关关系分析得出事情的真相。

（资料来源：百度文库 https://wenku.baidu.com/view/html）

2. 营销情报系统

内部报告系统为管理人员提供结果数据，而营销情报系统则为管理人员提供正在发生的数据。营销情报系统是使公司经理获得关于营销环境发展日常信息的一整套程序和来源。

营销经理常通过下列途径获取情报：阅读书籍、报刊和同业公会的出版物，通过网络社会化媒体等，与顾客、供应商、分销商或其他外界人员交谈，同公司内部的其他经理和人员谈话。但上述方法带有相当的偶然性，一些有价值的信息可能没有抓住或抓得太迟。经理们可能对一个竞争活动、一类新的顾客需求或某一经销商问题知道得太晚而不能做出最好的反应。

企业一般可以通过下列做法改进营销情报的数量和质量：

（1）训练和鼓励销售人员现场观察并及时报告最新进展。
（2）激励分销商、零售商和其他中间商提供重要情报。
（3）聘用外部专业人员收集情报。
（4）通过和竞争对手接触、阅读新闻报道等方法了解对手信息。
（5）充分利用网络社区，建立顾客咨询小组。
（6）利用政府数据资源。
（7）从调研公司和供应商处购买信息。
（8）通过在线顾客反馈系统搜集情报。

情报搜集的博弈是双向的。在搜集竞争对手信息的同时，自身的信息也被对手搜集。因此，许多公司都非常注意保护商业机密，苹果公司就堪称重视保密的典范。

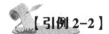
【引例 2-2】

苹果的保密

早在乔布斯时代，苹果对"保密文化"的推崇就很著名了。在《乔纳森·艾维：苹果伟大产品背后的天才》一书中，曾有一位苹果公司的前工程师抱怨："苹果的保密工作简直让人精疲力竭。"

"我们常会被威胁，如果泄露任何蛛丝马迹，就会丢掉工作。尽管我在苹果工作多年，但我的邻居并不知道我具体在里面做什么……苹果的保密工作让我压力巨大，就像被别人用枪顶着脑门一样，一出错就会挨一枪子。"该工程师如是描述。

作为拥有13.5万名员工（2018年年中数据）的巨型公司，苹果一直是内部泄密的重灾区。尽管苹果历届管理层多次做出努力，但始终无法避免iPhone、iPad等系列产品在发布前就被提前泄露了设计细节。

最严重的一次当属2018年苹果曝出的一份堪称"有史以来最强硬的针对泄密活动的内部备忘录"。该备忘录显示：苹果2017年抓了29名泄密者……这些被开除的人，不仅会面临诉讼，以后在科技圈也很难再找到下一份工作了。

只有严密的内部防泄密机制并不足够，苹果商业机密保护的软肋在供应链上。苹果是靠供应链来支撑自身的庞大体系的,因此产品发布前就要把自己的标准、参数设置告诉合作公司,而这个供应链上的任何一个参数信息泄露,都会被竞争对手第一时间知晓。苹果的做法是把供应链不断做细,任何一个小分支出了问题,都不会引发整个体系的崩塌,因为随时可以将这个分支替换掉。

(资料来源:史亚娟. 苹果的保密工作为何像用枪顶着员工脑袋 [J]. 中外管理,2019,32 (08):62-65. 有改动)

3. 市场调研系统

营销经理们需要经常对特定的问题和机会进行调研。通过调研,可以发现别人不知道的东西,或从别人知道的数据中推导出不一样的结论来。他们可能需要做一次市场调查、一个产品偏好试验、一个地区的销售预测或一个广告效果研究。营销调研是系统地设计、收集、分析和提出数据资料以及提出与公司所面临的特定的营销状况有关的调查研究结果。

一个营销经理可以从多个渠道获得调研资料。像宝洁、惠普这样的大公司,一般自己设立市场调研中心。小公司则可以充分利用社会力量,委托第三方机构进行市场调查。公司通常分给营销研究的预算约占公司销售额的1%~2%。这些经费或直接用于研究部门开支,或用于购买外部调研公司的服务。

【引例 2-3】

兰 德 公 司

兰德公司正式成立于1948年,是世界著名的战略决策咨询机构。兰德的长处是进行战略研究。它开展过不少预测性、长远性研究,提出的不少想法和预测是当事人根本就没有想到的,而后经过很长时间才被证实。兰德正是通过这些准确的预测,在全世界咨询业中建立了自己的声誉。成立初期,由于当时名气不大,兰德公司的研究成果并没有受到重视。第二次世界大战结束后,美苏称雄世界。美国一直想了解苏联的卫星发展状况。1957年,兰德公司在预测报告中详细地推断出了苏联发射第一颗人造卫星的发射时间,结果与实际发射时间仅差两周,这令五角大楼震惊不已。兰德公司也从此真正确立了自己在美国市场中的地位。此后,兰德公司又对、古巴导弹危机、中美建交和德国统一等诸多重大事件进行了成功预测,这些预测使兰德公司的名声如日中天,成为美国政界、军界的首席智囊机构。

(资料来源:百度百科 https://baike.baidu.com/item/兰德公司)

4. 营销决策支持系统

越来越多的组织为了帮助自己的营销经理做好决策,设立了营销决策支持系统。决策支持系统是辅助决策者通过数据、模型和知识,以人机交互方式进行半结构化或非结构化决策的计算机应用系统。它为决策者提供分析问题、建立模型、模拟决策过程和方案的环境,调用各种信息资源和分析工具,帮助决策者提高决策水平和质量。

典型的营销决策支持系统包含复杂的统计和建模软件。决策者通过统计软件明确市场上各种因素之间的复杂关系,还可以通过建模软件检验对数据关系的预想,即模拟分析。例如，营销经理通过媒体建模软件可以得到他们做出某个特定广告投放决策后市场的反应情况。

2.2 市场调研

2.2.1 市场调研的步骤

营销调研一般分为五个步骤，如图2-2所示。

图2-2 营销调研的步骤

1. 确定调研的问题和内容

对调研问题和内容的确定要分外小心，基本原则是：不要太宽，也不要太窄。如果调查的问题过于宽泛，除了使调查成本升高外，过多的资料往往会使决策者无所适从。如果定义的问题过于狭窄，营销经理根据调研结论可能会做出片面的决策。

【引例2-4】

只是因为口味吗

20世纪70年代中期以前，可口可乐公司是美国饮料市场的"头把交椅"，占据了全美80%的市场份额。然而好景不长，70年代中后期，百事可乐的迅速崛起令可口可乐公司不得不着手应付这个饮料业"后起之秀"的挑战——二者最接近时，市场占有率仅相差3个百分点。

百事可乐公司的战略十分明显，一是通过大量动感的广告，以冒险的心理、青春、理想、激情、紧张等为题材，塑造出了"年轻人的饮料"的品牌形象。二是推出一款非常大胆而富有创意的"口味测试"广告，突出百事可乐口感甜而柔和，优于可口可乐。

为了着手应战并找出为什么可口可乐发展不如百事可乐的原因，可口可乐公司开始了历史上规模最大的一次市场调研活动。1982年，可口可乐广泛深入到10个主要城市，进行了大约2000次访问。通过调研，分析口味因素是否是可口可乐市场份额下降的重要原因，同时征询顾客对新口味可乐的意见。于是，在问卷设计中，询问了例如"您想试一试新饮料吗""如果可口可乐味道变得更柔和一些，您是否满意"等问题。

调研最后结果表明，顾客愿意品尝新口味的可乐。这一结果更加坚定了可口可乐的决策者们的想法——秘不示人的老可口可乐配方已不适合今天消费者的口味了。于是，满怀信心的可口可乐开始开发新口味可乐。

可口可乐公司向世人展示了比老可口可乐口感更柔和、味道更甜、泡沫更少的新可口可乐样品。在新可口可乐推向市场之初，可口可乐公司不惜血本进行了又一轮的口味测试，可口可乐公司斥资400万美元，在13个城市邀请19.1万人参加了对无标签的新、老可口可乐进行口味测试的活动，结果60%的消费者认为新可口可乐比原来的好，52%的人认为新可口可乐比百事可乐好。新可口可乐的受欢迎程度一下打消了可口可乐领导者原有的顾虑，决定推出新口味可口可乐。

然而，这个决定却是灾难性的。新可口可乐配方并不是每个人都能接受的，批评者越来越多。放弃传统配方的可口可乐就意味着是一种背叛。在洛杉矶，有的顾客威胁说："如果推出新的可乐，将再也不买可口可乐"。面临如此巨大的批评压力，公司决策者们不得不稍作动摇，而在随后又一次推出的顾客意向调查中，30%的人说喜欢新口味可口可乐，而60%的人却明确拒绝新口味可口可乐，没办法，可口可乐公司不得不又一次恢复了传统配方的可口可乐的生产，同时也保留了新可口可乐的生产线和生产能力。

尽管公司花费了400万美元，进行了长达2年的调查，但最终还是失败了！调研方法本身没有错，错在确定的调研问题太狭窄了。

（资料来源：科特勒. 市场营销原理 [M]. 11版.
北京：人民大学出版社，2007：92. 有改动）

当然，并不是所有的调研项目都可以明确地界定调研内容。有些研究属于探索性研究，这类研究的目的在于找出问题的真相，提出可能的答案或新的创意。有些研究属于描述性研究，这类研究重在描述项目内容的某些数量特征。还有一些研究是因果性研究，这种研究的目的是检测现象间是否存在因果关系。

2. 编制调研计划

在这一步要做出的决定有：确定资料的来源、调研的方法、抽样的方法、调研的工具、接触方法等。

（1）确定资料来源。资料来源分为第一手资料和第二手资料。第一手资料（First-hand Data），是为当前的某种特定目的而收集的原始资料。第二手资料（Second-hand Data）就是在某处已经存在并已经为某种目的而收集起来的信息。二手资料可以来源于内部，包括公司的损益表、资产负债表、销售数据、销售访问报告、发票、存货报告和调查前的准备报告等；还可以来源于政府出版物、期刊、杂志和网络，以及一些调研公司的商业资料。无论资料来自哪里，都要注意资料的有效性和可靠性。由于二手资料的支出很少，且容易获得，所以研究人员通常先检查二手资料能否解决一部分问题或全部问题，再决定是否要支付昂贵的费用去收集原始资料。

（2）确定调研的方法。综合起来，最常用的调研方法有三种：

1）调查法。也称为访问法，是收集原始数据最常用的方法，通过询问的方式向被调查者了解市场情况，获取原始资料的一种方法。根据调查人员与被调查者接触方式的不同，又可将访问法分为面访访问、电话访问、邮寄访问和网上访问等（图2-3）。面访访问是通过调查者与被调查者面对面交谈获取市场信息的一种调查方法。询问时可按事先拟定的提纲顺序进行，也可采取自由交谈方式。电话访问是通过电话与选定的被调查者交谈以获取信息的一种方法。由于彼此不直接接触，而是借助于电话这一媒介工具交流，因而这是一种间接的调查方法。邮寄访问是市场调查中一种比较特殊的资料收集方法，它是一种将事先设计好的调查问卷邮寄给被调查者，由被调查者根据要求填写后寄回的一种调查方法。网上访问是一种随着网络事业发展而兴起的最新访问方式，主要是市场调查者根据需要调查的问题，通过互联网收集资料的一种调查方法。

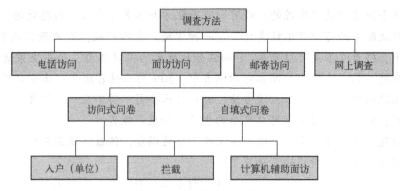

图2-3 访问调查法的方式

焦点小组访谈（Focus Group Interviewing）又称小组座谈法，就是采用小型座谈会的形式，由一个经过训练的主持人以一种无结构、自然的形式与一个小组的具有代表性的消费者或客户交谈，从而获得对有关问题的深入了解。焦点小组访谈一般在一个设有单面镜和监听装置的房间中进行，规模一般是6~8人为一组，每组会议时长一般1.5~2小时。

2）观察法。观察法是指调查者凭借自己的眼睛或摄像录音器材，在调查现场进行实地考察，记录正在发生的市场行为或状况，以获取各种原始资料的一种调查方法。这种方法的主要特点是调查者与被调查者不发生直接接触，而是由调查者从侧面直接或间接地借助仪器把被调查者的活动按实际情况记录下来，避免让被调查者感觉正在被调查，从而提高调查结果的真实性和可靠性，使取得的资料更加接近实际。在现代市场调查中，观察法常用于对消费者购买行为的调查，以及对商品的花色、品种、规格、质量、技术服务等方面的调查。

人种志研究（Ethnographic Research），也称民族志研究，由英国人种志学者布罗尼斯瓦夫·马林诺夫斯基首创，是人类学常用的定性研究方法。研究者努力深入某个特殊群体之中，采用亲历或观察的方式，广泛搜集用来描绘一个社会群体的素材，形成群体行为习惯的报告。宝洁公司曾采用这种调研方法收集资料，为贫困地区设计出了不伤手的洗衣粉，为缺水地区设计出了省水沐浴露和无须冲水的护发素。

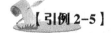【引例2-5】

美国ReD咨询公司的调研方法

在全球知名咨询公司中，绝大部分以数量分析见长，佼佼者有麦肯锡公司、波士顿咨询集团、贝恩公司等。作为后起之秀，美国ReD咨询公司另辟蹊径，雇佣一批不想闷头搞学术研究的年轻人类学学者，采用人种志实地调研，试图用数据和图表之外的记录和分析，让企业深入理解消费者内心深层的需求。而这种需求，也许连调查对象本身也未曾察觉。

ReD咨询公司的员工利斯科夫斯基和同事曾接到一项任务：奔赴美国几个不同的城市，参加共计18场家庭派对，观察和记录派对参加者的饮酒模式和习惯，最后综合成一份探索美国人"酒文化"的调研报告，呈给客户——瑞典酒业巨头"绝对伏特加"公司。

在参加一场又一场家庭派对后，利斯科夫斯基发现一种模式：某人带来了一瓶酒，主人把它放进冰箱，然后听客人讲述这瓶酒的来历和重要意义。最后上酒时，这瓶"不凡"的酒依旧会混搭其他档次不同的酒饮料，调配成鸡尾酒，供客人享用。在派对上，喝酒更多是图个热闹，而非口感和品位。对酒本身，人们不关心它多名贵，而是它背后的故事。

"他们会讲述生活中关于这瓶酒的逸事，比如自己第一回喝伏特加出糗的小故事，或者在哥斯达黎加或墨西哥旅游时偶然发现一种烈酒之类。"利斯科夫斯基说。这类小故事可以表现自己的有趣或冒险精神，促进与其他聚会者的互动。

"绝对伏特加"公司过去认为，保持"绝对伏特加"的纯度是关键，而调研结论却是：美国消费者并不介意他们带到派对上的酒口味多纯正，认为酒只是一种活跃社交氛围的工具。

这份调研报告提示客户：一个优质伏特加品牌如果在营销时仅仅强调"纯度"，有可能会失掉"家庭派对"这块市场。

（资料来源：沈敏. 人类学：市场调研新风潮 [N]. 经济参考报，2013-05-23（5）. 有改动）

3）实验法。实验调查法又称因果性调查，是指市场实验者按照一定实验假设，有目的、有意识地通过改变或控制一个或几个市场影响因素的实践活动，来观察市场现象在这些因素影响下的变动情况，认识市场对象的本质和发展变化规律。例如，实验者控制一个或多个自变量（如价格、包装、广告等），研究在其他因素（如质量、服务、销售环境等）都不变或相同的情况下，这些自变量对因变量（如销售量）的影响或效果。我们日常见到食品展销会上的品尝活动，就是采用了实验法。

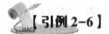

【引例 2-6】

实验法的两组例子

- 单一实验组前后对比实验。某饮料公司为了提高汽水的销量，认为应该改变原有的陈旧包装，并为此设计了新的包装图案。为了检验新包装的效果，以决定在未来是否推广新包装，厂家选取 A、B、C 三种口味的汽水作为实验对象，对这三种汽水在改变包装的前一个月和后一个月的销量进行了检测，得到的实验结果见表 2-1。

表 2-1 单一实验组前后对比表　　　　　　　　　　　　　　　　（单位：万箱）

汽水品种	实验前销售量 Y_0	实验后销售量 Y_n	实验效果 Y_n-Y_0
A、B、C	50、56、46	60、70、56	10、14、10
合　计	152	186	34

从表 2-1 中可以看出，包装可以促进销售。但是，单一实验组的前后对比实验，只有在实验者能有效排除非实验变量的影响；或是在非实验变量的影响可忽略不计的情况下，实验结果才能充分成立。

- 实验组与控制对比实验。某服装品牌为了了解广告明星是否对消费者购物有所影响，选择了 A、B、C 三个专卖店作为实验组，再选择与之条件相似的 D、E、F 三个专卖店作为控制组进行观察。在实验组中，店内挂有多幅印有醒目明星照片的 POP 广告，而控制组则没有类似的设置。实验为期一个月，检测结果见表 2-2。

表 2-2　实验组与控制组对比实验　　　　　　　　　（单位：件）

实 验 对 象	实验后销售量
A、B、C（实验组）	2800、3000、2900
D、E、F（控制组）	2500、2400、2600
实验结果	(300、600、300) = 1200

在其他因素不变的情况下，销售量增加可以看成完全是明星广告影响造成的。但是，市场受多种因素影响，在市场实验期间，消费者的偏好及竞争者的策略都可能有所改变，从而影响实验的结果。而这种方法对实验组和控制组都是采取实验后检测，无法反映实验前后非实验变量对实验对象的影响。为弥补这一点，可将上述两种实验进行综合设计。

（资料来源：杜明汉. 市场调查与预测［M］. 大连：东北财经大学出版社，2011：62-64）

(3) 确定调查工具。营销调研人员在收集第一手资料时，可以选择两种主要的工具：问卷和仪器。

问卷可以分为三大部分：前言、主体和结语。

前言部分应该讲明白这次问卷调查的目的、意义、简单的内容介绍、关于匿名的保证以及对回答者的要求，一般是要求回答者如实回答问题，最后要对回答者的配合予以感谢，并且要有调查者的机构或组织的名称、调查时间。

第二部分是问卷的主要部分，这一部分应包括调查的主要内容，以及一些答题的说明。一般把问卷的主体又分为两部分，一部分是被调查者的背景资料，即关于个人的性别、年龄、婚姻状况、收入等问题；另一部分就是调查的基本问题。这两部分通常是分开的，很多问卷出于降低敏感性的考虑把背景资料的问题放在基本内容的后面，这是可以的。对于回答问题的说明也要写清楚，如怎么写答案，跳答的问题，哪些人不回答等的说明，有经验的研究者还会留出编码位以便录入。

最后一部分是调查的一些基本信息，如调查时间、地点、调查员姓名、被调查者的联系方式等信息的记录。最后，还要再次感谢被调查者的配合。

问卷设计的注意事项有：
- 涉及敏感的隐私问题，应提供区间选择，降低敏感性。
- 问题要简单明确，尽量用习惯、常用的词语。
- 问题不能带有倾向性，不对答案进行暗示。
- 不要使用否定疑问句。
- 同一个问题不涉及两个以上内容。
- 避免使用过于专业的词汇。
- 避免假设性问题，因为回答想象中的问题是很困难的。
- 确保问题的备选答案没有重复。
- 对于可能性答案较多的情况，备选答案中应当列出"其他"选项，供被调查者选择。
- 避免使用模糊的词汇（如"经常""一般"等）。

课堂思考

分析下面的问话存在什么问题?
(1) 你听说过大家都在讨论的华为 Mate 40 手机吗?
(2) 你是否喜欢电影中的蒙太奇手法?
(3) 去年以来,您都用过哪些品牌的卫生纸?
(4) 除了工资以外,您还有其他收入吗?
(5) 您认为政府对飞机票加税从而剥夺了许多人乘坐飞机的机会是对的吗?
(6) 您的轿车是贷款买的吗?
(7) 您家离最近的公园有多远?
(8) 您认为这种蛋糕的口味以及原料的构成如何?
(9) 您觉得这种电视机的价格不合理吗?
(10) 可口可乐配方将添加新成分,使口味更柔和,您会喜欢吗?

调查问卷问题的类型见表 2-3。

表 2-3 问卷问题的类型

封闭式问题		
名 称	说 明	例 子
二分法单项选择	只有两种答案的问题	"在这次旅行中,您打算使用美国航空公司的电话服务吗?" 是□ 否□
多项选择	一个问题提出三个或更多的回答供选择	"在本次飞行中,您和谁一起旅行?" □没有 □孩子 □配偶 □同事/朋友/亲属 □配偶和孩子 □一个旅行团
李克特量表	被调查者可以在同意和不同意的量度之间选择	"小的航空公司一般比大公司服务得好。" □1 非常不同意 □2 不同意 □3 没意见 □4 同意 □5 非常同意
语意差别	在两个意义相反的语意间赋予尺度,请被调查者根据自己的看法选择最适当的位置	美国航空公司是____ 大型公司 _._._._._._. 小型公司 有经验 _._._._._._. 无经验
重要性量表	对某些属性从"根本不重要"到"极重要"进行重要性分等	"航空食品服务对我是____" 极重要 很重要 有点重要 不太重要 极不重要 1____ 2____ 3____ 4____ 5____
排序量表	对某些属性从"质劣"到"极好"进行分等	"美国航空公司的食品服务是____" 极好 很好 好 尚可 质劣 1____ 2____ 3____ 4____ 5____
购买意图量表	测量购买人意图的量表	如果长途飞行……,我将: 肯定会用 可能会用 不知道 可能不用 肯定不用 1____ 2____ 3____ 4____ 5____

（续）

开放式问题		
名　称	说　明	例　子
自由格式	一个被调查者可以用几乎不受任何限制的方法回答问题	"你对美国航空公司有什么意见？"
词汇联想法	列出一些词汇，每次一个，由被调查者写出他头脑中涌现的第一个词	"当你听到下列文字时，你脑海中涌现的第一个词是什么？" 家电＿＿＿＿＿＿＿　　航空公司＿＿＿＿＿＿＿
词句完成法	给出一些不完整的句子，每次一个，由被调查者完成该句	"当我选择一个航空公司时，最优先考虑的是＿＿＿＿＿＿"
故事完成法	提出一个未完成的故事，由被调查者来完成它	"我在几天前乘了美航班机。我注意到该飞机的内部装饰采用了明亮的颜色，这使我产生了下列联想和感慨……"现请将这个故事补充完整

用以观察并记录消费者行为和生理反应的先进仪器在市场调研中也常被采用。如尼尔森媒体调研公司在所选家庭的电视、机顶盒和卫星系统中装入收视记录器，零售店使用收款台扫描仪来记录消费者的购买行为。时代华纳公司新媒体实验室使用计量生物学的测量手段分析被试者观看的每一则电视节目、浏览的每一个网页以及跳过的每一则商业广告。同时，通过仪器测试皮肤温度、心跳、面部表情和眼球的移动，研究者可以分析消费者的参与度。

市场营销学家运用核磁共振扫描和脑电图描记器装置了解到，跟踪脑电波和血流可以让公司洞察什么因素决定了消费者接受或拒绝该公司的产品和营销活动。一位神经营销学者指出："神经营销抵达了消费者活动的核心之处，即大脑。"从迪士尼到百事，再到谷歌和微软，如今这些企业都雇佣神经营销研究公司去帮助他们研究人们究竟在想什么。

（4）确定抽样方法。营销研究者在决定了调研方法与工具后，必须设计一个抽样计划，要求做出三个决定：抽样单位，即向什么人调查，营销研究人员必须在抽样对象中确定目标调查者。样本大小，即应调查多少人，样本越大，结果越可信；但没有必要抽取全部单位，只要抽样过程可靠，样本量只需多于总体单位数的1%就可以了。抽样程序，即怎样选择被调查者的问题，抽样程序依据研究的目的不同而有所不同。根据抽样时是否有个人的主观影响，抽样分为随机抽样和非随机抽样。探索性研究一般采用非随机抽样，而涉及总体性的研究则一般采用随机抽样。抽样的类型见表2-4。

表2-4　抽样的类型

大类别	小类别	含　义
概率抽样	简单随机抽样	总体中的每一成员都有被选中的均等机会
	分层随机抽样	防止样本过于集中，把总体分成互不相容的几组（例如按年龄分），然后对每个组进行简单随机抽样
	分群随机抽样	防止样本过于分散，把总体分解为不同群组，群组之间相似，调研人员从中抽取一组
非概率抽样	方便抽样	调研人员选择人口中最容易接触的成员以获得信息
	判断抽样	调研人员应用自己的判断来选择人口中能提供准确信息的理想成员
	配额抽样	调研人员在几个类型中，对每一个类型按照所规定的人数寻找和访问调查对象

(5) 调研经费预算与日程安排。有价值的调研结果需要时间和金钱。在调研计划中，要根据调研需要做好预算。日程的安排使调研者有紧迫感，又能有条不紊地推进调研计划的执行。需要多长时间完成一次调研要看具体情况，一般小型的商业调查大概需要一个月左右，而全国性的经济调查则可能需要一年左右。

3. 收集信息

输入的如果是垃圾，输出的也一定是垃圾，因此收集数据的质量决定调研结果的质量。

营销调研的数据收集阶段是一个花费最昂贵也是最容易出错的阶段。在进行调查时常会发生四类主要问题：被调查者恰好不在家，因而需要再度访问或替换样本；受访者拒绝合作；受访者的答案具有偏差或不真实；被调查者可能会给予有偏见或不诚实的回答。

常言道，事在人为。调研人员的素质和能力决定信息收集的质量。因此，在调研启动前，一定要对调研人员进行专业知识的培训。比如，明确调研目标，掌握各种访谈技巧，熟练使用各种信息收集工具，了解调研中突发问题的处理方法等。另外，调研负责人的选择也很重要，应该具有深厚的调研知识，同时具有很强的组织能力和质量控制能力。

如果是跨国调研，还要注意文化的差异。例如，拉丁美洲的受访者认为互联网调研缺乏人情味儿，因此在调研的需要加强互动，尽量使受访者感到他们在和一个真人谈话。相反，亚洲人对着真人接受访问会感到有压力，而参与互联网上的在线访问可能更放松，更容易讲真话。

4. 分析信息

分析信息的主要目的，包括分析得到信息的渠道是否可靠，分析信息内容的准确性，分析信息间的相互关系和变化规律。

分析信息的一般程序为：

(1) 编辑整理。首先检查资料的误差。误差一般有两种：一种是抽样误差，由于抽样调查是用部分推断全体，因此推算结果与全体必然有一定误差，因此必须加以测定；另一种是非抽样误差，如统计计算错误，调查表内容设计不当，谈话记录不完整，访问人员的偏见，被调查人员回答不认真或前后矛盾等。错误资料必须剔除。其次，要对信息资料进行评价，即审核其根据是否充分，推理是否严谨，阐述是否全面，观点是否成熟，以保证这个情报资料的真实与准确。最后，剔除对营销决策不重要的信息，以免信息过杂影响决策效率。

(2) 分类编码。为了便于归档、查找、统计、分析，必须将经过编辑整理的资料进行分类编码。如果资料采用计算机处理，那么分类编码尤为重要。

(3) 统计和分析。为了分析信息之间的相互关系和变化规律，根据调查所得到的有用数据和资料，用有关图表表示信息的相互关系及状况，用模型来表达其规律。

5. 展示研究结果

营销人员经过研究以后，向营销经理汇报研究结果，否则容易造成营销经理埋头于大量的数据和复杂的统计技术中，影响决策的效率。另外，研究人员所提出的调查结果应该是与营销决策有关的一些主要研究结果，这样可以减少在决策时的不确定因素。

【引例 2-7】

约翰的教训

纽约地区的调研人员约翰·斯皮尔伯格（John Spielberg）曾谈起他为美国一家大型糖果制造商精心准备的长达 250 页的报告（包括图表和统计数据）的故事。在经历了大约 6 个月的调查后,约翰直接向公司 3 名最高决策者口头汇报。他信心百倍,自以为他的报告中有许多重大发现,包括若干个可开发的新细分市场和若干条产品理念方面的创意。

然而,在听了一个小时的充满事实、数据和图表的汇报后,糖果公司的总经理站起来说:"打住吧,约翰!我听了一个多小时枯燥无聊的数字,完全被搞糊涂了,我想我并不需要一份比字典还厚得多的报告。明天早晨 8 点前务必把一份 5 页纸的摘要放到我的办公桌上。"说完就离开了房间。在此,约翰得到了将使其受益于整个职业生涯的一个教训。

(资料来源:杜明汉. 市场调查与预测 [M]. 大连:东北财经大学出版社,2011:229)

2.2.2 市场调研报告

1. 调研报告的结构

调研报告的结构一般包括:封面、摘要、目录、引言、正文、结论与建议、补充说明、附录八个部分。

(1)封面。写明调研题目、委托单位名称、报告撰写单位(人)和完成日期等。

(2)摘要。以简明扼要的话陈述调研目的、方法、结果及有关建议,以便企业的决策者或主管迅速了解调研的成果,及时采取措施或行动。因此,摘要的撰写决不可忽视。

(3)目录。写明调研报告各部分的标题以及所在的页码(一般细化到二级标题),以便使读者能尽快查阅所需内容。

(4)引言。引言是调研报告的前置部分,主要说明问题的性质,以及调研的意义、时间、地点、对象和范围、方法等与调查者自身相关的情况。

(5)正文。正文是报告的主体部分,是对研究结果有组织、有条理的整理和陈述,因此要求图文并茂,尽可能说明问题,便于读者阅读。

(6)结论和建议。结论是调查和预测的结果。研究者的作用不仅在于向读者提供调查事实,而且应该在事实的基础上得出问题的结论并提供建议。

(7)补充说明。如对特殊问题的说明、调研存在局限性等,以免报告使用者对报告过分依赖。

(8)附录。附录是调研报告的结尾部分,可以附上相关的数据图表、调查问卷、参考资料等。

为什么许多营销调研资料并不能被公司充分利用?

2. 撰写市场调研报告应注意的问题

(1)注意处理好篇幅和质量的关系。篇幅不代表质量,让使用者满意的报告才是高质量的报告。

(2)避免解释不充分或不准确。图表和数据是报告的主要部分,但需要对它们做出清楚的解释。

(3)把握好资料的取舍。根据调查目标取舍资料至关重要,避免报告中充斥与目标无关的资料。

(4)避免提出不可行的建议。如果对企业和市场未充分了解,就应避免提出草率的建议。

（5）避免过度使用定量分析。过度使用定量分析会降低报告的可读性，引起阅读疲劳。

（6）合理设计版面。报告的字体、字号、行距、页边距、黑体字、插图等都不能小视。合理的设计会增加美感，显得专业，为报告增色。

（7）注意细节，消灭差错。如果报告中经常出现错字、漏字，会让使用者对报告的质量产生怀疑。

现在网络调查非常流行，思考网络调查有什么优点？

良好营销调研的七个特征

1. 方法科学。有效的营销调研使用科学方法的原则：仔细观察、建立假设、预测和检验。

2. 具有创意。营销调研最好要能发展出创新方法，以解决某个问题。

3. 方法多样。好的营销研究人员应避免过分依赖一种方法，要强调方法适应问题，而不是问题适应方法。

4. 模型与数据相辅相成。好的营销研究人员普遍清楚用模型来解释数据。

5. 信息的价值和成本。好的营销研究人员应该认真衡量信息的价值与成本之比。

6. 合适的怀疑论。好的营销调研者应对上级提出的有关市场如何运作的假设提出怀疑，对市场神话和市场公论产生警惕。

7. 营销伦理。好的营销研究能给公司和消费者均带来好处。越来越多的消费者认为，营销调研侵犯了他们的隐私权或让他们成为推销伎俩的牺牲品

（资料来源：科特勒，凯勒. 营销管理：第15版［M］. 何佳讯，于洪彦，等译. 上海：格致出版社，上海人民出版社，2016：104）

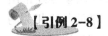

垃圾不说谎

1879年，一个叫Parlin的人尝试把美国《星期六邮报》的广告位推销给一个生产汤罐头的公司，但被拒绝了。理由是，汤罐头的购买者是花钱买方便的有钱人，而报刊的读者却是工薪阶层。

逻辑似乎很对，但这只是一个假设。

Parlin没有继续说服罐头公司，而是跑去费城的垃圾场查看人们扔掉的罐头盒，这是已知消费事实。结果发现，工薪阶层生活圈的罐头垃圾比富人区多。Parlin对罐头公司说，"工薪阶层是汤罐头的主流消费群体，应该投《星期六邮报》。"

这也是一个假设，但它基于事实。

后来，罐头公司在《星期六邮报》投了广告，销售陡增，证明了这个假设。

（资料来源：http://www.chanpin100.com/article/110457. ）

2.3 市场预测

市场调研主要是收集、分析过去和正在发生的营销信息，而营销决策更要面对未来的不确定性。因此，掌握预测的原理和方法、准确预测未来市场的趋势，是营销决策的关键。

【引例 2-9】

任姓商人的发财经历

司马迁在《史记·货殖列传》中记载了一位任姓商人的发财经历。秦朝末年，天下将乱，一般的商人都趁机抢购金银珠宝，囤积这些当时值钱的东西。而任姓商人却把钱拿出去购买大量的粮食储存起来。其他商人笑他不识时务，错过了发大财的机会。秦亡以后，楚汉相争，战乱连年，农民无法安心耕田种地，造成粮食奇缺。这时，任姓商人大量抛售粮食，那些当年抢购珠宝的商人们不得不用他们收藏的珠宝来换取粮食以求活命。结果，该商人大发横财。

（资料来源：杜明汉．市场调查与预测［M］．大连：东北财经大学出版社，2011：175）

2.3.1 市场预测的原理

人们对未来进行预测，都是建立在一定的规律基础上的。

1. 连贯性原理

事物的发展都有一定的连贯性。现在是过去的延续，未来是由过去和现在发展起来的。因此，根据连贯性原理，就可以在了解事物过去和现在的基础上，预测未来。尽管市场瞬息万变，但这种变化在长期过程中也存在一定的连贯性规律，它是时间序列分析预测的依据。

2. 因果原理

任何事物都不可能孤立存在，都是与周围的各种事物相互制约、相互促进的；一个事物的发展变化，必然影响到其他有关事物的发展变化。一因多果或一果多因的现象也经常出现，但有其因就必有其果，这是规律。因此，从已知某一事物的变化规律，推演与之相关的其他事物的发展变化趋势，是合理的，也是可能的。投入产出分析法就是对因果原理的最好运用。

3. 类推原理

许多事物相互之间在结构、模式、性质、发展趋势等方面客观存在着相似之处。根据这种相似性，人们可以在已知某一事物的发展变化情况的基础上，通过类推的方法推演出相似事物未来可能的发展趋势。例如，根据国外某些产品的生命周期、更新换代频率和发展趋势，可以预测我国同类产品的发展过程和发展趋势。

4. 概率原理

人们在充分认识事物之前，只知道其中有些因素是确定的，有些因素是不确定的，即存在着偶然性因素。市场的发展过程中也存在必然性和偶然性，而且在偶然性中隐藏着必然性。通过对市场发展偶然性的分析，揭示其内部隐藏着的必然性，可以凭此推测市场发展的未来。从偶然性中发现必然性，是通过概率论和数理统计方法求出随机事件出现各种状态的概率，然后根据概率去预测对象的未来状态。

2.3.2 市场预测的方法

市场预测是人们对拥有的市场信息和资料进行分析研究，采用一定的科学方法，对未来的市场活动预先进行推断和判断。预测一般分三个阶段：先进行宏观经济预测，然后进行行业预测，最后进行公司市场销售预测。所有预测建立在三个信息基础之上：人们说什么、人们在做什么、人们已经做了什么。

1. 购买者意向调查法

通过抽样方式选择一部分潜在购买者，直接向他们了解某一时期的购买意向，从而推测购买者意向的发展趋势。这种方法是基于这样一种假设：只有潜在的购买者本人最清楚自己将来要购买什么样的产品。一般而言，购买者意向调查法用于工业品预测准确性较高，用于耐用消费品次之，用于日用消费品准确性最差。因此，该方法一般用于工业品和耐用消费品需求的预测。

2. 销售人员意见综合法

当公司不能访问购买者时，可综合销售员的意见进行预测。但是，公司在利用销售员的预测结果时，最好进行某些调整。

为了促进销售员做出较好的预测，公司可向他们提供一些帮助或激励。销售员可能收到一个他过去为公司所做的预测与实际销售对照的记录，以及一份公司在商业前景上的设想等。

吸引销售人员参加预测可获得许多好处。销售员在发展趋势上可能比其他任何一个人更具敏锐性。通过参与预测过程，销售代表可以对他们的销售定额充满信心，从而激励他们达到目标。

课堂思考

销售人员意见法为什么要对预测结果做一些调整？

3. 专家意见法

公司可以偶尔召集专家，就某个特定问题进行预测。专家意见法有三种具体操作形式：

（1）个人估计汇总法。就是要求专家们分别提出自己的估计，然后由一位分析专家汇总这些估计。汇总时，往往采用下面的计算公式

$$预测值 = (最乐观估计值 + 4 \times 最可能估计值 + 最悲观估计值)/6$$

（2）小组讨论法。会议请专家们当面就某个问题做出预测，说明理由，并允许争论。小组集体讨论的优点是集思广益，但同时也存在下列缺点：第一，由于参加者之间存在资历、职务等方面的差异，可能出现"一言堂"。第二，由于害怕对预测结果担当责任，从而出现"随大流"。第三，争论过于激烈，意气用事，影响预测的精度和效率。

（3）德尔菲法。德尔菲是古希腊神话中的神谕之地，城中有一座神殿，据传能够预卜未来。第二次世界大战之后，美国兰德公司提出一种向专家进行函询的预测法，称为德尔菲法。它既可以避免专家会议面对面讨论带来的缺陷，又可以避免个人一次性通信的局限。在收到专家的回信后，将他们的意见分类统计、归纳，然后不带任何倾向地将结果反馈给各位专家，供他们做进一步分析判断，提出新的估计。如此多次往返，意见渐趋接近，得到较好的预测结果。

德尔菲法有以下三个特点：第一，匿名性。参加预测的专家在整个预测过程中并不直接见面，而是以背靠背的方式接受征询。第二，反馈性。德尔菲法的函询征集过程往往是经过几轮反复后才能完成，大量的反馈信息促使专家反复思考，利于专家做出正确判断。第三，收敛性。采用德尔菲法进行预测，一般经过几轮反馈后，在多数情况下，专家的意见会趋于一致。

4. 市场试销法

市场试销法是指在特定时间内向某一特定地区投放小批量新产品或改进过的老产品，用收集到的试销资料进行预测。新产品刚问世时，由于没有历史销售资料，制造商往往不知道市场的需求有多大。同时，由于消费者没有关于新产品的感性认识，购买者意向调查法难以奏效时，一般采用市场试销法。该方法适用范围广，生产和生活资料都可应用此法。其计算公式为

下期预测值＝每单位用户平均消费量×总用户数×重复购买率

例如，某地区对某品牌洗发露50%试用，30%的顾客重复购买，试销区每户平均消费量1.5 L，该城市共有居民400万户，请预测市场需求量。

按上述公式计算可得

预测销售量＝1.5 L×4 000 000×50%×30% ＝ 900 000 L

5. 市场因子推演法

市场因子是指市场中可引起某种商品需要的相关因子。市场因子推演法通过分析市场相关因子来推算某类商品的市场潜量。如每年的结婚人数是家具、耐用家电需求量的市场因子；人口结构的变化、人口增长速度是日用品需求量的市场因子。

例如，某调查公司通过市场调查发现，在当地市场中，每100对新婚夫妇需要购买的成套家用电器（包括冰箱、彩电、洗衣机、微波炉等）为30套。根据调查当地历年结婚对数的资料推测下一年度结婚人数为10 000对，用市场因子推演法预测下一年度新婚市场家用电器的市场潜量为：$Y=Q×N$（Y是预测期商品潜量，Q是相关单位市场因子购买商品数量，N是预测期相关因子总数量）。本例中，Q = 30 套/100 = 0.3 套，Y = 0.3 套×10 000 = 3 000 套。

除了上述5种常见的定性预测方法，还有时间序列分析法、指数平滑法、回归分析法等定量方法，有兴趣的同学可以查阅有关资料进一步学习。

2.3.3 大数据预测

1. 大数据的概念和特征

大数据（Big Data）是指无法在一定时间范围内用常规软件工具进行捕捉、管理和处理的数据集合，需要新处理模式才能具有更强的决策力、洞察发现力和流程优化能力的海量、高增长率和多样化的信息资产。

IBM提出，大数据有5大特征：

（1）Volume：数据量大，包括采集、存储和计算的量都非常大。大数据的起始计量单位至少是P（1000 T）、E（100万 T）或Z（10亿 T）。

（2）Variety：多样化，包括结构化、半结构化和非结构化数据，表现为文字、音频、视频、图片、地理位置信息等，对数据的处理能力提出了更高的要求。

（3）Value：数据价值密度相对较低，或者说是浪里淘沙却又弥足珍贵。信息海量，但

价值密度较低，如何挖掘数据价值成为大数据时代最需要解决的问题。

（4）Velocity：数据增长速度快，处理速度也快，时效性要求高。比如，搜索引擎要求几分钟前的新闻能够被用户查询到，个性化推荐算法尽可能要求实时完成推荐。这是大数据区别于传统数据挖掘的显著特征。

（5）Veracity：数据的准确性和可信赖度，大数据中的内容是与真实世界中的实际情况息息相关的，研究大数据就是从庞大的网络数据中提取出能够解释和预测现实事件的过程。

2. 预测是大数据的核心价值

大数据的核心价值在于预测，而预测的准确性常常决定企业经营的成败。大数据预测的逻辑基础是，每一种非常规的变化在事前一定有征兆，每一件事情都有迹可循，如果找到了征兆与变化之间的规律，就可以进行预测。大数据预测无法确定某件事情是否必然会发生，它更多是给出一个事件会发生的概率。

依靠大数据技术的分析与预测能力，可以进行精准营销，让促销信息在合适的时间，通过合适的载体，以合适的方式，投给合适的人。大数据在企业中的应用还有很多，如为快递车辆规划实时交通路线，躲避拥堵；以利润最大化为目标帮助企业定价和清理库存；分析顾客的消费行为；从大量客户中快速识别出金牌客户；使用点击流分析和数据挖掘来规避欺诈行为。

3. 大数据预测的思维变化

大数据预测具有更大的数据维度、更快的数据频度和更广的数据宽度。与以前（小数据时代）相比，大数据预测的思维具有三大改变：

（1）从抽样到全样。在小数据时代，由于缺乏获取全体样本的手段和能力，人们发明了"随机抽样"的方法。抽样只能提供总体的一般资料，而缺少详细的分类资料，在一定程度上难以满足对市场经济活动分析的需要。此外，当抽样数目不足时，还会影响调查结果的准确性。然而随着云计算和大数据技术的出现，使得获取足够大的样本数据乃至全体实际数据成为可能。

（2）从精确到效率。小数据时代由于使用抽样的方法，因此需要在数据样本的具体运算上非常精确，否则就会"差之毫厘，失之千里"。例如，在一个1亿人口的总样本中随机抽取1000人进行人口调查，如果在1000人上的运算出现错误，那么放大到1亿人时，偏差将会很大。但在全样本的情况下，有多少偏差就是多少偏差，而不会被放大。有时候，当掌握了大量新型数据时，精确性就不那么重要了，因为我们仍然可以掌握事情的发展趋势。大数据基础上的简单算法比小数据基础上的复杂算法更加有效。数据分析的目的并非数据分析，而是用于决策，故而时效性也非常重要。

（3）从因果性到相关性。因果关系是指当一个作为原因的数据发生变化时，另一个作为结果的数据也在一定程度上发生变化，这两个数据存在着必然联系。相关关系是指当一个数据发生变化时，另一个数据也可能随之变化，而不论这两个数据有没有因果联系。相关关系有可能是正相关也有可能是负相关，有可能是强相关也有可能是弱相关。大数据时代的预测思维是要重点关注事物之间的相关性，而非因果性。

需要提醒的是，在大数据时代，不要淹没在数据中丧失了独立思考的能力，否则，很容易被数据带偏而做出错误的决策。例如，来自男性账户的消费未必是男性完成的，战斗机上需要加厚钢板的地方并非弹孔最多的地方。

【引例 2-10】

大数据在京东商城的应用

京东配送服务的快速和优质，除了有较为强大的仓库系统作为支持之外，在很大程度上也离不开大数据技术的有效支持。京东商城能够根据消费者的购买数据对不同商品的供给和需求情况进行分析，根据该分析结果再对商品进行调配和管理，从而大大减少货物的跨区域调度。

京东通过数据平台的有效使用为用户制定标签和画像。同时，京东可以根据用户的浏览和交易不断进行标签更新，这就可以更好地为用户推荐他们更感兴趣的商品，同时还可以根据用户使用商品之后的反馈信息再一次完成标签的更新。

京东平台有效利用大数据之后，对消费者的购物习惯和喜好进行了有效的获取和分析，从而找到了相似的潜在客户，并对可能受到用户欢迎的产品进行了预测并推出。与传统的电商相比，京东具有极大的优势，使得大数据技术的价值得到了更高的体现。京东的相关数据显示，女性网购用户数量在过去 5 年快速增长，于是京东平台将更多的注意力放在了女性购物习惯上面。且在这 5 年时间内，京东的交易额迅速增长，几乎增长了 10 倍，这在很大程度上是离不开大数据的支持的。

（资料来源：苗莉．大数据分析在电商行业的运用实践之研究［J］．营销界，2020（16）：64-65.）

2.4 能力实训

2.4.1 营销思辨：调研应该定性还是定量

第 2 章 小结

在调研方法或技巧方面，营销人员各有偏好，有些人喜欢通过定性研究方法深入了解消费者态度与产品品牌的相关信息，有些人则认为只有采用量化的调研方法才更科学。

辩论双方

正方：营销调研应当采取定量研究方法。

反方：营销调研应当采取定性研究方法。

2.4.2 案例讨论：亚马逊的"大数据"生存

第 2 章 案例讨论

"数据就是力量。"亚马逊是通过数据挖掘实现商业价值的先驱，如今它也是运用大数据最成熟的公司之一。亚马逊以线上书店起家，但创始人贝索斯并不是因为爱书而开书店，创设网上书店的意图是收集高收入、高学历用户的资料。在掌握了数百万条消费者数据后，亚马逊就可以把所有东西低价卖给他们了。

亚马逊建立了"以数据为中心"的企业文化，员工在做提案时，必须有数据支持，否则很难通过。曾经有次开会，一位员工说"我以为……"，后来觉得不对，赶紧改口道："不，不，数据认为……"亚马逊雇用了很多数学、计算机工程方面的优秀人才，赋予其员工独立研究和分析企业相关数据的权利，鼓励员工自由地探索和运用数据。

亚马逊利用其先进的数据驾驭技术向用户提供个性化推荐，甚至追踪买家在亚马逊的每一个行为，比如他们的鼠标在页面上停留的位置。亚马逊还分析客户端的采购记录、历史行为、购买行为之间的关联性和购买偏好，同时建立客户端的人群模型，更加深入地了解客户的需求和喜好，帮助客户最快速买到想要的产品，提升购物体验，并建立长期的用户关系。

亚马逊在业内有"推荐系统之王"的称号。它的系统是花巨资用十几年时间搭建并不断完善的，一直孜孜不倦地收集商品和用户数据，这并不是随便一家电商用很先进的算法就能做到的。贝索斯曾说：我们能做的就是利用先进技术，例如联合过滤（推荐系统最经典算法）以及其他技术来加快找书速度。比如，如果你今天走进一家书店，发现一本让你爱不释手的书的可能性是 1/1000，我们利用技术来了解你本人，并使这种机会增加到 1/300，然后是 1/100。经过几年的努力后，这个概率变成 1/50……这将为人们创造巨大价值。

在亚马逊的带领下，越来越多的电商公司开始使用这种个性化推荐系统，而这种基于海量数据的推荐，也是大数据早期运用的一种形式。个性化系统不仅针对顾客，也针对其他销售商，例如，亚马逊向他们推荐可以在库存中加入的新产品，推荐特定产品的最佳配送模式等。

在个性化推荐之外，亚马逊在物流上也把大数据玩得风生水起。基于云技术、机器学习和大数据分析系统，实现自动预测、自动采购、自动补货、自动分仓，并根据客户需求智能调整库存，精准发货，对海量库存进行自动化、精准化管理。大数据驱动的仓储订单运营非常高效，在一些亚马逊运营中心最快可以在 30 分钟内完成整个订单处理。

在亚马逊全球运营中心，大数据应用从入库这一刻就开始了。亚马逊基于经验和历史数据，了解什么样的产品容易坏、坏在哪里，然后给它们预包装。亚马逊智能系统可以洞察到每小时、每一个品类，甚至每一件商品的单量变化，让单量预测的数据细分到一个国家各个运营中心、每一条运输线路和每一个配送站点，提前进行合理的人力、车辆和产能安排。亚马逊还申请了"预测试发货"的专利，即通过对用户数据的分析（包括之前的订单、商品搜索记录、愿望清单、购物车，甚至用户鼠标在某件商品上的悬停时间），在他还未下单前就将包裹寄出。

在亚马逊运营中心，无论在什么时间和区域，都不会有很多人围在一起，因为后台有一套数据算法，它会给每个人随机优化拣货路径。拣货员工直接向前走，不走回头路，系统会推荐下一个拣货点儿在哪儿，而且确保全部拣完之后，路径最短，效率最高。

亚马逊不但根据各类数据分析为客户提供服务，还为自身发展决策提供依据。贝索斯一直坚持，亚马逊的每个重要决定都依据数据。自创立至今，亚马逊始终不变的是对数据终极的追求。亚马逊首席科学家曾说："未来企业的运作，不是靠石油，也不是靠电力，而是靠关键数据"。

（资料来源：易简. 亚马逊的"大数据"生存 [J]. 黄金时代，2017（9）：24-25. 有改动）

问题讨论

1. 亚马逊从卖书到卖各种货品，体现了什么样的互联网思维？我国有哪些企业应用了这种策略？请举例说明。

2. 亚马逊的推荐系统和"预测试发货"专利是建立在什么基础上的？请举例说明。

2.4.3 实践应用：确定调研问题

在一项关于耐用品销售公司的调研中，管理决策问题是如何应对市场占有率持续下滑态势，而调研者确定的调研问题是调整价格和加大广告力度，以提高市场占有率。你认为这样对吗？为什么？应该怎样确定调研的问题？

2.4.4 学习笔记：总结·记录·关联

总结	自己动手，总结本章的学习要点
记录	记录下老师补充的新知识
关联	联系自身，你认为本章对你成长最有价值的知识是什么？为什么

第3章 分析市场营销环境

能够生存下来的物种,并不是那些最强壮的,也不是那些最聪明的,而是那些对变化做出快速反应的。

——达尔文

开篇案例

"员工共享"用工模式

2020年一月下旬开始,一场突如其来的新型冠状肺炎疫情肆虐全国,给全国人民的生产生活带来了巨大的影响,餐饮、酒店、线下零售、旅游、文娱等劳动密集型产业均受到了巨大冲击。据国家统计局发布的最新数据显示,2020年第一季度,餐饮收入6026亿元,同比下降44.3%;商品零售72553亿元,下降15.8%;仅这两项累计经济损失就超过14000亿元。

业务暂停一方面造成企业收入降低,现金流紧张;另一方面造成员工无法正常上班,而工资支出又让企业不堪重负。就以餐饮业的西贝莜面村为例,疫情严重期间,全国400多家西贝莜面村堂食业务基本停业,春节前后一个月营业收入损失大概7亿多元人民币。同时,疫情导致企业近2万名员工无法正常上班,一个月工资支出1.56亿元。与餐饮业寒冬形成鲜明对比的是,线上零售业务的订单数量却逆势增长,订单数量的暴增,造成大一些企业在供应链中间的分拣、摆架及物流配送等环节人员紧缺,出现了暂时"用工荒"。不同企业在同一时期"冰火两重天"的用工现状,让员工共享(Employee Sharing)这一用工模式应运而生。典型的案例是阿里巴巴旗下盒马鲜生和北京心正意诚餐饮有限公司旗下品牌云海肴、青年餐厅合作,把赋闲的餐饮岗位员工充实到物流快递大军中去,解决了特殊时期餐饮行业待岗人员收入问题。

(资料来源:屈冠银."员工共享"与"工作共享"比较研究[J]. 北京劳动保障职业学院学报,2020(02):21-25.)

企业总是在一定的外界环境条件下开展市场营销活动,而这些外界环境条件是不断变化的。一方面,它既给企业创造了新的市场机会;另一方面,它又给企业带来了某种威胁。因此,市场营销环境对企业的生存和发展具有重要意义。

3.1 营销环境的总体认知

3.1.1 营销环境的内涵和特点

1. 市场营销环境的含义

市场营销环境泛指一切影响和制约企业市场营销决策和实施的内部因素和外部因素的总

和。一般来说，市场营销环境主要包括两方面的构成要素（图3-1）：一是微观环境，又称直接环境，是指与企业紧密相连，直接影响其营销能力的各种参与者，这些参与者包括企业的供应商、营销中介、最终顾客、竞争者，以及社会公众和影响营销管理决策的企业内部各个部门；二是宏观环境，又称间接环境，包括人口、经济、政治、法律、科学技术、社会文化，及自然地理等多方面的因素。

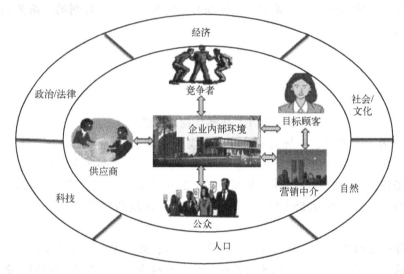

图 3-1　营销环境的构成

2. 市场营销环境的特点

市场营销环境是一个多因素、多层次而且不断变化的综合体。其特点主要表现在：

（1）客观性。企业总是在特定的社会经济和其他外部环境下生存、发展的。企业只要从事市场营销活动，就不可能不受到各种各样环境因素的影响和制约。

（2）差异性。市场营销环境的差异性不仅表现为不同的企业受不同环境的影响，而且同样一种环境因素的变化对不同企业的影响也不尽相同。

（3）相关性。市场营销环境是一个系统，在这个系统中，各个影响因素是相互依存、相互作用和相互制约的。例如，爆炸式人口增长（人口）导致了资源在更大程度上的消耗和污染（自然环境），这使得消费者要求进一步的法律保护（政治法律），从而刺激了新技术和新产品的产生，如果人们承担得起（经济因素），它就会改变人们的观念和行为（社会文化）。

（4）动态性。营销环境总是处在一个不断变化的过程中，唯一不变的就是变。当然，市场营销环境的变化是有快慢大小之分的。例如，科技、经济等因素的变化相对较快、较大；而人口、社会文化、自然因素等的变化相对较慢、较小。

（5）不可控性。影响市场营销环境的因素是多方面的，也是复杂的，并表现出企业不可控性。例如，一个国家的政治法律制度、人口增长以及一些社会文化习俗等，企业不可能随意改变。而且，这种不可控性对不同企业表现不一，有的因素对某些企业来说是可施加一定影响的，而对另一些企业则可能是完全不可控的；有些因素在今天是可控的，而到了明天则可能变为不可控因素。

课堂思考

营销者对环境的正确态度是什么？

3.1.2 未来环境十大趋势

趋势是事物持久的发展方向，反映了未来的可能状况，具有长期性。冯仑在《野蛮生长》一书中有精辟的论述："机会是短趋势，趋势是大机会。"只有把握趋势，预先做到了应该做的事情，才能取得大成功。

参考美银美林集团近期发布的《主题投资——改变世界的21世纪20年代》研究报告，对于一名营销者来说，2020年以后的下一个10年，下列一些趋势值得注意：

1. 全球化之路不再平坦

畅销书《世界是平的》中的观点需要修正了，全球化的道路开始变得曲折起伏：全球贸易保护主义抬头，贸易战和关税壁垒、民粹主义、企业回流和本地生产、通货膨胀导致宏观环境变得越来越不确定，但是小型公司、本土市场、曾经不受欢迎的实体类资产将得到更多机会。

2. 经济发展速度进一步趋缓

全球制造业衰退、债务违约风险将不可避免地引起全球经济衰退。据美银美林集团发起的调查显示，超过90%的全球基金管理人认为全球经济已走到晚期。受国际大环境影响，我国经济增速也有所放缓，从数量增长逐渐转向质量提升。

3. 人口结构将发生巨大变化

未来十年，全球人口将增加10亿，人口结构将发生巨大变化，人口老龄化问题越来越严峻，联合国的数据显示，全球老年人口已多过儿童人口。

4. 生态环境问题会更受重视

收入的提高使人们更加关注生存环境和健康问题。然而，全球变暖和生态环境恶化正威胁着人类的生命健康。未来十年是实施清洁能源解决方案的十年，这将刺激全球经济朝着更加绿色的方向发展。化石能源将向清洁能源转变、一次性塑料将向可持续包装转变、汽油汽车将向电动汽车转变、传统投资方式将向ESG（环境、社会、治理）投资方式转变。

5. 未来科技竞争日趋激烈

未来，无论是国家之间还是企业之间，科技的竞争将越来越激烈。大国之间的竞争将导致科技的两极化。未来是中美两国科技竞争的十年，尤其在量子计算、半导体、人工智能、5G通讯、网络安全方面。到2030年，我国或将成为互联网、人工智能领域的领导者。事实上，在互联网应用领域，我国早已走在了美国的前面。

6. 办公环境和娱乐虚拟化

未来的工作环境会变得虚拟化。按需服务的会议场所和虚拟会议系统会越来越流行。未来，优质的语音电话、视频电话、视频会议等交互平台将会有非常不错的前景。越来越多的虚拟设备将带给我们不一样的娱乐体验，比如戴上VR眼镜可以让我们看到一个虚拟世界，真实而有趣。

7. 文化成为重要营销力

文化就像空气，从来就有，但人们并非从来都能意识到它的存在，并极大地关注它。随着生活的富足、文明的进步，人们越来越追求生活品位，文化自然也会成为越来越重要的营销竞争力。

8. 机器人和全面智能化时代的到来

在 2030 年或 2035 年之前，大量工作岗位将被智能机器人所取代。根据摩尔定律，在 2030 年之前，AI 即将变得和人类一样智能。据美银美林集团和联合国的观点，全球的智能城市化将成为城市化的最大赛道。在智能城市的大概念下，将有一系列智慧产业诞生，每个智慧产业都将不再孤立，而是得与其他智能产业形成联动。

9. 未来，使用权将优于拥有权

Uber 是全球最大的出租车公司，但是 Uber 本身不拥有车。Facebook 是全球最大的社交媒体，但 Facebook 不产出内容。阿里巴巴是全球最大的零售商，但是阿里巴巴自己是没有库存的。Airbnb 是全球最大的酒店集团，但是 Airbnb 没有酒店。如此看来，拥有权已经不像原来那么重要了。这种趋势带给我们的好处也越来越明显，我们将不必不停地去找库存，不需要做备份，因为我们能够随时随地地实时获取我们所需要的内容。

10. 太空将成为探索的最后边界

未来，太空产业将进入私营时代，这使得人类"逃离"地球变为现实。太空产业未来十年的趋势将包括：可回收利用的火箭、太空旅行、太空产业商业化等。随着运载火箭的成本降低、微小卫星的需求爆发，在风险投资的助推下，航天产值或在 2030 年之前突破万亿美元大关。现在还只停留在科幻片中的天基卫星通信网、太空旅游、太空采矿、商用空间站、微重力工厂等太空生态，绝非遥不可及，贴近普通人的生活也许只需十几年。

3.2 分析宏观环境

3.2.1 政治法律环境

政治因素像一只有形的手，调节着企业营销活动的方向；法律是企业的行为准则，约束着企业的行为。政治与法律相互联系，共同对企业的市场营销活动产生影响。

1. 政治环境因素

政治环境主要包括政治局势、国家方针政策、国际关系等内容。如果政局稳定，生产发展，人民安居乐业，企业就会享受良好的营销环境。相反，政局不稳，社会矛盾尖锐，战争、暴乱、罢工、政权更替、国际冲突等政治事件不断发生，就有可能对企业营销活动产生不利影响。各个国家在各个时期，根据各自的需要会颁布一些经济政策，还会制定出经济发展方针，这些方针、政策不仅会影响本国企业的营销活动，还会影响外国企业在本国市场中的营销活动。在强大的政治力量面前，企业的力量往往显得很弱小。

【引例 3-1】

特朗普称：TikTok 没卖就关门

时任美国总统特朗普表示，TikTok 必须在 2020 年 9 月 15 日前卖出，不会延长交易期限。他说："我们将看看会发生什么事，要么将其关闭，要么出售。不会延长 TikTok 的期限。"

8 月 6 日傍晚，特朗普签署行政令：将禁止美国民众或美国管辖范围内的财产与 TikTok 进行任何交易，任何违反该命令的个人和公司都可能面临制裁。该行政令发布后 45 天后生效。8 月 14 日，特朗普再次签署行政令，要求字节跳动公司在 90 天内剥离 TikTok 在美业务。特朗普称，有可信证据表明该公司可能采取威胁美国家安全的行动。

迫于美政府"制裁大棒"压力，字节跳动已就出售 TikTok 一事与包括微软、甲骨文、沃尔玛等美企展开洽谈。

中国外交部发言人汪文斌在 8 月 6 日例行记者会上曾表示，蓬佩奥等美国政客一再以维护国家安全为借口，滥用国家力量打压、遏制中国高科技企业，中方对此坚决反对。美方有关做法根本没有任何事实依据，完全是恶意抹黑和政治操弄，其实质是要维护自身的高科技垄断地位，这完全违背了市场原则和国际经贸规则，严重威胁着全球产业链、供应链安全，是典型的霸权行径。

（资料来源：https://www.fx168.com/fx168_t/2009/4193045.shtml. 有改动）

2. 法律环境因素

企业营销人员必须熟悉法律环境，密切关注与本企业有关的国际、国内法律法规等，使企业的经营在合法的轨道上运行；同时，善于运用法律武器来维护企业的正当合法权益。目前，我国正在逐步加强市场方面的法律建设，概括起来，相关法律主要有三类：一是保护公平竞争的法律，如《中华人民共和国反不正当竞争法》《中华人民共和国合同法》《中华人民共和国专利法》《中华人民共和国商标法》《中华人民共和国广告法》等；二是保护消费者权益的法律，如《中华人民共和国食品安全法》《中华人民共和国产品质量法》《中华人民共和国消费者权益保护法》等；三是保护社会公众长远利益的法律，如《中华人民共和国环境保护法》《中华人民共和国大气污染防治法》等。

3.2.2 经济环境

市场是由具有一定购买力和购买欲望的人构成的，购买力则受直接经济环境的影响比较大。了解经济环境需要认识以下常用概念：

（1）消费者个人方面的收入。消费者个人可以从各种渠道获得收入，如消费者个人的工资、退休金、分红、租金、赠予等。在个人收入中，扣除税款和非税性负担后所得余额，是个人收入中可以用于消费支出或储蓄的部分，它构成实际的购买力，称作个人可支配收入。在个人可支配收入中减去用于维持个人与家庭生存不可缺少的费用（如房租、水电、食物、燃料、衣着等项开支）后剩余的部分是可任意支配收入。这部分收入是消费需求变化中最活跃的因素，一般用于购买高档耐用消费品、旅游、储蓄等，它是影响非生活必需品和劳务销售的主要因素。

(2) 家庭收入。很多产品是以家庭为基本消费单位的,如冰箱、抽油烟机、空调等。因此,家庭收入的高低会影响很多产品的市场需求。

需要注意的是,企业营销人员在分析消费者收入时,还要区分"货币收入"和"实际收入",它们会受通货膨胀的影响。

一个国家出现通货膨胀,对开展营销工作有利还是不利?

(3) 国内生产总值(GDP)和人均 GDP。GDP 指的是在一国国土内所有的生产要素,包括劳动力、资本和资源等,在一定时期内所生产并实现销售的最终产品和服务的价值总和。GDP 包括本国企业在本国内投资带来的产出,以及由外国企业在东道国投资(即 FDI)所带来的产出。目前,GDP 是国际上通行的用来衡量国家宏观经济发展水平的统计指标。GDP 除以人口总数,就是人均 GDP。我国 2019 年的 GDP 总量为 99.09 万亿元人民币,已稳居世界第二。但是,我国 2019 年的人均 GDP 才刚突破 1 万美元,大概为 1.03 万美元左右,尚未达到世界平均水平。

(4) 恩格尔系数与消费结构的变化。随着消费者收入的变化,消费者支出模式会发生相应变化,继而使一个国家或地区的消费结构也发生变化。西方一些经济学家常用恩格尔系数来反映这种变化。恩格尔系数是指食品支出占个人消费支出的比重。恩格尔系数表明,在一定的条件下,当家庭个人收入增加时,收入中用于食物开支部分的增长速度要小于用于教育、医疗、享受等方面的开支增长速度。

课堂思考

查一下我国的恩格尔系数是多少?和西方发达国家相比有什么差距?

(5) 消费者储蓄和信贷情况的变化。消费者的购买力还要受储蓄和信贷的直接影响。消费者个人收入不可能全部花掉,总有一部分以各种形式储蓄起来,这是一种推迟了的、潜在的购买力。企业营销人员应当全面了解消费者的储蓄情况,尤其是要了解消费者储蓄目的的差异。储蓄目的往往会影响潜在需求量、消费模式、消费内容和消费发展方向。

消费信贷是消费者凭借个人信用先取得商品使用权,然后按期归还贷款的消费方式。如赊销、分期付款。我国信贷消费在汽车、房地产行业的实施大大促进了这两个行业的发展。

课堂思考

我国是一个经济发展不平衡的国家,东部和西部、城市和农村的消费水平存在较大差异。营销者应该如何适应这种环境?

需要说明的是,在经济全球化时代,营销者不能孤立看待一国的经济环境,要学会用全球视角审视经济环境给企业带来的机遇和威胁。例如,美国的过度消费引发了金融危机,进而造成全球经济陷入低迷,我国许多出口企业也受到严重影响。

3.2.3 社会文化环境

社会文化是指一个社会的教育水平、语言文字、价值观念、审美观、宗教信仰等的总和。社会文化因素通过影响消费者的思想和行为来影响企业的市场营销活动。因此，企业在从事市场营销活动时要重视对社会文化的调查研究。

1. 教育水平

一个国家、一个地区的教育水平与经济发展水平往往是一致的。不同的文化修养表现出不同的审美观，购买商品的选择原则和方式也不同。一般来讲，教育水平高的地区，消费者对商品的鉴别力强，容易接受广告宣传和新产品，购买的理性程度高。因此，在设计产品和制定产品策略时，应考虑当地的教育水平，使产品的复杂程度、技术性能与之相适应。另外，企业的分销机构和分销人员受教育的程度也对企业的市场营销有一定影响。

2. 语言文字

语言文字是人类交流的工具，属于表层文化。不同国家、不同民族往往都有自己独特的语言文字，即使同一国家，也可能有多种不同的语言文字，即使语言文字相同，也可能表达和交流的方式不同。营销者应注意语言文字因翻译造成的沟通问题。

【引例3-2】

品牌翻译中的问题

通用汽车公司生产的"Nova"牌汽车在美国非常畅销，而在一些拉美国家一度少人问津。这是因为在西班牙语中，"Nova"是"不走"的意思。美国另一家汽车公司生产了一种牌子叫"Cricket"（奎克脱）的小型汽车，这种汽车在美国很畅销，但在英国却不受欢迎，其原因就在于"Cricket"一词有蟋蟀、板球的意思，美国人喜欢打板球，"Cricket"因而这款车很受欢迎；但在英国，人们不喜欢玩板球，所以人们也就不喜欢牌子叫板球的汽车。后来，通用公司把其在英国的产品改名为"Avenger"，意思是复仇者，意在说明它很有力量，结果很受欢迎，销量大增。同样，"Matador"（马塔多）牌汽车通常是刚强、有力的象征，但在波多黎各，这个名称意为"杀手"，在交通事故死亡率较高的地区，这种含义的汽车肯定不受欢迎。我国以"白象"为品牌的产品很多，出口到西方国家却无人问津，因为"白象"一词在英语中有"废物"的含义。美国一家销售"PetMilk"（皮特牛奶）的公司，在国内说法语的地区推销就遇到了麻烦，因为"Pet"在法语里有"放屁"的意思，那么"PetMilk"当然也就难以有好的销路。新西兰的"Stinger"风味酒在我国市场上开始时翻译为"时定"，结果因和我国南方方言中的"死定"谐音而销路不畅，后来改为"星格"情况才好转。可见，语言文字的差异对企业的营销活动有重大影响。企业在开展市场营销，尤其是给产品命名时，应尽量了解市场国的文化背景，掌握其语言文字的特点，这样才能使营销活动顺利进行。

（资料来源：张京智. 国际营销学教程 [M]. 北京：对外经济贸易大学出版社，2003：28）

3. 价值观念

价值观念是人们对社会生活中各种事物的态度、评价标准和崇尚风气。在不同的文化背景下，人们的价值观念差别是很大的，而消费者对商品的需求和购买行为深受其价值观念的影响。例如，东方人将群体、团结放在首位，而西方人则注重个体和个人的创造精神。我国整体上崇尚节俭，以储蓄消费为主；而西方一些国家崇尚个人享受，因此信贷消费非常流行。

时空观和审美观是影响营销行为的重要价值观。

【引例 3-3】

不同国家的时间观念和空间观念

时间观念是价值观念的重要组成部分，也是重要的文化特征。以美国、德国为代表的发达国家时间观念普遍很强。"时间就是金钱"便是很好的说明。而一些经济落后国家普遍缺乏时间观念。尼日利亚关于时间的谚语是："不是时钟发明了人类。"埃塞俄比亚认为："只要等得久，鸡蛋也会走。"了解时间观念的差异对于营销决策是有益的，因为节省时间的产品在时间观念强的国家会受到欢迎，在时间观念差的地区却未必销得好。在时间观念强的地区，营销人员必须准时，讲究效率；在时间观念差的国家，则要做好打"持久战"的准备。

在空间观念上，各国也存在不少差异。美国人认为，大的就是好的。因此，美国人的公司里，办公桌一般按职务等级或声望高低来分配，而不是按实际需要进行分配。董事长拥有最大的办公室，其次是执行副董事长，以此类推。日本人可以几个人共用一张办公桌，而美国人对此会感到很不自在。美国人往往把经理人员的办公室同所属机构的工作场所分隔开来，法国人则喜欢把经理人员的办公室设在所属机构中间。南美洲人同别人谈生意时，总是靠得很近，几乎是鼻尖对鼻尖，而美国人普通商务会谈要求保持比较远的距离，极其私人性的事情才要求保持较近的距离。因此，在南美洲国家的人和美国人谈生意时，常常是美国人往后退，南美洲人向前进，结果不欢而散。

(资料来源：屈冠银. 市场营销理论与实训教程 [M]. 北京：机械工业出版社，2009：55)

4. 审美观

审美观通常指人们对事物的好坏、美丑、善恶的评价。不同的国家、民族、宗教、阶层和个人，往往因社会文化背景不同，其审美标准也不尽一致。如对外表的看法，有的以"胖"为美，有的以"瘦"为美。不同的审美观对消费的影响是不同的，企业应针对不同的审美观所引起的不同消费需求来开展自己的营销活动，特别要把握不同文化背景下消费者的审美观念及其变化趋势，制定良好的市场营销策略以适应市场需求的变化。

5. 宗教信仰

不同的宗教信仰有不同的文化倾向和禁忌，从而影响人们的消费行为，特别是在一些信奉宗教的国家和地区，宗教信仰对市场营销的影响力更大。一种新产品上市后，宗教组织有时会提出限制和禁止使用，认为该商品与该宗教的信仰相冲突。相反，有的新产品的出现得到了宗教组织的赞同和支持，教徒就会告知购买、使用。

营销视野

几种主要的价值观

人们几乎是不知不觉地接受了以下这些信仰和价值观，并以此界定关于自己、他人、组织、社会、自然及宇宙之间关系的看法。

(1) 对自身的看法。在 20 世纪 60 年代和 70 年代的美国，"寻欢作乐者"追求快乐、改变和逃避现实，其他人则追求"自我实现"。今天，部分美国人趋向保守，而我国消费者则更开放，休闲生活越来越流行。

（2）对他人的看法。人们关心无家可归者、受害者及其他特殊人群。同时，人们寻求与"同道中人"保持认真且持久的联系，并回避陌生人。这预示着，促进社会交往的产品和服务（如健康俱乐部、网络聊天工具、度假和宗教活动等）市场将扩大。同时，让人不再孤单的产品（如电视、家用电子游戏机等）的市场将会有所发展。

（3）对组织的看法。今天，人们对组织的忠诚度有所下降，因此企业需要寻找新的途径去赢得消费者和员工的信任，需要保证自己是好的社会公民，并保证自己所传递的信息是真实可靠的。

（4）对社会的看法。人们对所处社会的态度各不相同：有人保卫它，有人管理它，有人接受它，有人想改变它，有人深入地探寻它，有人想逃避它。通常，人们的消费方式反映出对社会的态度。比如，逃避者是电影、音乐、冲浪和野营行业的主要目标人群。

（5）对自然的看法。人们已经体会到大自然的脆弱和资源的有限。企业开始提供更多种类的与大自然亲近的产品或服务，如露营、远足、划船、钓鱼等活动需要的靴子、帐篷、背包和其他相关产品。

（6）对宇宙的看法。尽管美国人的宗教信仰和习俗随着时间的流逝在日益淡薄，一些传教活动仍在努力将人们重新引入有组织的宗教活动中。还有些人对东方宗教、超自然、人类潜能活动等感兴趣。

（资料来源：科特勒. 营销管理 [M]. 15版. 何佳讯，等译. 上海：格致出版社，2016：70-71.）

6. 风俗习惯

风俗习惯是人们根据自己的生活内容、生活方式和自然环境，在一定的社会物质生产条件下长期形成，并世代相袭而成的一种风尚，以及由于重复、练习而巩固下来并变成需要的行动方式的总称；其在饮食、服饰、居住、婚丧、信仰、节日、人际关系等方面，都表现出独特的心理特征、伦理道德、行为方式和生活习惯。不同的国家、不同的民族有不同的风俗习惯，它对消费者的消费嗜好、消费模式、消费行为等具有重要的影响。

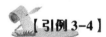
【引例3-4】

文化的影响无处不在

与我国类似，日本人崇拜仙鹤，认为仙鹤能带来好运，而且传说仙鹤可以活到1000岁。另外，中文和日语中的"4"都与"死"同音，于是日本出售的茶杯通常是五件套而不是四件套。西方人则讨厌"13"，因此许多高楼没有13层。我国偏好数字6，8，9，尤其对"8"情有独钟，因为在中华文化中，"8"意味着"繁荣"与"发达"。北京奥运会把开幕时间定在2008年8月8日晚8点8分，即是体现。

（资料来源：凯特奥拉吉利，格雷厄姆. 国际市场营销学 [M]. 赵银德，等译. 北京：机械工业出版社，2017：107-108，有改动）

3.2.4 自然环境

自然资源是指自然界提供给人类各种形式的物质财富，如矿产资源、森林资源、土地资源、水力资源等。这些资源分为三类：一是"无限"资源，如空气、水等；二是有限但可以更新的资源，如森林、粮食等；三是有限且不可再生资源，如石油、锡、煤、锌等矿物。自然资源是进行商品生产和实现经济繁荣的基础，和人类社会的经济活动息息相关。地理环境是指一个国家或地区的地形地貌和气候，是企业开展市场营销所必须考虑的因素，这些地理特征对市场营销有一系列影响。例如，气候（温度、湿度等）与地形地貌（山地、丘陵等）特点，都会影响产品和设备的性能和使用。

企业要避免由自然地理环境带来的威胁，要想最大限度地利用环境变化可能带来的市场营销机会，就应不断地分析和认识自然地理环境变化的趋势，根据不同的环境情况来设计、生产和销售产品。同时，企业在充分利用环境的同时还要注意保护环境。

【引例3-5】

产品设计和包装都需要考虑气候影响

纬度、湿度和温度等会影响到产品和设备的用途及功能。某些在温带地区能够正常使用的产品到了热带地区可能就无法正常使用了，要想仍然正常使用，往往需要经过专门设计或添加润滑剂。例如，一些制造商发现在美国使用的建筑设备往往需要进行改装后才能适应撒哈拉沙漠的热浪和沙尘。我国南方的一家公司向中东地区装运了一船玻璃，玻璃采用木条框包装，内垫普通干草以防玻璃破碎。结果到达目的时，玻璃碎了。原来当木条包装到了干燥的中东地区，干草因空气湿度大幅下降而更加干枯，从而失去了保护功能。

即使在同一个国家，气候也会有很大差异，产品也因此需要改动。在加纳，能够适应整个加纳市场的产品必须能够适应沙漠地带极端炎热、干燥的气候，又能适应热带丛林地区的连绵阴雨。欧洲大陆的气候差异也迫使西门子公司对洗衣机产品做出调整：由于德国和斯堪的纳维亚半岛阴晴不定，因此在这两个地区销售的洗衣机的转速最低不低于每分钟1000转，最高不超过每分钟1600转，从而保证从洗衣机里拿出的衣物甩干得更充分，因为室外很难晾晒衣物。相反，在意大利和西班牙，由于阳光充足，洗衣机转速达到每分钟500转就足够了。

（资料来源：凯特奥拉，吉利，格雷厄姆. 国际市场营销学：第17版［M］. 赵银德，等译. 北京：机械工业出版社，2017：61）

3.2.5 人口环境

人口是构成市场的第一位因素，因为市场是由那些想购买商品同时又具有购买力的人构成的。人口的规模、年龄结构、性别结构、地理分布、婚姻状况、出生率、死亡率、密度、流动性及其文化教育等特性，都会对市场格局产生深刻影响，并直接影响企业的市场营销活动和经营管理。

1. 人口数量与增长速度对企业营销的影响

首先，人口数量是决定市场规模的一个基本要素，人口越多，如果收入水平不变，对食物、衣着、日用品的需要量就越多，市场也就越大。因此，按人口数目可大略推算出市场规模。我国有 14 亿人口，无疑是一个巨大的市场。其次，人口的迅速增长促进了市场规模的扩大。而另一方面，人口的迅速增长也可能会给企业营销带来不利的影响。比如，人口增长可能导致人均收入下降，限制经济发展，从而使市场吸引力降低。

2. 人口结构对企业营销的影响

人口结构主要包括人口的年龄结构、性别结构、家庭结构、社会结构和民族结构。

(1) 年龄结构。不同年龄段的消费者对商品的需求是不一样的。例如，婴儿需要奶粉和尿布；儿童需要玩具、糖果等；青少年需要书籍、文具、服装等；老年人对保健品、医药、康复护理有特殊需求。根据联合国的定义，60 岁及以上人口占总人口比超过 10%，65 岁以上人口占总人口比例超过 7%，即为老龄社会。第七次全国人口普查显示，我国年龄在 60 岁及以上的人口为 2.64 亿，占总人口的 18.7%，65 岁及以上的人口为 1.91 亿，占总人口的 13.5%，这说明我国已经进入老龄化社会。相关机构预测，我国 60 岁以上的人口预计将在 2050 年前后达到 4.87 亿的峰值，接近全国人口的 35%。可以想象，未来我国养老行业市场巨大。

(2) 性别结构。人口性别结构是指社会中男性人口和女性人口的比例关系。性别不同，其市场需求也有明显的差异。就整体而言，男性人口的预期寿命比女性人口的预期寿命要短，因此社会整体男女性别比为 105∶100 是比较合理的。第七次全国人口普查显示，我国男性人口为 72334 万人，女性人口为 68844 万人，全国总人口性别比为 111.3（以女性为 100），男性人口比女性人口多 3049 万人，尚在合理范围内。

(3) 家庭结构。家庭是购买、消费的基本单位。家庭的数量直接影响到某些商品的销量。目前，世界上普遍呈现家庭规模缩小、数量增加的趋势，越是经济发达地区，家庭规模就越小。家庭数量的剧增必然会引起对炊具、家具、家用电器和住房等需求的增加。

(4) 社会与民族结构。据统计，我国城市化率从 1990 年的 26.44% 持续上升到 2019 年的 60.60%，尽管已经远超同期印度水平，但与发达国家还有一定距离。大量人口主要分布在三四线城市和农村。因此，农村和三四线城市仍然是一个广阔的市场，有着巨大的发展潜力。一些中小企业，更应注意开发价廉物美的商品来满足农民的需要。我国除了汉族以外，还有 55 个少数民族。民族不同，生活习惯、文化传统也不相同。企业要注意针对民族市场的营销，重视开发适合各民族风俗习惯的商品。

【引例 3-6】

未来的老龄产业边界无限

中商产业研究院的数据显示，中国老年人人口基数大，养老需求大。在国家政策推动下，我国老龄产业市场规模不断壮大。2014 年，全国老龄产业市场规模仅为 4 万亿元，2018 年增至 6.6 万亿元，目前曾预计 2020 年市场规模会达到 7.8 万亿元。

近年来，各类企业纷纷进入老龄产业。这些企业的业务体系或多或少会有一个板块延伸到老年群体，但切入模式、切入时间、介入深度各不相同。有些是同业布局，把客户人群进行了延伸，原来做儿童教育的现在进入老年教育，做儿童食品的进入老年食品，做儿童纸尿裤的进入成人纸尿裤，如雀巢、蒙牛、娃哈哈等。有些是异业跨界，原来没做这个行业，但是看到了这个行业的机会，为了补充自己现有业务的发展短板，作为战略性投资而进入，原来做医疗健康的跨界到老年用品，原来做商业地产的跨界到养老服务，原来做金融保险的跨界到老年大学……如宜华健康、银行保险等。

基于国外趋势、现有人口发展、消费变化来做判断,现在的老龄产业仍然处在早期状态。一个行业处在发展早期探索状态,会有很多让人怀疑的因素。但随着市场不断发育,行业发展趋势会慢慢清晰。2010年有企业做老年在线教育,很多人都不看好,经过10年的发展,老年在线教育迎来大规模爆发期,出现了一批优秀的公司。8年前,很多企业都不看好老年化妆品市场,今天再看,其前景十分广阔。老龄产业是一个没有边界的行业,每个行业都可能为老龄产业再细分一次,相信老龄产业的前景会无限美好。

(资料来源:段明杰. 未来老龄产业边界无限 [N]. 中国老年报,2020-9(23). 有改动)

3. 人口的地理分布及区间流动对企业营销的影响

地理分布指人口在不同地区的密集程度。受自然地理条件以及经济发展程度等多方面因素的影响,人口的分布绝不会是均匀的。从我国来看,人口主要集中在东南沿海一带,人口密度由东南逐渐向西北递减;另外,城市的人口比较集中,而农村人口则相对分散。

3.2.6 科技环境

科学技术是社会生产力的表现,是企业把资源转化为符合人们需要的物品的基本手段。科学技术的进步不仅对社会环境和经济环境有重大影响,还对消费者、企业经营有重大影响。新技术的应用会影响人们的消费方式和购买习惯,在给企业创造新的发展机遇的同时,也会冲击和毁灭陈旧落后的产业。因此,科技也被称作"创造性毁灭力量"。

营销人员应注意技术发展的四种趋势:技术变革步伐加快、无限的创新机会、差异较大的研发预算,以及不断增加的技术革新规定。

(1) 技术变革步伐加快。摩尔定律认为,集成电路上可以容纳的晶体管数目大约每经过24个月便会增加一倍。今天的许多普通产品,人们在40年前闻所未闻。电子技术研究者们正在研究智能芯片,以应对汽车、房屋和办公室方面的变化。更多创意正在研究当中,从创意到研制成功之间的间隔大为缩短,新产品从上市到热卖的间隔也在缩短。

(2) 无限的创新机会。当今最为令人兴奋的研究领域是生物技术、计算机、微电子、电信、机器人和材料科学。随着生物技术的发展,研究人员不断创造出新药品、新食品和新材料,人类基因项目将我们引入到了一个生物世纪。科学家正在加紧研究艾滋病疫苗、绝对安全的避孕技术以及不会使人发胖的食品,同时也在设计能救火、进行深水探测和家庭护理的机器人。

(3) 差异较大的研发预算。许多公司投入较少资金复制竞争对手的产品,对这些产品特征或风格稍做改动就感到满足了。但也有不少实力强且富有远见的公司在投入巨资进行研发。例如,华为在2020年如此困难的一年,研发投入竟还达到了1000多亿元,创历史新高。

(4) 不断增加的技术创新规定。政府有关机构加大了检查机构的权力,以检查和禁止可能造成伤害的产品。在美国,没有联邦食品药品监督管理局的批准,食品和药品是不能上市销售的。有关食品、汽车、服装、电器、建筑等领域的安全法规也更加严格了。

3.3 分析微观环境

微观环境由企业的供应商、营销中间商、顾客、竞争对手、社会公众以及企业内部参与营销决策的各部门组成。其中，顾客与竞争者又居于核心的地位。和宏观环境相比，微观环境对企业的影响更为直接，而且微观环境的一些因素在企业的努力下可以不同程度地加以控制。

3.3.1 供应商

供应商是指向企业及其竞争者提供生产产品和服务所需资源的企业或个人。供应商所提供的资源主要包括原材料、设备、能源、劳务、资金等。供应商对企业的影响表现在三个方面，如图 3-2 所示。

图 3-2 供应商对企业的影响

企业如何对供应商进行协调管理，才能尽可能地降低来自供应商供货稳定性、价格和质量方面的风险？

【引例 3-7】

ZARA 供应链管理

ZARA 于 1975 年成立，是全球知名的快时尚服装品牌，销售额和知名度在西班牙位居榜首。ZARA 创始人阿曼西奥·奥尔特加对时尚的定义就是，"在最短时间内满足消费者对流行的需要"。ZARA 品牌区别于其他快时尚品牌的最大特点，也是最大优势之一就是其快捷、独特的供应链。从顾客需求预测到设计、采集原材料、生产加工、配送、专卖店出售，仅仅需要 15 天。

ZARA 的供应商、生产商基本接近一半都是自给自足，ZARA 的面料接近一半来源于自家公司产出，其另一半的份额也散落在 200 多家供应商手里，平均到每个供应商的份额更是少之又少。这不仅很好地避免了外部供应商断货的风险，而且在很大程度上也降低了成本，实现了公司收益最大化。ZARA 的服装商品转包商以及加工商也都会选择西班牙 ZARA 总部附近的工厂，这样不仅能很好地缩短供应链，进行有效监督与管理，还可以做到有问题及时反馈、加速流程，很好地控制和监管供应商，使得产业链高速运转。

ZARA的专卖店除了进行服装销售外，其主要任务还包括了解和掌握最新市场，也就是收集消费者的信息，故而店内每日的销售情况以及顾客的消费情况、消费者对产品的建议都会被门店经理整理反馈到总部，总部再根据其各个店的具体情况做出相应的推新策略。从开始设计产品、投入生产、产品运输，到最后送到分销商店铺，然后通过这种"多款少量"的饥饿营销模式来吸引消费者，实现销售领域的突破。

（资料来源：武玲娟，牛继舜. 以ZARA为例的供应链和营销模式分析［J］. 商场现代化，2019（19）：19-20）

3.3.2 营销中介

营销中介是指协助企业促销、销售和配送其产品给最终购买者的企业或个人，包括中间商、实体分配机构、营销服务机构等。

1. 中间商

中间商是协助企业寻找顾客或直接与顾客交易的商业性企业或个人。中间商主要有两类：代理中间商和买卖中间商。代理中间商有代理商、经纪人和生产商代表。他们专门介绍客户或与客户磋商交易合同，但并不拥有商品所有权。买卖中间商又称经销中间商，主要有批发商、零售商和其他再售商。他们购买商品，拥有商品所有权。中间商对企业产品从生产领域流向消费领域具有极其重要的影响。中间商由于与目标顾客直接打交道，因此其销售效率、服务质量会直接影响到企业的产品销售。

2. 实体分配公司

实体分配公司主要是指储运公司，是协助厂商储存货物并把货物从产地运送到目的地的专业企业。仓储公司提供的服务可以是针对生产出来的产品，也可以是针对原材料及零部件。一般情况下，企业只有在建立自己的销售渠道时，才会主要依靠仓储公司。在委托中间商销售产品的场合，仓储服务往往由中间商承担，仓储公司储存并保管要运送到下一站的货物。运输公司包括铁路、公路、航空、货轮等货运公司，生产企业主要通过权衡成本、速度和安全等因素来选择成本效益最佳的货运方式。因此，仓储公司的作用在于帮助企业创造时空效益。

3. 营销服务机构

营销服务机构主要有营销调研公司、广告公司、传播媒体公司、营销咨询公司等，范围比较广泛。他们帮助生产企业推出和促销其产品到相应的市场。如今大多数企业都要借助这些服务机构来开展营销活动，如请广告公司制作产品广告，依靠媒体传播信息等。企业选择这些服务机构时，需对他们所提供的服务及其质量，以及创造力等方面进行评估，并定期考核其业绩，及时替换那些不具有预期服务水平和效果的机构，这样才能提高经济效益。

3.3.3 公众

公众是指对企业实现其目标的能力感兴趣或发生影响的任何团体或个人，主要有七类（图3-3）。

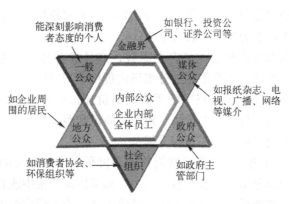

图 3-3 企业公众关系

公众对企业的生存和发展会产生巨大的影响，公众可能有增强企业实现其目标的能力，也可能会产生妨碍企业实现其目标的能力。因此，企业必须采取积极、适当的措施，主动处理好与公众的关系。

3.3.4 竞争者

市场经济是竞争经济，企业需要密切关注行业竞争状况和竞争者任何细微的变化，并研究出相应的对策。对竞争环境应从以下方面分析。

1. 影响市场吸引力的五个方面

哈佛的迈克尔·波特从竞争的角度识别出有五种力量决定了一个市场或细分市场的长期内在吸引力（图3-4）。这五种力量是：细分市场内的同行业竞争者、潜在竞争对手、替代产品、购买者和供应商。这五种力量实质上也代表了五种竞争者的类型。

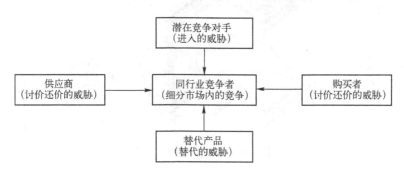

图 3-4 决定市场细分吸引力的五种力量

（1）细分市场内的同行业竞争者。如果某个细分市场已经有了众多的、强大的或者竞争意识强烈的竞争者，那么该细分市场就会失去吸引力。如果该细分市场处于稳定或者衰退状态，生产能力不断大幅度提升，固定成本过高，撤出市场的壁垒过高，竞争者投资规模很大，那么情况就会更糟。这些情况常常会导致价格战、广告争夺战、新产品竞争，公司要参与竞争就必须付出高昂的代价。

（2）潜在竞争对手。某个细分市场的吸引力随其进退难易程度而有所区别。根据行业利润的观点，最有吸引力的细分市场应该是进入的壁垒高、退出的壁垒低。在这样的细分市场中，新的公司很难打入，但经营不善的公司可以安然撤退。最坏的情况是进入细分市场的壁垒较低，而退出的壁垒却很高，于是在经济良好时，大家蜂拥而入，在经济萧条时却很难退出，结果是大家都生产能力过剩，收入下降。

（3）替代产品。如果某个细分市场存在着替代产品或者有潜在替代产品，那么该细分市场就会失去吸引力。替代产品会限制细分市场内价格和利润的增长。

（4）购买者。如果某个细分市场中购买者的讨价还价能力很强或正在加强，该细分市场就没有吸引力。购买者会设法压低价格，对产品质量和服务提出更多要求，并且使竞争者互相斗争，所有这些都会使销售商的利润受损。

（5）供应商。如果公司的供应商经常提价或者降低产品和服务的质量，或减少供应数量，那么该公司所在的细分市场就没有吸引力。如果供应商集中或有组织，或者替代产品少，或者供应产品是重要的投入要素，或者转换成本高，或者供应商可以向前实行联合，那么供应商的讨价还价能力就会比较强大。因此，与供应商建立良好关系和开拓多种供应渠道才是防御上策。

2. 识别公司竞争者

一个公司识别竞争者似乎是一项简单的工作，比如，可口可乐知道百事可乐是其主要竞争者，索尼知道松下是主要竞争者。然而，公司实际的和潜在的竞争者范围是广泛的。一个公司更可能被新出现的对手或新技术打败，而非当前的竞争者。

根据产品替代观念，我们可以区分四种层次的竞争者（图3-5），从而避免出现"竞争近视症"。

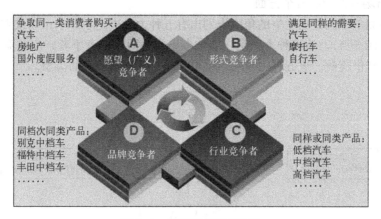

图3-5 四种层次的竞争者

 营销视野

时 间 战 场

关于未来，吴伯凡说，不争市场份额，争夺钱包份额。罗振宇说，未来是时间的战场，并还提出了一个概念：国民总时间（Gross Domestic Time，GDT）。以下三点节选自罗老师的演讲。

首先，时间会成为商业的终极战场，再也没有什么行业边界了，每个消费升级的行业都在争夺时间。电影、视频、游戏、休闲、度假、直播，在时间维度上，它们都是竞争对手。你生意再大，拿不到用户的时间，你的未来就岌岌可危。

第二，消费者花的不仅仅是钱，他们还为每一次消费支付时间。猫眼的老板说，看电影，不是碎片时间的支付，是整块时间。做决定的难度越来越大，时间风险也越来越高。所有的行业都必须警觉，不是你不努力，也不是你的行业没价值，也不是你的价格不够低，而是你索取了用户过多的时间，大家付不起了。

第三，商机从空间转向时间。这一轮消费升级提供的不是炫耀品，而是体验品。不是优化消费者在空间里的比较优势，而是优化消费者在时间里的自我感受。同样是茶，他们不再为柴米油盐酱醋茶的茶付钱，他会为了琴棋书画诗酒茶的茶付钱。

所有的体验，本质上都是时间现象。

消费升级，人们不见得会再去买昂贵的奢侈品。未来有两种生意的价值变得越来越大：一种是帮助用户省时间，那省下时间干什么？这就是第二种生意——帮助用户把时间花费在美好的事情上。

(资料来源：节选自罗振宇2016跨年演讲)

3.3.5 最终顾客

企业的一切营销活动都是以满足顾客的需要为中心的，因此，顾客是企业最重要的环境因素。顾客是企业服务的对象，顾客就是企业的目标市场。顾客可以从不同角度以不同的标准进行划分。按照购买动机和类别分类，顾客市场可以分为消费者市场和组织市场，其中组织市场包括生产者市场、中间商市场和非营利性组织。

消费者市场，即指为满足个人或家庭需要而购买商品和服务的市场。

生产者市场，即指为赚取利润或达到其他目的而购买商品和服务来生产其他产品和服务的市场。

中间商市场，是指为利润而购买商品和服务以转售的市场。

非营利组织市场，是指为提供公共服务或将商品与服务转给需要的人而购买商品和服务的政府和非营利机构。

对于顾客环境，营销者主要分析顾客的数量、购买力、需求特点和购买行为等内容。最终顾客的需求是营销的起点和终点，本书下一章将对顾客购买行为进行更详细的分析。

3.3.6 内部营销环境

面对相同的外部环境，不同企业的营销活动所取得的效果往往并不一样，这是因为它们有着不同的内部环境要素，这些要素包括企业文化、技术、人力资源、企业背景资源、信息、财务与设施设备等。

在内部各环境要素中，人员是企业营销策略的确定者与执行者，是企业中最重要的资源。企业的背景资源、技术先进性和信息沟通便利性影响着企业营销机制的工作效率。财务状况与厂房设备等条件是企业进行一切营销活动的物质基础，这些物质条件的状况决定了企业营销活动的规模。

此外，企业文化和企业组织结构是两个需要格外注意的内部环境要素。企业文化是近年来日益受到重视的企业内部要素。所谓企业文化，是指企业的管理人员与职工共同拥有的一系列思想观念和企业的管理风貌，包括价值标准、经营哲学、管理制度、思想教育、行为准则、典礼仪式以及企业形象等。营销内部环境的另一个要素是企业的组织结构，主要是指企业营销部门与企业其他部门之间在组织结构上的相互关系。营销部门在整个企业组织中的地位影响到营销活动能否顺利进行。

3.4 环境分析工具：SWOT

3.4.1 SWOT 分析模型介绍

SWOT 分析法（也称态势分析法），20 世纪 80 年代初由美国旧金山大学的管理学教授韦里克提出，经常被用于企业战略制定、竞争对手分析等场合。SWOT 分析法是把组织内外环境所形成的机会（Opportunities）、威胁（Threats）、优势（Strengths）、劣势（Weaknesses）四个方面的情况结合起来进行分析，以寻找制定适合本组织实际情况经营战略的方法。

1. 机会

机会是指对企业特别有利的状态。机会的来源之一是关键的发展趋势。对细分市场的预测、竞争环境的变化、技术变革、与顾客或者供应商关系的改善都能给企业带来机会。

2. 威胁

威胁是对企业发展不利的外部因素，是妨碍企业目前或未来市场地位的主要因素。竞争者的进入，市场增长的减缓，主要客户或供应商讨价还价能力的增强，技术变革和法律法规的修订，都会对企业的成功造成威胁。

3. 优势

优势是公司的特殊能力，是从公司可获得的资源和能力的基础上发展起来的。优势会使企业在竞争中处于有利地位。

4. 劣势

劣势是企业相对于竞争对手而言存在的资源或能力上的限制或缺陷，它会损害公司在竞争中的地位。

3.4.2 基于 SWOT 分析的战略

基于 SWOT 分析可以得出四种战略，见表 3-1。

表 3-1 SWOT 分析模型与战略

外部环境 \ 内部环境	列出优势（Strengths）	列出劣势（Weaknesses）
列出机会（Opportunities）	SO 战略或增长战略 发挥优势，利用机会	WO 战略或转移战略 抓住机会，减少或避开劣势
列出威胁（Threats）	ST 战略或多元化战略 利用优势，避免威胁	WT 战略或收缩防御战略 克服劣势，避免威胁

【引例 3-8】

京东生鲜的 SWOT 分析

1. 优势分析

（1）高效率大数据支撑下的物流分拣装配。建协同仓缩短了供应时间，并且运输过程无停靠、保证运输不脱冷、保证产品新鲜度。

(2) 京东自营物流特色。"京准达"是京东提供的一项可以选择精确收货时间段的增值服务。如选择"京准达"配送服务，通过在线支付方式全额付款或货到付款方式成功提交订单后，京东物流就将在客户指定的送达时间段内将其选择的支持"京准达"服务的商品送至指定收货地址。

2. 劣势分析

(1) 线下发展经验缺乏，7FRESH 发展前景未卜。从 2017 年的"百万京东便利店计划"的中止到 2018 年的"千家 7FRESH 抗衡盒马鲜生"计划搁置，京东在线下这一领域的数次进军都收效甚微。

(2) 思维认知僵化、线上线下模式转换缓慢。京东生鲜并没有及时随着消费变革进行创新，由此造成入局时间过晚，并在生鲜项目的模式、供应链、仓配乃至对场景的理解上落后于其他生鲜电商。

3. 机会分析

(1) 市场需求量持续增长。截至 2019 年 6 月，我国生鲜电商活跃用户已超过 4000 万名，同比增长 22.5%。2018 年，我国生鲜电商市场交易规模达 2103.2 亿元，同比增长 49.9%。

(2) 技术不断发展革新。信息方面，通过运用大数据等先进技术，精准定位消费群体并制定更加精准地需求场景，最终精准地提供客户需要的商品。物流方面，智慧物流推动了物流系统集成市场的快速发展，物流技术从局部自动化向全面自动化和无人化方向发展。

4. 威胁分析

(1) 盒马鲜生、超级物种等竞争激烈。2017 年上半年，盒马鲜生正式创立，其采用仓店一体化经营模式，运用大数据、智能物联网、自动化等技术提出"3 公里 30 分钟"的目标，在冷链成本控制的同时最大限度地满足消费者体验。

(2) 冷链物流成本控制有新的问题。从冷链物流的整体产业链条来看，高成本主要体现在冷链仓储和流通环节。冷库建设成本高：普通仓库的造价为 400 元/m^2，而冷库要配备保温系统，造价高达 2000 元/m^2，而且冷库需要花费高额电费，1 万平方米的冷库每月至少需要 20 万元电费。而且冷藏车等冷链设备的投入大，一辆制冷车的市场价格为 23 万~26 万元。冷链运输的成本要比普通运输高 80%，但冷链物流的利润只有普通物流的 20% 左右。

根据上述 SWOT 分析，你对京东有哪些思考和建议？

(资料来源：陈梦进，张镇鹏，张浩. 生鲜电商平台型模式分析 [J]. 电子商务，2020 (09)：7-8. 有改动)

3.5 能力实训

3.5.1 营销思辨：适应环境还是改变环境

第 3 章 小结

一些专家认为，环境具有不可控的特点，营销者首先应该学会适应环境。但是，根据科特勒的大市场营销理论，企业在处理同外部环境的关系上应该突破被动适应的观点，通过自身影响力（Power）和公共关系（Public relation）来改变甚至控制外部环境。

思辨双方

正方：营销者应该学会适应环境。

反方：营销者应该主动改变环境。

3.5.2　案例讨论：强势的采购员

第3章　案例讨论

采购员郑嫱性格强势，因此领导选中她去采购部做采购员。上任之前，领导对她的期望也是充分运用自身强势性格把好采购关。

"寸步不让、咄咄逼人、随时准备拔拳相向"，一位供应商的计划员曾经这样向别人描述郑嫱。郑嫱不但能据理力争，挽回供应商给公司造成的损失，还往往能多得到一些。例如，生产线上磕碰划伤的产品，郑嫱也能退给供应商。她有几个"撒手锏"挺管用。一是遇到不合格品，将供应商的技术人员和质量工程师招呼到公司的车间，一个个地把不合格品挑出来，并现场修理好；如果遇到重大问题，将供应商老板叫到生产线上干活，按严重程度计算工作时间。还有一招，在每周的质量例会上，把供应商的质量经理或高层管理者找来，在会上做检查、找原因，给出整改方案。对供应商，她没有"客气"两个字，常常把供应商喊来训话，或电话里一通臭骂。不用说，这样的做法非常有效，供应商们都很怵她。

郑嫱的工作几乎是无懈可击，每天晚上都会加班到很晚才离开公司，确保自己的工作没有失误。再有就是公司的实力的确很强，供应商巴结公司还来不及。有些上不了台面的事是供应商私下的作为，可没有不透风的墙，一旦传到了郑嫱耳朵里，她就会找机会教训了这个供应商。

郑嫱的座右铭是："供应商给我们的价格必须是最好！"一旦她发现其他公司拿到更好的价格，供应商就惨了，一定要降下来，还要把过去的差价找回来。

时间长了，暗地里伺机报复郑嫱的供应商不止一家。有一次，郑嫱下了一个订单，向供应商订了10对法兰盘，这是设备上的一个专用件，定期更换，每次一对，一左一右法兰盘均须更换。但郑嫱下订单时，没有注意，只下了左边，没下右边，供应商特别清楚必须成对使用，就是不出声，等着看笑话。果然，等到维修时，工程师把旧的丢掉，装上左边，右边却找不到，急得上蹿下跳，造成了停产。当然，谁也不敢再把真相吹到她耳边。这样的事情到底有多少，是偶发，还是供应商都在折腾她，没有统计，谁也说不清。

（资料来源：王为人．供应商管理案例选登［J］．中国质量，2019（02）：53-54）

问题讨论

1. 郑嫱的工作态度有哪些是值得学习的？哪些有待商榷？
2. 严格要求与维护好供应商的关系有矛盾吗？

3.5.3　实践应用：自我 SWOT 分析

假如你是一个明年要毕业的市场营销专业的学生，还有一年的学习时间。请你利用SWOT分析模型对自己就业面临的机会、威胁以及优势、劣势做一个分析，制订出相应的对策，形成书面文字，提醒自己及早做出准备。

3.5.4 学习笔记：总结·记录·关联

总结	自己动手，总结本章的学习要点
记录	记录下老师补充的新知识
关联	联系自身，你认为本章对你成长最有价值的知识是什么？为什么

第4章 消费者行为与组织购买行为

消费者的内心好像一座冰山，观察到的只是露出水面的冰山一角，只有深入洞察，才能发现整座冰山。

——我国著名广告人叶茂中

 开篇案例

豆瓣网电影评分

豆瓣网发展至今已经成为一个较完善的网络社区，一直遵循着以"兴趣爱好"为核心的传播理念。在豆瓣网中有一个子模块"豆瓣电影"，它位居主网站流量榜单的第一名。豆瓣电影拥有"查询电影——购票观影——评价打分"的完整化流程，这其实是典型的"网络互动传播模式"。通过查询"热门电影"以及"最受欢迎的影评"找到自己感兴趣的电影去观看，看完再给电影评分。这其中用户是作为一个参与者存在，在其背后有着"传播者和受传者的双重身份"。通过豆瓣网这个媒介，实现传受双方的信息传播。

豆瓣评分的本质是情感共鸣社交，其传播机理是"双重互动不确定性"。一方面，受众根据豆瓣评分选择自己喜爱的影片进行观看。另一方面，受众在观看影片后，在豆瓣上对影片进行评分。因为受众的生活环境、社会背景、性格爱好等都有各自的特点，他们的所思所想也不尽相同，所以在对某一事物表达自己看法的时候也各有特点。

豆瓣电影的评分是基于用户打分。简单来说就是把所有用户对电影的评分加到一起，再除以评分人员的数量总和取平均值。这个评分机制完全由程序自主完成，没有任何专业的人工评审参与，非常机械化。系统每隔一段时间就会刷新一次数据，以此保证评分的时效性。

（资料来源：焦亚男．豆瓣评分与电影票房关系探析［J］．青年记者，2018（23）31-32）

顾客的购买行为大多数都符合消费者"刺激-反应"模型（图4-1）。消费者首先接受外部营销策略和营销环境刺激，然后在各种因素（社会、文化、个人）的影响下，经过一

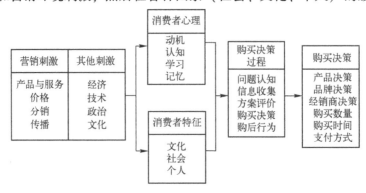

图4-1 消费者行为模型

系列的心理活动产生了购买决策。

很多商家都有这样的困惑：他们能看到外部刺激因素和消费者购买的结果，但顾客到底是怎么想的，决定购买的过程是怎样的？对他们来说仍然是个暗箱。购买行为研究的目的就是要打开这个暗箱，弄清楚影响顾客购买行为的因素有哪些以及购买决策的过程是怎样的。

课堂思考

回忆自己印象深刻的一次购物经历，思考当时做出购买决策是受了哪些因素的影响。

4.1 影响消费者行为的因素

4.1.1 文化和社会因素

1. 文化因素

（1）文化。文化因素对消费者的行为具有最广泛和最深远的影响。文化是人类欲望和行为的最基本的决定因素。广义来讲，文化是人类创造的物质文明和精神文明的总和；狭义的文化则主要指精神文明成果，如宗教信仰、价值观、生活方式、风俗习惯、伦理道德、教育水平、语言文字等。

概括起来，文化具有五个特征：

- 文化的习得性。文化并非与生俱来，而是通过家庭、社会和学校学习而得。
- 文化的观念性。构成文化的要素常被概念化和抽象化，凝聚或沉淀在语言之中。
- 文化的共享性。构成文化的东西，必须能为社会中一定数量的人所共享。
- 文化的满足需要性。文化提供了秩序、方向和指导，为满足生理、心理和社会需要提供了方法。
- 文化的发展性。为了满足社会需要，文化随着历史的变迁而不断发生变化。

【引例4-1】

文化对中西旅游消费的影响

西方文化背景下，对于旅游行为有着与中国人不同的需求。中国人更喜欢静态美，喜欢安静的观光和人文体验，喜欢美感较强的事物。然而在西方人的旅游需求中，他们更喜欢一些惊险、刺激和全身心投入的项目，从而彰显自己的个性和勇敢。对于中国人而言，西方人的旅游行为可能毫无美感可言；在西方人眼里，中国人的旅游可能毫无感受可谈。例如，在北美、大洋洲极受欢迎的帆板或冲浪运动，在海洋条件绝佳的海南国际旅游岛却是国人很少参与的水上运动，而不远万里前来三亚参与甚至是经营帆板冲浪运动的至今依然是西方人。在旅游消费方面，因为东西方的价值观、审美观、道德观有很大差异，人们的消费习惯也有着不同的需求和要求。

（资料来源：宁如，杨涵涛，刘冗．试论中西文化差异对旅游消费行为的影响［J］．现代营销，2018（12）：120-121）

(2) 亚文化。每一种文化都包含较小的亚文化（或次文化）群体。亚文化是指某一文化群体所属次级群体成员共有的独特信念、价值观和生活习惯。这些亚文化为其成员提供更为具体的认同感。较大范围的亚文化群体一般包括民族群体、宗教群体、种族群体和地理区域群体等。对营销者来说，种族和民族属于最重要的亚文化，因为许多消费者强烈地认同自己的传统，并对以此为诉求点的产品十分感兴趣。例如，美国咖啡伴侣公司发现，非洲裔美国人比其他人更喜欢饮用加糖和乳酪的咖啡，公司以此为卖点就取得了销售额两位数字的增长率。

在新媒体的广泛应用下，传播空间日益开放和透明，网民可以随时在网络社会中生产和传播信息，网络话语场域中不断"去中心化"，形成新颖独特的多次元文化景观。网络上也涌现了众多的亚文化，对网络主流文化产生了不可忽视的影响，使其呈现出与传统亚文化相区别的新表征。

(3) 社会阶层亚文化。社会阶层是在一个社会中具有相对同质性和持久性的群体，它们是按等级排列的，每一阶层的成员都具有类似的价值观、兴趣爱好和行为方式。

社会阶层有几个特点：第一，同一社会阶层内的人，其行为要比来自两个不同社会阶层的人行为更加相似。第二，人们以自己所处的社会阶层来判断各自在社会中占有的不同地位。第三，某人所处的社会阶层并非由一个变量决定，而是受到职业、收入、教育和价值观等多种变量的制约。社会阶层不同表现在衣着、说话方式、娱乐爱好和许多其他特征上。第四，个人能够在一生中改变自己所处的阶层，既可能向高阶层迈进，也可能跌至低阶层。但是，这种变化的程度因某一社会的层次森严程度不同而不同。

社会阶层方面的三种消费者心理：

- 基于希望被同一阶层成员接受的"认同心理"，人们常会依循该阶层的消费行为模式行事。
- 基于避免向下降的"自保心理"，人们大多抗拒较低阶层的消费模式。
- 基于向上攀升的"高攀心理"，人们会喜欢采取一些超越层级的消费行为，以满足其虚荣心。

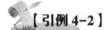

【引例 4-2】

不同阶层的行为差异

在西方，不同社会阶层的消费者所使用的语言各具特色。艾里斯（Ellis）做的一系列实验表明，人们实际上可以在很大程度上根据一个人的语言判断他所处的社会阶层。一般而言，越是上层消费者，使用的语言越抽象；越是下层消费者，使用的语言越具体，而且更多地伴有俚语和街头用语。西方的很多高档车广告，因为主要面向上层社会，所以使用的语句稍长，语言较抽象，画面或材料充满想象力。相反，那些面向中、下层社会的汽车广告，则更多的是宣传其功能属性，更多地运用图画而不是文字，语言上更加通俗易懂和大众化。

上层消费者购物时比较自信，喜欢单独购物，他们虽然对服务有很高的要求，但对于销售人员过于热情的讲解和介绍反而感到不自在。通常，他们特别青睐那些购物环境优雅、品质和服务上乘的商店，而且乐于接受新的购物方式。中层消费者比较谨慎，对购物环境有较高的要求，但他们也经常在折扣店购物。对于很多中层消费者，购物本身是一种消遣。下层消费者由于受资源限制，对价格特别敏感，多在中低档商店购物，而且喜欢成群结队逛商店。

需要注意的一个趋势是，随着我国推进共同富裕和主流价值观的变化，尤其是消费者整体收入水平的提高，过去只有高收入消费者才消费得起的商品、服务开始进入大众消费领域。奢侈品的"地位符号"作用开始动摇,越来越多的高收入消费者对通过消费显示财富和地位的做法感到厌倦。真正的富翁开始追求低调的奢华,具有"普通人"的消费习惯,他们将大多数奢侈品视为专为那些财务上并不特别成功的人开发的玩具。

(资料来源:阿诺德. 消费者行为学中国版 [M]. 2版. 北京:电子工业出版社,2007:176. 有改动)

2. 社会因素

消费者的购买行为同样也受到一系列社会因素的影响,如相关群体、家庭、社会角色与地位。

(1) 相关群体。人们的相关群体是指那些直接或间接影响人的看法和行为的群体。凡是对一个人有着直接影响的群体称为成员群体。成员群体分为首要群体和次要群体。首要群体是指与某人直接的、关系较近的、经常接触的一群人,如家庭、朋友、邻居或同事;次要群体是指与某人直接接触较少的一群人,如教友、同事等。

间接相关群体是指虽然人们不属于该群体的成员但还受到他们影响的那些群体,分为崇拜群体(或热望群体,Aspirational Group)和厌恶群体(或疏离群体,Dissociative Group)。凡是一个人希望加入的群体,即被称为崇拜群体,如文体明星、企业家、公司经理层等。而厌恶群体则是一种其价值观和行为被人拒绝接受的群体,如啃老族等。

【引例4-3】

锤子科技创始人罗永浩直播带货首战告捷

2020年4月1日晚,罗永浩走进抖音直播室直播3小时,累计观看人数4800万人,交易额超亿元,创下了抖音最高带货纪录。7.8万支小米"巨能写"中性笔销售一空,4.5万张奈雪的茶定制心意卡全部售罄,10余万盒信良记小龙虾抢购一空……

2019年以来,除了"草根"带货、网红带货,一大批企业家也纷纷走进直播间。超半数的天猫店铺开通了直播,数百位总裁、董事长带货直播:马云和李佳琦比拼卖口红,直呼"输惨了"。雷军每次直播都会将"ARE YOU OK",作为自己的出场背景音乐。携程董事局主席梁建章走进抖音直播间,为自家产品代言,直播1小时带货1000万元,格力董明珠带货,创下了几十亿元的销售额……

在消费类商品卖得如火如荼的时候,知识类商品也坐不住了。罗振宇在抖音,许知远在快手,冯唐在知乎,梁文道在天猫,史航在淘宝等平台纷纷开始知识直播。其中,罗振宇在直播的三个小时里商品销售额共计19.57万元,音浪收入共1.75万元,峰值在线人数达到1.85万人。虽然这些数字不能跟娱乐消费类商品销售额相比,但也打开了知识直播在开放平台上的一扇门,让人们意识到知识也可以通过直播带货。

(资料来源:李光斗. 从李佳琦到罗永浩:全民直播带货的十字路口 [J].
中国商界,2020 (6) 38-39. 有改动)

对受到参照群体影响大的产品和品牌制造商来说,必须设法去接触和影响有关参考群体中的意见领袖(Opinion Leader)。意见领袖是指在一个参考群体里,因特殊技能、知识、人格和其他特质而能对别人产生较大影响力的人。在信息传播中,即便不依赖其自身活跃度,也容易被承认和识别出来的行业权威人士,被称为关键意见领袖(KOL)。社会每一阶层都存在KOL，营销人员应寻找他们的个人特征，选择他们所能接触的媒体，并针对他们设计广告信息。与KOL相对的一个概念叫关键意见消费者（KOC：Key Opinion Consumer），一般指能影响自己的朋友、粉丝产生消费行为的消费者。相比于KOL，KOC的粉丝更少，影响力更小，优势是更垂直、距离消费者更近，更加注重和粉丝的互动，更容易建立信任关系。

"名人效应"与"专家效应"的理论依据是什么？

相关群体对消费者购买行为的影响表现在三个方面：第一，相关群体向消费者展示新的消费行为和生活方式。第二，相关群体还影响个人的态度和自我概念，因为人们通常有迎合或模仿群体的愿望。第三，相关群体还产生某种趋于一致的压力，形成从众（Conformity）心理，从而影响个人的实际产品选择和品牌选择。

【引例4-4】

喜茶如何利用"羊群效应"

羊群是一种很散乱的组织，平时在一起也是盲目地左冲右撞，可一旦有一只头羊动起来，其他的羊也会不假思索地一哄而上。羊群效应是指一个群体内出现的以大多数群成员为中心的学习模仿行为，个体通过改变自己的看法与行动，保持与群体的一致性，也可理解为"从众效应"。

首先，作为网红茶饮，喜茶拥有独特的产品价值，在其产品定位方面利用羊群效应，迎合及利用年轻人普遍对纯茶的接受度不高而偏爱茶与奶等融合口味的心理，研发更符合年轻人喜好的新型茶饮，成为茶饮界新的"领头羊"。其次，在营销初期，部分刚开业的喜茶门店门前出现的多人排队的现象成为一种购买喜茶的"羊群效应"，从而吸引了更多年轻人来此消费，加强了消费感染力和潜力，使喜茶的营业额保持高位。在营销中期，时尚博主等KOL都在微信公众号、微博等社交平台上为喜茶宣传，促进了羊群效应作用的进一步发挥。像在朋友圈，类似于"不管工作再忙，没有什么是一杯喜茶解决不了的""喜茶，你值得拥有"等口号层出不穷；网红大咖的微博中也不断出现关于享用喜茶的经历。而在营销后期，这些信息在互联网上广泛传播，激发了年轻人的好奇心，跟风体验，不惜排队几小时来喝喜茶，从而刺激了消费，间接起到二次宣传的作用，扩大了羊群范围，使喜茶获得了更多关注。

（资料来源：莫可越．从羊群效应视角探析喜茶的营销策略[J]．祖国，2019（10）：64）

（2）家庭。家庭是社会上最重要的消费者购买组织。家庭分为原生家庭（包括父母和兄弟姐妹）和再生家庭（配偶和子女）。人的一生，大部分时间是在家庭里度过的，家庭成员之间的频繁互动对个体行为的影响广泛而深远。这种影响方式不仅是直接的，而且是潜意识的。个体的价值观、信念、态度和言谈举止无不打上家庭影响的烙印。不仅如此，家庭还是一个购买决策单位，家庭购买决策制约和影响家庭成员的购买行为，家庭成员反过来又对家庭购买决策施加影响。

营销人员应仔细研究夫妻及子女在各种商品和服务采购中所起的不同作用和相互之间的影响。在美国，夫妻在购买行为和购买决策作用方面随产品类别不同而不同。典型的家庭购买类型如下：丈夫支配型，如人身保险、汽车、五金；妻子支配型，如食物、杂货、服装、厨房用品；共同支配型，如度假、住宅、户外娱乐。当然，随着时代的发展，传统的购买角色也正在发生变化。

课堂思考

想一下自己家里购买决策权是如何分配的？

（3）社会角色与地位。一个人一生中会参加许多群体，如家庭、俱乐部和各类组织。每个人在各群体中的位置（Position）可用角色（Role）和地位（Status）来确定。角色是周围人对一个人的要求，由一个人应该进行的各项活动组成。每一角色都伴随着一种地位。这一地位反映了社会对他的总体评价。人们在社会中所扮演的角色都将在某种程度上影响其购买行为。当你大学毕业，走上了工作岗位，你会发现很多原来非常适合你的产品很可能都需要重新购置。新的角色会在穿着打扮、行为举止等多方面对你提出新的要求，从而使你感到很多适合学生角色的产品已经不适合新的角色了。

营销人员应该注意与产品和品牌有潜在联系的地位标志（Status Symbol）的变化。

4.1.2 个人和心理因素

1. 个人因素

购买者决策也受其个人特征的影响，包括家庭生命周期和购买行为、职业、个人经济情况、生活方式、个性，以及自我概念。

（1）家庭生命周期和购买行为。一个人的消费特点往往与自己家庭的生命周期（表4-1）紧密相关。营销人员经常把目标市场瞄准生命周期某一阶段的顾客。

表4-1 家庭生命周期和购买行为

生命周期阶段	特 点	购 买 行 为
单身阶段	年轻、单身、几乎没有经济负担	流行观念的带头人，娱乐导向。购买产品：普通家庭用品、家具、汽车、模型游戏设备、度假
新婚阶段	年轻无子女，财政有结余	对耐用品购买频率较高，喜欢旅游度假。购买产品：汽车、家庭用品、耐用家具
满巢阶段I	子女不到6岁，流动资产少，有一些储蓄	家庭用品采购的高峰期，喜欢新产品和广告产品。购买产品：洗衣机、烘干机、电视机、婴儿食品、维生素、玩具娃娃、手推车、雪橇和冰鞋
满巢阶段II	子女超过6岁，经济状况较好	喜欢购买大包装商品以及多种商品集中购买。购买产品：各式食品、清洁用品、自行车、音乐课本、钢琴
满巢阶段III	老夫妻、子女未自立，经济状况仍然较好	耐用品购买力强。购买产品：新颖别致的家具、汽车旅游、非必需品、牙齿保健服务、杂志
空巢阶段I	老夫妻（在工作）、身边无子女	完全拥有自己的住宅，满意自己的财务状况，对旅游、娱乐、自我教育尤感兴趣，愿意施舍和捐献，对新产品无兴趣。购买产品：度假产品、奢侈品、家庭生活改善用品
空巢阶段II	老夫妻（已退休）、身边无子女	收入锐减，拥有住房。购买产品：有助于健康、睡眠和消化的医用护理保健产品
鳏寡阶段I	尚有零星工作，收入仍较可观	也许会出售房子与子女同住
鳏寡阶段II	退休	需要与其他退休群体相仿的医疗用品，收入锐减，特别需要得到关注、情感慰藉和安全感

（2）职业。一个人的职业影响到他的消费模式。比如，蓝领工人的食物支出占收入的比重较大，而经理、医生、律师等专业人员则将收入的较大部分用于在外用餐、购置衣服和接受各种服务。蓝领工人更多是购买耐用的工作服，而白领人员则购买套装。营销人员应努力找到对自己的产品和服务有浓厚兴趣的职业群体，企业甚至可以为特定的职业群体定制其所需要的产品。

（3）个人经济情况。一个人的经济环境会显著影响其产品选择。人们的经济环境包括：可花费的收入（收入水平、稳定性和花费的时间）、储蓄和资产（包括流动资产比例）、债务、借款能力以及对花费与储蓄的态度等。对于一个比较理性的消费者来说，经济因素对其购买行为影响更大。另外，经济学上的"最大边际效用原则"会成为他们分配支出的指导原则。

（4）生活方式。来自相同的亚文化群和社会阶层，甚至来自相同职业的人们，也可能具有不同的生活方式（Lifestyle）。生活方式是指一个人在世界上用自己的活动、兴趣和看法表达出来的生活模式。缺钱和缺时间的人往往有不同的生活方式，如何打发闲暇时间往往是生活方式的良好指标。

可以用"AIO"尺度测量消费者的生活方式。"A"指活动（Activities），如消费者的工作、业余消遣、休假、购物、体育、款待客人等；"I"指兴趣（Interests），如消费者对家庭、服装款式、食品、娱乐活动等的兴趣；"O"指意见（Opinions），消费者对社会、政治、经济、文化教育、环境保护等问题的看法。

营销人员可以根据生活方式将人们分为不同的细分市场，并研究自己的产品和品牌与具有不同生活方式的各群体之间的匹配关系，如怀旧人群就是旧书、老电影和古董的重要消费人群。

【引例4-5】

利用生活方式营销

不同国家的消费者会表现出不同的生活方式。一项研究发现，日本女性和美国女性在生活方式上存在很大差异。日本女性更加以家庭为中心，较少去餐厅、对价格不敏感、较少驾车。由于这些偏好，日本女性可能比美国女性花更多的时间在家做饭，自然也就会花更多的钱买提高做饭质量的产品。

营销人员可以用生活方式对消费者进行细分。例如，针对日益忙碌的生活方式，通用磨坊公司上市了一人份的Chex早餐速食麦片，可以在很短的时间里做好。还有能量胶（Power Gel），它的广告是给没有时间咀嚼的运动员提供"快速加油"，只要把它咽下去就可以了。在另一个极端，喜欢园艺这类慢节奏活动的消费者成为本地园艺中心和家得宝这样零售商的理想对象。沙特阿拉伯禁酒，不过在喜欢活跃的、嬉皮士生活方式的年轻消费群体中，无酒精啤酒却很流行。

（资料来源：霍依尔. 消费者行为学［M］. 刘伟，译. 北京：中国市场出版社，2008：375）

（5）个性。每个人都有会影响其购买行为的独特个性（Personality）。个性是指一个人独特的心理特征，它使个人对周围的环境具有相对持续和一致的反应。一个人的个性通常可用自信、控制欲、自主、顺从、交际、保守和适应等性格特征来加以描绘。

个性理论在营销中的应用是开发产品品牌个性（Brand Personality），即一个特定品牌的人格特征。这样的品牌可以吸引具有类似个性的消费者。海尔的"真诚"、斯沃琪手表的"活泼多变"、万宝路的"粗犷"、七匹狼的"不只一面"等，都暗示了这些品牌将吸引那些具有同样个性的消费者。

（6）自我概念。自我概念（Self-concept）是个体对自身一切的看法、认识和感受的总和。每个人都会逐步形成关于自身的看法，包括形象、个性、爱好、角色、地位、活动、价值等。自我概念回答的是"我是谁"以及"我是什么样的人"等一类问题，它是个体自身体验和外部环境综合作用的结果。一般认为，消费者将选择那些与其自我概念相一致的产品与服务。正是在这个意义上，研究消费者的自我概念对企业特别重要。

消费者一般不只有一种自我概念，还拥有多种类型的自我概念（图4-2）：实际的自我概念、理想的自我概念、私人的自我概念和社会的自我概念。

图4-2 多种自我概念

课堂思考

请描述一下你的自我概念（即描述一下自己是什么样的人），或者讲一件自己最骄傲、最沮丧的事情，请同学评判。

营销视野

延伸自我

在很多情况下，消费者购买产品不仅仅是为了获得产品所提供的功能效用，还要获得产品所代表的象征价值。对购买者来说，购买"劳斯莱斯""宝马""奔驰"显然不是单纯地购买一种交通工具。一些学者认为，某些产品对拥有者而言具有特别丰富的含义，它们能够向别人传递关于自我的很重要的信息。贝尔克（Belk）用延伸自我（Extended self）这一概念来说明这类产品与自我概念之间的关系。贝尔克认为，延伸自我由自我和拥有物两部分构成。换句话说，人们倾向于根据自己的拥有物来界定自己的身份（Self Identity）。某些拥有物不仅是自我概念的外在显示，它们同时也是自我身份的有机组成部分。从某种意义上说，消费者是什么样的人是由其使用的产品来界定的，如果丧失了某些关键拥有物，他或她就成了不同于现在的个体。那么，哪些产品最有可能成为传递自我概念的符号或象征品呢？研究人员认为，住宅、汽车、特别喜欢的衣服、收藏品、宠物等常被认为是延伸的自我。

（资料来源：屈冠银. 市场营销理论与实训教程 [M]. 2版. 北京：机械工业出版社，2009：79）

2. 心理因素

柏拉图曾说，人的行为就好比一辆被两匹马拉着的马车，一匹马代表理智，另一匹就是情感。神经学家令这个比喻更形象，他们指出，消费者在购买商品的时候，理智只是小马驹，情感则是高头大马。

研究表明一个人的购买选择,受四种主要心理因素的影响:动机、知觉、学习、态度。

(1) 动机。动机是一种升华到足够强度来驱动人们采取行动的需要。动机本质上是一种需要,它能够及时引导人们去探索满足需要的目标。需要一旦被满足,原有的动机就会消失,从而会产生新的动机(图4-3)。

营销者不仅要注意发现消费者表明的动机,还必须注意发现消费者没有表明的潜在动机。不但要研究顾客的意识,还要尽可能挖掘顾客的潜意识。与营销紧密相关的动机理论有三个:

1) 弗洛伊德的动机理论。弗洛伊德认为,人类的精神可以被大致地分为有意识和无意识两大类。后来又提出了一个前意识的概念,它处于有意识和无意识之间,担负着"稽查者"的任务,不准潜意识(已经发生但并未达到意识状态的心理活动过程)的本能和欲望侵入意识之中。但是,当前意识丧失警惕时,有时被压抑的本能或欲望也会通过伪装而迂回地渗入意识。人的意识组成就像一座冰山,露出水面的只是一小部分的有意识,隐藏在水下的绝大部分都是无意识(图4-4)。

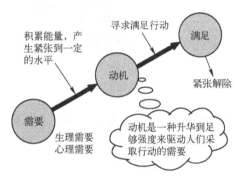

图4-3 动机的形成

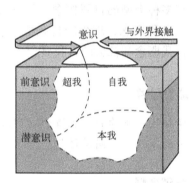

图4-4 弗洛伊德人格结构理论

图4-4中展示的弗洛伊德关于"本我、自我和超我"的划分理论也非常著名。自我(ego)代表了有意识的思想,它由感觉、思维、记忆和感情构成。自我给予个人一种身份的连续感。无意识思想的构成主体叫本我(id),包括所有与生俱来的和精神的力量。本我很大程度上是由生理因素决定的。从无意识的思想中获取的动机对个人而言是天生的和独特的。无意识的力量是巨大的,忽视它会导致思想的扭曲,甚至会导致精神疾病、恐惧症、幻觉以及其他事情的发生。超我(superego)是弗洛伊德人格假设的第三重结构,代表了传统的观念和社会价值观。这些价值观在童年时期获得,很大程度上通过父母的认同来传递。超我作为一种良知和努力,控制来自本我的激情,使自己与社会道德规范匹配。

弗洛伊德的理论框架提供了思考生理力量(本我)、社会力量(超我)和人类意识(自我)三者相互作用的一种方式,类似东方文化中提到的"身、心、灵"三个层面。这三种力量是解释人类行为动机的基础。产品管理者应尽量努力创造一种能同时满足本我、自我和超我需要的产品。类似地,广告设计者可以应用弗洛伊德的概念激发出创造性的广告。比如,广告中经常使用性感的标志,就是对无意识的刺激。

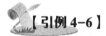【引例4-6】

理解动机是一种挑战

一个人行为的动机有时并不明显。1622年,一艘满载珠宝的西班牙帆船因风暴沉入海底。迈尔·菲西从1970年开始寻找这批沉默的珠宝，历经15年艰辛，其间因为搜寻船只沉没还失去了一个儿子，但他没有止步，到1985年，他的另一个儿子终于在距基韦斯岛60多公里的地方找到了这批价值4亿美元的珠宝。是什么动机驱动迈尔·菲西苦苦寻找？表面看是为了财富。但了解他的航海遗产协会主管却说："他的目的绝不是为了黄金！他一直是为了享受寻找的过程和刺激。当找到了珠宝后，他真的特别压抑，因为他需要的是寻找的过程。"

麦肯广告集团发现，消费者使用 Combat 蟑螂药盒很容易就可以杀死蟑螂，但是 Combat 的销量却不如效果较差的雷达杀蟑气雾剂。当工作人员询问一位购买气雾剂的女性消费者后了解到，虽然使用 Combat 效果好，但它不能给予自己喷洒药物直至看着蟑螂死去的满足感。麦肯广告集团副主席德瑞曼解释说："这些女性想拥有控制权，她们使用气雾剂是因为这让她们参与了杀灭害虫的过程。"

（资料来源：布莱克，米尼德，恩格尔. 消费者行为学：第9版［M］. 徐海，朱红祥，译. 北京：机械工业出版社，2003：196）

2）马斯洛的需要层次论。美国人本主义心理学家马斯洛将人类需要按迫切性程度由低级到高级的顺序，分成五个层次或五种基本类型（图4-5）。

生理需要：维持个体生存和人类繁衍而产生的需要，如对食物、氧气、水、睡眠、性等的需要。

安全需要：即在生理及心理方面免受伤害，获得保护、照顾和安全感的需要，如要求人身健康、安全、有序的环境，稳定的职业和有保障的生活等。

社会需要：即希望给予或接受他人的友谊、关怀和爱护，得到某些群体的承认、接纳和重视。如

图4-5 马斯洛需要层次论

乐于结识朋友，交流情感，表达和接受爱情，融入某些社会团体并参加他们的活动等。

自尊的需要：即希望获得荣誉，受到尊重和尊敬，博得好评，得到一定的社会地位的需要。自尊的需要是与个人的荣辱感紧密联系在一起的，它涉及独立、自信、自由、地位、名誉、被人尊重等多方面内容。

自我实现的需要：即希望充分发挥自己的潜能，实现自己的理想和抱负的需要。自我实现是人类最高级的需要，它涉及求知、审美、创造、成就等内容。

马斯洛的需要层次理论提醒营销者，人们的需要是有不同优先级的。一般来说，低层次的需要满足之后，高层次的需要才会凸显出来。但是，并不排除人们在追求高层次的需要时忽略低层次需要的可能。马斯洛晚年的时候也意识到了这一点，认为自我实现的需要也是人的基本需要。

课堂思考

马斯洛需要层次理论给营销者什么启发？老乡聚在一起为什么爱说本地方言？

3）赫茨伯格的动机理论。美国心理学家弗雷德里克·赫茨伯格（Frederick Herzberg）于1959年提出了动机双因素理论。该动机理论区别了两种不同因素，即不满意因素（保健

因素）和满意因素（激励因素）。只消除不满意因素是不足以激发购买的。对营销的指导意义是：第一，卖家应该尽最大努力防止购买者的各种不满意因素（如不符合要求的使用训练手册，不好的产品包装、差劲的售后服务等）。第二，卖家要仔细识别消费者购买的主要满意因素或激励因素，并且向市场提供这些因素，这些因素直接促使消费者购买并形成品牌差异。

（2）感觉与知觉。在营销的世界里，感知（或认知）永远比事实本身更重要。感知分感觉和知觉两个层面。感觉是人脑对直接作用于感觉器官的客观事物个别属性的反映。人在感觉的基础上，形成知觉。所谓知觉，是人脑对刺激物各种属性和各个部分的整体反映，它是对感觉信息进行加工和解释的过程。

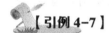【引例 4-7】

灯光"美颜"无处不在

你有没有遇到过这种情况：超市的各种肉类看上去特别鲜亮，买回家却发现色泽没那么好。秘密就在于悬挂在肉上方的"鲜肉灯"。"鲜肉灯"实际上是通过白光 LED 提供照明亮度，通过红光 LED 给肉类增色。很多人认为肉色越红润越新鲜，因而"鲜肉灯"使用得越来越普遍。有些商家还会给畜肉、禽肉、水产等不同食材配上不同灯光。

类似的"小窍门"还有很多，比如在青菜区增加绿光、蓝光可以强化青翠欲滴的效果，而红色和黄色的水果要加暖光，冷柜和冰鲜区要用冷白光营造"低温感"。很多烧烤店、熟食店、快餐店喜欢用暖黄色灯光，因为这可以让酱卤色看着更诱人，让烧烤、油炸食品看起来更金黄。

适度使用"精准照明"其实是双赢的，消费者获得了赏心悦目的消费体验，商家的销量也得到了明显提升，但目前国内一些商超、农贸市场、熟食店已经滥用灯光了，对消费者就是一种欺骗。

其实，在商业领域，灯光运用无处不在，比如黄金珠宝柜台常用耀眼的射灯营造华丽的光效。化妆品柜台的灯光总是明亮且温暖，无论试口红还是粉底都能光彩照人。在商场试衣服的时候，在自然光线下，可能效果就大不一样了。

（资料来源：钟凯. 灯光"美颜"无处不在 生鲜套路一招识破 [J]. 食品与生活，2020（6）：26-27. 有改动）

营销视野

感觉系统与消费行为

视觉是占支配地位的一种感觉。研究表明，黄色电话亭会使人们打电话的速度加快；黄色的墙壁和装饰会使顾客尽快离开商店；快餐店里的橙色装饰可以引发饥饿感；医院里的蓝色和粉色物体可以缓解病人的焦虑。视觉对面积的大小判断会受形状的影响，一般人会觉得正方形的面积比同样大小的长方形的面积要小。

嗅觉是最直接的感觉。闻过童年时闻过的气味能引起童年时那样的情绪反应。美国市场上最畅销的三款香水都带有婴儿粉的味道，从而给顾客带来温暖的感觉。心理学家发现，苹果的香味有镇静的作用，可以使人呼吸轻松、血压降低。

人们有令人吃惊的声音辨别能力。一位母亲听到另一房间婴儿微弱的哭声会很快醒来，但却会在更响的垃圾车推进时的"嘎嘎"声中酣睡如常；在一个忙乱嘈杂的鸡尾酒会上，人们能听到房间另一边有人提到他的名字。不同形式的声音能够使顾客产生轻松或刺激的情绪，从而影响人们的购物行为。英国的一项研究显示，当播放慢速音乐时，消费者就餐时间要比放快速音乐时长得多，同时增加了饮食消费支出。

触觉对心理有极端重要的影响。研究发现，导致心脏病人长寿的一个重要原因是他们周围有宠物，抚摸宠物有降低心跳的作用。羊毛、丝绸、皮毛等纤维有直接唤起联想的能力，合成纤维同样也能带来自然纤维那样的触觉联想。

味觉是一个很个性化的感觉。人们品尝食品的方式各不相同，有些食物被当作宗教或者宗教仪式的象征，或者认为这些食物有超自然的力量而吃掉它。在大部分人的生活里，食物是生理和情感愉悦的一大来源。人们创造一些物质来骗过味蕾，如用人造甜味素和脂肪来模拟糖和饱和脂肪的味道，很多肉类和奶制品正是有了这些味道才吸引消费者。

（资料来源：屈冠银.消费者感觉及营销应用[J].北京劳动保障职业学院学报，2008（4）：41-43）

知觉有时并不可靠，人们会对同一刺激物产生不同的知觉，这是因为除了受环境影响外，人们会经历三种知觉过程：选择性注意、选择性扭曲和选择性保留。

以商业性广告刺激物为例，平均每人每天要接触很多广告。但人们感兴趣的只有少数几个广告。这说明人们在日常生活中面对众多刺激，只选择性地注意极少数的刺激。营销人员必须确定什么刺激能吸引消费者的注意力。调研结果表明，人们会更多地注意那些与当前需要有关的、自己期待的，以及与刺激物的正常大小相比有较大差别的刺激物。

选择性扭曲就是指人们按自己的理解方式对信息加以解释，使之合乎自己想法。这说明，即使是消费者注意的刺激物，也并不一定会与刺激提供者预期的方式相吻合。一般来说，选择性扭曲对拥有强势品牌的营销者是有利的，因为人们往往有先入为主的倾向。

人们常会忘记自己所知道的许多信息，但他们倾向于保留那些能够支持其态度和信念的信息。为了让人们经常记起商品的信息，营销人员常常采用赠送小纪念品、激励思考、重复等手段。

（3）学习和经验。人类的行为大多来源于学习。学习是指通过形成经验引起个人行为的改变。一个人的学习是通过驱动力、刺激物、诱因、响应和强化的相互作用而产生的（图4-6）。经验是一种经历和体验，是在外界环境与个人认知和情感互动中形成的。经验是消费者学习的一种重要方式，是消费行为的核心。营销人员促销产品，其实质是在促销一种产品消费的经验。

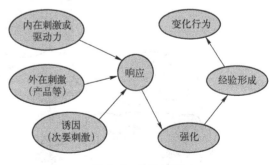

图4-6 学习过程

学习理论给营销人员的启示是营销人员可以利用以下的手段来建立对本企业产品的需求：把产品与强烈的驱动力联系起来，采用刺激性诱因，以及提供正强化。营销人员常用刺激泛化来设计品牌和产品策略，如家族品牌策略、品牌延伸策略、许可证贸易和类似包装策略。

（4）态度。态度是指一个人对某些事物或观念长期持有的好与不好的认识上的评价、情感上的感受和行动倾向。人们几乎对所有事物都持有态度，态度导致人们对某一事物产生好感或恶感，亲近或疏远的心情。态度能使人们对相似的事物产生相当一致的行为。改变一个人的态度需要时间，而且往往很难，因此营销人员最好使产品与既有态度相一致。原产地效应就是消费者态度在市场中的一种体现。

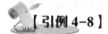【引例4-8】

品牌热衷取洋名

在福州仓山万达广场，我们调查了74个服装、鞋帽品牌。其中有西班牙、美国、丹麦、瑞典等国家的品牌，但这些品牌无一例外都是在我国生产。其余53个均为国内品牌，其中24个品牌名称带有"洋味"，占国产品牌的45.2%。例如，服装品牌Youngor（雅戈尔）的产地是浙江，AIKE（爱客）的产地是广州，Five plus（五加）的产地是广州，LaChapelle（拉夏贝尔）的产地是上海；知名男装品牌FGN（富贵鸟）的产地是石狮，Joeone（九牧王）的产地是泉州；鞋帽品牌SENDA（森达）的产地是江苏，CAT（卡特）的产地是珠海，LI-NING（李宁）的产地是北京。有纯英文的，如CAT（卡特），Five plus（五加）；有汉语拼音的，如LI-NING（李宁），SENDA（森达），AIKE（爱客）；有拼音与英文的结合，如LaChapelle（拉夏贝尔）；有拼音缩写的FGN（富贵鸟）等。不熟悉这些品牌的消费者常常误以为它们是国外品牌。

（资料来源：关淋淋等．国产品牌"洋名"及其"扬名"之路研究——基于福州服装鞋帽店的调查［J］．海峡科学，2019，（02）：68-70．有改动）

4.2 消费者购买过程与类型

在消费者做出购买决策的过程中，可能扮演五种角色（图4-7）：发起者、影响者、决策者、购买者和使用者。五种角色可能分别是五个不同的人，但某些角色也可能重合。

图4-7 购买决策过程中的五种角色

4.2.1 消费者购买决策过程

每一名消费者在购买某一商品时都会有一个决策过程，只是因所购产品类型、购买者类型的不同而使购买决策过程有所区别，但典型的购买决策过程一般包括以下几个步骤（图4-8）。

确认需要 → 收集信息 → 评价方案 → 购买决策 → 购后评价

图 4-8 购买决策过程

1. 确认需要

确认需要（或问题识别）是消费者购买决策过程的起点。当消费者在现实生活中感觉到现实状态与理想之间有一定差距并产生了要填补这一差距的要求时，购买的决策便开始了。消费者这种需求的产生，既可以是由人体内机能的感受所引发的，如因饥饿而购买食品，因口渴而购买饮料；也可以是由外部条件刺激所诱生的，如看见电视中的西服广告而打算自己买一套，路过水果店看到新鲜的水果而决定购买等。当然，有时候消费者的某种需求可能是内、外部原因同时作用的结果。

营销者的任务就是要制造理想状态与现实状态的差距。按照广告专家叶茂中先生的说法，叫制造冲突。制造冲突，就是创造需求。一般从两个方面入手：首先，试图创造出一种能够刺激消费者欲望的理想状态；其次，尝试创造对实际状态的不满。

2. 收集信息

需求出现之后，并不是马上就能得到满足的。消费者会去寻找有关满足物的信息。消费者信息的来源主要有四个方面：

个人来源，从家庭、亲友、邻居、同事等个人交往中获得信息。

商业来源，包括广告、推销人员的介绍、商品包装、产品说明书等提供的信息。这一信息来源是企业可以控制的。

公共来源，消费者从电视、广播、报纸杂志等大众传播媒体所获得的信息。

经验来源，消费者从自己亲自接触、使用商品的过程中得到的信息。

上述四种信息来源中，商业来源最为重要。从消费者角度看，商业信息不仅具有通知的作用，而且一般来说具有针对性、可靠性，个人和经验来源只能起验证作用；而对企业来说，商业信息是可以控制的。消费者可以通过商业信息的渠道了解企业的产品，进而购买该企业的产品。

需要引起营销者重视的是，网络自媒体日益成为消费者获取产品信息的重要渠道，口碑的影响力逐渐增大。

3. 评价方案

当消费者从不同的渠道获得有关信息后，便对可供选择的方案（购买品牌）进行分析和比较，得出各种方案的优缺点，进一步缩小购买范围。

消费者对不同产品感兴趣的属性不同。例如，照相机：照片清晰度、摄影速度、相机大小、价格；旅馆：位置、清洁度、气氛、费用；漱口水：颜色、效力、杀菌能力、价格、味道；轮胎：安全性、耐磨寿命、行驶质量、价格。营销者要了解消费者在评价自己的品牌时最关注哪些属性，从而在宣传时可以有的放矢地突出这些属性。

4. 购买决策

在评价阶段，消费者会在品牌选择集合的各种品牌之间形成偏好。但是，只让消费者对某一品牌产生偏好是不够的，真正将购买意向转为购买行动，其间还会受到两个方面的影响（图4-9）。

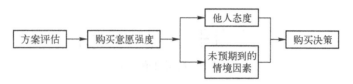

图4-9 方案评估与购买决策之间的转化

（1）他人的态度。消费者的购买意图，会因他人的态度而增强或减弱。他人态度对消费意图影响力的强度，取决于他人态度的强弱以及他与消费者的关系。一般说来，他人的态度越强，其与消费者的关系就越密切，其影响就越大。

（2）未预期到的环境因素。消费者购买意向的形成，总是与预期收入、预期价格和期望从产品中得到的好处等因素密切相关。但是当他欲采取购买行动时，发生了一些意外情况，诸如因失业而减少收入，因产品涨价而无力购买，或者有其他更需要购买的东西等，这一切都将会使他改变或放弃原有的购买意图。

消费者最终做出购买决策还会受个人认知、价值观、态度等其他因素的影响。

课堂思考

假如你今晚想去听一场音乐会，发现自己刚买的一张200元的公交卡不见了，你还会去听音乐会吗？换一种假设，你刚要兴奋地出门去听音乐会，一摸口袋，发现用来买音乐会门票的200元钱不见了，你还会去听音乐会吗？为什么？

5. 购后评价

在产品被购买之后，市场营销人员的工作并没有结束，还需要密切关注消费者的使用和评价情况，并根据情况做出有效的处理。研究发现，一位不满意的顾客会向8~10个人进行抱怨，从而会影响25个人的购买意愿；如果事后补救得当，70%的不满意顾客仍将继续购买企业的产品或服务；1位满意的顾客会引发8笔生意，其中至少有1笔成交。

消费者购买商品后的行为如图4-10所示，通过自己的使用，会对购买的商品产生某种程度的满意或不满意。消费者是否满意取决于消费期望和消费后对产品的感知。如果感知产

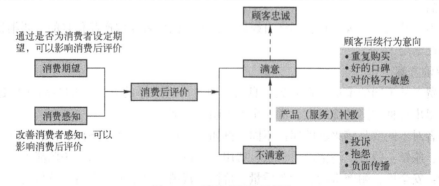

图4-10 消费者的购后行为

品的效果超出了自己的期望,就感到满意,低于自己的期望就不满意。这启发营销者不要虚假宣传,更不能轻易做出无法兑现的承诺,这都会提高消费期望。

以上介绍了消费者购买决策的五个步骤,在每一阶段营销者都需要采取有效的策略(表4-2)。

表4-2 营销人员在各阶段的反应

阶段	营销策略	举例(如汽车)
确认需要	鼓励消费者发现其目前状态和理想状态之间的差距	创作电视广告展现拥有一辆新车所带来的兴奋感或者没有车带来的不便
收集信息	在消费者可能搜集信息的时间、地点提供信息	在拥有较多目标市场观众的电视节目中插播广告,在经销商展厅提供汽车宣传手册
评价方案	了解消费者做品牌对比时所使用的标准,向消费者传递本品牌的优势	在广告中应突出品牌的优势(如安全性、舒适性等)
购买决策	了解消费者的选择函数,鼓励、劝说消费者选择本品牌	宣传原产地概念,强调品牌悠久历史
购后评价	引导消费者形成正确的期望	提供真实的广告和产品信息

4.2.2 消费者购买行为类型

消费者在购买商品时,商品价格、购买频率的不同会导致投入购买的程度不同。西方学者根据购买者在购买过程中参与者的介入程度和品牌间的差异程度,将消费者的购买行为分为四种类型(表4-3)。

表4-3 购买行为类型

品牌差异 介入程度	高度介入	低度介入
品牌差异大	复杂的购买行为	广泛选择的购买行为
品牌差异小	减少不协调感的购买行为	习惯性的购买行为

1. 复杂的购买行为

当消费者初次选购价格昂贵、购买次数较少的、冒风险的和高度自我表现的商品(如汽车)时,即属于高度介入购买。由于对这些产品的性能缺乏了解,为慎重起见,他们往往需要广泛地收集有关信息,并经过认真学习,产生对这一产品的信念,形成对品牌的态度,并慎重地做出购买决策。

针对复杂购买行为,营销者应该首先突出品牌重要属性方面的声望;其次,利用印刷媒体和较长的广告描述产品优点;最后,谋求商店销售人员、购买者和熟人的推荐。

2. 减少不协调感的购买行为

当消费者高度介入某项产品的购买,但又看不出各厂生产的品牌有何差异时,对所购产品往往产生失调感。因为消费者购买一些品牌差异不大的商品时,虽然他们对购买行为持谨慎的态度,但他们的注意力更多是集中在品牌价格是否优惠,购买时间、地点是否便利等方面,而不是花很多精力去收集不同品牌间的信息并进行比较,而且从产生购买动机到决定购买之间花费的时间较短,因而这种购买行为容易产生购后的不协调感:消费者购买某一产品后,或因产品自身的某些方面不称心,或得到了其他产品更好的信息,从而产生不该购买这一产品的后悔心理或不平衡心理。规避痛苦、追求快乐是人的天性。为了追求心理的平衡,消费者会广泛地收集各种对已购产品有利的信息，以证明自己购买决定的正确性。

为了减少不协调感的购买行为，营销者应通过售后的信息沟通、个性化服务等方式来增强消费者的信念，使之消除不协调感，从而巩固销售成果。

3. 广泛选择的购买行为

广泛选择的购买行为又叫作寻求多样化购买行为，如果一名消费者购买的商品品牌间差异虽大，但可供选择的品牌很多时，他们并不愿花太多的时间选择品牌，而且也不专注于某一产品，而是经常变换品种。比如购买饼干，他们上次买的是巧克力夹心，而这次想购买奶油夹心。这种品种的更换并非是对上次购买的饼干不满意，而是想换换口味。

对于市场领导者而言，摆满货架、避免脱销以及做提醒式广告是针对该行为的正确策略；而对于市场挑战者而言，降低价格、提供优惠、赠券、免费样品以及宣传试用新产品的广告都会有很好的效果。

4. 习惯性的购买行为

消费者有时购买某一商品，并不是因为特别偏爱某一品牌，而是出于习惯，比如食盐、糖、醋等。这些价格低廉、品牌间差异不大的商品，消费者购买时，并未深入地寻找与该品牌有关的信息，并不经过信念—态度—行为的正常顺序，大多不会关心品牌，而是靠习惯去选定某一品牌。

对习惯性的购买行为，营销者利用价格与销售促进作为某品牌产品试用的诱因，是一种非常有效的方法；就广告来讲，运用低介入度的电视广告比印刷品广告更为有效；通过增加产品特色，把低介入度产品转化为高介入度产品，是一个不错的思路。

4.3 组织购买行为分析

4.3.1 组织市场及其特点

组织市场是指工商企业、政府或事业单位为了生产（如原材料和零部件）、消费（如办公设施、咨询服务）、使用（如设施或设备）或者再销售等目的而在国内或国际市场上购买产品和服务所构成的市场。工商企业购买产品以有助于掌握生产过程或用于生产其他产品和服务。政府或事业单位为公众提供服务而购买产品。大的或小的，公共的或私有的，营利的或非营利的，所有正式组织与工业产品和服务的交换，构成了组织市场。组织市场交易额远远超过最终消费者市场。在美国、加拿大和其他一些国家，组织间营销超过经济活动的一半以上。

尽管向组织客户进行营销与对消费者营销有一些共同点，但二者还是存在很大不同的。因为组织市场有自己的特点，所以和消费者市场之间存在一定差异，见表 4-4。

表 4-4 组织市场和消费者市场的比较

比较项目	消费者市场	组织市场
购买目的	为个人或家庭消费	非个人消费的其他用途
购买主体	消费者数量多而分散	购买者数量少而集中
购买金额	金额小而交易频繁	金额大而交易次数少
供需关系	一般关系不紧密	买卖双方关系密切

(续)

比较项目	消费者市场	组织市场
需求特点	原生需求，弹性较大	衍生需求，弹性较小
波动性	受宏观环境影响波动小	受宏观环境影响波动大
购买行为	非专业购买、可诱导、易冲动	多人参与决策、专业购买、比较理性
渠道特点	往往通过中间商购买	技术复杂的大型商品不经过中间商
购买对象	一般为便利品、选购品、特殊品、非渴求品	多为材料和部件、资本项目、服务等

4.3.2 商业采购过程

商业采购过程是购买者根据购买产品或服务的需要，评估、选择不同品牌供应商的决策过程。

我们将典型的商业采购划分为八个阶段（直接重购和修正重购可以跳过某些阶段）：

1. 问题识别

问题识别是生产者购买决策过程的起点，往往是由内在因素和外在因素引起的。内在因素包括：公司决定推出新产品，因而需要新设备和各种材料，以便生产该产品；机器报废需要更新，或需要新的零部件；采购的一些材料不尽如人意，公司转而寻找另一家供应商；采购经理意识到有获得较为价廉物美产品的机会。外在因素可能是采购人员参观展销会、浏览广告，接到某一能提供价廉物美产品的销售代表的电话等。

2. 总需要说明

一旦识别了某种需要之后，采购者便着手确定所需产品的总特征和需要的数量。对于标准产品，这一过程涉及的范围不会太大。对于复杂产品，采购者要会同其他部门人员共同决定所需产品的总特征，包括可靠性、耐用性、价格及其他属性。这一阶段，营销者可以请采购方描述他们对产品的要求，以便设法满足组织的总需要说明。

3. 产品规格说明书

在总需要确定以后，采购组织要着手制订开发项目（产品，设备）技术规格说明书。一般来说，公司将委派产品价值分析工程小组投入这个项目的工作。

在对产品进行分析时，一般采用价值分析法。所谓价值分析法，实际上是一种降低成本的分析方法，它是由美国通用电器公司采购经理迈尔斯于1947年发明的。这里的"价值"是指某一产品的"功能"与其"成本"之间的比例关系。企业通过对某一产品的价值分析，明确某产品可能产生的经济效益，从而为采购者选购产品做指南。

产品价值分析必须对高成本部件加以分析，通常20%的高成本部件会占80%的成本。还要找出那些比产品本身寿命还要长的超标准设计的产品部件，并进行分析。最终确定采购品的最佳特征，并有根据地加以说明。

4. 寻找供应商

为了选购满意的产品，采购人员要通过工商企业名录、网站、交易市场等途径，物色服务周到、产品质量高、声誉好的供应商。生产者对所需原材料、标准件及外协件的供应者，必须进行深入的调查、了解、分析和比较后才能确定。对原材料、标准件供应商，主要从产品的质量、价格、信誉及售后服务方面进行分析比较。对大批量外协件供应商的了解内容除上述几个方面外，还必须深入提供外协件的各企业内部，调查了解该企业的生产技术检验水平及企业管理的能力，经分析比较后再确定。供货企业应通过广告等方式，努力提高企业在市场上的知名度。

5. 征求供应建议书

对合格的多个候选供应商，购买者应请他们提交供应建议书，尤其是对价值高、价格贵的产品，还要求他们写出详细的说明，对经过筛选后留下的供应商，要他们提出正式的说明。因此，供应商的营销人员应根据市场情况，写出实事求是而又能打动人心的产品说明，力求全面而形象地表达所推销产品的优点和特性，力争在众多的竞争者中获得成交。

6. 选择供应商

在收到多个供应商的有关资料后，采购者将根据资料选择比较满意的供应商。在选择供应商时，根据不同采购对象，采购中心向供应商规定某些属性，并赋予这些属性一定的权重。然后针对这些属性对供应商进行评分，找出最具竞争力的供应商。常采用的供应商评估模型见表4-5。

表4-5 供应商评估模型

属性	权重	评分标准			
		1分	2分	3分	4分
价格	0.3	√			
供应商声誉	0.2			√	
产品可靠性	0.3		√		
服务可靠性	0.1				√
供应灵活性	0.1				√
总分：$0.3\times1+0.2\times3+0.3\times2+0.1\times4+0.1\times4=2.3$					

7. 常规订购的手续规定

企业的采购中心最后选定供应商以后，采购经理要开订货单给选定的供应商，在订货单上列举技术说明、需要数量、期望交货期、退货政策等。现在，许多企业日趋采用"一揽子合同"，即和某一供应商建立长期的供货关系，这个供应商允许只要购买者需要购买时，供应商就会按原定的价格条件及时供货。这种"一揽子合同"给供求双方都带来了方便。对采购者而言，不但减少了多次购买签约的麻烦和由此增加的费用，也减轻了库存的压力——因为由于这一"合同"，实际上购买者将存货放在了供应商的库里。需要进货时，只要用计算机自动打印或电传一份订单给供应商。因此"一揽子合同"又称为"无库存采购计划"。就供应商而论，他的产品有了固定的销路，减轻了竞争的压力。

8. 绩效评价

产品购进后，采购者还会及时向使用者了解其对产品的评价，考查各个供应商的履约情况，并根据了解和考查的结果，决定今后是否继续采购某供应商的产品。为此，供应商在产品销售出去以后，要加强追踪调查和售后服务，以赢得采购者的信任，保持长久的供求关系。同时，对本次购买活动进行总结。绩效评价有两个方面的内容：一方面对购买的工业品的质量要验证，看是否符合明细表和设计图样的要求；另一方面对所付出的购买金额和差旅费等进行分析，是突破还是节余，查明原因，以利于继续购买或改换供应单位。

课堂思考

为什么商业采购过程比消费者购买决策过程复杂?

4.4 能力实训

4.4.1 营销思辨:理性还是感性

第4章 小结

一部分营销者认为,消费者购买决策主要受情感的支配。另一部分营销者则认为,消费者多数是理性的,他们在做出购买决策的时候会根据自身情况,冷静分析产品的性价比。

辩论双方

正方:消费者购买决策是感性的。

反方:消费者购买决策是理性的。

4.4.2 案例讨论:Z世代视频内容消费特征

第4章 案例讨论

Z世代是指出生在1995年—2009年的人群,他们生长于网络时代,在视频内容消费上具有以下特点:

一、轻松快捷、偏爱娱乐

Z世代的内容消费场景有三个特点:碎片化的大量信息、移动智能设备和碎片化的时间。这些特征促使短视频成为Z世代内容消费的主要部分。一方面,它"短平快"的特点与Z世代的内容消费场景相符合;另一方面,视频内容包括了文字、音乐、图像等多种内容形式,可以同时满足多种文化消费体验。曹丹宁在《95后受众的视频内容消费研究》中调查发现,在95后平时会使用的网络媒体平台中,短视频类(快手、抖音)排名第二,占比55.80%,仅次于即时通信平台。

除了喜欢轻松便捷的短视频消费,Z世代在视频内容消费方面还表现出"偏爱娱乐"的特点。2016年企鹅智库发布的报告显示,95后喜欢的视频内容中,搞笑喜剧类占比达到59.5%,居于种类排行第一名。对于Z世代的观众来说,"好玩"是他们选择视频的重要指标,近来流行的"土味文化"等就能表现出年轻群体对视频内容趣味性的偏好。与此同时,偏好娱乐并不代表Z世代拒绝认真严谨的知识内容。"罗翔说刑法""毕导THU""沈逸老师"等学术科普型账号在青年社区的爆红说明:Z世代对专业性知识保有极大的兴趣,只是更青睐严肃内容的活泼表达。轻松高效地获取信息是Z世代群体视频内容消费的一大偏好。

二、兴趣主导,圈层消费

Z世代人群相比其他世代群体具有更强的自我觉醒和文化自信,其视频内容消费也呈现出兴趣主导的特点。2016年腾讯调查显示,只有6.5%的95后会选择"只要是热播剧就会看",而有60.5%的95后会选择"看自己感兴趣的",甚至有22.7%的95后几乎不看热播剧。这表现出年轻一代视频内容消费过程不愿追随主流,十分追求个性化。

Z世代用户兴趣广泛。通过对2020年5月的抖音大数据进行用户画像发现:相比于其他年龄段的用户,Z世代对游戏、动漫、创意和宠物等视频种类有更高的兴趣。其中,游戏类视频中Z世代的粉丝数量占比达79.61%,远超占比18.59%的千禧一代;动漫类视频中Z世代粉丝数量占比达66.45%,而千禧一代的数量比仅为29.87%;宠物类视频亦有71.18%

的粉丝属于Z世代人群。无感于"政务""汽车"等主流文化内容，极具个性的Z世代偏好并培育了多样的亚文化，且通过社交媒体搭建了垂直、多元的兴趣圈。

随着Z世代逐渐长大，这些兴趣圈层的消费潜力不断展现。《2020 Z世代消费态度洞察报告》显示，在以二次元、电竞、手办、国风为代表的圈层文化消费市场中，Z世代人群占据主力，他们贡献了电竞赛事32%的营收，使BJD手办2019年销售额同比增速超过5000%，2018年，国内在线动漫内容市场规模已达141.6亿元。

三、乐于互动，重在参与

Z世代是发展"宅经济"的主要群体，但他们并不是孤独的一代。相比于"前辈"，Z世代人群更注重陪伴、更乐于互动、更追求参与感的满足。在内容观看过程中，Z世代不甘于被动地接收信息，而希望形成互动式的内容消费方式。以自称"Z世代乐园"的哔哩哔哩（bilibili，简称B站）为例，可以分析该群体的内容消费特点。

B站是中国最早的弹幕视频网站。"弹幕"，是一种用户在观看网络视频过程中出现在屏幕上的评论性字幕。弹幕具有"陪伴观看"的作用，它创造了一个虚拟空间，每一个用户都可以在观看视频的同时对其中的剧情、表演、台词进行评价，无论吐槽还是赞赏，都能使观看者感觉不是自己一个人在看视频，而是有很多人在一起看。这种跨时空的互动交流可以使习惯"宅生活"的Z世代人群有归属感和安全感。弹幕也是对视频内容的二次创作，在很多Z世代年轻人看来，弹幕不仅是对视频内容的一些评价，更是视频内容的一部分，它增强了原始内容的趣味性，充实了观看者的内容消费体验，增强了弹幕评论者的参与感和成就感。

四、支持原创，愿为内容付费

近年来，我国居民在教育文化娱乐方面的支出不断增加，其中在线视频行业的付费市场规模已十分可观，2018年已超200亿元。从用户年龄结构来看，付费用户趋于年轻化，Z世代的内容付费比例显著高于网民整体。2019年芒果TV发布的报告显示，超过80%的Z世代用户在视频网站上有付费行为。

分析Z世代愿为视频付费的动因，主要归结于两个方面：一是对优质内容的追求；二是对"快人一步"感受的追求。一方面，Z世代相比"前辈"更具自我意识，对原创内容作品有更高的兴趣。同时，Z世代具有良好的版权意识，愿意主动为感兴趣的优质内容付费。以被称为"Z世代之选"的B站为例，高度原创作品促使用户具有高度黏性，高黏性用户又为转化付费会员提供基础。另一方面，在线视频平台的"超前点播""会员跳过广告"等付费功能恰好契合了Z世代用户"体验至上"的消费观念和"先睹为快"的消费兴趣。2019年4月，在线视频APP行业付费用户的用户画像显示，爱奇艺、腾讯视频和优酷视频三大在线视频头部平台的19~24岁付费用户的占比都明显偏高。

（资料来源：路爽，田诗雨. Z世代视频内容消费行为研究［J］.
经济管理文摘，2020（20）169-170+172）

问题讨论

1. Z世代视频内容消费特征对知识付费类产品营销有哪些启发？
2. 换个角度看，Z世代视频内容消费特征对青年人成长有哪些不利的影响？

4.4.3 实践应用：分析换购的消费心理

某超市规定，消费达到1000元的顾客，只要加1元，就可以得到一个价值50元的商品。请问这和消费 1000 元优惠 5%有什么区别？哪一种效果会更好？为什么？

4.4.4 学习笔记：总结·记录·关联

总结	自己动手，总结本章的学习要点
记录	记录下老师补充的新知识
关联	联系自身，你认为本章对你成长最有价值的知识是什么？为什么

第5章 竞争战略

胜人者有力，自胜者强。

—老子

开篇案例

汉堡王：借对手地盘卖皇堡

对快餐品牌而言，密集的线下门店布局是确保销量与品牌知名度的必要条件。据统计，在美国，麦当劳门店的数量约为汉堡王的两倍。面对自身这一致命的弱点，汉堡王没有从正面去挑战竞争对手，而是决定直接利用对方的优势来为自己创造机遇。

为推广自己的官方APP，汉堡王策划了一场"皇堡大绕道"的营销活动，而这场活动却紧紧围绕着其对手麦当劳来展开。汉堡王表示，活动期间消费者只要在距离任何一家麦当劳门店600英尺（约182.88米）内的地方使用汉堡王的APP，就能用一美分买到汉堡王的经典招牌皇堡。下单完成后，APP则会引导其绕到最近的汉堡王门店取餐。此外，汉堡王还将活动植入Waze地图导航，当汽车驶入麦当劳附近区域时，就会自动收到邻近的汉堡王门店位置提示，完全将自己与竞争对手捆绑在一起。

除了借麦当劳的地盘来了场促销活动，汉堡王还恶搞了麦当劳经典的M形商标，使其倒置成了一个曲折指向的箭头，以更符合"绕道"的活动主题。汉堡王此次的营销活动，巧借对手的优势地位来另寻突破口。面对这样的"抱大腿"的策略，麦当劳也只能苦笑接受了。

（资料来源：李喻. 汉堡王：借对手地盘卖皇堡 [J]. 销售与市场（管理版），2019（2）：101）

5.1 商场如战场

一位营销专家说："战争是流血的经济，营销是不流血的战争。"军事战争是在流血的状态下掠夺资源，营销竞争是在和平状态下获取财富。

5.1.1 从顾客导向到竞争导向

随着经济市场化进程的日益加快，国际和国内市场环境发生了剧烈的变化——结束了卖方市场和短缺经济的局面，迎来了买方市场和相对过剩经济。环境的改变导致了权利的转移，即在作为整体的消费者与企业的交易谈判中，由企业主权转变为消费者（顾客）主权。于是，企业必须广泛认同"顾客就是上帝""一切以顾客为中心""要求最高的顾客满意度"等顾客导向的观念，并将其应用于企业经营实践。

"顾客导向"提升了原有的经营观念，对企业参与市场竞争无疑是必要的，但是企业要

想在竞争中立于不败之地,仅仅局限于顾客导向是不够的。以顾客为导向解决了企业生产出的产品不偏离顾客需求这一问题,但它却很难打破"同质化竞争"的局面。加拿大产业市场营销研究协会主席兰·戈登教授在对 20 世纪 50 年代形成的营销观念进行剖析时指出,营销观念存在以下缺陷:①容易使企业提供的产品在行业中出现雷同;②在全行业中,企业各自的市场占有率将相对缩小;③市场占有率下降导致本企业与行业中其他企业利润额下降;④压制了新产品创造欲望,只按购买者现实的欲望去生产。因此,兰·戈登教授在《扬弃市场营销导向,树立竞争导向》一文中认为,单纯地信奉市场营销观念已经不能适应激烈的市场竞争的需要了,企业应树立公司(Company)、顾客(Customers)、竞争对手(Competitors)三者兼顾的经营观念——竞争观念。

小成功需要朋友,大成功需要对手。在今天的商业计划中,将有很大一部分是关于竞争对手的分析。越了解敌人,就越了解市场。甚至有一天,这种商业计划书将包含每一位竞争对手的主要负责人名单,包括他们的战术及做事风格。

当今商业的本质更多的是竞争,而不只是满足人们的需要和需求。没有竞争,就没有发展。如果人们的需要在商业竞争中得到了满足,那么竞争的存在就符合公众的利益。尤其一个新品类的出现,如果没有竞争对手,就没有企业分摊培育市场的成本。一个企业的能量可以把市场热度烧起来,那么几位企业家联合起来就可以把市场这壶水烧开了。

5.1.2 商业竞争的基本原则

1. 合法性原则

商战虽然残酷,但毕竟不同于真实的战争,市场经济是法制经济,商业竞争也应该是文明的战争。一个企业要想常胜、大胜,成为一家受人尊敬的企业,竞争中首先应该遵守的原则是合法双赢。我国古代思想家老子说过:"以正治国,以奇用兵。""守正出奇"的前提条件是"正",作为一个企业来讲,就是要合法竞争,遵守商业道德。常言说,小胜靠智,大胜靠德,否则,最终可能会害了自身,还有可能累及整个行业。

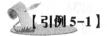

【引例 5-1】

竞争千万不要用"反植入"手法

反植入广告的概念由美国一家名为 Church Hates Tucker 的广告公司提出。具体的操作手法很简单,就是在那些让人感觉不舒服的地方植入竞争对手的广告,以此破坏消费者对竞争对手的品牌印象。这种做法并非上策,可能会击败对手,但也会坏了自己的名声。

美国真人秀节目 *Jersey Shore* 明星 Snooki,年仅 22 岁就已经臭名远扬,不是被媒体爆出混乱不堪的私生活,就是因醉酒被捕。她是典型的话题女王,人们发现她每次被媒体拍到的照片里,总会有一个 COACH 包不离身,而这些 COACH 包竟是另一家奢侈品公司免费赠送给 Snooki 的。这件事被曝光后,COACH 不仅起诉了这家公司,更令这家公司的口碑一落千丈。

(资料来源:叶茂中. 营销的 16 个关键词 [M]. 北京:机械工业出版社,2013:196)

2. 差异化原则

差异化是营销竞争永恒的法则,完美的竞争战略不一定是成为行业第一,而是要做到与众不同、难以复制。你是苹果我是梨,你是风儿而我是沙,这样才可以避免残酷的"红海"厮杀,并为合作奠定基础。

在消费者心目中，差异往往就代表优势，而且是优势累积。比如，当沃尔沃诉求"安全"的差异性的时候，消费者理所当然地相信，安全的轿车一定是各方面都最优越的，安全一定是沃尔沃车很多技术优势汇聚而成的，于是消费者认为安全就等于最优。同样，当宝马诉求速度的差异的时候，消费者也理所当然地相信速度最快的轿车一定是由很多技术汇聚而成的，于是消费者认为最快就等于最好。因此，营销较量的背后不是卖得好，而是卖不同，因为在消费者心目中，显著的不同就是优秀。

差异化是商战的重要原则，我们会在后面的章节中重点论述。

3. 集中性原则

军事思想家克劳塞维茨描述了战争中最根本的兵力原则："必须在决定性的地点把尽可能多的军队投入战斗"。

不少企业家为能够同时在几个产业经营而兴奋不已，不少管理者对自己能长期在"多个战线"同时作战感到非常自豪。然而，他们的业绩却常常并不让人感到满意。

一个人可以做很多事情，甚至能够同时做几件事情，但不可能在每个领域都取得成功。道理很简单，人的精力是有限的，不可能用有限的精力去做无限的事情；企业的资源是有限的，将有限的资源分配到多个产业，风险必然增加。

英特尔公司前CEO安德鲁·格鲁夫曾说过："我宁可把所有鸡蛋放在同一个篮子里，用我全部的时间去考虑这个篮子是否合适，也不愿意在每个篮子里都放一个鸡蛋。"

到底该如何集中？营销专家告诫我们，如果你不能像通用电气那样同时在几个行业做到前几名，那就聚焦你的产业；如果你不能像可口可乐那样覆盖世界，那就经营好有限的市场；如果你不能让所有产品线都赢利，那就收缩你的产品线；如果你的广告诉求引起了目标受众心智的混乱，你就使你的诉求变得单纯；如果你们公司的考核指标非常复杂，你就想办法让它变简单。

4. 变化性原则

现在的市场环境中，唯一不变的就是变。消费者的特征也从相对稳定转向相对漂移。他们从这个产品漂移到另一个产品，从一个场所漂移到另一个场所，从这个品牌漂移到另一个品牌；今天喜欢红色，明天就改成了蓝色；从昨天的拖地长裙改成了今天的超短裙。因此，艾尔·里斯和杰克·特劳特在《商战》一书中强调："商业将领的关键特质是灵活变通。"我国营销专家路长全提出，营销应从"定向打靶"转向"运动博弈"。首先，学会在"变化"中抓住"不变"的主线。例如，中药未来的发展主线大致有三条，你只要抓住其中的一条，并且紧抓不放，就能做大：一是取代规模庞大的保健品市场；二是成为饮品；三是成为养生养颜的日化产品。其次，在"不变"中利用"变化"的力量，快速引爆市场。在抓住营销战略主线的前提下，要敏锐地观察各种变化的因素。一旦发现某些变化有利于或者能够引导并为我所用，就迅速出手抓住变化，利用变化的力量引爆某一市场机会。

5. 速度领先原则

拿破仑曾说："我的军队之所以打胜仗，就是因为比敌人早到5分钟。"

丛林法则曾被这样描述："每天早上，非洲草原上的一只羚羊醒来，它就知道必须比跑得最快的非洲狮子还要快，否则它就会被吃掉；每天早上，一只非洲狮子醒来，它就知道必须比跑得最慢的羚羊还要快，否则他就要饿死。不管你是狮子还是羚羊，太阳升起的时候，你就得开始奔跑了。"

在商业竞争中，无论你是强者还是弱者，都必须遵守速度领先原则。营销专家路长全曾提出著名的"兔子和骆驼"理论:中国的企业和大型跨国公司相比,充其量是一只兔子,兔子和骆驼不是比管理得是否完美和稳定,而是比速度和稳定性。

5.1.3 竞争战略的主体与形式

1. 四种主要竞争战略主体

(1) 市场领先者(Market Leader)。这类公司在相关产品市场上占有最大的市场份额。通常在价格变化、新产品引进、分销覆盖和促销强度上,对同行业其他公司起着领导者的作用。例如,零售行业的沃尔玛、计算机操作系统行业的微软、日化行业的宝洁、快餐行业的麦当劳等。

(2) 市场挑战者(Market Challenger)。挑战者攻击市场领先者和其他竞争者,以夺取更多的市场份额,如百事可乐对于可口可乐,AMD对于英特尔而言都是挑战者。

(3) 市场跟随者(Market Follower)。大多数公司喜欢追随而不是向市场领先者挑战。营销思想家西奥多·莱维特认为:"产品模仿战略可能和产品创新战略一样有利可图。"市场追随者的角色常常表现为克隆者、模仿者和改良者。

(4) 市场补缺者(Market Nicher)。专心致力于市场中被大企业忽略或不感兴趣的某些细分市场的小企业,称为补缺者。他们往往在小块市场或补缺市场成为专家或领先者。目前,有些大公司的业务部门也推行补缺战略。

2. 四种竞争战略类型

根据竞争者的市场地位,主要有四种战略可供选择(图5-1)。

(1) 市场领先者适合防御战略。保持第一位的优势需要在以下三个方面采取行动:扩大总需求、保护现有的市场份额和提高市场份额。防御有六种策略(图5-2),最佳的防御就是要有勇气攻击自己。

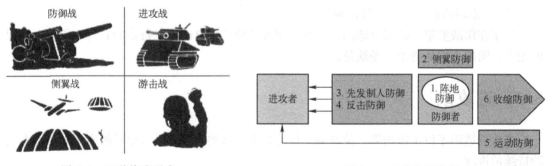

图5-1 四种战略形式　　　　　　　图5-2 六种防御策略

(2) 市场挑战者(往往是居于第二位的企业)适合进攻战。常用的进攻策略有正面进攻、侧翼进攻、包围进攻、迂回进攻、游击进攻。最重要的进攻原则是向强者的弱点出击。

(3) 侧翼战适合规模再小一些的企业。最佳的侧翼战应该在无竞争地带展开,战术奇袭是重要的一环。

(4) 本地企业或者区域小企业适合游击战。游击战关键要找到一块自己守得住的阵地,无论多么成功,也不能滋生领导者心态,不能像领导者那样行动。

5.1.4 商战在顾客心智中展开

在军事战斗中,战地是非常重要的,战斗总是由它所在地理位置来命名。滑铁卢之战、莫斯科保卫战、辽沈战役等。在营销战中，战场同样重要，但营销战的战场在哪儿？

1. 心智是营销竞争的终极战场

1972年，美国的艾尔·里斯先生和他的伙伴们提出的定位理论指出，"营销竞争的终极战场是心智而非市场"。这是营销史上首次指出心智对于营销的决定作用。此理论一经提出，迅速影响了全美乃至全球营销界，成了有史以来对美国营销行业影响最大的观念。

从商战角度看，艾尔·里斯和特劳特把心智简单等同于大脑。从心理学角度解释，心智是指一个人对已知事物的沉淀和储存，是其过往获得的一切知识及经验的总和。在激烈竞争的时代，消费者对品牌消费的主导性越来越强，要真正影响消费者购买行为并被消费者所选择的前提条件就是品牌要能够进入心智。因此，企业营销的关键就是对消费者心智的争夺。

心智一旦形成，几乎无法改变。行为学家约翰·卡西波认为："为了改变一种看法，有可能修正那些认识所基于的前提，因此，通常有必要改变一个人的信仰。"

2. 心智地位决定市场地位

营销专家做过这样的营销实验：让消费者在很短的时间内（通常是一分钟之内）说出某一个品类的品牌名字，例如，牛奶究竟有哪些品牌？香烟究竟有哪些品牌？测试的结论十分惊人。

第一，消费者能够在一分钟之内说出的品牌名通常不超过7个，这就是艾尔·里斯先生在《定位》一书中提到的七法则：消费者的心智像一个不大的杯子，同一个类别中通常能容下的品牌不超过7个，而且越是不经常接触的行业，购买频次越低的产品，"杯子"里品牌的数量就越少。因此，企业营销的重点就是首先要让自己的品牌进入这个容器中。

第二个结论更为惊人，消费者首先说出品牌名的先后顺序，基本上体现了该领域品牌的市场排名。例如，在空调产品中，消费者首先说的顺序通常是格力、美的、海尔……与企业的市场地位基本一致。这个结果深刻说明了一个营销道理：从长期来看，"心智地位决定市场地位""市场份额反映了心智份额"。

将军在作战室里会挂军事地图，企业管理者也应该有自己所在行业的心智地图。在心智地图中，明确不同品牌的市场地位。

5.2 进攻战

进攻战适用于位于市场第二位或第三位的企业，这类企业应具备足够的实力向领导者发动持续的进攻。

5.2.1 进攻战的原则

1. 进攻者应该把注意力转向领导者

大多数公司都像小孩子一样任性，它们总想干它们自己的事，考虑自己的强势和弱点，检查它们自己的产品质量、它们的销售力量、它们的价格，以及它们的分销渠道等。它们常常会像领导者那样，旁若无人地高谈阔论和采取行动。这往往会陷入追求内部运营效率的泥潭，而真正的战略是外向的。

一个第二号、第三号的公司真正应该做的是把其注意力集中在领导者身上，它们应注意的是领导者的强势和弱点，领导者的产品、领导者的销售量、领导者的价格，以及领导者的分销渠道等。但这绝不是把领导者作为标杆来模仿，广告界有句名言："一直被模仿，从未被超越。"盯住领导者是要确认敌情和寻找机会,制造差异。

"柿子要拣硬的捏",进攻领导者是一种高风险高回报的战略,特别是领导者在该市场做得并不好的时候,此种方法非常明智。游击营销之父杰伊·康拉德·莱维森曾说:"竞争对手在你发展的道路上制造阻力,如果你足够幸运,那么你的对手会是有竞争力的、睿智的,并且是勤奋的,而不是不堪一击的。"选择对手的权利在自己手里,无论自己多么渺小,对手都可以找行业内最厉害的那个。

2. 寻找领导者强势中的弱点

在领导者的强势之中找弱点,并攻击此弱点。注意,要在领导者的"强势"中找弱点,而不是在它的弱点中找!

领导者有时会有一些弱点,但如果不是他们强势中的弱点,只要你一攻击,领导者就可以迅速弥补,这样反而会促使领导者更为完善与强大。只有那些隐藏在领导者强势中的弱点,才是领导者与生俱来且无法避免的,因其要想避免就必须付出同时放弃其强势的代价。

梅塞德斯-奔驰是制造宽大、舒适尊贵、适合乘坐的轿车的企业,于是宝马就用更小、更敏捷的车型进行竞争,把自己定位为"超级驾驶机器"。如今,在美国和全球大多数国家,宝马的销量都超过奔驰。营销专家常常建议"成为领导者的对立面",实质上就是"从领导者强势中寻找弱点出击"的另一说法。

【引例 5-2】

汉堡王进攻麦当劳

错失领导地位的汉堡王(Burger King),开始向麦当劳发动进攻战略。1973 年,汉堡王找到了麦当劳的弱点,抨击它是一个高度自动化但缺乏灵活性的汉堡机器,发动了"Have it your way"(以您的方式)的营销活动。汉堡王的新营销运动聚焦在顾客变化的口味上,倡导满足顾客的个性化口味。该运动一炮打响,"以您的方式"的口号也沿用至今。

1982 年,汉堡王又发动了新一轮的攻击战,开展了"火烤而非油炸"和"汉堡大战"运动。汉堡王投放了对比广告,向顾客表明了它的四大优势:第一,皇堡(汉堡王的产品)在匿名口味测试中胜过麦当劳的巨无霸和温迪斯(Wendy's)的 Single 汉堡;第二,火烤比油炸更受欢迎;第三,"以您的方式"备受欢迎;第四,汉堡王的普通汉堡比麦当劳的大。汉堡王甚至还通过广告宣布有近 200 万名顾客转投汉堡王。汉堡王的这一轮进攻战取得了出乎意料的成果,市场份额疯长,餐馆销售额暴涨,甚至引得麦当劳和温迪斯诉诸法律,要求取消汉堡王的广告。

(资料来源:里斯,特劳特.商战 [M].李正栓,贾纪芳,译.北京:中国财政经济出版社,2007:156)

3. 尽可能收缩战线

应该在尽可能狭窄的阵地上发动进攻,最理想的进攻状态是单一产品。"全线产品"是一种奢侈,只有领导者能担负得起。进攻战应该集中在狭窄的阵地上打响,以确保获得首期战果。

经营企业应该从军事战争中学习知识。第二次世界大战中,进攻通常都是在非常狭小的阵地上发动的,有时候仅仅是在一条公路上。只有在突破防线后,进攻方才横向扩展,占领阵地。在狭小的阵地上发动进攻时,就会用兵力原则,即集结优势兵力以取得局部优势。克劳塞维茨说："如果无法获得绝对的优势,就必须灵活动用现有力量,在决定性的地点创造出相对优势。"

企业若是一下子在非常广阔的阵地上投入多种产品,发动全面进攻,企图获取尽可能多的领地,最终一定会丧失所有的领地。因为任何时候,领导者总是有绝对的力量优势,无论是在财力资源、产业关系、分销渠道方面,还是顾客认知方面。

课堂思考

你认为影响进攻战成功的关键因素是什么?

5.2.2 进攻战的策略

1. 正面进攻

在纯粹的正面攻击战中,进攻者在产品、广告、价格和分销方面与对手进行正面比拼。这种力量比拼意味着拥有更多资源的一方会取得最终胜利。而如果市场领先者不反击,或者进攻者能让市场相信其产品可媲美领导者的话,正面进攻(如降低价格)就会起作用。

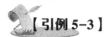【引例 5-3】

清扬与海飞丝的广告进攻与反击

联合利华的清扬品牌自诞生之日起,与宝洁的海飞丝品牌就展开了广告战。两个品牌的广告传播之争主要围绕广告诉求、代言人等层面展开。

在广告诉求层面,以后来者和挑战者形象出现的清扬,一出场就咄咄逼人。在清扬的第一个广告中,有一股孤傲气势的代言人告诉消费者:"如果有人一次又一次对你撒谎,你绝对会甩了他……我需要真正持久去屑的洗发露。"言语毫不含蓄,直接向海飞丝宣战。应该说,这样极具针对性的诉求还是很有价值的,因为海飞丝作为消费者选择最多的去屑洗发水,并非对每个人都有效,这样的言语因为符合部分消费者的使用体验而获得认同,同时促成他们对清扬的初次购买。而且整个广告的视觉效果唯美大气、张力十足,把一个有信心的挑战者形象表现得淋漓尽致。

在清扬出现之前,海飞丝的广告基本是自说自话、相对温和的"王婆卖瓜"。面对清扬当头砍下的倚天剑,海飞丝当然也有自己的屠龙刀:"为什么海飞丝值得信任,信任不是说出来,是时间和事实的积累。信任海飞丝,从开始使用到现在,从没让人失望……"这样的文案从稳重的梁朝伟口中从容而出,颇有分量,也将自己的品牌历史化为优势。

清扬没有停止大火力的攻击,新广告中的代言人首先是不屑——"信任不是谁都配得上",然后是自信——"去屑拍档,就信清扬"。在随后的广告片中,代言人继续展示清扬的特点:"48 小时任你挑战"。海飞丝则派出另一名代言人直面迎上:"一开始就有效,当然海飞丝""去屑实力摆在你面前"。

两个品牌在广告中这样针锋相对、贴身肉搏的例子太多了,清扬步步紧逼,海飞丝防守反击,四年来去屑洗发水市场的广告战以及由此引发的口水战可谓刀光剑影、硝烟弥漫。

(资料来源:文艳霞. 清扬 VS 海飞丝:去屑战争进行时 [J].
销售与市场,2011(12):65-66)

2. 侧翼进攻

敌人的弱点就是天然的靶子。侧翼攻击可以遵循两个战略维度——地理维度和细分市场维度。在地理性攻击中，挑战者要识别出领导者表现逊色的区域范围，而另一种侧翼攻击战略则是去满足那些未被覆盖的细分市场的需求。

3. 包围进攻

包围进攻就是试图通过闪电战获取敌人的大片领土，它意味着从多个正面发动声势浩大的进攻。当挑战者掌握了更优势的资源，并认为迅速的围堵能摧毁对手的意志的时候，此种攻击方式就是明智的。

4. 迂回攻击

迂回攻击是绕过所有的对手，进攻最易夺取的市场来扩展公司的资源基础。这种战略提供了三种方针：多样化发展不相关产品，多样化发展新的地理市场，跃进式发展新技术来排挤现有产品。技术跃进是一种应用于高科技行业的迂回战略。挑战者耐心研究开发出下一代新技术，据此发动一场攻击，将占据优势的战场据为己有。

5. 游击进攻

游击进攻由小型的、断断续续的攻击组成，骚扰对手使其士气低沉，从而最终赢得持久的立足之地。其实比起真正的战役，游击战更像一场大战的准备战。如果挑战者希望打败对手，最终还是要以一次更强的进攻作为后盾。然而，进行游击战式营销决不能跨越法律和道德的底线。

5.3 侧翼战

大多数管理者都可能会把侧翼战看作一种在市场营销方面没有任何应用价值的军事概念。但实际上并不是这样，侧翼战是市场营销战中最富新意的作战方式。

从市场营销和军事两方面看，侧翼战是一种大胆的举动，一场下了大赌注的赌博，其实施必须以每日每时的周密计划为依据。你可能会说，将领接受进攻和防御任务是其职业的一个很正常的方面，但为了生存，他也常常要选择侧翼战。与其他战争形式相比，侧翼战更需要相关原则和知识，以及设想如何在进攻发起后扩大战果的能力。这些要求与一名优秀的国际象棋大师所具备的技艺非常相似。

5.3.1 侧翼战的原则

1. 最佳的侧翼战是"入无人之境"

军队不能把自己的伞兵空投到敌人的机枪口上，营销者也不能把侧翼战的产品直接送进对手已在市场上站稳脚跟的产品的"虎口"。市场营销侧翼战不一定要推出与众不同的全新产品，但它必须有创新和独到之处。

侧翼战能否成功通常取决于你创造并保持某种独特风格的能力。有时，这样做是十分困难的，尤其是防御方会竭力通过否认这种新东西的存在来削弱进攻的威力。传统的市场营销理论被称为市场细分，即寻找有利的子市场或别人注意不到的市场空隙。这是一个重要的限制条件。为了发动一场名副其实的侧翼战，你必须首先占领有利的市场，否则就仅仅是一场对防御阵地的进攻战。

侧翼战需要管理者具有非常卓越的预见能力，其原因就是在一场真正的侧翼战中要推出的新产品或新服务项目必须有所创新。

敌方兵力分散是一场侧翼战成功的必备条件。侧翼战能够产生巨大的能量，竞争对手要想阻止这种进攻也是极其困难的。

【引例 5-4】

特步"时尚"侧翼战

创立于 2001 年的特步恰逢中国体育在悉尼奥运会上取得辉煌成就之时，体育的辉煌带动了体育服装行业的"疯狂"。当时，几乎所有国产体育用品都模仿耐克、阿迪达斯、李宁、安踏，请中国的奥运冠军来做品牌的代言。

面对现实，特步决定打破行业原有的营销模式，放弃运动营销，选择娱乐体育合璧的方式进行侧翼包抄。于是，特步签约了当时星光四射的艺人谢霆锋作为品牌代言人，然后根据体育服装中的时尚诉求，在产品中搭配了时尚元素。

谢霆锋成功后，青春、朝气、活力的 TWINS 演唱组合以及对 18 岁以下顾客有非凡影响力的 BOY'Z 组合相继成为特步品牌代言人。同时，谢霆锋、TWINS、BOY'Z 在内地市场的推广活动也都成为特步固定的公关推广资源。同时，在设计上特步每年每季均推出自己的主题概念商品。如：风火、冷血豪情、刀锋、圣火、先锋、04 好玩。最终让"时尚、自由、个性"的品牌形象及内涵深入特步的顾客群。

作为事实上的第一个采用娱乐营销方式成功杀入体育服装主流品牌的企业，特步在取得了体育时尚化的甜头后，如今也在着力强化自身的体育内涵。

（资料来源：王有海. 特步"时尚"侧翼战 [J]. 当代经理人，2012（02）：33）

2. 战术奇袭应成为计划的重要因素

从实质上讲，侧翼战是一场奇袭战。在这方面与进攻战或防御战有所不同，后者基本上是能估计到的（如果福特汽车公司准备进攻通用汽车公司，就必须先进攻雪佛兰和凯迪拉克之间的某些地带）。可是，最成功的侧翼行动是完全不可预测的。袭击越突然，行业领导反击和收复失地所需要的时间就越长。

突然袭击还可以打击竞争对手的士气，使其销售队伍暂时受挫。不幸的是，大规模的侧翼运动时常由于市场试销或过多的市场营销研究而失败，因为这样做会使战略意图在竞争对手面前暴露无遗。一个很典型的例子是达特利尔（Datril）牌止痛药，由于市场试销提醒了强生公司潜在的危险，因此达特利尔完全丧失了成功的良机。

需要注意的是，我们不要寄希望于竞争对手不会注意到我们，一般来说，能成为市场领导者的企业不会那么愚蠢。按照军事原则，战略应该建立在敌人是否具备反应能力上，而不是建立在敌人是否会有所反应上。

苹果公司出品的 iPod 是第一款硬盘式 MP3，它成了年轻人的喜爱的产品之一。斯蒂夫·乔布斯（Steve Jobs）有一点很出名，就是对新产品守口如瓶，直到企业做好产品上市准备。

3. 追击与攻击同等重要

克劳塞维茨说："如果没有追击，胜利就不会有很好的效果。"但很多企业在取得领先后就停止了行动，它们在实现了最初的销售目标后，就把资源转移到其他事情上去了。这是一个严重错误，特别是对于侧翼战来说。

有一句古老的军事格言说：巩固胜利，放弃失败。假定一家企业有 5 个产品，其中 3 个获得了成功，另外两个失败了，正确做法是把失败的产品毙掉，并将它们的资源分配给成功的产品。

由于某些情感上而不是经济上的原因，许多企业不会正确对待成功，它们总是无视未来，把全部资源用于扳回过去所犯下的战略错误。如果你侧翼包抄的产品开始就成功了，就应该乘胜追击，目标应该是获得巨大胜利。大多数企业规划的重点都是保护企业避免失败，因此大量的金钱和时间都用在了保护旧产品和旧市场上，却很少考虑要巩固成功。建立稳固地位的最佳时机是在开始阶段，那时产品刚刚上市，新颖诱人，竞争对手也较少。

如果企业没有足够的资源，也许一开始就不应该打侧翼战，而应该选择游击战。

你认为影响侧翼战成功的关键因素是什么？

5.3.2 侧翼战的策略

1. 低价位侧翼战

侧翼攻击最明显的一种形式是低价，毕竟每位顾客都想省钱，但它的挑战也很明显，降价使赢利变得困难。推荐的诀窍是：在顾客不注意或无所谓的地方降低成本。

15年前，每日旅馆（Days Inns）在美国汽车旅馆市场的低端向假日旅馆（Holiday Inns）发动了侧翼攻击，如今每日旅馆是美国第八大连锁旅馆，也是最赢利的旅馆之一。巴杰特公司（Budget）在租车市场的低端向赫兹公司发动了侧翼攻击，现在它正在同美国国家租车公司（National）争夺市场第三的位置。巴杰特在追击上做得很好，率先行动并且快速扩张，如今它在全球37个国家设了1200个租车点。

2. 高价位侧翼战

对许多商品来说，高价格会提升商品的信誉。例如，"愉悦 Joy"香水宣称自己是"世界上最昂贵的香水"，其价格就是顾客利益。另一个经典的侧翼攻击案例是"哈根达斯"（Haagen-Dazs），它是一种超高价冰激凌品牌，今天它的销售量比其他所有高价冰激凌加起来还要多。

高价侧翼战比低价侧翼战更有市场机会，这其中有两个原因：一是顾客把价格等同于质量，认为高质高价。二是高价能制造高利润，让企业有资本在侧翼战的关键追击方面进行投入。

3. 小型产品的侧翼战

以小体积发动侧翼攻击的一个典型例子是索尼公司（Sony），它使用集成电路开创了一系列创新型的微型产品，包括随身听和便携式电视机。

然而最经典的侧翼攻击要数大众公司的甲壳虫汽车，从侧翼成功地包抄了通用车，使汽车工业格局发生了巨大变化。通用汽车公司制造的是大型轿车，大众汽车公司制造的是小型轿车；通用的汽车发动机在车身前部，大众的发动机在后部；通用的汽车车型优美，大众甲壳虫车车身怪异。大众公司在进攻通用汽车时，在广告中说出了战略"想想还是小的好"。这是一个经典的侧翼攻击范例。

4. 大型产品的侧翼战

另一个侧翼攻击的例子是霍华德·海德。他曾是海德滑雪器材公司的创始人，在卖掉了这家器材公司后，他把目光投向了网球器材产品。1976年，海德的普林斯制造公司（Prince

Manufacturing)推出了特大号网球拍,尽管有人嘲笑这种球拍是"作弊"拍,普林斯公司的这种新产品却在后来主导了优质球拍市场,到 1984 年,它已经以 30%的市场份额领先。

然而对普林斯公司或者最近收购了它的齐兹布罗-庞德(Chesebrough-Pond's)公司来说,这还不够好,于是它又推出了中号网球拍系列,尺寸比最初的特大号球拍小 25%。于是历史重演,普林斯公司因为大型产品而变大,如今它又决定考虑小型产品却由此变小了。

5. 渠道侧翼战

另一种有效的战略是对竞争企业的渠道发动侧翼攻击,开辟一条新的销售渠道,侧翼攻击严防死守的对手。手表曾经几乎只在珠宝店和百货店销售,直到天美时(Timex)开始在杂货店销售,从侧翼攻击了知名品牌。雅芳(Avon)是第一家上门推销化妆品的公司,这就从侧翼攻击了对手既有的实体分销渠道。

美国的数恒适公司(Hanes)在 1970 年,年初推出了"拉格丝"牌廉价女士连裤袜,在食品店和杂货店的自立架上进行销售,就像卖鸡蛋一样。"拉格丝"采用了创新包装,外观就像鸡蛋,还发动了强大的广告攻势,在 5 年内占据了整个连裤袜市场 13%的市场份额。

6. 创造特色侧翼战

顾客购买任何产品或服务都需要一个理由,营销者就是要制造产品特色,给顾客一个购买的理由。因此,这种战略几乎适用于任何产品。以香皂为例,这是市场上最古老的产品之一。多年来,香皂的品种变得多种多样,有芳香型的(如 Camay)、除味型的(如 Dial),还有保湿型的(如 Dove),最新的品种是软皂(Softsoap)。在牙膏行业也很典型,有"美白型""固齿型""清新型""防蛀型"等。

5.4 游击战

在商业上,游击战是一种保存实力的战术,它使得小公司也有可能在大公司的领地上一显身手。

5.4.1 游击战的原则

1. 找到一块小得足以守得住的阵地

小得足以守得住的阵地可以是地理意义上的"小",也可以是容量上的"小",还可以是其他方面的"小",总之是小得让那些大公司难以进攻,或者不屑于进攻。游击队并没有改变战争中的兵力原则(大公司仍然打败小公司),但它尽量缩小战场以便赢得相对兵力优势。换句话说,就是要成为小池塘里的大鱼。

地理范围是达成这一目的的传统做法。在每个城镇中,你常常会看到比西尔斯(Sears)还大的百货店,比麦当劳还大的餐厅,比假日酒店(Holiday Inn)还大的酒店。本地商家销售的是迎合本地需要的产品或服务。

游击队还可以把上述思维应用在那些市场细分并非如此明显的情况下。比如劳斯莱斯(Rolls-Royce),它是汽车业中的高价游击队。没人想和劳斯莱斯进行较量,这是因为:第一,这块市场太小;第二,劳斯莱斯拥有巨大优势,最起码在竞争初期是如此。

在某种程度上,游击战看起来像侧翼战。比如,有人会认为劳斯莱斯就是以高价位发动侧翼战。但是侧翼战和游击战之间有一点关键差别,侧翼战是在贴近领导者的位置刻意发动的进攻,其目标是夺取或切割领导者的市场份额。奔驰就对凯迪拉克发动了高价侧翼战,并且成功地从凯迪拉克手中夺走了大笔生意,使得凯迪拉克不得不推出塞维尔(Seville)来保护自己的地盘。劳斯莱斯则是真正的游击队,尽管它也可能从别的汽车公司夺走了生意,但其战略并非是要窃取竞争对手的位置,它的经销商更可能从债券销售处或珠宝店手中抢生意。

打游击战的公司,要抵制侧翼战的诱惑。游击公司起步时力量有限。为了生存,游击队不能分散兵力,否则就是自找失败。

【引例 5-5】

格林纳达从默默无闻到成为旅游宝地

格林纳达(Grenada)是加勒比海上一个拥有中央高山雨林的很小的岛国,人口只有 94 000 人,但失业率高达 30%。由于传统经济主要是农业,因此旅游业变得越来越重要。格林纳达曾经用"盛产香料的小岛"这个定位来推广自己,但收效甚微。原因很简单,没有旅行者会为了看看香料的生长和制作而长途跋涉。

事实上谈到旅游,同处加勒比海的很多更大的岛屿都是格林纳达的竞争对手,而且它们更受人们欢迎。艾尔·里斯和特劳特对格林纳达的建议是打一场游击战,找一个小市场来建立定位,而它的优势就在它的弱势之中:正因为默默无闻,所以格林纳达还没有被发展商开发,它是一个未被破坏的自然公园。格林纳达没有旅游者,没有高层建筑,没有大饭店,这是岛屿的现实情况,也是它区别于加勒比海那些热门岛屿的战略定位——这是一个完全没有受到人为破坏的小岛,你可以在此领略到加勒比地区的原始风貌。

随后,格林纳达围绕这个"加勒比海原貌"的战略定位展开了整合:这个岛上没有一座建筑会比棕榈树更高,今后也会如此;它的瀑布是天然而非人造的;它的海滩没有受到人为污染,保持着加勒比海的原貌……所有这一切,都用戏剧化的方式,把它的弱点转化成了强而有力的定位。这个战略非常成功,格林纳达的旅游业开始蒸蒸日上,带来了充分的就业。

(资料来源:里斯,特劳特.商战[M].李正栓,贾纪芳,译.北京:中国财政经济出版社,2007:90)

2. 无论多么成功,都绝不能像领导者那样行动

游击公司的成功靠的是精简和灵活,而这正是处于领导地位的大公司的弱点。多数进行游击战的公司都很幸运,它们的领导没有去哈佛商学院深造过,没有办法照搬通用汽车公司、通用电气公司和通用动力公司所用的作战方法。这并不是说全球各大商学院造就不出优秀的领导人物,它们确实能为大公司造就优秀的领导人才。然而游击战略和战术的本质却与《财富》500 强企业的正确做法恰恰相反,游击战要想成功,需要不同的组织机构和不同的时间表。

游击企业应该尽可能利用大企业的弱点,在最前线上投入尽可能多的人员,还应该抵制住诱惑,不去过早制定流于形式的组织系统、工作说明、KPI 考核、职位升迁系统和其他一些配备。原则上,游击企业应该尽量做到全部人员投入前线,不留非战斗人员。

3. 留得青山在,不怕没柴烧

假如战局对你不利,那就随时撤退,不要犹豫,赶快放弃你的阵地或产品。游击队没有那么多财力和人力可以浪费在败局已定的战斗中,应该尽快放弃残局,改道前进。游击队只要存活下来就可以东山再起,继续战斗。

游击公司灵活紧凑的组织系统这时发挥出了优势,它去占据新的定位时,不会像大公司那样在内部产生痛苦和压力。头衔少、服务性员工少也是一大好处,假如某人是公司在拉丁美洲的执行副总裁,而公司试图放弃拉美市场,他会竭尽全力捍卫地盘,大公司的任何变动都会产生众多的内部纷争。在小公司里,某个人基于直觉的想法就足以推出一个新产品,而在大公司里,同样的创意可能会被滞留、埋没在办公流程中长达数月。

你认为影响游击战成功的关键因素是什么?

5.4.2 游击战的策略

1. 地理游击战

游击公司可以在本地攻击几乎任何全国性销售的产品或服务,这是一种经典的游击战术。

白色城堡的游击战

"白色城堡"创立于1921年,分布于美国东北部以及西北地区,拥有170家小型连锁商店,继续以其过去的方式从事着商业活动。"在世界上很少有一成不变的事情,"一位顾客说,"但是,当我进入白色城堡时,我能吃到35年前我5岁时吃的同样的汉堡包。"

支持者们把"白色城堡"的汉堡包称为"时光滑板",其中的道理自然是不言而喻的:怀旧情调是产品具有吸引力的原因。更引人注目的是,每一家建于萧条时期的"白色城堡"一年的营业额都能达到128万美元,甚至达到麦当劳以前订立的最初标准。

无论多么成功,也绝不能像领导者那样行动。"白色城堡"没有蛋松饼,没有特大汉堡,也没有四种馅的烤土豆,但只要战略得当,就有很多方式把汉堡卖出去。"白色城堡"也因此能够与强大的竞争对手和平共处。

(资料来源:里斯,特劳特.商战[M].李正栓,贾纪芳,译.北京:中国财政经济出版社,2007:160)

2. 人口游击战

人口游击战的目的是吸引某特定人群,比如以年龄、身体状况、收入、职业等划分的顾客群。例如,我国神经科外科医师相久大,2015年从公立医院辞职,筹集资金500多万元,在北京密云创立全国第一家非营利慈善机构"延生托养中心",专门安养植物人并提供专业的照护。

3. 行业游击战

行业游击战术是专注于某个特定行业的。比如,有些计算机公司选择了专门行业,如广告业、银行业或商业印刷,然后设计一整套软件,解决只在那个行业出现的问题。有时,这种系统不仅包括特制的硬件,还包括特制的软件。行业游击战成功的关键是窄而深,绝不能广而浅。进行行业游击战的公司,倘若把自己的系统调配到其他行业中,必定会面临诸多麻烦。

4. 产品游击战

许多游击公司专注在单一品种、独特产品的小市场上。这样,它们的销售额不会大到吸引大公司加入同一市场。如美国汽车公司每年销售大约 10 多万辆吉普车，而通用汽车公司每年销售了相当于吉普车数量 18 倍的雪佛兰汽车。这样一来，通用汽车就没有理由推出吉普车类的产品。

5. 高端游击战

如今社会富足，高端市场上有很多游击公司，如史坦威钢琴（Steinway）、君皇手表（Concord）、劳斯莱斯汽车等。

许多潜在的高端游击公司总是犹豫，不知该不该以高价打入市场，他们担心新推出的品牌没有神奇性，不足以合理支撑其昂贵的价格。事实上，神奇性并不是创造高需求和高销售量的原因，高品质和高价位才会产生这种效果（神奇性），从而引发需求。高价位能在渠道中创造"关注度"。

要想成为高端游击队，必须有信念和勇气，要对创新产品的未来有信心，要有勇气以不知名的品牌推出这个产品。高端市场机会无穷，尤其是高档日用品，但必须给产品加入某些特色，使其物有所值。

游击战无处不在，大多数公司都应该发动游击战。一般来说，在每 100 家公司中，只有 1 家应该打防御战，2 家打进攻战，3 家进行侧翼攻击，剩下的 94 家都应打游击战。

5.5 防御战

企业一旦成为某个领域的领导者，就必须学会打防御战，因为"王位"从来都不缺乏进攻者。

5.5.1 防御战的原则

1. 市场领导者才经常打防御战

多数公司需要的是进攻，而领导者才经常需要防御。很多公司都认为自己就是领导者，但是大多数公司把它们的领导地位建立在自己的定义上，而不是建立在市场现实上。企业无法造就领导者，只有顾客能，顾客认准的领导者才是真正的市场领导者。

自欺欺人在制定商业战略的过程中毫无立足之地，为了鼓舞士气而夸大事实是一回事，因自欺欺人而犯战略错误是另一回事。一位优秀的商业将领必须对真实形势了然于心，以便依据事实领导部下。你可以愚弄敌人，但不要愚弄你自己。

2. 最佳的防御就是保有自己，尽量不犯错，等对手犯错再消灭

《孙子兵法》中说："昔之善战者，先为不可胜，以待敌之可胜。不可胜在己，可胜在敌。"由于防御者处于领导地位，它在顾客心智中占据了强势位置，防御者提升地位的最好方法是不断完善自己、否定自己。换句话说，通过不断推出新产品和新服务，让既有的产品和服务变得过时，以此强化领导地位。吉列公司不断推出新型刀片，以防御竞争对手的攻击；英特尔公司也一样，依靠不断的自我攻击，至今仍然是微处理器行业的领导者。竞争对手总是在想方设法地迎头赶上，而移动的目标总比静止的目标更加难以击中。

【引例 5-7】

达维多定律

"达维多定律"是由曾经担任过英特尔公司高级行销主管和副总裁的威廉·H. 达维多

提出的。达维多认为,一家企业,若想在市场竞争中总是占据领先和主导地位,就要做到"第一个开发出新一代产品,第一个淘汰自己现有的产品"。简而言之,就是要做到及时创造新产品,淘汰老产品,不断创新,敢于颠覆自我。

在产品的开发和推广上,英特尔公司始终遵循着"达维多定律",也因此获得了极为丰厚的利益回报。英特尔公司作为微处理器的倡导者和开发者,其产品或许不是性能最好的,也或许不是运行速度最快的,但却会力求做到最新。为此,这家公司甚至不惜主动淘汰自家在市场上卖得正好的产品。比如,在i486处理器还有很大市场之时,英特尔公司就有意缩短了它的技术生命,转而以新开发的奔腾处理器来取代。通过"达维多定律"的遵循和运用,不断创新、敢于颠覆自我的英特尔公司始终把握着市场主动权,不仅将竞争对手甩在了背后,还牢牢吸引住了消费者和供货商。

无独有偶,和英特尔有着重要合作关系的微软公司,也十分善于运用"达维多定律",从Windows 1.0到Windows 98再到Windows 2000,以及曾经被广泛使用的Windows XP和现在的Windows 10,微软这一系列操作系统的更新换代令人目不暇接。但这并不是因为微软的竞争对手有多么强大,也不是因为消费者有着多么强烈的要求,而是微软主动做到不断创新,是对自我的一种不断颠覆,以此让消费者对其产品产生强烈的依赖,在市场上牢牢占据霸主地位。

(资料来源:https://baijiahao.baidu.com/s?id=1628624838168431532&wfr=spider&for=pc)

3. 强大进攻必须加以封锁

大多数公司只有一次获胜的机会,而市场领导者却有两次机会。如果领导者错过了自我攻击的机会,通常还可以通过复制竞争对手的行为来反攻。但是,领导者必须在进攻者站稳脚跟前迅速行动。

很多领导者不愿意阻击竞争对手,那是因为自负。更糟的是,等到它们进行阻击时,已经太晚了,局面已经无法挽回。领导者发起的阻击会很有效,这是由战场的性质决定的,战争其实在顾客的心智中展开。对进攻者来说,要在顾客心智中留下印象就需要花费时间,而这段时间足够领导者复制进攻者的行动。

防御过头总比防御不足要安全得多,威尔金森刀具公司推出的不锈钢刀片没做出什么名堂,但吉列公司还是阻击了它。付出一些成本是值得的,企业可以把它叫作"保险费"。

课堂思考

你认为影响防御战成功的关键因素是什么?

5.5.2 防御战的两个关键点

1. 留下储备金

对领导者来说,需要给自己"留下储备金"。进攻者应倾力出击,然而领导者把尽可能多的钱都花在一次战役中并不值得,最好是只投入"压制竞争对手"所必需的费用,把剩下的资金作为储备。假如竞争对手以极其诱人的价格发起进攻,你就得用这些资金捍卫你的地位。

安海斯-布希公司(Anheuser-Busch)就曾在捍卫百威啤酒的市场地位时有效运用过这一战略。在某些市场,安海斯公司一直"保持低调",直到百威啤酒的销售量开始衰退,它才推出声势浩大的广告运动，令百威啤酒的销售量回升。该战略被称为"脉冲"，不仅能节省资金，还为应付对手的全力出击提供了储备金。克劳塞维茨曾说："有生后备军的数量总是双方统帅关注的焦点。"

2. 市场和平时期的战略重点

当然，一切战争的最终目标是赢得和平，迫使竞争者接受我方的战略意图。只是领导者要保持警惕，因为失败者可能会挑起第二轮战斗。第二次世界大战是由德国挑起的，而它是第一次世界大战的失败者；英国在美国独立战争中失利，后来又挑起了1812年的战争。

假设实现了永久的市场和平，那么领导者就可以改变战略了，应该把重心转向品类的战略，而不是自己的品牌战略。因为行业做大了，领导者是最大的受益者。所以，金宝汤公司推广的是汤，而不是金宝汤，它在广告中说"汤是一种非常好的食品"，这是指所有品牌的汤。柯达公司曾是胶片行业的领导者，因此它推广的是摄影胶片，而不是柯达的摄影胶片，柯达公司曾在电视广告中说道："时光易逝。"柯达公司今天的没落不是被胶片竞争对手打败的，而是被数码技术和自身打败的。

领导者在和平时期应该"心中无敌"，才会"无敌于天下"。这时候，如果头部企业还天天想着消灭尾部企业，最后就只能是靠自己的力量去支撑整个行业，孤独而艰难。老大要有老大的胸怀，要学会带领一个行业去和另外一个行业竞争，这样才能赢得尊重，把行业做优。

5.6 能力实训

第5章 小结

5.6.1 营销思辨："共同发展"还是"你死我活"

关于商战，一些专家认为，最高境界是和竞争对手"共同发展"，实现双赢。而艾尔·里斯和特劳特在《商战》一书中则明确提出："在战争中，最好忘掉所谓的共同发展，强生和宝洁这样的企业从不保留战俘。""企业的员工必须明白，自己不要为企业流血牺牲，而要让对手企业的员工流血牺牲"。

辩论双方

正方：企业在商业竞争中应该"共同发展"。
反方：企业在商业竞争中就是"你死我活"。

5.6.2 案例讨论：阿里、京东、拼多多的"农业战争"

1. 电商三巨头悄然打响"农业战争"

第5章 案例讨论

2020年，新冠肺炎疫情袭来，庞大的生鲜消费需求涌入线上，让阿里、京东和拼多多持续加码农业电商。电商巨头之间的"农业战争"已悄然打响。

10月，拼多多创始人黄峥说，"买菜是个苦业务，必然也是个长期业务。"

11月，京东Q3财报分析师会议上，京东零售CEO徐雷表示，生鲜赛道具备区域性、本地化和长期三个主要特点，京东希望建立可持续的商业模式，而不是靠短期补贴的流量生意。

12月，阿里副总裁李少华在首届数字农业50人论坛上谈到，"阿里把做农业当作长线任务，没有短期KPI，将用三年、五年，甚至30年的时间周期来布局。"

101

眼下，直播带货、社区团购正热，但刷单造假、低价竞争乱象也引起了监管注意。新商业模式比之前任何阶段都要下沉，都更影响上游农业供应链。伴随消费升级，电商"农产品上行"的机遇与挑战步入新阶段。

2. 电商三巨头的"买菜情结"

复杂费力的供应链问题一直困扰农业，线下的农产品流通环节，商贩层层抽成，整条供应链上的销售成本翻倍，多次运输售卖又额外造成损耗、浪费。自2014年淘宝推出"村淘"以来，3C家电等工业品下乡几乎普及，蔬菜水果等农产品到线上销售的通道却很难发力。疫情前，农贸市场、商超仍是"买菜"的主流渠道，生鲜电商渗透率还不及5%。而如今，阿里、京东、拼多多改造农业，围绕农产品，尤其是从肉蛋果蔬品类的交易环节切入，分别进行标准化和数字化，战略核心是打通农产品直接从产地到消费者手中的线上短链。

三大电商平台直播助农、投资生鲜电商，以及研发智能仓储分选技术，不是因"买菜情结"，而是直接受利益驱动，但侧重点不同。

阿里改造农业供应链，定位于做农业的数字基础设施，从上游的农产品种植，到销售、物流配送，再到发放金融贷款，涉及多个环节的数字化。2020年，阿里重提"春雷计划"，聚合淘宝、天猫、盒马、大润发及蚂蚁金融等生态优势，已打造2500多个生鲜品牌，双11农产品销售120亿元，累计放款超8000亿元。同时，菜鸟设有670个县域物流中心，计划于西安、云南等地搭建5个产地仓和20个销地仓，实现自营、直供的农产品流通网络。阿里数字农业不单单服务盒马及淘系电商，还将开放给供应链上的其他商家，带来设备/技术服务、运营收入，若形成规模效益，可能成为该产业领域的规则制定者之一。

2016年，京东成立生鲜事业部，开始布局生鲜产业链，线上京东商城、京喜及京东农场平台，线下京东生鲜、7Fresh超市等业态，基本覆盖日常生鲜消费场景，借助品牌及营销溢价，优质生鲜更契合京东以中高端消费人群为主的需求。很长一段时间，京东自营电商被"烧钱"的仓储资源捆绑拖累，倒逼京东物流向外扩张业务，增加收入。按计划，2022年，京东物流要实现千亿元营收，外部收入占比50%。农产品上行对物流效率、冷链、智能仓储等的高要求，将让京东物流找到"第二增长曲线"，为输出行业供应链技术铺路。

拼多多以农产品上行起家，擅长流量端的运营，比如多多果园/买菜"拼单砍价"玩法。拼多多"百亿补贴"营销支出仍在增长，从3C数码类商品向更高频的农产品、快消品倾斜，挖掘用户黏性及使用时长的服务价值。数据显示，2019年，拼多多农产品成交额达到1364亿元，同比增长约109%。拼多多"农地云拼"模式，把各地分散的农产品集中搬上平台，利用农货智能系统，预测农产品成熟周期，提前预售应季果蔬、鲜花，按品类价格精准推荐给用户。但配送侧还不完善，拼多多仍需加大物流履约体系投入。

2019年，全国农产品网络零售额同比增长72%，至3975亿元。从特产"海南火山荔枝"到"五常大米""阳澄湖大闸蟹"等传统农业品牌，背后其实都有淘宝村、京东快递和拼多多新农人的助力。对比8.1万亿的农产品市场规模，阿里、京东、拼多多的"农业战争"才刚刚攻打需求端的高地，若要构建一条农产品流通的数字化产业链，还得趁着直播带货、社区团购风口，加快脚步。

（资料来源：郑瑞龙. 阿里、京东、拼多多的"农业战争"［J］. 企业观察家，2021（02）：46-47. 有改动）

问题讨论
1. 为什么电商"三巨头"都认为"农业战争"是持久战？
2. 三家电商要想持续共存经营，应遵守哪些竞争原则？
3. 结合本案例并查阅相关资料，分别评价三家电商有哪些竞争优势？

5.6.3 实践应用：乡间旅馆如何参与竞争

很久以前，英国一家乡间旅馆地处荒凉地带，周围没有公路，不通汽车；没有电，不通电话和手机。这家旅馆按常理说不具备办旅馆的有利条件。如果你是旅馆的管理者，请策划一个简单营销方案。

5.6.4 学习笔记：总结·记录·关联

总结	自己动手，总结本章的学习要点
记录	记录下老师补充的新知识
关联	联系自身，你认为本章对你成长最有价值的知识是什么？为什么

第6章　市场细分、目标市场选择与定位

> 战术上的勤奋，无法掩盖战略上的失误。许多人爬上墙头才发现梯子靠错了墙。
>
> ——营销专家　路长全

 开篇案例

想乐时光：打造金婚概念

其实，老年金婚已经不只是体现长者双方对老年生活仪式感的一种追求，更是老年商业细分赛道上值得挖掘的市场需求，很多社区、养老机构、老年旅游公司已经触及这个需求，相继举办金婚庆典、纪念活动、金婚主题旅游等，获得了不错的社会效益和经济效益。

以主打中国高端定制老年游的想乐时光为例，自成立以来，想乐时光就针对长者的心理需求、身体健康特点、消费喜好等为长者提供高端定制老年游，如圆梦高尔夫体验活动、房车游草原等文化旅游项目，并在医疗服务、行程设计、保险服务、导游讲解上予以相应配套。

据了解，基于公司成熟的高端定制老年游业务，想乐时光从2019年起就开始筹措金婚摄影，经过一年的前期调研和测算，2020年5月，想乐时光举行了金婚摄影产品上市发布会，产品定位是专为50岁以上人群提供结婚纪念日、写真和旅拍摄影服务，产品内含摄影大片、房车出行、一对一管家服务、浪漫西餐、纪念日婚姻庆典仪式。

在品牌的概念包装下，想乐时光对"金婚"这一概念做出了更丰富的意义诠释：第一层含义是泛指结婚25周年，也就是银婚以上，包含红宝石婚、金婚、钻石婚等各阶段结婚纪念日；第二层含义是寓意美好的祝愿，希望每一对夫妻都能携手走过金婚，一直到地老天荒。

据AgeLifePro了解，从产品发布至年末，已有超过500位用户为这一产品买单，但对比约有2000亿元市场规模的青年婚纱摄影、儿童写真、中青年女性写真市场及旅拍市场，60岁以上人群的婚拍、写真及旅拍市场确实是一个待开发的处女地。

想乐时光创始人刘建军先生根据市场调研的结果判断，未来十年，这个市场大概会成长为每年200亿元的市场规模。

（资料来源：吴诗雪. 执子之手，与子偕老：老年金婚，一场带有浪漫色彩的商业盛宴. AgeLifePro微信公众号，有改动）

在通常情况下，企业不可能为市场的全体顾客服务，因为顾客人数太多，而他们的购买要求又各不相同。杰克·韦尔奇曾说："不管你的生意有多大，资金有多雄厚，你也不可能满足所有人的所有需求。"因此，许多公司正在从事目标营销。这需要经过三个主要步骤（图6-1）。

图6-1　目标营销的步骤

6.1 市场细分

6.1.1 理解市场细分

如果你在超市里因为找不到自己想买的奶粉去问导购的话,他估计会问你一连串的问题:买进口的还是国产的?老年奶粉还是儿童奶粉?儿童奶粉买几岁到几岁或几个月到几个月的?这就是生活中的市场细分。

市场细分的概念是美国市场学家温德尔·史密斯(Wendell R. Smith)于20世纪50年代中期提出来的。所谓市场细分(Market Segmentation),就是企业根据消费者的不同需求、特征和行为,把整个市场划分成不同的消费者群的过程。市场细分的客观基础是消费者需求的多元异质性。

相对于无市场细分的"大众化营销"和完全市场细分的"个别化营销"(或定制营销),市场细分营销有三个重要作用:

- 易于发现市场机会:按照一定标准细分市场后,市场机会和威胁会看得更加清楚。
- 有效规避市场竞争:市场细分后,很容易发现市场空白,进入这样的市场更容易成功。
- 便于制定营销策略:根据细分市场特点,结合企业优势,可以制定具有针对性的营销策略。

1/2 切割营销

市场细分遵循1/N法则,是把一个整体市场不断地划分、划分、再划分,从1裂变成2、3、4、5、6,一直到N,越分越小,然后选择其一。市场越细分,边际效益越低,创品牌和销量的成本越高。

选择一个标准,把市场一分为二,把所有的对手放入西半球,你就属于东半球,这就是切割营销,最有效的就是1/2对立切割。

细分是划格子,有100个产品时我做第101个,也就是找个小池塘,独立生存。切割是主动的,一刀将市场切割成对立的两个板块,把对手统统逼向一侧,你则成为另一侧的第一。细分是生存之道,切割是发展之道。细分到极致趋于0,切割到极致是一统。

洋河不按照浓香、酱香、清香等香型细分市场,而是按照口味,一刀将白酒市场切成两块:一块叫绵柔健康型,一块叫传统辛辣型,而洋河将自己定义为中国绵柔白酒的领袖。

联系你熟悉的案例,你是否认同切割营销理论?

(资料来源:路长全.先胜后战[M].北京:机械工业出版社,2018(9):108)

市场细分的极致是细分到个人,即"定制营销"。定制营销提供个性化服务,但会带来成本上升的压力。请查阅定制营销的有关知识,思考企业该如何解决这个矛盾。

6.1.2 消费者市场细分变量

常见消费者市场细分变量见表6-1。

表 6-1　消费者市场细分变量

变量	地理变量	人文统计因素	心理因素	行为因素
具体变量	国家、地区、城市大小、乡村、人口密度、气候、地形地貌等	年龄、家庭类型、家庭生命周期、性别、收入、职业、教育、宗教、种族、社会阶层等	生活方式、个性、心态等	使用时机、追求利益、使用者状态、使用率、品牌忠诚、准备程度、对产品态度

（1）按地理变量细分市场。按照消费者所处的地理位置、自然环境来细分市场，比如，根据国家、地区、城市规模、气候、人口密度、地形地貌等方面的差异，将整体市场分为不同的小市场。

地理变量易于识别，是细分市场应予以考虑的重要因素，但处于同一地理位置的消费者需求仍会有很大差异。因此，简单地以某一地理特征区分市场，不一定能真实地反映消费者的需求共性与差异，企业在选择目标市场时，还需结合其他细分变量予以综合考虑。

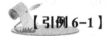【引例 6-1】

"我的梅西"

美国第二大连锁零售商梅西百货实施了一个区域化项目，叫"我的梅西"，目的就是对 69 个不同地区提供个性化服务。梅西百货各门店的销售人员记录当地消费者的询问信息，传递给地区经理。地区经理将消费者的询问信息和商店的交易数据结合起来，就可以对零售店进行个性化的营销组合设计。因此，在密歇根的梅西百货存放更多当地制作的 Sanders 巧克力糖果；在奥兰多，靠近水上公园的梅西百货摆放着更多的泳衣；在公寓出租区旁边的梅西百货提供更多的双人床；在长岛的零售店里储备着额外的滤渗咖啡壶，因为在这里比其他地方卖出更多这种 20 世纪 60 年代以来必备的咖啡壶。总之，"我的梅西"策略满足了当地市场需求，使这家零售巨头实现本地化且与顾客实现了更好的沟通。

（资料来源：科特勒，阿姆斯特朗．市场营销原理：第 15 版［M］．郭国庆，译．北京：清华大学出版社，2019：194）

（2）按人口变量细分市场。人口统计变量是最常用的消费者细分的基础变量，比其他因素更容易测量。按人口统计变量，如年龄、性别、家庭规模、家庭生命周期、收入、职业、教育程度、宗教、种族、国籍、社会阶层等为基础细分市场。消费者需求、偏好与人口统计变量有着很密切的关系，比如，只有收入水平很高的消费者才可能成为高档服装、名贵化妆品、高级珠宝等的经常买主。人口统计变量比较容易衡量，有关数据相对容易获取，由此构成了企业经常以它作为市场细分依据的重要原因。

【引例 6-2】

Venus 除毛刀

吉列的 Venus 已经成为最成功的女性除毛产品系列，占有超过 50% 的全球女性除毛市场，这是依据有洞察力的消费者研究和广泛的市场测试而设计的产品、包装和广告暗示所带来的结果。Venus 除毛刀明显不同于最初的设计，原来的设计本质上是将男士剃须刀进行彩色化或重新包装，Venus 则是满足了女人的需求，而不是男人的需求。吉列经过广泛的研究,确定了女性独特的除毛需求,包括除毛面积是男性面积的9倍,在潮湿的环境下除毛,以及沿着独特的身体曲线除毛。结果,女性除毛刀的设计包括一个椭圆形的盒子,以便能够更好地适应某些紧致的皮肤(如腋下或比基尼部位);而且附加更多的润滑剂,以便刀片能够更顺畅地滑动。此外,在发现女性在每一次除毛期间会改变30次除毛刀的手握方向后,吉列将Venus除毛刀设计成较宽、带有纹路的橡胶把手,以提供较好的手感和控制感。设计工作没有因女性的除毛需求差异而停止,吉列后来发现了女性除毛的四个独特细分市场:完美除毛追求者(不残留任何体毛)、皮肤细心护理主义者、务实的实用主义者、轻松享受主义者,从而又为每一个细分市场设计了一款Venus除毛产品。它还委托Harris Interactive公司在13个国家针对6500多名女性进行网上调查,发现70%的女性都希望拥有所谓女神一般的皮肤,主要特征为光滑(68%)、健康(66%)和柔软(61%),这促成了新一代吉列Gillette Venus & Olay除毛刀的诞生。

(资料来源:科特勒,凯勒.营销管理:第15版[M].何佳讯,等译.上海:格致出版社,2016:233)

(3) 按心理变量细分市场。根据购买者的生活方式、性格特点等心理因素细分市场即为心理细分。在同一人口细分群体内的人可能会有不同的心理模式。

生活方式是人们对消费、工作和娱乐的特定习惯。由于人们生活方式不同,消费倾向及需求的商品也不一样。如美国一服装公司把妇女分为"朴素型"(喜欢大方、清淡、素雅的服装),"时髦型"(追求时尚、新潮、前卫)以及"有男子气质型"三种类型,分别为她们设计制造了不同式样和颜色的服装。

不同性格的购买者在消费需求方面也有不同特点,见表6-2。

表6-2 不同性格消费者类型

性格	消费需求特点
习惯型	偏爱、信任某些熟悉的品牌,购买时注意力集中,定向性强,反复购买
理智型	不易受广告等外界因素影响,购物时头脑冷静,注重对商品的了解和比较
冲动型	易受商品外形、包装或促销的影响,对商品评价以直观为主,购买前并没有明确目标
想象型	感情丰富,善于联想,重视商品造型、包装及命名,以自己丰富想象去联想产品的意义
时髦型	易受相关群体、流行时尚的影响,以标新立异、赶时髦为荣,购物注重引人注意,或显示身份和个性
节俭型	对商品价格敏感,力求以较少的钱买到较多的商品,购物时精打细算、讨价还价

【引例6-3】

服饰制造商VF

VF是全球第一的牛仔裤制造商,在细分市场中经营超过30种生活方式品牌。比如Lee、Riders、Rustler和Wrangler。但是牛仔裤并不是VF唯一的经营焦点。公司将其所有的品牌仔细划分为五个主要的细分市场(牛仔裤品牌、工装品牌、户外品牌、运动装品牌以及现代装品牌)。乐斯菲斯作为其中一个户外品牌,为那些执着于户外运动的人提供相应的装备和服装,尤其为那些喜欢在寒冷季节进行户外活动的人提供产品和

服务。诺迪卡作为运动品牌的一种，将目标顾客定位为那些喜欢从事航行或海上运动的人，并为这些人提供宽松随意的设备和服装。Vans 最初只是一个滑冰鞋的制造商，而 Reef 则以冲浪用运动鞋和相关设备为主。在现代装品牌中，不同品牌的特征和关注点也不尽相同，比如，Lucy 以生产高端休闲装为主要特征，而 7 for All Mankind 则提供高端牛仔装及其附属产品，这些产品大多可以从精品店或高端商店买到。最后，Sentinel 作为工装的一个品牌，主要为军人或警察等提供制服。因此，无论你从属于哪类人，VF 公司的产品都会适合你的生活。

(资料来源：科特勒，阿姆斯特朗. 市场营销原理：第 15 版 [M]. 郭国庆，译. 北京：清华大学出版社，2019：196)

(4) 按行为变量细分市场。根据购买者对产品的了解程度、态度、使用情况及反应等，可将他们划分成不同的群体，叫行为细分。许多人认为，行为变数能更直接地反映消费者的需求差异，因而成为市场细分的最佳起点。行为变量包括使用时机、追求利益、使用者状况、使用率、重复购买率、品牌忠诚、准备程度、对产品态度等。例如，雅诗兰黛根据使用时机，把护肤霜分为日霜和晚霜。不少企业根据顾客忠诚度类型，制定相应营销决策（表 6-3）。

表 6-3　顾客忠诚度细分

忠诚程度类型	购买特征	营销对策
专一品牌忠诚者	始终购买同一品牌	用俱乐部制等办法维系老顾客
几种品牌忠诚者	同时喜欢几种品牌，交替购买	分析竞争者的分布及其营销策略
转移忠诚者	不固定忠于某一品牌，一段时间忠于 A，一段时间忠于 B	了解营销工作的弱点并尝试改正
犹豫不定者	从来不忠于任何品牌	使用有力的促销手段吸引他们

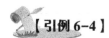【引例 6-4】

网易云年度歌单刷屏

近几年流行的年度账单、年度歌单，就是在年末为用户生成一张专属的个人榜单，显示用户一年内在应用上的种种使用行为，这种精细化的个人榜单其实也是运用了大数据技术，对用户个人的行为数据进行采集，并通过归类和计算得出。网易云歌单在近几年的年终总是能吸引用户的眼球，让用户踊跃参与到其中。

网易云年度歌单是利用大数据海量收集用户的听歌信息和相关数据，每个用户哪首歌听得最多、发表了什么评论、听歌时间、听歌习惯等，都会在专属歌单上非常清晰地罗列出来。另外，平台根据每位用户的听歌喜好，对其心情、性格等进行分析，给出大致的标签，加入更多的个人情感化的内容，让用户体会到定制歌单的细致与用心，从而对其产生好感，进一步转发分享，达到传播和刷屏的最终效果。

在这其中，大数据起到了非常基础而又重要的技术作用，正是因为有大数据，网易云才能与用户形成深层次的创意互动，即时生成专属歌单。再借助情感角度的切入、用心的内容文案引发的感动与共鸣，使平台与每一位用户都能建立起情感上联系，从而加强用户对网易云音乐的信任和依赖。

(资料来源：https://ask.seowhy.com/question/125416)

最后需要注意的是，市场细分是一项创造性的工作，企图记住所有的细分变量是不可能的，也没有必要。营销者应注意三点：①要培养市场细分的意识；②要多了解潜在顾客需求；③要多观察竞争对手的做法。

6.1.3 消费者市场细分有效性

有效的市场细分必须符合五个特点：

1. 可衡量

可衡量是指细分的市场是可以识别和衡量的，即细分出来的市场不仅范围明确，而且对其容量大小也能大致做出判断。有些细分变量，如具有"依赖心理"的青年人，在实际中就很难测量，以此为依据细分市场就未必有意义。

2. 可进入

可进入也叫可接近，是指细分出来的市场应是企业营销活动能够抵达的，即企业通过努力能够使产品进入并对顾客施加影响的市场。一方面，有关产品的信息能够通过一定媒体顺利传递给该市场的大多数消费者；另一方面，企业在一定时期内有可能将产品通过一定的分销渠道运送到该市场。否则，该细分市场的价值就不大。

3. 足够大

足够大可总结为可营利性，即细分出来的市场的容量或规模要大到足以使企业获利。进行市场细分时，企业必须考虑细分市场中顾客的数量，以及他们的购买能力和购买产品的频率。如果细分市场的规模和市场容量都小，细分工作烦琐，成本耗费大，就不值得去细分。

4. 能区分

细分市场在概念上能被区别，并且对不同的营销组合因素和方案有不同的反应。比如，若已婚妇女与未婚妇女对香水的反应基本相同，该细分就不应该再进行下去。

5. 可操作

可操作表示吸引和服务细分市场而系统地提出有效计划的可行程度。就企业自身来讲，可操作就是指是否有实力服务好这个市场。如一家小型航空公司找到了7个细分市场，但由于员工太少，因此不可能针对每个细分市场制订专门的营销计划。

课堂思考

1. 儿童手机市场为什么没有老年手机市场发展得好？
2. 纳爱斯男女牙膏细分有效吗？

6.1.4 企业市场细分变量

消费者市场的细分变量，企业市场也可以参考。另外，企业市场还需对以下变量更加关注：

1. 企业背景

行业：企业应该把营销的重点放在购买这种产品的哪些行业？
公司规模：企业应该把目标市场重点放在多大规模的公司上？
区域：企业应该把重点放在哪些区域的公司上？

2. 经营变量

技术：企业应该把重点放在哪些顾客重视的技术上？
使用者/非使用者情况：企业应该把重点放在大量、中量、少量使用者，还是非使用者？

顾客能力：企业应把重点放在需要很多服务的公司，还是只需要很少服务的顾客那里？
3. 采购方法
采购职能组织：企业应该把重点放在采购组织高度集中的公司，还是采购组织高度分散的公司那里？
权力结构：企业应该把重点放在工程导向的公司，财务导向的公司，还是其他类型的公司那里？
现有关系的性质：企业应该把重点放在现在与我们有牢固关系的公司，还是追求最理想的公司那里？
总采购政策：企业应该把重点放在乐于采用租赁、服务合同、系统采购的公司，还是秘密投标等贸易方式的公司那里？
购买标准：企业应该把重点放在追求质量的公司、重视服务的公司，还是注重价格的公司那里？
4. 情境因素
紧急：企业是否应该把重点放在那些要求迅速和突然交货或服务的公司那里？
特别用途：企业是否应该把重点放在那些将我们的产品用于特别用途而不是一般用途的公司那里？
订货量：企业应该把重点放在大宗订货，还是少量订货上？
5. 个性特征
购销双方的相似点：企业是否应该把重点放在那些其人员与价值观念与本公司相似的公司那里？
对待风险的态度：企业应该把重点放在敢于冒风险的顾客，还是避免冒风险的顾客那里？
忠诚度：企业是否应该把重点放在那些对供应商非常忠诚的公司？
以上内容是企业营销者在确定细分市场和为之服务的客户时所必须考虑的问题。这些问题对于一些生产原料、半成品、作为原材料的产成品企业非常重要，这些企业在进行市场营销活动的过程中必须认真思考这些问题。

6.2 目标市场选择

6.2.1 目标市场营销策略

一般来说，选择目标市场的营销策略有四种（图6-2）。

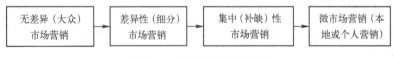

图 6-2 四种目标市场策略

1. 无差异市场营销策略

无差异市场营销策略是指企业将产品的整个市场视为一个目标市场，用单一的营销策略开拓市场，即用一种产品和一套营销方案吸引尽可能多的购买者。无差异营销策略只考虑消费者或用户在需求上的共同点，而不关心他们在需求上的差异性。可口可乐公司在20世纪60年代以前，曾以单一口味的品种、统一的价格和包装、同一广告主题面向所有顾客，采取的就是这种策略。

无差异市场营销策略的理论基础是成本的经济性。生产单一产品可以减少生产与储运成本；无差异的广告宣传和其他促销活动可以节省促销费用；不搞市场细分，就可以减少企业在市场调研、产品开发、制订各种营销组合方案等方面的营销投入。这种策略对于需求广泛、市场同质性高且能大量生产、大量销售的产品比较合适。

2. 差异性市场营销策略

差异性市场营销策略是将整体市场划分为若干细分市场，针对每一细分市场制订一套不同的营销方案。差异性营销策略的优点是：小批量、多品种，生产机动灵活、针对性强，使消费者需求能更好地得到满足，由此促进产品销售。另外，由于企业是在多个细分市场上经营，因此在一定程度上可以减少经营风险；一旦企业在几个细分市场上获得成功，就有助于提升企业的形象及市场占有率。

差异性营销策略的不足之处主要体现在两个方面。一是增加营销成本。由于产品品种多，管理和存货成本将增加；由于公司必须针对不同的细分市场发展独立的营销计划，会增加企业在市场调研、促销和渠道管理等方面的营销成本。二是可能使企业的资源配置不能有效集中，顾此失彼，甚至在企业内部出现争夺资源的现象，使拳头产品难以形成优势。

3. 集中性市场营销策略

实行差异性营销策略和无差异营销策略，企业均是以整体市场作为营销目标，试图满足所有消费者在某一方面的需要。集中性营销策略则是集中力量进入一个细分市场，实行专业化生产和销售。实行这一策略，企业不是追求在一个大市场中角逐，而是力求在一个市场中占有较大份额。

集中性营销策略的指导思想是：与其四处出击收效甚微，不如突破一点取得成功。这一策略特别适合于资源力量有限的中小企业。中小企业由于受财力、技术等因素的制约，在整体市场中可能无力与大企业抗衡，但如果集中资源优势在大企业尚未顾及或尚未建立绝对优势的某个或某几个细分市场进行竞争，成功的可能性更大。

集中性营销策略的局限性体现在两个方面：一是市场区域相对较小，企业发展受到限制；二是潜伏着较大的经营风险，一旦目标市场突然发生变化，如消费者兴趣发生转移，或强大竞争对手的进入，或更有吸引力的新的替代品的出现，都可能使企业因没有回旋余地而陷入困境。

4. 微市场营销策略

微市场营销是根据特定个人和特定地区的口味调整产品和营销策略，包括当地营销和个人营销。当地营销（Local Marketing）是根据当地顾客群（如城市、街区甚至某个商店）的需求，调整品牌和促销计划。通信技术的进步已经产生了基于位置的高科技方式的营销。越来越多的基于位置的市场营销正在移动端化，从而能够获取消费者在当地市场的实时位置信息，进行相应的营销活动。

社交本地移动（SoLoMo：Social Local Mobile）代表一种趋势，让消费者无论在哪儿都能快速获取本地信息。本地商家利用手机应用程序向已经注册的、到达本地的客户及时发送商店的销售和促销信息。这种地理定位方便了营销者和消费者，也可以帮助商家发布信息，同时使客户的购物体验个性化。还有一个相关的概念是基于位置服务（LBS：Location Based Services），是指围绕地理位置数据而展开的服务，其由移动终端使用无线通信网络（或卫星定位系统），基于空间数据库，获取用户的地理位置坐标信息并与其他信息集成，以向用户提供其所需的与位置相关的增值服务。

个人营销是根据单个消费者的需求和偏好调整产品，也称一对一营销或定制营销。个人营销并不是新鲜事物，裁缝为顾客单独量体裁衣，鞋匠为每位顾客设计不同的鞋子，古已有之。但如今随着计算机、人工智能和大数据、柔性制造技术以及即时互动沟通媒体的出现，"大规模定制"已经实现了。

微市场营销无疑更加人性化，是21世纪重要的营销原则，但规模的减小带来了生产成本和营销成本的上升。而且，如果企业产品和信息在不同区域差别太大，还可能会冲淡品牌的整体形象。

【引例6-5】

Foursquare

Foursquare是一家全球领先的基于用户地理位置信息（LBS）的手机服务网站。利用Foursquare服务，手机用户可"登录"某个地点，该地点可以是全球任何城市的一家饭店、好友家庭居住地或一家商店，等等。用户在这些地点登录后，可得到商家的促销信息、提供的促销品，如电子优惠券、免费啤酒或咖啡等。同时，Foursquare将根据用户登录时的位置，向用户提供该地点附近的其他信息，形成基于位置的生活网络，从而可能发现新的地方，将用户连接到符合他们兴趣的新的地点。

如果用户登录的位置没有收录在Foursquare网络当中，那么用户只需进行简单操作，Foursquare就将收录用户提供的这个新地理位置。一旦用户登录，Foursquare将把用户当前所在位置通知给该用户的其他好友。用户每登录一次，都可增加积分；在某些情况下，用户还可获得虚拟勋章。如果某位用户在特定地点登录的次数最多，那么他将获得该地点虚拟"市长"的头衔。

上述虚拟勋章、点数或头衔奖励听上去似乎很可笑，但这些奖励措施恰恰是Foursquare取得成功的关键因素。正是这些"小甜头"，使用户觉得登录过程不再枯燥无味，而是充满乐趣。

Foursquare的创始人丹尼斯·克劳利（Dennis Crowley）设想了一个未来的场景：手机会在星期五下午晚些时候检查朋友的日历和地点，了解当天晚上的可用时间，并建议每个人都想尝试的餐厅。值得注意的是，它还可以核实可用餐桌或该餐厅晚餐的主厨菜。Foursquare正在努力使这个场景越来越接近现实。其网站已表示："Foursquare使现实世界更容易。我们的应用程序可以帮助您获取朋友的位置，发现附近有什么，并帮助您省钱。"

（资料来源：科特勒，阿姆斯特朗.市场营销原理：第15版［M］.
郭国庆，译.北京：清华大学出版社，2019：206.有改动）

6.2.2 影响目标市场营销策略选择的因素

目标市场策略各有利弊，企业到底应采取哪一种策略，应综合考虑企业、产品、市场和竞争等多方面的因素。

1. 企业资源或实力

当企业生产、技术、营销、财务等方面实力很强时，可以考虑采用差异性或无差异市场营销策略；资源有限，实力不强时，采用集中性营销策略效果可能更好。

2. 产品的同质性

在消费者眼里，不同企业生产的产品的相似程度高，则同质性高，反之，则同质性低。对于大米、食盐、钢铁等产品，尽管每种产品因产地和生产企业的不同会有些品质差别，但消费者可能并不十分看重,此时,竞争将主要集中在价格上,适合采用无差异营销策略。对于服装、化妆品、汽车等产品,由于在型号、式样、规格等方面存在较大差别,产品选择性强,同质性较低,因而更适合采用差异性或集中性营销策略。

3. 市场同质性

各细分市场在顾客需求、购买行为等方面的相似程度称为市场同质性。市场同质性高,意味着各细分市场的相似程度高,不同顾客对同一营销方案的反应大致相同,此时,企业可考虑采取无差异营销策略。反之,则适合采用差异性或集中性营销策略。

4. 产品生命周期

产品处于投入期,同类竞争品不多,竞争不激烈,企业可采用无差异营销策略。当产品进入成长期或成熟期,同类产品增多,竞争日益激烈,为确立竞争优势,企业可考虑采用差异性营销策略。当产品步入衰退期,为保持市场地位,延长产品生命周期,全力对付竞争者,可考虑采用集中性营销策略。

5. 竞争对手情况

企业通常还要分析竞争对手的策略,知己知彼,百战不殆。如果竞争对手采取无差异市场策略,企业应考虑差异性市场策略,提高竞争能力。如果竞争对手采取差异性策略,那么企业应进一步细分市场,实行更有效的密集性策略,使自己的产品与竞争对手有所不同。

6.3 制造差异

6.3.1 与强者有差异才能与强者并行

1. 竞争的核心机理不是比"更好",而是比"差异"

营销专家路长全在《营销纲领》一书中提出,与强者差异才能与强者并行。百事可乐用"新一代的选择"实现了与可口可乐的差异,而与之并行;七喜在两大可乐的重压下,通过"七喜——非可乐"的差异,实现了与两大可乐共存;宝马被称为"最棒的驾驶工具"而与"最舒适的乘坐工具"奔驰齐名。因为,在消费者心目中,差异往往就代表优势,而且是优势的累积。

2. 学习经典是为了制造差异

学习营销的经典案例不是为了模仿,而是为了创新。著名的陈赓大将在总结他成功的战场经验时就说过,学习那些传统的作战方法就是为了避开那些传统打法。

学习竞争对手,但不是为了按照竞争对手的方法去竞争,按照对手的打法去和竞争者竞争可能是最不明智的做法!很多企业提倡标杆管理,却几乎没有创造出另一个像标杆一样成功的企业。

按竞争对手的方法和其竞争,至少有两大害处:第一,以自己的短处搏击别人的长处。别人成功的方法一定是他的长处,而你没有成功说明这是你的短处,如果你按照对手的方法亦步亦趋,岂不是在用自己的短处和对手的长处作战,你希望以榜样的方法来超越榜样,或者创造一个同样的榜样,就犹如在自己成功的路上立了一座大山。第二,横向来看,你有众多的竞争对手,因为大家都在学习榜样的方法,学习榜样的大军挤在那些传统的成功道路上,你进去之后岂不被淹没在滚滚人流之中。

在实践中，希望用榜样的方法创造另一个榜样的实践几乎没有带来任何一个成功的案例，全世界那么多企业都在学习韦尔奇的管理方法，但没有哪一家企业成为通用公司。相反，那些成功的企业，比如微软、百度、阿里巴巴、海尔、联想的成功都是在学习别人的基础上进行了创新，找出了一条和IBM、通用不同的道路。

6.3.2 制造差异的变量

一般可以从以下五个方面制造产品差异（表6-4）。

表6-4 制造差异的变量

产品（Product）	服务（Service）	人员（Personnel）	渠道（Channel）	形象（Image）
特色	订货方便	职称		标志、颜色
性能	交货及时	谦恭		文字
价值	安装服务	诚实	覆盖面	视听媒体
质量	客户培训	可靠	专业化	氛围
可维修性	维修服务	负责	绩效	事件
风格	多种服务	沟通	……	广告内容
设计	抱怨处理	销售积极性		内部摆设
……	……	……		……

课堂思考

1. 你认为海底捞和其他火锅店存在哪些差别？
2. 你认为四星级酒店和五星级酒店应该有哪些差别？

【引例6-6】

老纪蚝宅

老纪蚝宅，2018年8月开业，作为高压锅竹笼蒸生蚝开创者，长居大众点评江河湖海鲜榜单榜首，在抖音上获得数百万点赞，店面只有120平方米的神奇夜宵小店月流水近500万元。

一切都源于老纪的一个远方亲戚寄来的一箱生蚝，他母亲拿着生蚝问他如何做着吃。他看到厨房的高压锅，就说用高压锅蒸着吃。没想到这样蒸出来的生蚝味道极佳，全家人吃个不停。创业十多年的老纪敏锐地嗅到了商机，让不吃海鲜的家人都能赞不绝口的生蚝似乎可以开家店卖。说做就做，没多久，老纪蚝宅就这样开起来了，而且开出了自己的风格。与一般餐饮人相比，老纪的想法确实与众不同。

第一，选址怎么偏怎么来，距离产生美。餐饮人都会为一个好位置抢破头，老纪却反其道而行之，认为难找一点没关系，这其中有他对选址的深刻思考。基于对生蚝口味的自信，

他坚信食客在找店铺的过程中或许会懊恼,但只要吃到,就会觉得再难找也是值得的。他明白做生意不是为所有人提供服务,反而可以通过这种方式筛选顾客,发掘一批真正爱吃的食客。同时,他还坚信,饮食是生活中非常重要的一部分,做餐饮要做到物美价廉,美好的东西要让更多人可以吃得起,因此他把生蚝价格定在 120 元一锅,每锅 20 只,远低于同行的售价。

第二,用互联网思维做餐饮。在生鲜供应链越来越迅速、信息越来越透明的时代,好食材不再是稀缺资源,但仅仅依靠好食材未必能取得成功,还要学会运用互联网思维和社交媒体进行宣传。一般餐饮人会考虑如何摆盘精美,他却别出心裁地将冒着热气的高压锅直接端上来给食客们,这就具有神秘感和话题性了,食客们哪见过这阵势,纷纷拍视频发朋友圈、发抖音,使得老纪蚝宅不久就红遍抖音,收获数百万点赞。

第三,很吵闹,让大家放松地吃。老纪蚝宅白天不营业,下午 5 点才开,凌晨 2 点才打烊,是一家主打夜宵的店。二十四小时便利店温暖了加班年轻人的胃,而一家午夜还在营业的夜宵店也是如此:一天忙碌的工作结束,坐下来,身心放松,吃一顿生蚝犒劳犒劳自己。老纪认为饮食是一种情绪,他喜欢放松的就餐环境,店里很吵很闹,开豪车的老板们、初入职场的年轻人围坐一起,吃着同样的食物,这很接地气、很放松、不拘谨。

(资料来源:https://www.canyincha.com/news/story/12700.html)

企业形象识别系统

企业形象识别系统(Corporate Identity System,CIS)主要用于将企业文化与经营理念进行统一设计,利用整体表达体系(尤其是视觉表达系统)传达给企业内部与公众,使其对企业产生一致的认同感,以形成良好的企业印象,最终促进企业产品和服务的销售。

CIS 分为理念识别(Mind Identity,MI)、行为识别(Behavior Identity,BI)和视觉识别(Visual Identity,VI)三个部分。其中,核心是 MI,它是整个 CIS 的最高决策层,给整个系统奠定了理论基础和行为准则,并通过 BI、VI 表达出来。所有的行为活动与视觉设计都是围绕着 MI 这个中心展开的,成功的 BI 与 VI 就是将企业富有个性的、独特的精神准确地表达出来。BI 直接反映企业理念的个性和特殊性,包括对内的组织管理和教育、对外的公共关系、促销活动、资助社会性的文化活动等。VI 是企业的视觉识别系统,包括基本要素(企业名称、企业标志、标准字、标准色、企业造型等)和应用要素(产品造型、办公用品、服装、招牌、交通工具等),通过具体符号的视觉传达设计直接进入人脑,留下对企业的视觉影像。

6.3.3 寻找有效差异

有效且明显的差异化是定位的基础,但不是每一个差异点都对定位有帮助。如某豪华房车的差异化是"0 到 100 km/h 的加速时间只要 6 秒"以及"最舒适的驾驶座"。表面上看,这两个差异点虽然诱人,但豪华房车注重的是舒适和安全,一般都由司机驾驶,顾客更关注后座乘坐的感觉,因此以上两点差异对目标市场是无效的。

独特且有效的差异才能成为竞争优势,而找到有效差异的方法是"差异过滤",过滤的方法是运用"有效差异的准则"进行"定位要因分析"(图 6-3)。

- 获利性：对企业有获利贡献
- 可支付性：该差异是消费者有能力支付的
- 专有性：不易被模仿或超越
- 可传播：容易传播并被了解
- 优越性：明显优于提供相同利益的其他提供物
- 独特性：人无我有，或是该公司以一种独特的方式提供
- 重要性：对目标购买者来说是非常有价值的

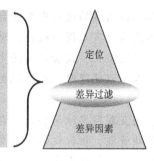

图 6-3 定位要因分析

云南白药牙膏的"非传统牙膏"定位

云南白药集团通过对牙膏市场进行调研有两大发现：其一，随着国人饮食习惯的改变（麻、辣、烫）和工作压力的增大，成年人大多有口腔溃疡以及牙龈肿痛、出血、萎缩等口腔问题。而这些口腔"小问题"虽然不必去医院，却是极大的困扰，人们有快速解决这些问题的心理和生理需求。其二，传统牙膏解决的大多是牙齿的问题，是防蛀、美白和清洁的问题。这些问题主要聚焦在牙齿上，着重于清洁，但科学表明，清洁是牙膏必备的基础功能，防蛀主要是儿童期需要解决的，成年人口腔问题大多体现为牙龈和口腔内的综合问题。这些传统牙膏所不能解决的，而消费群体又存在巨大潜在需求的"空白点"，恰恰是云南白药牙膏能填补的优势点。以牙膏为载体，将云南白药用于口腔保健，使白药的功效在牙龈、口腔等软组织上发挥其独特功效，开启了中国"非传统牙膏"功能护口的新时代。

非传统牙膏的战略定位，使云南白药牙膏自上市之初便具备两大优势：一是非传统牙膏的定位将医药科技背景与日化产品有力嫁接，巧妙地将劣势转化成优势，凸显了牙膏的医药科技含量和功能品质保证。二是对普通清洁牙膏而言，10 元是消费者接受的价格分水岭，而把一支牙膏作为解决口腔问题的功能性产品时，定 20 多元的价格也容易被消费者接受。因此，从 2004 年试销到 2008 年，短短 5 年间，云南白药牙膏的销售总额就突破了 11 亿元。

（资料来源：凯纳营销咨询. 云南白药牙膏的跨界突破之道 [J].
中国广告，2020（Z2）：43-46. 有改动）

6.4 市场定位

6.4.1 从 USP 到定位

1. 从 USP 到定位的发展

20 世纪 50 年代初，罗瑟·瑞夫斯（Rosser Reeves）提出了 USP 理论，要求向消费者说

明一个"独特的销售主张"(Unique Selling Proposition),或称单一诉求,通俗地说就是卖点,是公司产品或服务区别于竞争者的独特、显著的个性。在一个过度传播的社会里,消费者处在广告信息的包围之中,信息过多就等于没有信息。

品牌形象论(Brand Image)是大卫·奥格威在20世纪60年代中期提出的创意观念,是广告创意策略理论中的一个重要流派。形象论的基本要点包括:第一,为塑造品牌形象服务是广告最主要的目标;第二,任何一个广告都是对品牌的长程投资;第三,随着同类产品差异性的减小,描绘品牌的形象要比强调产品的具体功能特性重要得多;第四,消费者购买时追求的是"实质利益+心理利益",对某些消费群来说,广告尤其应该重视运用形象来满足其心理的需求。

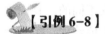

【引例6-8】

舒肤佳的USP

舒肤佳是1992年3月进入中国市场的,当时,市场中传统的香皂品牌"力士"已经独占鳌头,"舒肤佳"很难有发展空间,但在短短几年里,舒肤佳却产生了惊人的销量,改变了"力士"香皂的霸主地位。舒肤佳能在较短的发展时间里获得成功,是多重因素作用的结果。但最重要的一点是,它能找出与同类产品的不同,并将这种不同以广告的形式告知消费者。"舒肤佳"以"除菌"作为品牌标配,其创造力给品牌的发展带来了新生的活力。"舒肤佳"品牌的探索历程要从国人开始用香皂洗手开始,那时候人们的普遍认知是:用香皂洗手,洗得干净。"舒肤佳"对人们的思维进行了长达十几年的"教育",要人们把手真正洗干净——看得见的污渍洗掉了,看不见的细菌你洗掉了吗?舒肤佳将"除菌"作为营销传播的中心,在广告中告知人们生活中的细菌无处不在,踢球、乘车等日常活动都会沾染很多细菌,人们在放大镜下也确实看到了令人恐惧的细菌。"舒肤佳"以"有效除菌护全家"为诉求,通过渲染场景的广告形式加深消费者对"除菌"这一特性的认知。同时,"舒肤佳"通过实验证明确实具有除菌效果,"中华医学会验证"这一权威说法增强了品牌信任度,使人们用得舒心、用得放心。"舒肤佳"的成功并不是偶然的,它很好地提出了品牌的USP——除菌。

在"舒肤佳"之前,所有的香皂品牌都在强调自己的产品能洗手并且洗得很干净,都在强调"干净",而没有人说怎么干净,"舒肤佳"就很好地找到了自己品牌的特点,难道说其他品牌的香皂就不能除菌吗?当然不是,只是"舒肤佳"最早把这一特点提了出来并为己用,从而打开了市场,获得了成功。

(资料来源:范万青:如何找到品牌的独特销售主张[J].农家参谋,2018(05):249)

定位(Positioning)这个概念是1969年由广告经理艾尔·里斯(Al Ries)和杰克·特劳特提出后开始流行起来的。他们认为,定位始于产品(一件产品、一项服务、一家公司、一个机构,甚至是一个人……),但并非是对产品本身有什么行动,定位是指要针对潜在顾客的心理采取行动,即要使产品在潜在的顾客心目中找一个适当的位置。

上述三种理论可以用表6-5做简单比较。

表 6-5　USP 论、品牌形象论、定位的比较

	独特的销售主张	品牌形象论	定位论
产生时间	20 世纪 50 年代	20 世纪 60 年代	20 世纪 70 年代初
核心主张	强调产品具体的特殊功效和利益	塑造形象 长远投资	创造心理位置 强调第一
方法和依据	实证	精神和心理满足	类的特殊性
沟通着眼点	物	艺术、听觉、视觉效果	心理上的认同

2. 对定位的基本认识

定位是指企业设计出自己的产品和形象，从而在目标顾客心中确定与众不同的、有价值的、有地位的行动。定位战略的最后结果是成功地创造出一个市场导向的价值建议，实质上是向顾客提出一个他们应该购买该产品的强烈的理由。

定位的基础是差异化，但差异化适用于产品，而定位则针对顾客的心。在信息爆炸时代，要想在顾客大脑里留下印象，最好的策略是"不做第一，就做唯一"。

艾尔·里斯和杰克·特劳特指出，"进入人们大脑的捷径是争当第一"。世界第一高峰是珠穆朗玛峰，第二高的山峰是什么？第一个踩在月球表面的人叫阿姆斯特朗，第二个是谁？第一个驾驶飞机飞越大西洋的人叫林德伯格，第二个是哪一位？很遗憾，我们常常能脱口而出谁是第一，却不记得谁是第二。如果在一个行业失去了做第一的机会，就缩小范围，或把自己的特色做出来，成为一个领域或一个品类的第一或唯一。例如，非洲的乞力马扎罗山，海拔 5895 米，并不算高，却是非洲第一高峰。而且，聪明的非洲人在登山界开创了一个新品类——"人类徒步可登顶的高山"，在登山过程中不需要冰镐、缆绳和悬梯。

【引例 6-9】

安徽老乡鸡

安徽老乡鸡餐饮有限公司的第一家快餐店叫肥西老母鸡。2012 年，与特劳特伙伴公司合作，更名为"老乡鸡"，并把"安徽最大连锁快餐"作为公司战略发展定位，把"干净卫生"作为产品定位。"干净卫生"的确是一个普通的认知，但在消费者心中却最受关注。如同沃尔沃定位"安全"一样，普通，但能够快速占领顾客的心智。之后，老乡鸡迅速剥离和收缩业务，聚焦快餐，集兵安徽，快速开店。

老乡鸡和主流快餐店不同，坚持自己的发展模式。一是不卖套餐，坚持顾客点菜。二是不盲目在全国开店。先积累"区域心智资源"，蓄积势能，然后向外扩展。2018 年度中国快餐企业 70 强名单中，"老乡鸡"荣登中式快餐全国第一品牌，正式成为全国中式快餐的领军者。

老乡鸡总经理束小龙在视频中提到，确立定位之后，老乡鸡集中精力深耕安徽市场，直到 2016 年拥有了 400 多家安徽直营店后，才进入武汉和南京，一年之内在宁汉两地开出了 60 多家直营店。2019 年，老乡鸡进入上海，全国直营店已经达到了 800 多家。

据调查，餐饮企业的平均寿命不到 2 年。至少截至今天，老乡鸡仍是成功的，其中，正确的定位功不可没。

（资料来源：http://www.trout.com.cn/lxj/565.jhtml）

6.4.2 定位的方法

从目标顾客、竞争者和企业自身三个角度进行分析，可以得到三类九种定位的具体方法（图 6-4）。

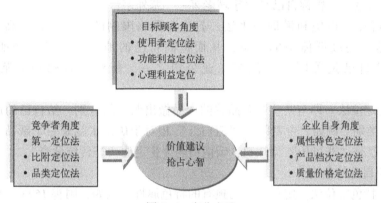

图 6-4 定位方法

1. 从目标顾客的角度

（1）使用者定位法。这是把品牌和特定用户群联系起来的定位方法，它试图让消费者对品牌产生一种量身定制的感觉。比如，"太太口服液"定位于太太群体；小葵花定位为"儿童用药专家"；Levi's 牛仔服的目标市场是男性，而 Lee 牌牛仔服则专为女性开发。

（2）功能利益定位法。功能利益定位是品牌定位的常见形式。因为多数消费者购买产品主要是为了获得产品的使用价值，希望产品具有自己所期望的功能、效果和效益。例如，高露洁突出"没有蛀牙"的功效，王老吉强调"祛火"；在洗发水中，飘柔的承诺是"柔顺"，海飞丝是"去头屑"，潘婷是"健康亮泽"。现在，一些企业已经开始实践产品的多重定位，如佳洁士炫白牙膏强调"美白牙齿、清新口气、去除牙菌斑"的多重功效。

（3）心理利益定位法。情感利益定位和自我表达利益定位都属于心理利益定位。情感利益定位法是将人类情感中的关怀、牵挂、思念、温暖、怀旧、爱等情感内涵融入品牌，使消费者在购买、使用产品的过程中获得这些情感体验，从而唤起消费者内心深处的认同和共鸣，最终表现出对品牌的喜爱和忠诚。例如，"京味儿"北冰洋汽水主打"童年回忆"，不但孩子爱喝，也备受一些成年人的青睐。自我表达利益定位法是通过表现品牌的某种独特的形象和内涵，让品牌成为消费者表达个人价值观、审美情趣、自我个性、生活品位、心理期待的一种载体和媒介，使消费者获得一种自我满足和自我陶醉的快乐感觉。例如，斯沃琪手表，定位为"年轻、活泼、乐观、多变"，深受年轻人的喜爱。

2. 从竞争者的角度

（1）第一定位法。又称抢先定位或领导者定位，即强调该品牌在同行业或同类产品中的领导性。在消费者认知中，"第一"就意味着"最好"，每人都喜欢买最好的品牌。例如，特劳特伙伴公司在中文网站首页上明确打出自己是"战略定位全球领导者"，可谓知行合一的典范。

（2）比附定位法，即攀附名牌的定位策略。企业通过各种方法和同行中的知名品牌建立一种内在联系，使自己的品牌迅速进入消费者的心智，占领一个牢固的位置。

1）承认同类中另有最负盛名的品牌，自己只不过是第二而已。这种策略的好处是：使人们对公司产生一种谦虚诚恳的印象，迎合了人们同情弱者的心理。例如，Avis 宣称"我们是老二，我们要进一步努力"之后，品牌知名度迅速上升，赢得了更多的客户。

2）承认同类中卓有成就的品牌，但自身在某些方面与该品牌有相同之处，甚至平分秋色。例如，宁城老窖，曾称自己是"宁城老窖——塞外茅台"。

3）借助群体的声望和模糊的手法，打出有严格限制的俱乐部式的高级团体牌子，强调自己是这一高级群体中的一员，从而提高自己的地位和形象。例如，克莱斯勒汽车公司强调自己是美国三大汽车工业公司之一，使消费者感到克莱斯勒是知名轿车。

（3）品类定位法。即与某些知名品牌的产品做出明显的区别，给自己的产品定位为与之不同的另一类别。例如，今麦郎的"凉白开"相对于矿泉水就是一个新品类，美国的七喜汽水宣称自己是"非可乐"型饮料，云南白药牙膏定位"非传统牙膏"。

3. 从企业自身的角度

（1）属性特色定位法。定位于自己独有的特色属性。例如，国窖 1573 宣传自己独有的悠久历史，雷达表宣传自己具有的"永不磨损"的品质特色。

（2）质量价格定位法。质量和价格的不同组合，构成不同的定位。如"海尔"家电产品定位于高价格、高品质；"华宝"空调定位于"高贵不贵"；雕牌洗衣粉的广告词是"只买对的、不买贵的"；"喜悦"香水宣称自己是"世界上最贵的香水"，把高价格作为高质量的暗示。

（3）产品档次定价法。和质量定价法存在一定联系，但主要是在顾客心目中形成不同的档次形象。例如，劳斯莱斯是高档车的代表，道奇则经济适用；丰田公司推出凌志、佳美、花冠等不同档次的汽车，迎合不同的消费者的需求。

【引例 6-10】

香飘飘奶茶的定位之路

香飘飘食品有限公司成立于 2005 年，开创了纸杯装奶茶品类，开始时发展速度非常快，一下子实现了 4.8 亿元的销售额，创造了当时快消品行业的一个神话。但在 2007 年之后，市场开始出现大批仿冒者，竞争趋于白热化。于是公司在 2008 年开始实施战略定位，从 2008 年到 2016 年，经营业绩持续增长。2017 年，香飘飘食品公司税后销售额是 26.4 亿元，净利润 2.68 亿元。当年，香飘飘食品股份有限公司正式在上交所挂牌上市。成功背后的主要做法是：

公司聚焦杯装奶茶，舍弃其他业务，以"杯装奶茶开创者和领导者"为定位，并围绕这个定位系统配称运营：传播渠道集中在头部媒体，重点是湖南卫视、浙江卫视、东方卫视、央视三套。销售渠道聚焦在主流城市的主流终端，力求实现高铺货率。在产品定价方面，香飘飘奶茶要比竞争对手高出20%到30%，因为领导者就是具有行业定价权的。通过这一波的运营配合，香飘飘成功巩固了"领导者"定位。

随着企业规模和实力的增强，公司适时开展多品牌战略，推出了新品类——果汁茶，作为新一代茶饮，这一产品刚上市就成为网红，非常热销；同时还推出液体奶茶，包括MECO牛乳茶，以及从香港收购的港式奶茶始祖品牌——兰芳园。

（资料来源：根据香飘飘食品董事长蒋建琪先生在陆家嘴定位论坛上的主旨演讲整理）

6.4.3 定位传播

1. 围绕定位整合传播

确定了产品定位后，一切营销手段都要支持这一定位，向消费者传递一致的信息（图6-5）。假如一个汽车公司的定位是"质量最佳"，那么可以把卡车底板内层也刷上油漆，并非因为必要，因为这样可以显示其对质量的关心。可以在汽车上安装上防止猛烈撞击的门，因为很多买主都在陈列室里使劲关上车门，以此来检验车辆质量。如果有些配件需要包装，也要用高档的包装材料。广告设计也要精美，并舍得投资。

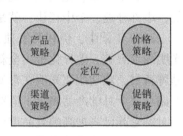

图6-5 整合传播定位

2. 简单就是营销力

营销是认知的战场，而非产品的战场。在营销传播的世界里没有客观现实，也没有最好的产品，只有消费者的认知。实现消费者认知的最有效策略是定位和定位的有效传播。但哈佛大学心理学家乔治·米勒（George A. Miller）说："普通人的大脑无法同时处理7条以上的信息"。因此，定位传播越简洁越好，必须把信息削尖了，好让它钻进人们的大脑。

马来西亚营销专家萨尼·高在其著作《简单就是营销力》中说："巧妙诙谐的广告只能愉悦受众，而产品的独特之处却被人们遗忘。广告的真正目的是要使产品定位深入人心，以便销售，因此广告只要开门见山就行。"广告大师比尔·本哈克（Bill Bernhach）也告诫广告人："我们的工作就是简化，把无关的内容去掉，把干扰产品信息的杂质清除干净。"

3. 重复、重复、再重复

成功就是简单的事情重复做。品牌定位最忌讳朝令夕改。从传播学角度讲，无论多么有创意的广告主张、广告语，没有重复、重复、再重复之前，品牌就仍然是一个躺在摇篮里的婴儿。关于品牌定位表达，营销专家路长全的话是："我们做任何一个品牌，一定要找到一个鲜明的差异，或者给他一个差异，将这个差异放大、放大、放大再放大，重复、重复、再重复，重复到他痛苦为止，这个时候他就记住了。"

6.5 能力实训

6.5.1 营销思辨：大众营销是否消亡

第6章 小结

随着营销者越来越多地采用精准的市场细分营销方案，一些人声称大众营销已经死亡。但另一些人则反击，认为总会有大品牌针对大众市场采用大众化营销方案。

辩论双方

正方：大众营销已经消亡。

反方：大众营销仍然是建立盈利品牌的有效方法。

6.5.2 案例讨论：常温酸奶的三足鼎立

继特仑苏，营养舒化奶，QQ星等明星乳品相继崛起之后，乳制品市场上的新星品类是常温酸奶。从2010年年底光明莫斯利安率先推出钻石包，当年销量1亿，到2015年蒙牛纯甄、伊利安慕希、光明莫斯利安三家齐发力做大蛋糕，5年时间，中国市场销售量从0到百亿，堪称神速。个中秘诀，就是三家乳企不约而同地差异化定位了自己的品牌。

2009年蒙牛、伊利两家独大，光明已不复当年乳业老大地位，品牌力只能辐射华东。光明为求突破，差异化推出全新品类莫斯利安常温酸奶。品牌形象定位高端化，仅以光明母品牌背书，成功脱离光明在常温乳品消费者认知中不算高档的本土品牌形象。可在常温状态下储存4个月的产品满足了消费者对酸奶常温保存饮用，既便利又不刺激肠胃的需求。而且当时特仑苏已占据高端乳品市场多年，消费者疲态已显，此时莫斯利安独特的品类优势，酸甜适中的口感，品牌宣传中保加利亚长寿村的异域风情和漂亮闪亮的200 ml钻石型包装，恰好迎合了消费者求新求变的心理，成功切入了高端乳品市场，并凭着不断蹿升的销量，与供应商签订了为期不短的钻石包装独用协议，彻底抢占先机，在中国市场上神速地跑马圈地。2014年，莫斯利安销售额达到60亿元人民币，正式称王。AC尼尔森更为其单独打造Ambient Yogurt（常温酸奶）子品类，以与冷藏酸奶区隔。

尽管常温酸奶已被莫斯利安拔得头筹，看似没有机会，但后起之秀蒙牛纯甄和伊利安慕希并没有机械地模仿，而是通过品牌差异化定位，抢占市场份额。

比照莫斯利安，蒙牛纯甄打造了一款丹麦菌种发酵的常温酸奶产品，但在品牌概念打造上，却更宏观地从消费者对乳制品的需求出发，发掘差异化定位。纯甄的品牌利益点分两部分：一是以不添加色素、香精、防腐剂，优选奶源，口味简单纯净等支撑的功能性利益点；二是通过在宣传海报中嵌入一个20世纪90年代的牛奶

瓶，暗示消费者对童年所喝牛奶的美好回忆，从而引申到纯粹的童年时光的情感性利益点上。然后"纯净"的功能性利益点和"纯粹"的情感性利益点，共同支撑起蒙牛纯甄的品牌核心价值："纯"，以区别于莫斯利安，在市场上占住脚跟。并且，因为品牌核心价值并不聚焦在常温酸奶上，所以纯甄也就顺势拓展到了新鲜酸奶领域，最大化地扩大了生意规模。实际上，莫斯利安也是无添加色素、香精、防腐剂，但没有广而告之，被纯甄先下手为强。

伊利安慕希仍然是钻石包里的常温酸奶，以希腊菌种发酵，强调酸奶中蛋白质含量高达3.1 g，比普通酸奶高35%，具有"丰富的营养"，且大量的调研结果显示其是最符合中国消费者口味的"极致的美味"。安慕希的品牌概念，通过列数字、用修辞的方法，客观地呈现了自身的功能性优势，其聪明之处在于，在消费者认知中一举强关联了营养和美味的功能利益，还不费吹灰之力全盘打压了竞争对手。"品位希腊，浓醇之享"的口号，也可看出品牌差异化定位在"享受"上，与纯甄不同。

在两大乳企双面夹击下，莫斯利安日渐逊色。原本主打"分享"的情感利益点，但不

易与产品产生强关联,对销量拉动有限。最后通过消费者调研,深挖了现有品牌资产,依托从 2010 年就一直宣传的"长寿村的神奇秘密",着重强调莫斯利安与"长寿"的关联,聚焦关注健康人群,处境却有点尴尬。好在基础打得扎实,60 亿元的销售额一时之间也很难撼动。

至此常温酸奶三足鼎立之势方定。无论是"纯""享受",还是"长寿",都是品牌概念差异化的结果。

(资料来源:郝怡. 从常温酸奶三足鼎立之争看品牌差异化定位. http://www.maidi.com.cn)

问题讨论

1. 三大品牌成功背后说明了什么?
2. 你认为莫斯利安如何做才能重新夺回老大位置?

6.5.3 实践应用:为自己的职业定位

几位同学组成一个小组,结合自己所学专业,对未来的职业岗位做一个细分,然后认真审视自身或彼此说出对方的优点和缺点,选择自己最合适的岗位。根据自己设想的未来职业岗位,用一句话为自己的职场形象做一个定位描述。

6.5.4 学习笔记:总结·记录·关联

总结	自己动手,总结本章的学习要点
记录	记录下老师补充的新知识
关联	联系自身,你认为本章对你成长最有价值的知识是什么?为什么

第7章 品牌管理

> 打动你头脑的品牌你会为它而改变，打动你心灵的品牌你会为它而奉献。
>
> ——斯科特·多哥（美国品牌战略专家）

 开篇案例

中国品牌日标识及释义

2017 年 4 月 24 日，国务院批准将每年 5 月 10 日设立为"中国品牌日"。

中国品牌日标识整体为一由篆书"品"字为核心的三足圆鼎形中国印。"品"字一方面体现中国品牌日的"品牌"核心理念，昭示开启品牌发展新时代；另一方面蕴含"品级、品质、品位"之意，象征品牌引领经济向高质量发展。

"鼎"是中华文明的见证，是立国重器、庆典礼器、地位象征。以鼎作为中国品牌日标识符号要素，象征品牌发展是兴国之策、富国之道、强国之法，彰显中国品牌声誉大名鼎鼎，中国品牌承诺一言九鼎，中国品牌发展迈向鼎盛之时。

"印章"是我国传统文化的代表，是易货的凭证、信誉的标记、权力的象征。以印章作为中国品牌日标识符号要素，体现了中国品牌重信守诺，象征着中国品牌发展的国家意志。

（资料来源：中国品牌日官方网站，http://www.cibexpo.org.cn/AboutUs.html）

麦当劳的一位前任 CEO 说："如果我们拥有的每一项资产（厂房、设备等）都在一次自然灾害中被摧毁，由于我们还有品牌，我们就可以再借钱使一切都重新恢复。麦当劳的品牌价值比所有这些资产的总价值还要高很多。"可见，一个企业最有价值的无形资产就是品牌，恰当地管理品牌价值是营销的责任。建立一个强势的品牌既是一门科学，也是一门艺术。

7.1 品牌与品牌资产

1. 品牌

品牌作为一种识别工，具有悠久的历史。事实上，"品牌"一词源于古斯堪的纳维亚语"brandr"，意思是"燃烧"指的是生产者燃烧印章烙印到产品上，它曾经是、现在依然是牲畜所有者用于识别其他动物的工具。今天，关于品牌的定义很多，本书采用美国市场营销协会的说法：品牌（Brand）是一种名称、术语、标记、符号或设计，或是它们的组合运用，其目的是借以辨识某个销售者或销售者集团的产品或服务，并使之同竞争对手的产品和服务区别开来。

把品牌或者品牌的一部分到工商局登记注册后就形成了商标。商标法规定：商标使用的文字、图形或者其组合，应当有显著特征，以便识别。同时规定，商标注册人享有商标专用权，受法律保护。

虽然品牌与商标都是用来标识商品，起识别商品的作用的，但是也存在区别：

商标更偏重于是一个法律概念，如注册商标；品牌更偏重于是一个管理概念，用来传播企业或产品形象。

商标管理的重点在于组成商标的文字，图案，颜色或者其组合的设计和保护；而品牌管理的重点在于赋予品牌以形象意义和建立品牌资产。一般来说，商标管理是品牌管理的一个方面。

课堂思考

你认为品牌的本质是什么？按你的理解，谈谈产品和品牌的区别。

2. 品牌的作用

品牌为什么重要？品牌对消费者和公司的作用如图7-1所示。其实，对整个社会管理来讲，品牌还具有降低社会监督成本的作用。

3. 品牌资产

在西方国家，品牌资产（Brand Equity）一词在20世纪80年代被广泛使用。简单地说，品牌资产是赋予产品或服务上的附加值。品牌资产研究大师大卫·艾克（David Aaker）认为，品牌资产是与品牌、名称、标志、符号等相关联的一系列资产或负债，它可能增加或减少相应产品或服务对公司和顾客的价值。品牌资产不是一个空泛的概念，而是由诸多因素所决定和反映的。大卫·艾克认为，支持品牌资产的因素有：品牌忠诚度、品牌知名度、品质认知度、品牌联想和其他资产（如专利、商标和渠道关系）等五个方面（图7-2），其中，品牌忠诚度被认为是核心要素。

图7-1 品牌的作用

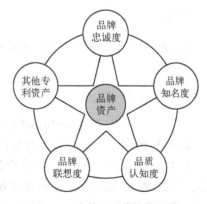

图7-2 支持品牌资产的因素

凯文·莱恩·凯勒（Kevin Lane Keller）认为，品牌存在于顾客的心智中。他从顾客的角度将品牌资产定义为：顾客品牌知识所导致的对营销活动的差异化反应。该定义有三个重要组成部分：首先，品牌资产源于顾客的差异化效应。若没有差异产生，该品牌就会被认为是普通商品或同类商品，竞争往往表现为价格战。其次，差异化反应来源于顾客的品牌知识，也就是顾客的长期记忆中对该品牌商品的所知、所感、所见、所闻。因此，尽管品牌资产受公司营销活动的影响，但最终还是取决于顾客对品牌的认知程度。第三，顾客差异化反应表现在对品牌营销活动的态度和行动中，如喜爱品牌、接受高价、重复购买等。

我国营销专家认为品牌资产是"附着于品牌之上，并且能为企业的未来带来额外收益的顾客关系"。这种观点认为，品牌资产给企业带来的附加利益，归根结底来源于品牌对消费者的吸引力和感召力。因此，品牌资产实质上反映的是品牌与顾客（包括潜在顾客）之间的某种关系，或者说是一种承诺。

4. 品牌资产的来源

从凯文·莱恩·凯勒的品牌资产定义可以看出，品牌资产来源于顾客的差异化效应，而顾客的差异化反应又来源于顾客的品牌知识（Brand Knowledge），品牌知识则由品牌认知（Brand Awareness）和品牌形象（Brand Image）构成。

品牌认知反映了顾客在不同情况下辨认该品牌的能力，由品牌再认（Brand Recognition）和品牌回忆（Brand Recall）构成。品牌再认是指消费者通过品牌暗示确认以前见过该品牌的能力；或者说，当顾客来到商店时，他们是否有能力辨别出哪些品牌是以前见过的。品牌回忆是指在给出品类、购买或使用情境作为暗示的条件下，消费者在记忆中找出该品牌的能力。

品牌形象是顾客对品牌的感知，它反映为顾客记忆中关于该品牌的联想。品牌联想的内容非常广泛，它或是反映产品本身的性能，或是与产品本身的特点无关。例如，提到苹果计算机，你可能会产生如图7-3所示的联想内容。这些联想浮现在你的脑海里，就会形成苹果计算机在你心目中的品牌形象。

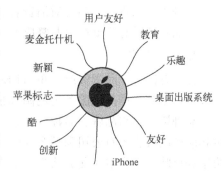

图 7-3　苹果计算机可能产生的联想

课堂思考

当提到华为的时候，你会产生哪些联想？

【引例 7-1】

Interbrand 发布 2020 年全球最佳品牌排行榜

2020 年 10 月份，全球最大的综合品牌咨询公司 Interbrand 公布了"2020 年度最佳全球品牌排名"。苹果蝉联榜首，品牌价值 3229.99 亿美元；亚马逊升至第二，品牌价值增长 60%，至 2006.67 亿美元。微软超越谷歌名列第三，品牌价值 1660.01 亿美元；谷歌自 2012 年以来首次没有进入前三，以 1654.44 亿美元屈居第四。第 5 至 10 位依次为：三星、可口可乐、丰田、梅赛德斯-奔驰、麦当劳、迪士尼。排名前十的品牌的总价值占今年榜单总价值的 50%。视频会议软件提供商 Zoom 今年首次上榜，排在第 100 位。其创始人袁征今年较早时首次登上了福布斯美国 400 富豪榜单，排名第 43 位。华为仍是唯一上榜的中国品牌，今年排名第 80 位。

(资料来源：https://www.logonews.cn/best-global-brands-2020.html)

7.2 创建品牌资产

美国品牌专家凯文·莱恩·凯勒在其著名的基于顾客的品牌资产（CBBE：Customer-Based Brand Equity）金字塔模型中提出了创建品牌的"四个步骤、六个阶段和两条路径"（图7-4）。金字塔左侧倾向于建立品牌的"理性路径"，右侧则代表创建品牌的"感性路径"。绝大多数强势品牌的创建需要"双管齐下"。下面就以品牌金字塔模型为框架思路，介绍如何创建品牌资产。

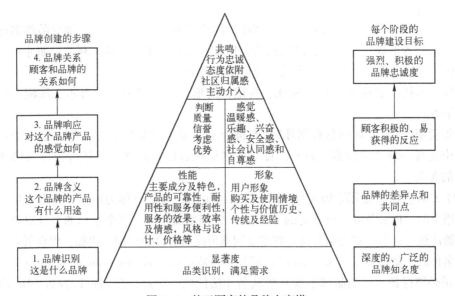

图7-4 基于顾客的品牌金字塔

7.2.1 建立显著品牌识别

本步骤要解决"这是什么品牌"的问题，提高品牌显著度（Brand Salience），目标是建立深厚的、广泛的品牌认知。品牌认知赋予产品具体的品牌识别，将品牌元素与产品类别、品牌联想、消费和使用情境联系起来。品牌元素（Brand Elements）的设计和选择在增加品牌认知的深度和广度方面起着基础性作用。

品牌元素是那些可以识别并区分品牌的特征化设计，包括品牌名称、URL、标志（符号）、形象代表、品牌口号、广告曲、包装等。大多数强势品牌都使用多重品牌元素。如耐克拥有动感十足的商标、鼓舞人心的口号（Just do it）、源于希腊神话中胜利女神的名称"Nike"。

1. 选择品牌元素的标准

总体而言，选择品牌元素有六条标准，见表7-1。左列三条标准是营销者创建品牌资产时的攻击性策略，右列三条标准是在提升和保持品牌资产面临不同机遇和限制时扮演的防御性角色。

表7-1 品牌元素选择标准

"品牌创建"时选择标准	"品牌防御"时选择标准
1. 可记忆性：容易识别，容易回想 2. 有意义性：涵盖品牌含义，说服力强 3. 可爱性：富有乐趣和美学享受	1. 可转换性：便于在品类、地域和文化间转换 2. 可适应性：灵活，可更新 3. 可保护性：从法律和竞争角度助于保护品牌

2. 选择具体品牌元素

（1）品牌名称。品牌名称是一个最基本、最重要的元素，好的名称能实现产品的自我销售。一般来说，品牌名称应该符合以下要求：

- 与众不同。要能和竞争对手区别开来。这样不至于导致消费者选择上的困惑，也可以避免法律上的纠纷，如联想（Lenovo）、施乐（Xerox）、索尼（Sony）、埃克森（Exxon）等。
- 行业关联。要能反映行业或产品特征，以及给顾客带去的利益。如果品牌名称好，会对消费者形成一种暗示，激发消费者想象，无须描述一种具体利益，如寸草春晖养老院、雪花冰箱、大力神起重机、易可贴便条纸、野马汽车。
- 易于传播。名称要易读、易认、易记，简单就是营销力，如海尔、汰渍、格力、苹果等。

值得说明的是，"规则总有例外"。不符合上述要求的品牌名称并非一定不能成功，起名理论中还有一种"空容器"理论，即一个名称没有任何意义，营销者通过营销活动赋予它特定的含义。

（2）URL。URL是用来确定互联网上网页地址的，通常被称为域名。随着大量公司积极寻求网络空间，向服务商注册登记的URL地址急剧增加。由于三个字母的组合以及常用英文单词已被注册，一些公司为给其新品牌建立网站可能需要自造单词。比如，埃森哲咨询公司在选择新名称时，就使用了"Accenture"，部分原因是www.accenture.com尚未注册。

公司必须保护自己的品牌不被其他域名非法使用。为此，公司可以控告URL的当前所有者侵权，或者从其手中购买此名称，或者事先把所有能想到的品牌名称的变异形式都作为域名进行注册。

（3）标识。正确有效的品牌标识能够使品牌在各种场合都很容易被辨认出来或者被想起来，即具有显著性。一个还没有认多少汉字的儿童能很容易地根据标志分辨出麦当劳和肯德基，奔驰和宝马。建立有效的品牌标识也就是要导入实效VI（视觉识别Visual Identity）。VI通过标志、标准字、标准色为核心展开完整的、系统的视觉表达，将企业理念、企业文化、服务内容、企业规范等抽象概念转换为具体符号，使之具有传播力和感染力，容易被公众接受。

（4）品牌形象代表。品牌形象代表是品牌符号的一个特殊类型，往往取材于人类本身或是现实生活。一种是动画人物,比如,皮尔斯贝里的面团宝宝、海尔电器的海尔兄弟、米其林公司的米其林轮胎人、奥运会的吉祥物等。另外一些是活生生的人物,比如,哥伦比亚咖啡的 Juan Valdez、美泰公司的修理工、麦当劳大叔等。

形象代表的人性化元素让品牌更加有趣和可爱,更容易和消费者建立品牌关系。而且,形象代表不直接代表产品,从而更容易跨越品类。

(5)品牌口号。品牌口号是用来传递有关品牌的描述性或说服性信息的短语,通常出现在广告中,在包装和营销方案的其他方面也有重要作用。品牌口号是品牌宣传的有力方式,因为它与品牌名称一样,能迅速、有效地建立起品牌资产。品牌口号可以起到"抓手"的作用,能帮助消费者抓住品牌的含义,了解品牌是什么以及有什么特别之处。

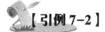

【引例7-2】

著名品牌口号举例

品牌如人,它需要以代表其自身价值主张的口号来宣扬和塑造自己。要想让自己的口号不惹人讨厌,短小、清晰、现实是基本要求,表7-2列出的就是国内外比较成功的品牌口号。

表7-2 国内外较成功的品牌口号

国外品牌	品牌口号	国内品牌	品牌口号
L'Oréal(欧莱雅)	Because you're worth it(你值得拥有)	格力	好空调,格力造
Adidas(阿迪达斯)	Nothing is Impossible(没有什么是不可能的)	海尔	真诚到永远
Wal-Mart(沃尔玛)	天天平价、始终如一	联想	让世界一起联想
Nike(耐克)	Just do it(想做就做)	阿里巴巴	让天下没有难做的生意
Apple(苹果)	Think Different(非同凡想)	中国移动	沟通从心开始
M&M's 巧克力	Melt in your mouth, not in your hand(只溶在口,不溶在手)	白沙	我心飞翔
Google(谷歌)	Don't be Evil(不做恶)	南方周末	深入成就深度
McDonald's(麦当劳)	I'm lovin it(我就喜欢)	利郎商务男装	简约不简单

(6)广告曲。广告曲是用音乐的形式描述品牌,传递抽象的品牌内涵,更多地与感情、个性及其他无形的东西相关联。广告曲通常由职业作曲家创作,其上口的旋律与和声往往会长久地萦绕在听者的脑海中。广告曲往往能巧妙地重复品牌名称,提高消费者接触品牌的频率。一首知名的广告曲可以作为广告的基础,成为非常有价值的创建品牌联想的方式。

(7)包装。从公司和消费者两个角度看,包装必须达到的目标有:识别品牌、传递描述性和说服性信息、方便产品的运输和保护、便于储存、有助于产品消费。人们的味觉和触觉非常容易受到影响,包装物会引导人们思考想要的味道。在购买产品许久之后,产品的包装仍然会使他们相信,该产品是物有所值的。

针对48个不同类型的食品和个人护理产品的调查显示,当包装盒尺寸翻番时,消费者会增加18%~32%的产品消费量,原因在于更大的包装尺寸微妙地暗示了更高的"消费标准"。

增加成熟期阶段产品使用量的策略之一，是鼓励人们增加该产品品牌的使用场合，比如在早餐时喝汤；或者增加新用途，比如将烘焙的苏打作为冰箱的除臭剂使用。一项对402名消费者使用26个产品的情况分析表明：从包装上学习新用途的人数，是通过电视广告学习新用途的人数的两倍。

7.2.2 赋予丰富的品牌内涵

赋予品牌内涵，关键是通过营销活动创建较高的品牌功效和良好的品牌形象。

1. 品牌功效

品牌功效（Brand Performance）是产品或服务用以满足消费者功能性需求的程度，包括品牌内在的产品或者服务特征，以及与产品和服务相关的各项要素。具体而言，品牌功效包括产品的基础特征和附加特征，如可靠性、耐用性、可维修性、服务的效率和效果、服务人员的态度等。

除了产品功能和附加服务，顾客还可能对产品美学方面的因素（如尺寸、材料、颜色、造型等）产生联想。因此，品牌功效还与产品的感官因素相关，如产品给顾客的视听感觉，甚至包括产品给消费者的嗅觉和味觉。

2. 品牌形象

品牌形象（Brand Image）与产品或服务的外在属性相联系，包括该品牌满足消费者心理需求或者社会需求的方式。品牌形象是指人们如何从抽象的角度，而不是从现实的角度理解一个品牌。因此，品牌形象更多的是指品牌的无形元素。顾客可以从自身的经历中直接形成品牌形象联想，也可以通过广告等其他信息渠道间接形成品牌形象联想。

品牌形象一般通过以下几个方面体现出来：①用户形象，即什么样的人使用该品牌，如百事可乐——年轻人的选择。②购买和使用情境，即在什么地方才能买到该品牌，在什么场合使用该品牌，如狼爪（Jack Wolfskin）会让人联想到专卖店、户外运动、旅游等；神州专车会让人联想到接机服务、会务用车。③个性与价值。品牌如人，通过广告等营销活动，品牌可以传递出人的个性特质和价值观。如果品牌是一个有生命的人，他是一个什么样的人？品牌专家认为，品牌个性可以用五个维度来描述：真诚（如朴实、诚实、健康、愉悦）、刺激（如大胆、生机勃勃、想象力丰富、时尚）、能力（如可靠、聪慧、成功）、精致（如高档、迷人）、粗犷（适于户外活动、坚强）。④历史、传统和经验。这类品牌联想包含个人的经历和往事、家人和朋友过去的行为等。如可口可乐就让许多美国人想到美国的历史和传统，这直接导致新口味可乐推出计划受阻。此外，对于品牌历史、传统和体验的联想会产生更加具体的品牌用户形象。

极端的例子是，品牌成为多类联想集合的符号，并融入顾客永恒的希望与梦想。如世界著名奢侈品品牌阿玛尼，其标志是一只向右看的雄鹰。消费者只要一看到这个标志，就会马上联想到至高的品质、卓越的技艺等。

【引例7-3】

奔驰汽车的品牌内涵

当谈到奔驰汽车的时候，顾客可能会联想到六层内涵：

（1）属性：价格昂贵，制造工艺精良，耐用，高声誉，较高的再售价值，快速等。

(2) 利益：奔驰车耐用性好（属性），使我这几年将不需要购买新车（功能型利益），价格昂贵使我感到自己很重要和令人羡慕（情感型利益）。制造精良可保证万一发生交通事故，我会是安全的。

(3) 价值：品牌也能反映出该制造商的某些价值观。如奔驰车包含的价值有：高性能、安全和名气。品牌营销者必须能分辨出对这些企业价值感兴趣或有共鸣的顾客。

(4) 文化：组织性、高效率和高质量。

(5) 个性：品牌也可能反映出一定的个性。如果把品牌联想为一个特定的个人、一种动物或一个物体的话，则奔驰车可能使人联想起一位不说废话的、有品位的老板（人）；一头有权势的狮子（动物）；一座质朴的宫殿（物体）。

(6) 使用者：品牌建议或暗示购买或使用该产品的消费者类型。

(资料来源：科特勒，洪瑞云，等. 营销管理 [M]. 3 版. 梅清豪，译. 北京：中国人民大学出版社，2005：518)

7.2.3 引导积极品牌响应

品牌内涵有助于提高品牌响应（Brand Responses）。品牌响应需要在品牌判断和品牌感受两个方面进行努力。

1. 品牌判断

品牌判断（Brand Judgements）是消费者关于品牌的看法，消费者对于品牌的评判主要包括品牌质量、品牌信誉、购买考虑和品牌优势四个方面。其中，品牌质量是衡量品牌资产的重要指标；品牌信誉是顾客根据专业性、可靠性和吸引力判断品牌可以信任的程度；购买考虑取决于消费者是如何看待该品牌的，是建立品牌资产的关键一步；不进入考虑购买的范围，品牌的其他特点就没有意义；品牌优势是顾客认为一个品牌比其他品牌更独特的程度，这对建立亲密、积极的顾客关系来说举足轻重。

2. 品牌感受

品牌感受（Brand Feelings）是指消费者对于品牌的感性行为，主要包括温暖感、乐趣感、兴奋感、安全感、社会认同感，自尊感等要素。企业通过宣传和体验营销，促进消费者正面评判和感受品牌。

有效的感官刺激能使人们对产品或服务印象深刻，让"体验"成为凝聚在品牌上的最好特性。当有了美好感受的时候，消费者就愿意为品牌支付额外的价格。迪士尼和环球嘉年华的成功是体验营销的成功案例。

【引例7-4】

W 酒店

作为喜达屋酒店与度假村国际集团旗下酒店，W 酒店是圣·瑞吉斯、威斯汀、喜来登等豪华酒店的姊妹品牌。W 酒店最大的特点就是它不仅是酒店，更是社交俱乐部！W 酒店试图重新定位于一种"Lifestyle"品牌。从 1998 年纽约时代广场开始，W 酒店的版图已横跨东西半球。"不是迎合潮流，而是创造潮流！"这是 W 酒店的底层逻辑和价值定位。W 酒店的目标宾客很明确,是那些时尚潮流的创造者,他们的年龄多在30~35岁之间,受过良好教育,对最新、最酷、最时尚的东西感兴趣。

我国的第一家W酒店地处香港西九龙地区,是一座气势恢宏的海滨标志性建筑,四周遍布香港最热门的夜生活场所、历史悠久的艺术殿堂、绚丽多彩的历史遗迹。它毗邻世界第三高楼环球贸易广场,客人可来此逍遥放松,品味当地的日常生活。在又称"东方曼哈顿"的九龙,活力就如同伴着点心的热茶,香港W酒店就身处其中,彰显着现代繁华。入住的旅客可尽情享受帝王般的待遇,从人流如织、食物丰盛的KITCHEN餐厅和火焰餐厅、动人心弦的Liquid酒廊和雅致迷人的休闲厅,到犹如天堂的WET屋顶泳池,还可在Bliss水疗中心重塑身心并在SWEAT健身房挥洒汗水。

(资料来源:https://baike.baidu.com/item/W酒店. 结合有关资料整理)

7.2.4 形成品牌共鸣关系

终极的品牌关系是消费者和品牌产生共鸣,即顾客感受到与品牌同步的程度。品牌共鸣(Brand Resonance)又可分解为四个层次:行为忠诚度高,即重复购买的频率高、数量多;形成品牌偏好或态度依附,即消费者认为该品牌非常特殊,具有唯一性,热衷于喜爱该品牌而不会转而购买其他同类品牌的产品;产生归属感,消费者通过该品牌而产生联系、形成一定的亚文化群体;主动介入,除了购买该品牌以外,消费者还积极主动地关心与该品牌相关的信息,访问该品牌网站并积极参与相关活动,充当品牌的"传教士"。

【引例7-5】

哈雷-戴维森

衡量品牌忠诚度有一个指标,就是看有多大比例的客户将品牌标志的图像文在了他们身体上。按这个标准来看,哈雷-戴维森是世界上客户忠诚度最高的品牌。事实上,美国最流行的纹身图案就是哈雷-戴维森的品牌标志。

许多哈雷车主即使自己没有文身,也会将哈雷-戴维森视为他们生活和身份的一个重要组成部分。他们当中有超过25万人是哈雷车主俱乐部(HOG,约有800个分会)的会员。哈雷车主俱乐部的会员每两个月会收到一份会刊,并且每周或者每个月参加俱乐部安排的聚会,以及由经销商组织的摩托车出行活动。"哈雷女士"分会迎合了哈雷车主中10%的女性车主。

除了一系列主要的覆盖全美的俱乐部联合活动外,每年大约还有42个州的俱乐部联合起来举办其他活动。如在南达科他州的斯德哲斯举办的夏季摩托车盛会,就会吸引成千上万的人到场。1993年6月,2万多名哈雷车主俱乐部的会员(加上8万名喜爱哈雷-戴维森的人)聚集在威斯康星州的密尔沃基召开了公司成立90周年的庆祝大会。

哈雷-戴维森不仅是一辆摩托车,还是一种体验、一种态度、一种生活方式,也是一种表达自我的工具。哈雷车主可以对外传递三大核心价值观:个人自由、爱国主义和男子汉气概。

(资料来源:戴维·阿克. 创建强势品牌[M]. 李兆丰,译. 北京:机械工业出版社,2012:106)

【引例7-6】

劳力士基于顾客的品牌金字塔(图7-5)。

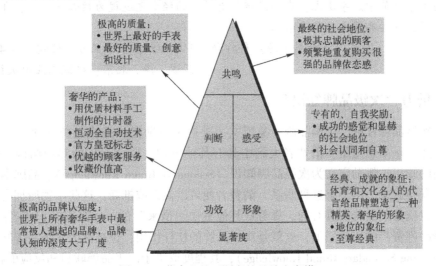

图7-5 劳力士基于顾客的品牌金字塔

打造人本品牌的六个属性

1. 物质性

身体条件好的人,往往比他人拥有更强的营销力。同理,品牌要想让顾客一见钟情,需要有物质上的吸引力,这种吸引力能够让不够完美的它们脱颖而出。物质吸引力可以是来自精心设计的Logo和别出心裁的广告语等。

2. 智力

智力是人类获得知识、思想和打破常规思维方式的创新能力。"高智力"品牌应该具有创新性,应该能够发掘顾客的潜在需求和有效解决顾客现有难题的能力。

3. 社交能力

拥有良好社交能力的人在与人交往时充满自信,言行举止间都展现出优秀的交流技巧。与之相似,有着强烈社会性的品牌敢于和客户展开对话,听取客户的意见;这些品牌也承担责任、回答问讯并处理意见。这些品牌往往能通过多种媒体定期与客户沟通,它们在社交媒体上推送的内容吸引了客户的关注。

4. 热情

能够用热情感动他人、影响他人的人都是特别有营销力的。唤起共鸣的品牌自然会获得客户的青睐，它们有时通过振奋人心的消息推送与客户达成情感联系，有时则用诙谐的一面吸引客户。

5. 个性

个性鲜明的人往往有着自我认知，清楚自己擅长什么，也承认自己仍然需要学习，并展示了自信和自我提升的动力。同样，有着强烈个性的品牌很清楚自己的立身之本，但它们也不害怕展露缺点并为自己的行为承担全部责任。

6. 道德

道德良好是指品格高尚且有诚信。品格高尚的品牌是价值驱动的，将道德准则体现在商业决策的每个环节中。事实上，有的品牌将有道德的经商之道视为核心竞争力，即使在消费行为不当时，这些品牌也能坚守承诺。

（资料来源：科特勒，卡塔加雅，塞蒂亚万. 营销革命4.0 ［M］. 王赛，译. 北京：机械工业出版社，2017）

7.2.5　借力"次级品牌知识"

关于次级品牌杠杆，美国品牌专家凯文·莱恩·凯勒在《战略品牌管理》一书中有较详细的论述，基本思想是：消费者大脑中具有其他事物（Entities）的知识结构，这种其他事物的品牌知识被凯勒定义为次级品牌知识（Secondary Brand Knowledge）。品牌本身可以和这些事物联系起来，由于有这种联系，消费者便可以假设或推断：这些事物所拥有的一些联想或特征也就是某品牌所具有的。靠着从其他事物"借来"的一些品牌知识或者品牌资产，撬动自身品牌资产的快速增加，这就是次级品牌的杠杆作用，也被称为次级品牌知识的杠杆化（Leveraging Secondary Brand Knowledge），其程度取决于次级品牌联想和反应的特性。

利用次级品牌知识的途径如图7-6所示，主要通过将品牌和以下事物发生关联来实现。

（1）公司品牌：尤其是作为公司推出的一个新的子品牌，要学会充分利用公司品牌的影响力。如惠普公司曾推出"+HP"广告活动，以充分利用"HP"的品牌知识，推动公司IT设施、个人计算机和打印机的销售。

（2）联合品牌和要素品牌：两个或两个以上的现有品牌合并为一个联合产品进行销售被称为联合品牌，要素品牌是联合品牌的一个特例。如"星空联盟"就联合了美国航空、汉莎航空、新加坡航空等16家航空公司，联想计算机都标有英特尔公司和微软公司的标志。

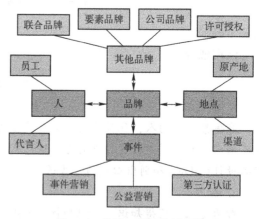

图7-6　品牌知识的次级来源

（3）国家或其他地区的原产地效应：产品的原产地或地理区域同样会影响品牌形象，如新西兰羊毛、法国香水、苏格兰威士忌、瑞士手表等，会让人感觉品质很可靠。

（4）分销渠道：消费者会根据销售渠道的档次推断品牌的品质，商店形象会影响品牌形象。顾客会认为，一件摆在高档商场的奢侈品是真品，而街边小店出售的奢侈品则可能是仿制的。

（5）许可授权：是指公司之间关于使用他人品牌的名称、图案、特性或其他品牌元素来促进本公司品牌的销售,并支付固定费用所达成的协议。这是一个公司"租借"他人品牌帮助自己的产品创建品牌资产的重要方法。迪士尼的许可授权最为典型,娱乐业的授权近年来也发展迅速。成功的授权对象有电影名称以及影视卡通人物,如《变形金刚》《蜘蛛侠》《辛普森一家》《海绵宝宝》等。

迪士尼许可授权

沃尔特·迪士尼公司一直被认为拥有世界上最强大的品牌,它在许多方面都获得了成功,如电影、电视、主题公园及其他娱乐项目。这些不同的产业造就了一批广受欢迎的明星和高质量娱乐的声誉。迪士尼的消费品经过精心设计,试图在以下六个行业中保持迪士尼品牌和人物在消费者心中的新鲜感:迪士尼玩具、迪士尼家具、迪士尼餐饮、迪士尼健康美容、迪士尼文具和迪士尼图书。

迪士尼授权历史悠久,可以追溯到1929年。当时,迪士尼授权制造儿童的写字板可以使用米老鼠的形象。20世纪50年代,迪士尼授权美泰公司生产其卡通形象的玩具。2010年,迪士尼消费品在全球授权商中位居第一,全球销售额高达286亿美元。迪士尼出品的系列电影《玩具总动员》票房非常成功,尤其是《玩具总动员3》的产品授权销售额达24亿美元,成为当时最受欢迎的卡通形象产品。历久弥新的米老鼠和维尼熊的联合授权许可的销售额约占迪士尼授权经营的1/3。迪士尼授权资源开发部的艺术家和生产商在设计、样品制作、生产、包装、广告等产品营销的各个方面合作密切。

(资料来源:凯勒. 战略品牌管理:第4版 [M]. 吴水龙,何云,译.
北京:中国人民大学出版社,2014:242)

(6) 名人背书:一个著名的人物能将众人的注意力吸引到自己所宣传的品牌上,并通过消费者对名人的了解,形成对品牌的感知。需要注意的是,所选择的广告代言人必须足够出名,并能产生丰富的、有价值的联想、判断和感受。

(7) 事件或公益活动:事件本身具有一系列联想,在一定条件下能和赞助的品牌发生关联。事件或公益活动通过与品牌发生关联,提高品牌认知、增加新的品牌联想,或者改变既有品牌联想的强度、偏好性和独特性。如海尔砸冰箱事件让人想到海尔对质量的追求,捐助、赞助活动让人联想到责任和实力。

(8) 第三方资源:第三方资源往往被认为是值得信赖的资源,因此常常被应用到广告和促销活动中,如绿色环保组织的标志、行业的排名、ISO系列质量认证等,对提高品牌形象都有重要作用。

7.3 设计品牌战略

品牌战略(Branding Strategy)或品牌体系(Brand Architecture)对于公司来说是至关重要的,因为它是公司帮助消费者了解和熟悉其产品和服务的途径。合适的品牌战略可以提高消费者的理解力,传播产品的相似点和差异点,最大限度地提升品牌形象。本章将在介绍品牌构架和品牌-产品矩阵两种工具的基础上,对多品牌战略和品牌延伸战略进行分析。

7.3.1 品牌架构

品牌架构（Brand Hierarchy）是展示公司品牌数量、种类及相互关系的图形工具。品牌架构在生动描绘公司品牌战略方面具有较大意义，图 7-7 展示的是一个简化的丰田公司的品牌架构。

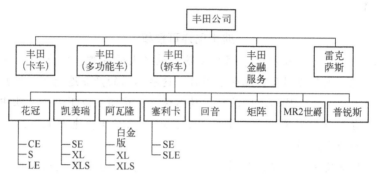

图 7-7 丰田汽车公司品牌架构

一般企业的品牌架构从顶端到底部有四个层次（图 7-8）。

图 7-8 品牌架构的四个层次

（1）公司或企业品牌（Corporate or Company Brand）。品牌架构的最高层次是公司品牌。鉴于法律原因，在产品或其包装上总会印上公司品牌。对一些实行单一品牌策略的企业来讲，公司品牌就是产品上印刷的唯一品牌。但有些企业的产品上除了公司品牌，还会有家族品牌或单个品牌。当前，消费者对公司整体社会角色的感知已成为购买决策中越来越重要的因素。公司品牌更容易启动消费者的联想，包括产品属性及利益、人与关系、公司价值观、公司信誉等，因此，提升公司形象就变得具有战略意义。

（2）家族品牌（Family Brand），也称为伞形品牌，它不是公司的名称，而是一种用于多个品类的品牌。如娃哈哈下面有"碳酸饮料非常系列"（含非常可乐、非常苹果、非常柠檬、非常蜜桃、非常甜橙等），"乳饮料系列"（含 AD 钙奶、益生元 AD 钙奶、第二代 AD 钙奶、爽歪歪等），"果汁系列"等。多数公司仅仅支持少数几个家族品牌。如果公司品牌被应用于多个品类，那它就具有了家族品牌的作用，二者在品牌架构中合二为一。

（3）单个品牌（Individual Brand），或称个别品牌，仅限于在一个品类中使用，并且在同一品类中可用于几种不同的产品类型。单个品牌为每种产品寻求不同的市场定位，有利于增加销售额和对抗竞争对手，还可以分散风险，使企业的整个声誉不致因某种产品表现不佳而受到影响。如"宝洁"公司的洗发水有飘柔、潘婷、海飞丝、沙宣、伊卡璐等单个品牌。

（4）修饰品牌（Modifier Brand）。标示某一具体产品款式、型号、特殊版本或产品配置的方法，在传播同一品类内不同产品如何共同分享相同品牌方面发挥着重要作用。不管是否已经使用了公司、家族或单个品牌，增加一个修饰成分可以达到表现品牌某方面完善或区别的目的。比如，箭牌口香糖有薄荷味、苹果味等修饰品牌。

课堂思考

不同层次品牌构架的利弊有哪些？

7.3.2 品牌-产品矩阵

1. 品牌-产品矩阵

品牌-产品矩阵（Brand-product Matrix）是以图表的形式表现公司的品牌和产品。其中，矩阵的行表示公司的品牌，列表示相应的产品（图7-9）。该矩阵是制定公司品牌战略时很有参考价值的工具。

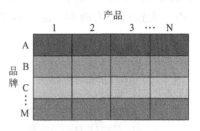

图7-9 品牌-产品矩阵

该矩阵中，行代表品牌-产品关系，通过该品牌下出售产品的数量和性质，反映品牌延伸战略。每一行代表一条品牌线，即某一品牌下出售的全部产品。一个潜在的品牌延伸是否可行，要看新产品能否有效地提升现有品牌资产，及能否有效地增加母品牌的资产。

该矩阵的列代表品牌-产品关系，通过每一品类下所营销的品牌的数量和性质，反映出品牌组合战略。品牌组合是指公司出售的每一特定品类所包含的所有品牌和品牌线的组合，因此，矩阵中的一列就是一个品牌组合。公司设计不同的品牌，是为了吸引不同细分市场的顾客。

品牌组合的价值由其对整体品牌价值最大化的贡献来衡量。品牌组合中的任何品牌都不会危害或降低品牌组合中的其他品牌资产。

2. 不同品牌在组合中的角色

（1）侧翼品牌：侧翼或者"斗士"品牌是相对于竞争者品牌定位的，这样一来，更重要的（和更多盈利的）旗舰品牌就能维持它们想要的定位。宝洁公司乐芙适（Luvs）纸尿裤就是保护高溢价的帮宝适纸尿裤的侧翼品牌。营销人员在设计侧翼品牌的时候要小心谨慎，不能太吸引人，免得抢走旗舰品牌的销售额。

（2）现金牛品牌：一些品牌尽管销售额逐渐变小但仍然要保留，因为它们实际上在没有营销支持的情况下能够保住足够多的顾客并维持盈利。公司可以通过现有的品牌资产获利，有效地对这些"现金牛"进行"挤奶"。例如，尽管科技的进步使得吉列的大部分市场转向了新的剃须刀品牌锋速三，但是吉列仍在出售老的 Trac II、Atra 和 Sensor 品牌，因为这些品牌是现金牛品牌。

（3）低端入门级品牌：在组合中相对低价格的品牌，常常可以吸引消费者到品牌特许经营点。零售商喜欢称其为"制造客流"，因为它们很可能让顾客升级购买高价位品牌。

（4）高端声望品牌：具有高端声望的品牌会增强整个品牌组合的声望和可信度。例如，一些分析师认为，雪佛兰高性能的克尔维特（Corvette）运动型车的真正价值是：有能力吸引好奇的顾客进入展厅，同时映衬雪佛兰其他汽车的形象。它并不能给通用汽车带来多少盈利，但是毫无疑问，它是吸引客流的手段。克尔维特的科技形象和声望为整个雪佛兰产品线投射了一道光环。

7.3.3 品牌延伸和多品牌策略

1. 品牌延伸

如果企业利用一个现有品牌（母品牌）推出新产品，或将新品牌与现有品牌结合使用，这种做法就叫品牌延伸（Brand Extension）。对于多数公司来说，问题不在于是否应该进行品牌延伸，而是应在何时、何地以及如何延伸品牌。精心策划、良好实施的品牌延伸有许多优点，大致可分为两类：能提高新产品的可接受性；能为母品牌或公司整体提供反馈利益（图7-10）。

提高产品的可接受性	为母品牌和公司提供反馈利益
提升新产品形象，减少消费者风险感知	扩展品牌的内涵，防止"营销近视症"
满足消费者多样化的需求	增加品牌联想，提升母品牌形象
增加分销和试销的可能性	吸引新顾客，扩大市场覆盖面
降低产品导入和营销成本	激活品牌
降低创建新品牌的成本	积累经验，引发后续延伸
提高包装和标签的使用效率	

图7-10 品牌延伸的优点

【引例7-8】

海尔品牌延伸的成功

从1984年到1991年，海尔在7年的时间里只做冰箱一个产品，通过各种促销手段和传媒渠道来打造冰箱名牌"海尔"，从而使海尔品牌的知名度和形象不断提升。

以已经建立的品牌优势为基础，从1992年到1995年，海尔品牌逐步延伸到电冰柜、空调等冷家电领域。1997年，海尔进入黑色家电领域。1999年，海尔计算机成功上市。现在，海尔集团已经拥有包括白色家电（冰箱、洗衣机、空调等）、黑色家电（电视机）、米色家电（计算机）在内的58大门类、近万个规格品种的产品，几乎涵盖了所有家电种类，在消费者心目中树立了"家电王国"的形象。在命名上，所有产品在保留"海尔"的基础上，不同品牌还添加了不同的名称，如海尔小小神童洗衣机、海尔小王子冰箱等。

以冰箱起步，立足核心技术，以点带面，在家电领域的延伸，海尔走出了一条成功之路。

（资料来源：根据有关媒体报道整理）

虽然品牌延伸有许多优点，但也存在不少缺点（图7-11）。

顾客选择时更困惑	可能成功但挤占母品牌的销售
可能遭到零售商的抵制（货架空间限制）	可能成功但会削弱品类的认同
可能稀释母品牌的含义	可能成功但会伤害母品牌的形象
可能失败并伤害母品牌的形象	可能错过开发新品牌的机会

图7-11 品牌延伸的缺点

【引例 7-9】

同仁堂的品牌延伸

北京同仁堂创建于 1669 年,经过三百余年的发展,目前已是国有中药企业中的知名度最高的企业,其药材地道、工艺传统、质量可靠、疗效显著,不仅国人夸赞,海外布局也让难以计数的海外人士通过体验逐渐认可了中医药。同仁堂作为中药行业的金字招牌,其品牌就是效益。随着我国经济的高速发展和人们生活水平的不断提高,大健康产业逐渐呈现出巨大的发展潜力。时代在变,顾客在变,同仁堂也需要变。品牌延伸也是同仁堂立足和做大市场一个途径。时至 2016 年,凉茶行业市场销售收入达 561.2 亿元,同比增长 4.2%。2016年 3 月在成都糖酒会上,同仁堂重磅推出两款饮料:同仁堂凉茶和同仁堂玛咖乌龙茶,这是同仁堂进军大健康产业的一个信号和突破点。几个月后的夏季正是饮料销售的最旺季,但是在同仁堂门店,这两种饮料却在做"买 10 箱赠 5 箱,买 50 箱赠 25 箱"的促销活动,看来销售不如人意。一度号称签下 3 亿元订单的同仁堂凉茶,却在凉茶销售旺季打折促销,甚至有些经销商因为卖不动而终止了合作,很多之前的合作方也放弃了对同仁堂凉茶的代理。

(资料来源:梁瑞仙. 品牌延伸存在的问题与对策 [J]. 现代企业,2018 (11):19)

三九集团推出的"999 啤酒"和荣昌制药推出的"荣昌甜梦口服液"为什么不太成功?

为了提高品牌延伸的成功率,要学会有意识地遵守图 7-12 所列举的原则。

> ① 技术相关性原则:如海尔在家电产品上的延伸,卡特彼勒在重型机械方面的延伸。
> ② 用户相似性原则:如金利来从皮带、皮鞋到箱包,主要顾客是白领阶层。
> ③ 服务系统相同原则:如雅戈尔从衬衣到西服,营销服务系统是相同的。
> ④ 质量档次相当原则:高档向低档延伸可能损害母品牌,低档向高档延伸则难度较大。
> ⑤ 适应顾客认知原则:顾客的认知很难改变,代表一个品类的品牌很难延伸到其他品类上。
> ⑥ 功能互补型原则:如打印机品牌延伸到墨盒上。
> ⑦ 强势抽象品牌优选原则:抽象的利益联想比具体的属性联想更容易延伸成功。

图 7-12 品牌延伸的主要原则

2. 多品牌

在相同的产品类别(产品线)中同时采用多个品牌。如宝洁的洗衣粉品牌有汰渍、奇尔、格尼、达诗、波德、卓夫特、象牙雪、奥克多、时代等。

采用多品牌的动机和可能带来的优势有:

- 为不同细分市场提供不同属性利益的产品或服务,分散经营风险。
- 能使公司占领更多的分销商货架,并通过建立侧翼品牌来保护主要品牌。
- 公司通过收购竞争公司的品牌来继承不同的品牌名称。

采用多品牌的陷阱:

- 每个品牌可能只占领了很小的市场份额,也可能毫无利润或利润下降。
- 资源分散,不能集中于高绩效的品牌。
- 可能是自相残杀,而不是抵御竞争者。

实施多品牌策略要求企业有充分的资金和管理能力,并要充分考虑行业的特点。

7.4 品牌长期管理

如果没有很好的长期管理策略,任何品牌都有可能衰退,甚至死亡。世界著名品牌战略专家凯文·莱恩·凯勒曾经指出,品牌衰退问题非常值得关注,其实质就是品牌资产的流失或贬值,品牌衰退是品牌长期管理中需要解决的重要问题。虽然没有永恒的产品,但长期良好的品牌管理却可以使一个品牌长盛不衰。

7.4.1 品牌衰退分析

1. 品牌衰退的评价维度

关于一个品牌是否处于衰退期,可以根据扬·罗比凯(Young & Rubicam)广告公司 BVA(Brand Asset Valuation)模型的四个关键维度进行评价(图 7-13)。

(1)四个维度的含义和关系。差异性(Differentiation)是指和竞争对手相比,你的品牌特色是什么,这是强势品牌形成的必要条件。品牌本性和潜在市场都是被差异性驱动的,并且使该品牌区别于其他品牌。相关性(Relevance)是指产品适应和满足顾客需求的程度。没有相关性的差异不足以吸引和维护顾客,差异性和相关性是判定品牌是否强势的最佳指示器。有巨大发展潜力、处于上升期的品牌一定是能够在人们头脑中创立差异性的品牌,而且这一品牌差异性又与顾客紧密相关。当一个品牌的相关性大于差异性的时候,品牌就可能成为日用品,价格也会成为顾客购买的主要因素。

尊重度(Esteem)是指人们喜欢该品牌的程度,往往与产品质量和形象紧密相关。认知度(Knowledge)是指人们对品牌深度和广度的知晓和理解程度。尊重度和认知度决定品牌地位,尊重度和认知度越高,品牌地位越高。尊重度比认知度更重要,有尊重度的认知度才有意义。也就是说,如果没有很好的尊重度,认知度越高,品牌越可能没有发展潜力。

(2)品牌衰退期的维度特征。图 7-13 的右下方格表明品牌进入衰退期。从图中看出,和品牌处于领导地位和成熟期相比,处于衰退期的品牌的差异性、相关性、尊重度和认知度都在降低,但降低的程度有较大差异。差异性降幅最大,而且差异性低于相关性,说明品牌

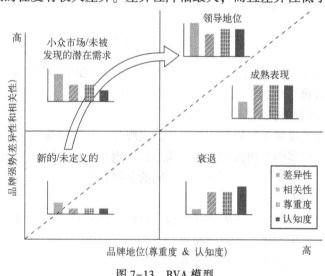

图 7-13 BVA 模型

特色优势消失，同质化竞争加剧，价格也许会成为竞争的主要武器。尊重度低于认知度，说明大家都知道这个品牌，但神秘感消失，美誉度下降，消费者知道但可能不去购买。处于衰退期的品牌如果不加以拯救，就会一蹶不振，甚至最终会退出市场。

2. 品牌衰退的原因分析

成功的品牌都有大致相同的经历，而品牌衰退却各有各的原因。总结起来，品牌衰退的原因有以下几方面：

(1) 目标市场方面。

① 细分市场没有足量性，消费者人数太少。没有扎实的顾客基础，广告促销成本效益比太高。

② 顾客平均年龄太低或者太高。

③ 单一的品牌不为青年人所知。

④ 品牌和目标市场的相关性低。

(2) 形象定位方面。

① 代言人形象"老化"或适应性差。如罗纳尔多代言金嗓子喉宝就和产品定位不够匹配。

② 品牌名称、标志缺乏时代感，或与公司定位不一致。如联想原来的"Legend"标识就曾阻碍联想国际化的步伐。

③ 频繁改变定位，引起定位混乱，如雪佛兰轿车不断改变定位，已经影响了车的销量。

④ 定位错误、定位过低或者定位令人怀疑。

(3) 企业产品方面。

① 产品质量下降，品牌不再是质量的保证，如三聚氰胺事件中某些乳产品品牌的衰退或灭亡就是这个原因。

② 产品和竞争对手相比缺乏差异性。没有差异性，就没有品牌。

③ 产品单一，又不能持续创新或进行合理的品牌延伸。

④ 过时的包装、不能兑现的消费者承诺，或服务丧失竞争力。

(4) 促销沟通方面。

① 广告未能拓展品牌认知的广度。

② 广告用语未能和品牌形象用语紧密结合，而且不够简单。

③ 促销未能围绕品牌定位整合传播。

④ 随着时间推移，促销预算减少。

7.4.2 品牌激活策略

品牌激活（Brand Revitalization），即运用各种可利用的手段来扭转品牌的衰退趋势并帮助其重振雄风。寻求激活策略之前必须明确一个观点：并非所有品牌都值得采取激活策略，应该选择那些可以激活并值得激活的品牌。一般来说，历史悠久、价位较高、特色明显、潜在顾客关联度大、市场覆盖广的品牌才值得激活。不符合上述条件的品牌，放弃也许是最好的选择。联合利华曾这样解释放弃75%的品牌和生产线的理由："这就如同美丽的花园长满杂草，你必须清理它，这样鲜花才能吸收阳光和空气，才能长得更好"。

1. 进入新的目标市场

进入新的目标市场是激活品牌的必经之路。笑容可掬的"麦当劳大叔"表明麦当劳以前把儿童作为主要目标顾客,"我就喜欢"的广告语显然是在表明其在拓展"我行我素"的年轻人市场。当日本黑白电视机开始进入衰退期的时候,他们通过制定针对性的营销策略,向周边国家大量出口黑白电视,拓展了空间市场,延长了一些黑白电视机品牌的寿命。

跨界营销是近几年企业激活旧品牌的流行做法。如旺旺是一家专注做儿童食品的品牌,却与国内原创独立服装品牌 TYAKASHA 塔卡沙合作发布了秋冬联名系列,做起了帽子、T恤、卫衣、裤子、袜子;还跨界日化用品,推出了牛奶味的牙膏、洗面奶和面膜;此外还有六神花露水口味的鸡尾酒、卫龙辣条味的粽子;老干妈、云南白药等更是登上了纽约时装周的舞台。

2. 改善品牌形象

改善品牌形象,一方面要改变不合适的定位,另一方面要更新品牌元素。静心口服液在"保健品"定位的基础上,增加了"礼品"定位,一句"静心送给妈,需要理由吗",使产品销量再上台阶。更换代言人,改变品牌名称、标志等元素也可以为品牌注入新的活力。联想用"Lenovo"取代"Legend"后,一个"继承创新"的形象树立了起来,而且为国际化扫清了障碍,使品牌拥有了更大的发展空间。加勒比海上的豪格岛旅游一直发展不好,后改名为"天堂岛"而名扬天下。吉利汽车斥资 360 万元征集新标志,更具质感的"朱雀"新车标更有利于吉利汽车走向世界。

3. 提升品质并不断创新

在大卫·艾克的品牌资产模型中,感知质量是支持品牌资产的五大因素之一,感知质量的提升直接影响到品牌升级。第二次世界大战前,日本品牌是"地摊货、低品质"的代名词,后来在松下幸之助、丰田昭夫、本田宗一郎等一代企业家的带领下,日本产品精益求精,很多品牌今天已成为质量的保证。品牌不但要有质量做基础,还要比差异。可口可乐前首席执行官罗伯托·古苏埃塔说:"在商界,所追求的是与众不同,并且始终是与众不同,永远是与众不同。"要做到与众不同,唯有不断创新。没有永恒的产品,只有永恒的顾客需要,要随着时代发展不断进行产品创新与迭代。苹果和华为的手机在刚推出时并非没有缺陷,而是能够不断更新迭代,才拥有了今天的市场地位。

4. 拓展品牌的认知度

通过运用促销手段(尤其是广告)拓展品牌认知广度和深度,从而提高消费的数量和频率是品牌激活的强有力手段。尤其品牌认知广度的拓展可以使消费者在更多的场合被唤起品牌记忆,从而增加潜在的使用机会。如高露洁牙膏品牌宣传"防蛀、美白、清新口气"三重功效,并强调每天应该刷牙两次来增加销量;有些牙刷品牌还会在包装上增加多长时间必须更换的提示。为了激活一个有价值的品牌,适当增加促销费用是值得的。另外,必须围绕品牌定位,协调运用广告、公共关系、人员推销和营业推广等手段持续不断地进行整合促销沟通,强化品牌认知和联想,这样品牌资产才能逐渐积累起来。

【引例 7-10】

戴比尔斯的拓展策略

戴比尔斯(De Beers)创建于 1888 年,销售全球大约 60% 的钻石产品。戴比尔斯围绕

"爱情"定位，1948 年把广告语定为"钻石恒久远，一颗永流传"，成为广告界久负盛名的口号，促进了整个钻石行业的发展。但是，该公司后来面临的挑战是，如何在曾经劝导消费者"一生一次"购买的基础上创造更多的顾客需求。

2001 年，戴比尔斯公司启用新的广告语"为你的过去、现在和将来"，以增加三粒钻石钻戒的销售量，其目的在于将已经购买了结婚戒指的顾客转变为重复购买的消费者，引导顾客在结婚 3 周年或 5 周年纪念日也购买钻戒作为礼物赠送。虽然三粒钻石钻戒的销售不见起色，但美国 2002 年钻戒的总销售量因此增加了 74%。

2003 年，戴比尔斯公司为了进一步创造新的市场，又推出针对右手的戒指广告："左手代表我们，右手代表我"。所有广告的结束语是，"全世界的女人们，请伸出你的右手"。戴比尔斯伦敦公司为此设计了 16 种不同风格的右手戒指。

(资料来源：凯勒. 战略品牌管理：第 3 版 [M].
卢泰宏，吴水龙，译. 北京：中国人民大学出版社，2009：12)

除了以上四种策略，"回归"也是一种选择。抓住顾客的怀旧心理进行"广告回放"，挽回已经流失的年长顾客也可作为激活品牌的一种手段。哈佛大学教授南希·克恩说："旧品牌之所以能保持一定的价值，是因为消费者从幼年时就始终记得这些品牌，至少存在一种潜意识的关联。"

7.4.3 品牌保护

所谓品牌保护，就是对品牌的所有人、合法使用人的品牌实行资格保护措施，以防范来自各方面的侵害和侵权行为。

【引例 7-11】

保护民族品牌

在国内商标品牌保护如火如荼进行的同时，我们也要看到我们的民族品牌在国外不断被恶意抢注。2010 年，"镇江香醋"差点被韩国人注册成韩国商标一事在社会上引起了强烈反响。外销商品的商标国际注册问题也由此受到大众关注。除此之外，老字号品牌也常常遭到恶意抢注，2006 年，北京老字号"王致和"被德国一家企业抢注，中方历时 820 天，耗费近 100 万欧元，才终于打赢了这起"中国老字号海外维权第一案"。一些我国拥有完全自主知识产权的品牌，莫名其妙地成了"洋货"："凤凰""飞鸽"自行车成了"印度尼西亚生产"；"红星"二锅头成了"欧盟的产品"；"英雄"牌文具是"日本货"；"同仁堂""大白兔""天津桂发祥十八街麻花"等也都曾被抢注。据统计，目前我国至少有 15% 的企业商标在境外被抢注。

我国企业应对海外的恶意抢注商标行为要做到三点：第一，要提高知识产权保护意识；第二，要经常性地进行防御性商标注册；第三，要加强对海内外市场的监测，及时发现侵权信息，向国家工商总局提出异议申请。

(资料来源：中国经营网，http://life.cb.com.cn/12724987/20111222/315204_2.html)

1. 法律保护

保护品牌最有效的方法就是利用现有法律，其中与品牌关系最密切的是《商标法》。抢先注册是一种防患于未然的做法，而且要将与之相关联的商标都尽可能地抢先注册。如华为注册了手机芯片"麒麟"，基带芯片"巴龙"，服务器芯片"鲲鹏"，服务器平台"泰山"，路由器芯片"凌霄"，人工智能芯片"昇腾"，5G服务器芯片"天罡"。除此之外，华为还注册了昆仑、金刚、玄武、乾坤、子龙、浩天、青鸟、朱雀、腾蛇、青牛、青玄、当康、玄机、白虎、灵豸（zhì）、饕餮……堪称是注册了一本《山海经》，做足了准备。

2. 自我保护

对于品牌专利的保护，企业品牌经营者们应该主动出击，做好防范工作，全力保护自身品牌。法律保护有年限规定，因此有些公司没有申请产品专利，而是采用技术保密的方法。如河北旭日集团采取所有员工只了解部分工序，配方锁在公司保险库内，钥匙由两人分管等措施，使旭日升冰茶品牌的配方得以保密。另外，采用高技术含量的防伪包装技术也是有效保护品牌的重要措施。

7.5 能力实训

7.5.1 营销思辨：品牌的生命有限吗

第7章 小结

通常，在一个品牌开始在市场上销售滑坡或完全消失后，评论员就会说："所有品牌都有其终点。"他们的基本理由是，在某种意义上，所有品牌都拥有有限的生命，不能期望永远是市场领先者。然而，另一些专家则争辩说，品牌可以永存，它们的长期成功依赖于营销人员拥有的技巧和洞察力。

辩论双方

正方：不能期望品牌会永久存续。

反方：品牌可以永久存续。

7.5.2 案例讨论：长城汽车的七大品牌战略

2008年—2017年，长城汽车从年销售额80亿元人民币的自主车企"小兄弟"发展成为年销售额超过千亿元的行业领军者，创造了中国汽车史乃至全球汽车史的奇迹。在其成功崛起的背后，成功的品牌战略起到了重要作用。

第7章 案例讨论

1. 明确"大树型"品牌战略

里斯中国CEO张云认为，有三种典型的品牌发展战略："伞形""灌木型"和"大树型"。企业把已有知名品牌当作大伞，在伞下推出各类各种产品，称为"伞形品牌发展战略"。企业同时出击多个品类，推出多个品牌，但各个品牌在各个品类中都缺乏主导性，称为"灌木型品牌发展战略"。"大树型品牌发展战略"则是企业长期聚焦一个品类、一个品牌，逐渐形成品类主导，成为企业强壮主干；然后根据品类分化趋势，适时推出第二、第三品牌，最终形成企业大树；大多数行业中的领先者，如可口可乐、丰田汽车、苹果公司都属于此类代表。

2008年的长城汽车年销售量不足13万辆,却同时经营着皮卡、轿车、SUV、MPV等品类,拥有迪尔、赛铃、赛酷、风骏、哈弗、精灵、炫丽、酷熊、嘉誉9个品牌,属于典型的"灌木型"。之后,长城汽车根据自身的资源和面对的竞争形势,决定从"灌木型"转型为"大树型",聚焦一个品类、一个品牌。

2. 重新定义"品类"标准

在汽车领域,长期以来形成的"品类"主要是价格或档次,如奔驰代表豪华品类。研究发现,在价格和档次之外,"车型"是消费者认知和区分汽车产品更重要的标准。大量消费者在买车前不仅会限定预算,还会考虑是买SUV、轿车还是MPV等某一具体"车型"。长城汽车由此确定了立足于"车型"而非"价格",来打造"品类专家品牌"的思路。

2013年,长城汽车宣布将哈弗由车型独立为品牌,成为继吉普、路虎之后全球第三个专业SUV品牌。独立后的哈弗(HAVAL)启用新的logo,从研发到生产,再到营销各环节,都专门组建团队来负责,并在独立的4S店销售。至此,长城的SUV品类专家品牌初步形成。

3. 立足趋势,选择"主干"

长城汽车选择SUV品类作为企业的"主干",是建立在对自身、竞争对手、消费者和未来趋势分析的基础上的。尽管当时长城在皮卡品类居全国领先地位,但从全球来看,皮卡品类容量有限。当时,轿车是主流品类,但合资企业主导了市场,自主阵营中,吉利、奇瑞、比亚迪等对手也占据优势,长城如果进入轿车品类,难以建立主导品牌。从消费者认知看,与体现"面子"的轿车对立的,正是体现实用性的SUV。2008年,SUV在我国乘用车市场的占比仅为5%,属于竞争对手少、既有市场小、未来增长潜力巨大的品类。长城汽车应该全力聚焦于15万元以下的经济型SUV市场,集中打造哈弗品牌,将其发展成为企业主干,进而主导SUV品类。

4. 战略导入:先立后破

如何实施战略,与制定聚焦战略同等重要。如果先破后立,盲目砍掉现有业务,万一因为企业能力或环境变化而没有把新业务开展好,就会让企业失去缓冲的机会。另一方面,业务取舍也会给企业家带来决策压力。正如长城汽车董事长所言:"其实,上马一个产品并不是那么难,但去掉一个产品是非常复杂、非常难抉择的。"2008年,长城汽车已经投入30亿元建立了轿车生产基地。那么,让企业的发展中心由轿车转为SUV,涉及生产、研发、供应链等各种资源的重新配置,也意味着先期的巨大投入可能被浪费。

长城汽车的战略实施确立了"先立后破"的原则。首先调整公司的业务顺序,将最重要的业务品类由轿车调整为SUV。这样一来,汽车企业最重要的内部资源——研发开始向SUV倾斜,优先确保SUV的研发计划和资源投入。对当时的长城汽车来说,研发资源在首先保证SUV之后,很难再为轿车品类提供充分的资源。这意味着,长城汽车的核心资源已经实现了真正意义上的聚焦;同时降低了董事长的决策难度,使战略得以顺利实施。

5. 产品布局:聚焦主航道

品类进入高速发展阶段,会不断出现新的品类机会,如大型SUV和小型SUV等。哈弗的战略目标是成为全球最大的经济型SUV品牌,占领经济型SUV品类"主航道",避免在小众、支流市场上分散资源。在这个航道上，哈弗定位于"10万~15万元，紧凑型尺寸"，形成H6、H2两大单品。从消费者心智看，品牌的竞争力与品牌所代表的产品数量成反比；从运营上看，大单品有助于提升企业的运营效率，降低运营成本。

如今，H6不仅长期雄踞我国SUV销量排行榜冠军位置，而且已成为品牌流量的最大入口和企业利润的主要来源。H2也表现不俗，长期居于我国SUV市场前10强。

6. 及时进化

SUV市场的高速发展吸引了大量企业进入，竞争进一步加剧。要保住品牌在品类中的领先地位，领导者必须及时进化，做到极致。哈弗充分发挥聚焦资源优势，做到了更新换代速度遥遥领先于同级别对手，确保核心品项每年都有新车，从而建立了稳固的市场地位。

随着时间的推移，H6逐渐暴露出在核心动力上的短板，被竞争对手贴上了"油耗高""小马拉大车"等负面标签。长城汽车勇于面对自己的不足，投入巨资整合全球研发资源，研发出了国际领先的直喷涡轮增压发动机和7速湿式双离合变速器，同时打造同级领先的铠甲安全系统。随着2017年新一代H6上市，哈弗补齐了短板，产品重新回到同级领先水平，进一步夯实了领先地位。

7. 适时分化

企业的第一个品牌是推出第二个品牌的基础。当第一个品牌较为稳固的时候，管理层就可以把注意力投向新品牌。H6销售的长期持续领先，成为长城汽车企业"大树"坚实的主干。

随着中国消费者需求升级，15万元以上SUV市场将出现新的增长点。中国自主品牌在15万~20万元SUV品类中存在明显的分化及战略机会。2016年11月，长城汽车抓住机会，发布了豪华SUV品牌"WEY"。"WEY"以董事长魏建军的姓氏命名，组建了来自宝马、奥迪等豪车企业的设计、管理、研发团队，同时采用全新渠道。2017年4月，WEY品牌正式上市，2个月后赢得了2万多张订单。2019年，销售量达到了30万辆。打开了长城汽车全新的发展空间。WEY的推出和初步成功，标志着长城汽车初步形成单一焦点"SUV"核心业务下多品牌的"大树型"品牌结构。

（资料来源：里斯，张云. 21世纪的定位 [M]. 北京：机械工业出版社，2019：225-237，有改动）

问题讨论

1. 如何理解案例中"大树型""灌木型"品牌和前面"家族品牌""单个品牌"的区别与联系？

2. 谈谈品类如果发展成功，应该借鉴长城汽车的哪些经验？

7.5.3 实践应用：如何打造个人品牌

每个人都是一个品牌。你的知识、能力、性格和气质在别人心里会形成特定的印象，会对你的事业、家庭和人际交往产生很大的影响。

应用你学到的品牌理论，谈谈如何打造自己的个人品牌。

7.5.4 学习笔记：总结·记录·关联

总结	自己动手，总结本章的学习要点
记录	记录下老师补充的新知识
关联	联系自身，你认为本章对你成长最有价值的知识是什么？为什么

第 8 章 产品策略

产品的创意、独特性和品质，或者说它积蓄的势能，决定了它最高可以达到的销售量级。

——润米咨询董事长刘润

 开篇案例

忘掉完美，拥抱极致

世界上不存在绝对完美的事物。不怕产品有缺点，就怕产品没亮点。在"快得始料未及，变得超出想象"的移动互联网时代，应该奉行快速迭代法则。速度跟不上，只有死路一条。

微信经历了一次又一次的快速迭代，而每一次迭代都让世人眼前一亮。语音、视频、图片免费转发，它让传统社交纵深发展；遥控电视、空调、洗衣机，"微信是一种生活方式"的愿景正越发清晰地体现出来；移动支付、客户关系管理、数据存储，微信成为继 PC 之后，又一个深刻改变信息入口、影响数亿人生活和工作、颠覆传统商业模式的新发明。

每一个版本的微信都有其局限和缺点，但这并不妨碍微信成为一个伟大的产品。如果张小龙和他的产品经理团队纠结于整个产品的一次到位，恐怕早已被其他产品取代。难怪甲骨文公司总裁拉里·埃里森曾说："千万不能把产品做得十分完美之后再推出，这样的产品肯定是不能赚钱的。"

（资料来源：周鸿祎. 极致产品 [M]. 北京：中信出版集团，2018：87）

在营销的"4P"组合中，产品像上衣的第一颗纽扣，一旦扣错，全部扣错。

8.1 产品层次与分类

8.1.1 产品整体概念

营销者眼中的产品是能够提供给市场以满足需要和欲望的任何东西。营销者在提供产品时要考虑五个层次（图 8-1）：核心产品、有形产品、期望产品、延伸产品、潜在产品。营销者最应该关注的是核心产品、有形产品和延伸产品。

1. 核心产品

第一个层次是核心产品，是指顾客购买产品时所追求的基本服务或利益，是顾客真正要购买的东西。核心利益是产品整体概念中最基本和最重要的部分。例如，夜宿旅客真正购买的是"休息与睡眠"，360 的核心是"安全"。一个企业只有抓住核心产品，不断更新形式产品，才可以避免被市场淘汰。

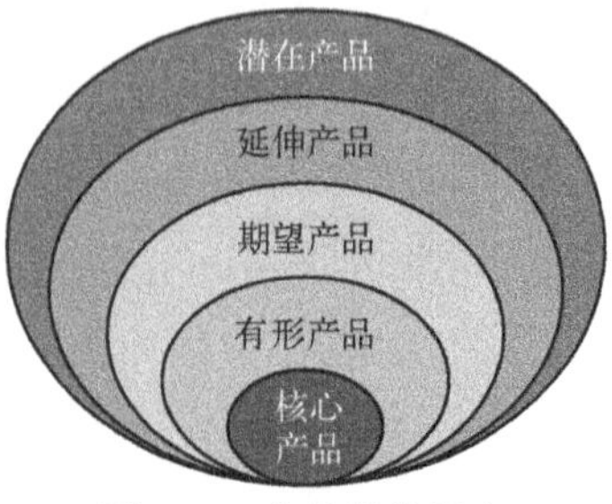

图 8-1 产品整体概念

2. 有形产品

第二个层次是有形产品或基础产品，即实现核心利益所必需的产品基本形式，是核心利益的基本载体，如一个旅馆应具有床、浴室、毛巾、衣柜、厕所等。对于一个实体商品而言，有形产品主要表现在五个方面：品质、特色、式样、包装和品牌。

3. 期望产品

第三个层次是期望产品，即购买者在购买该产品时通常期望或默认的产品应该具有的一组属性和条件。如旅馆应该具有干净的床单、新的毛巾、清洁的厕所和相对安静的环境。

4. 延伸产品

第四个层次是延伸产品（或附加产品），即提供超过顾客期望的服务和利益的部分。营销者利用附加产品来实现把公司的提供物与竞争者的提供物区别开来。对一个实体产品来说，附加产品主要包括信贷支持、免费送货、安装、维修、质量保证等。

5. 潜在产品

第五个层次是潜在产品，它包括该产品在将来可能出现的附加部分和改变部分。潜在产品指出了产品将来的发展方向。例如，将来可能出现全套家庭式旅馆，研发出来治愈艾滋病的特效药。

课堂思考

产品整体概念在提高产品竞争力上给你哪些启发？

8.1.2 产品分类与营销

将产品进行分类可以帮助营销者制定更加有效的营销策略（表8-1）。

表8-1 消费品、工业品分类和营销建议

		消　费　品	
分类标准	类　　别	特征和内容	营 销 建 议
按耐用性和有形性	易耗品	有形，很快就消耗完，如啤酒、肥皂等	注意购买便利性、薄利多销、大做广告
	耐用品	有形，通常是长期使用的，如冰箱、彩电、机械工具等	更多人员推销、高利润、注重服务保障
	服务	无形、不可分割、可变、不能储存，如咨询、理发	加强质量控制和人员管理、注重声誉
按消费者的购买习惯分类	便利品	频繁、立即购买的产品，不花费精力，例如软饮料、肥皂、报纸等，还包括日用品、冲动品和应急品	日用品应注意获取方便和低价格；冲动品应设计诱人的包装，增加曝光率，摆放在过道和收银台两侧；应急品要保证及时取得，制定高价格
	选购品	要花时间精力比较质量、价格和式样等，然后再购买的商品，如家具、服装、二手车、主要电器等	销售商应提供广泛的花色品种来满足不同顾客的品位，需要训练有素的销售人员提供信息和咨询服务
	特殊品	有独一无二的特征或品牌识别特点，并且有足够数量的消费者愿意为之付出特别的努力购买，如奔驰轿车	为产品制造与众不同的亮点，塑造产品品牌，培养忠诚度
	非渴求品	消费者只有在不时之需时才购买的产品，如人寿保险等	需要广告和销售人员的大力推销，寻找说服顾客的最佳方式

(续)

		工　业　品	
按相关成本和进入生产过程的方式	材料和零部件	是完全进入并最终成为制造商产品的一部分的商品，包括未加工过的原材料和加工过的材料和零部件	营销人员需要更多地关注质量、价格以及供货的及时性和稳定性
	资本项目	帮助研制和生产最终产品的长期持久的商品，包括装备和设备	应根据用户的需要进行设计，帮助并提供售后服务，人员推销比广告重要
	补给品和商业服务	补给品分为维护和修理用品（如油漆、钉子等）和操作补给品（润滑剂、煤、纸笔等），商业服务包括维护和修理服务以及商业顾问服务	补给品属于工业便利品，应注意购买的便利性和价格；商业服务应以企业信誉和员工素质为基础

8.2　产品组合决策

8.2.1　产品组合的有关概念

1. 产品组合

产品组合是指一个企业向市场提供的其生产或经营的全部产品构成方式，即全部产品的结构。产品组合由若干产品线组成，每条产品线又包含了若干个产品项目。

2. 产品组合的宽度

产品组合宽度是指该公司有多少产品线或产品大类。产品线（Product Line）是指同一产品种类中密切相关的一组产品，又称产品系列或产品类别。产品项目是指在同一产品线或产品系列下不同型号、规格、款式、质地、颜色的产品。

3. 产品组合的长度

产品组合的长度是指在产品组合中所包含的产品项目总数。用总长度除以产品线数目，就是公司产品组合的平均长度。

4. 产品组合的深度

产品组合的深度是指产品线中每种产品有多少花色、品种和规格。如果佳洁士有3种规格和2种配方，其深度就是6。

5. 产品组合的关联度

产品组合的关联度是指各条产品线在最终用途、生产条件、分销渠道或者其他方面相互关联的程度。

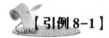
【引例 8-1】

宝洁公司的产品组合

宝洁公司的产品组合很能说明产品线、项目、产品线长度、宽度之间的关系。下面选取宝洁公司25种消费品为例来说明，见表8-2。

表 8-2 宝洁公司的产品组合

	产品组合的宽度				
	洗涤剂	牙膏	香皂	尿布	纸巾
产品线长度	象牙雪 1930 洁拂 1933 汰渍 1946 快乐 1950 奥克多 1952 达西 1954 波尔德 1965 盖恩 1966 伊拉 1972	格里 1952 佳洁士 1955	象牙 1879 柯柯 1885 拉瓦 1893 佳美 爵士 1952 舒肤佳 1963 海岸 1974 玉兰油 1993	帮宝适 1961 露肤 1976	媚人 1928 粉扑 1960 旗帜 1982 绝顶 1992

在表 8-2 中,产品项目总数为 25 个,即产品线总长度为 25,平均长度 5,产品宽度为 5。

(资料来源:科特勒,洪瑞云,等.营销管理:第 3 版[M].梅清豪,译. 北京:中国人民大学出版社,2005:510)

企业产品组合的宽度、深度和关联度存在什么关系?

8.2.2 产品线决策

1. 产品线扩展(或延伸)决策

(1)向下扩展。处于市场中档定位的公司打算向低价格的产品项目扩展。可能有如下原因:公司可能注意到低档市场存在强劲的增长机会,公司可能希望通过进入低档市场直接打击来自低端市场的竞争者,公司可能发现中档市场正在停滞或衰退。

(2)向上扩展。在市场上定位于低档产品的公司可能基于更快成长,或更高边际利润,或充实产品线而打算进入高档产品市场。

你认为产品线向上和向下扩展分别可能有哪些风险?

(3)双向扩展。定位于市场中端的公司可能会决定朝向上和向下两个方向扩展其产品线。

派克笔的失误延伸

早年,美国的派克钢笔优质高价,是身份和体面的标志,许多社会上层人士都喜欢带一支派克钢笔。福尔摩斯是柯南·道尔用派克笔塑造的;购买帝国大厦时,富豪亨利是拿派克笔签的合约;美国总统尼克松历史性访华时以派克笔相赠,这些足以说明派克钢笔之经典。然而，1982年换帅之后，派克的高、大、上没有延续，而为了迎合大众市场草率延伸品牌，派克牌的3美元钢笔参与到低档笔市场进行搏杀，派克钢笔的尊贵印象瞬间在上层人士心目中崩塌。果不其然，派克公司并没有用低档笔占领市场，高档笔市场的顶端位置也为此丧失，从此走向了衰败之路。

派克在2000年被纽威尔集团收购以后，立志重建派克钢笔奢侈品的名声。2002年，为庆祝女王伊丽莎白二世登基50周年，派克世纪女王笔应运而生，全球限量发行2500支。至此，派克成为当之无愧的"皇帝的钢笔，钢笔的皇帝"。

（资料来源：梁瑞仙. 品牌延伸存在的问题与对策［J］. 现代企业，2018（11）：19）

2. 产品线填补

在现有产品线的范围内增加更多的产品项目使产品线延长。采取产品线填补决策有这样几个动机：获取增量利润，满足那些经常抱怨由于产品品种缺乏而失去销售额的经销商；试图利用剩余的生产能力；争取成为领先的产品线完整的公司；设法填补市场空隙，防止竞争者的侵入。

如果产品线的填补导致新旧产品自相残杀，以及在消费者中造成混乱的话，那就说明是搞过头了。公司必须使消费者能在心目中区分出每一个产品项目。每一个产品项目必须具备显著差异。

3. 产品线现代化

在科学技术日新月异的今天，还必须使产品线现代化，否则就会被产品线较为新式的竞争者打败。如英特尔和微软总是在不断推出产品新的版本。新产品推出的时机很重要，推出太早会破坏现有产品线的销售，太晚又容易被竞争对手抢占先机。

4. 产品特色化

产品线经理在产品线中有选择性地对一个典型的或少数几个产品项目进行特色化。有时候，经理以产品线上低档产品型号进行特色化，使之充当"开拓销路的廉价品"。有时候，经理们对高端产品品目进行特色化，以提高产品线的等级。如法国人头马推出路易13，比一般的XO贵10倍，虽然几乎无人问津，但它起到了"皇冠上的明珠"的作用。

5. 产品线削减

产品线经理必须定期检查产品项目，考虑削减产品线中使利润减少的项目。"少则多，多则惑"。学会放弃是企业成熟的标志。亚都公司总裁何鲁敏讲："三年前我们追求做大，三年后追求做强；三年前追求成功，三年后追求成熟。"他还指出："在市场上，只做自己能做的事，只挣自己该挣的钱。"

8.3 包装策略

8.3.1 包装的含义

许多营销者把包装称为相对于与4P之后的第5个P，说明包装在营销中是一个很重要的因素,它充当了"5秒钟广告"。世界上最大的化学公司——杜邦公司的营销人员经过周密的市场调查后,发明了著名的杜邦定律:即63%的消费者是根据商品的包装进行购买决策的。

包装有两方面的含义:其一,包装是指为产品设计、制作包扎物的活动过程;其二,包装即是产品的包扎物或容器。一般说来,商品包装应该包括商标或品牌、形状、颜色、图案和材料等要素。包装物分为三个层次的材料:主要包装(如酒瓶)、次要包装(如酒盒)、运输包装(如瓦楞纸箱)。

此外,在产品包装上还有标签。在标签上一般都印有包装内容和产品所包含的主要成分、品牌标志、产品质量等级、生产厂家、生产日期和有效期、使用方法等。有些标签上还印有彩色图案或实物照片,以促进销售。

课堂思考

包装为什么在当前成为重要的营销手段,其作用有哪些?

【引例8-3】

厨邦酱油的包装设计

不同行业的战略重心与决胜点是不一样的。对于快消品行业来说,包装设计就是快消品营销的战略重心,是货架战场的决胜点,是广告创意的关键动作。一切围绕包装设计展开,则事半功倍。如果缺乏对包装设计的理解,甚至完全是"设计文盲",做的设计根本和销售成效无关,那就完全没有发力点了。厨邦酱油以包装作为战略重点,一战而定,是上海华与华咨询公司操刀的经典案例。

(1) 包装设计凸显陈列优势:即单品陈列的发现优势和集中陈列的阵列优势。在厨邦的包装设计上,用餐桌布的绿格子作为厨邦产品包装上的战略花边,既实现了单品陈列的发现感,又实现了产品在货架集中陈列时的阵列优势,并通过包装建立起厨邦的品牌符号,成为巨大的、每天都在增值的品牌资产。

(2) 包装设计促进销售:重点在信息整理和阅读顺序,快速沟通,一气呵"成交"。把瓶颈当海报用,放上厨邦酱油大晒场图片,在图上标注"有图有真相",寄生于强大生命力和亲和力的网络语言,接下来用"晒足180天"向消费者发出购买邀请。

去掉了"厨邦酱油"产品名的白圈,改变字体、放大加粗,在终端更容易被发现。包装侧面,再重复一遍"有图有真相、晒足180天"和"厨邦讲良心、产品更放心"!最终,厨邦将绿格子铺满了中国的大街小巷,也助力厨邦实现了从10亿元到近50亿元的销售规模的成长。

(资料来源:华与华公司. http://www.huayuhua.com/index/Anli/show/catid/7/id/47.html)

8.3.2 包装策略

1. 类似包装策略

类似包装策略是指企业生产经营的所有产品,在包装外形上都采取相同或相近的图案、色彩等共同的特征,使消费者通过类似的包装联想起这些商品是同一企业的产品,具有同样的质量水平。类似包装策略不仅可以节省包装设计成本,树立企业整体形象,扩大企业影响,还可以充分利用企业已拥有的良好声誉,有助于消除消费者对新产品的不信任感,进而有利于带动新产品销售。它适用于质量水平相近的产品。

2. 分级、分类包装策略

该策略有两种情况。一是分级包装:指企业对自己生产经营的不同质量等级的产品分别设计和使用不同的包装。对高档产品采用精致包装,对低档产品采用简略包装,其做法适应不同需求层次消费者的购买心理,便于消费者识别、选购商品,从而有利于全面扩大销售。二是分类包装:根据消费者购买目的不同,对同一种产品采用不同的包装。例如,购买商品用作礼品赠送亲友,则可精致包装;若购买者自己使用,则可简单包装。

3. 配套包装策略

配套包装(或叫组合包装)就是指企业将几种有关联性的产品组合在同一包装物内的做法。这种策略能够节约交易时间,便于消费者购买、携带与使用,有利于扩大产品销售,还能够在将新旧产品组合在一起时,使新产品顺利进入市场。

4. 再使用包装策略

也称双重用途包装策略,即指包装物在被包装的产品消费完毕后还能移做他用的做法。这种包装策略增加了包装的用途,可以刺激消费者的购买欲望,有利于扩大产品销售,同时也可使带有商品的包装物在再使用过程中起到延伸宣传的作用。

5. 附赠品包装策略

附赠品包装策略是指在包装物内附有赠品以诱发消费者重复购买的做法。在包装物中的赠品可以是玩具、图片,也可以是奖券。该包装策略对儿童和青少年以及低收入者比较有效,是一种有效的营业推广方式。赠品最好有保存价值,以便起到提醒式广告的作用。

6. 更新包装策略

更新包装策略就是改变原来的包装。随着市场需求的变化,如一种包装策略无效,可按消费者的要求更换包装。实施新的包装策略,可以改变商品在消费者心目中的形象,进而收到迅速恢复企业声誉的效果。

【引例 8-4】

彪马的"机智小袋子"(Clever Little Bag)

彪马设计师花费了 21 个月,测试了 40 个鞋盒原型,跟踪了从鞋盒生产、运输、使用到未来再使用过程中对环境的影响,研制出了外形吸引人、功能强大、环境友好的包装——"机智小袋子"。创意很简单,去掉传统鞋盒的顶盖,只保留四个侧面用作支撑骨架,然后,用袋子一套,并将袋子的提手穿过侧面预留的孔洞,一种全新的"鞋盒"

就诞生了。它的内部硬纸板盒使用 100% 再生纸制成，相比传统的鞋盒，每年能节省超过 65% 的纸张与 60% 的水、能源与燃料消耗。而且值得注意的是，提袋成了包装盒的一部分（成了纸盒的上盖），这样既节省纸张，销售之后也不需要另外给顾客提供袋子，而且手提袋还能反复使用，当作购物袋也很有品位。因为新包装占用更少的空间，重量又轻，所以运输中每年可减少 1 万吨碳排放量。

（资料来源：科特勒，阿姆斯特朗. 市场营销原理：第 15 版［M］. 郭国庆，译. 北京：清华大学出版社，2019：234）

8.4 产品生命周期策略

8.4.1 产品生命周期的认识

产品生命周期（Product Life Cycle，简称 PLC）是指某产品从进入市场到被淘汰退出市场的全过程。

对于产品生命周期的理解应该注意以下几点：

（1）这里的 PLC 指的是产品的市场寿命，而不是使用寿命。企业开展市场营销活动的思维视角，不是从产品开始，而是从需求出发的。任何产品都只是作为满足特定需要或解决问题的特定方式而存在。

（2）典型的产品生命周期一般分为四个阶段（图 8-2）：导入期、成长期、成熟期和衰退期。

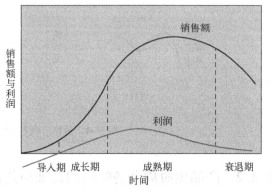

图 8-2 典型产品的生命周期

- 导入期：随着产品导入市场，销售额缓慢增长。由于产品导入花费巨大，因此毫无盈利可言。
- 成长期：在这个阶段，市场接受度大幅增长，并有持续的利润提升。
- 成熟期：销售额增长速度放缓，因为大部分潜在的购买者都已接受了产品。由于竞争加强，利润保持平稳或下降。
- 衰退期：销售额呈现下降趋势，利润减少。

（3）在现实经济生活中，并不是所有产品的生命历程都完全符合图 8-2 所示的典型生命周期阶段。除上述的呈正态分布，还有以下几种形态。

成长-衰退-成熟型（图 8-3a），小型厨房设备常常具有这种特点。几年前的电动刀具在首次引入市场时销量迅速上升，然后就稳定在某一水平上。这一水平之所以能维持，是因为后期使用者的首次购买和早期使用者的产品更换。

循环-再循环型（图 8-3b），是指产品销售进入衰退期后，由于市场需求变化或厂商投入更多的促销费用，使其进入第二个周期，但规模和持续期都小于第一个周期。一些药品常常会呈现这种形态。

扇形（如图 8-3c），是指在产品进入成熟期以后，由于发现新的产品特征、用途，或用户再加上制定和实施正确的营销策略，使产品销售量不断达到新的高位。尼龙的销售就显示了这种特征，因为新用途（降落伞、袜子、衬衫、地毯、船帆等）不断被发现，使尼龙的销量不断达到新的高度。

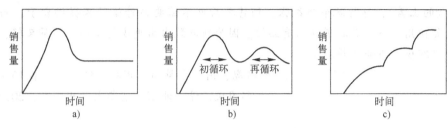

图 8-3　常见产品生命周期形态
a）成长-衰退-成熟型　b）循环-再循环型　c）扇型

风格、流行和时潮型产品的生命周期（图 8-4）。风格（Style）：是人们努力在一个领域里（如服装、艺术等）所创造出的一种基本的和独特的表达方式。风格会维持相当长的时间，时而风行，时而衰落。流行（Fashion）：是在既定的领域里当前被接受或受欢迎的一种风格。流行一般经过四个阶段：区别、仿效、大量流行和衰退。时潮（Fad）：是一种迅速进入公众眼睛的流行，它们被狂热地采用，很快地达到高峰，然后迅速衰退。

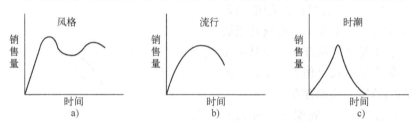

图 8-4　风格、流行和时潮型产品的生命周期

8.4.2　产品生命周期各阶段的特征与营销策略

1. 导入期的市场特点与营销策略

导入期的市场营销特点：①消费者对该产品不了解，少数创新者采用；②销售量小；③因为固定成本分摊以及各种营销费用的原因，单位产品成本高；④利润较少，甚至出现经营亏损，企业承担的市场风险最大；⑤竞争者少，在导入期企业若建立有效的营销系统，即可以将新产品快速推进，从导入阶段进入市场发展阶段。

导入期的市场营销策略：导入期营销总体要求一个"快"字，在价格和促销上一般有四种可供选择的策略（图 8-5）。

（1）快速撇脂（掠取）策略。即以高价格和高促销推出新产品。实行高价格是为了在每一单位销售额中获取最大的利润，高促销费用是为了引起目标市场的注意，加快市场导入。成功地实施这一策略可以赚取较多的利润，尽快收回新产品开发投资。实施该策略的市场条件是，市场上有较大的需求潜力；目标顾客具

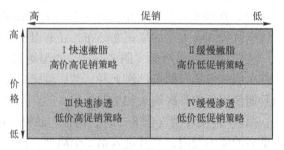

图 8-5　导入期四种策略

有求新心理,急于购买新产品,并愿意为此付出高价;企业面临潜在竞争者威胁,需要及早树立品牌。

【引例 8-5】

小米手机导入期的特点与营销策略

2011 年小米手机开始导入市场,其市场占有率仅为 0.5%,主要特点就是产量小、销量低。除此之外,由于是新机上市,技术不成熟,存在死机、充电发热、电池损耗严重等一系列问题。小米手机初期的售后服务工作亦存在不足,其售后时间无法达到应有的承诺期限。导入期也存在诸多的产品缺陷。

在该时期,小米公司将目标顾客定为追求时尚的年轻人,营销口号定为"为发烧而生"。其初期的售价为 1999 元,相较于同时期发布的新型机而言,是真正的低价销售。同时,小米手机采取尾价定价策略,也为其产品的销售发行增色不少。这种低价渗透和尾价定价的销售策略,很快得到消费者青睐。随着时间的推移,小米公司在发展过程中,不断改进生产技术,提高生产效率,降低成本,使得小米手机的每一代新产品问世,都处于高质量的低价格段位,进而快速占领市场。

小米手机还采用了饥饿营销策略。先是进行大规模的宣传,为新品发布赚足噱头,引起消费者兴趣,之后却告诉消费者产品发行数量有限,让消费者苦苦等待,这种饥饿式营销策略从一开始就吊足了消费者的胃口,使得产品在上线初期就取得了良好的口碑。这种营销模式,在产品生命周期的导入期是个不错的吸引眼球的营销策略。

(资料来源:许春华. 小米手机的产品生命周期及营销策略[J]. 经济论坛,2016(06):123-125)

(2)缓慢撇脂(掠取)策略。即以高价格低促销费用将新产品推入市场。高价格和低促销水平结合可以使企业获得更多利润。实施该策略的市场条件是:市场规模相对较小,竞争威胁不大;市场上大多数用户对该产品没有过多疑虑;适当的高价能为市场所接受。

(3)快速渗透策略。即以低价格和高促销费用推出新产品。目的在于先发制人,以最快的速度打入市场,该策略可以给企业带来最快的市场渗透率和最高的市场占有率。实施这一策略的条件是:产品市场容量很大;潜在消费者对产品不了解,且对价格十分敏感;潜在竞争比较激烈;产品的单位制造成本可随生产规模和销售量的扩大而迅速下降。

(4)缓慢渗透策略。即企业以低价格和低促销费用推出新品。低价是为了促使市场迅速地接受新产品,低促销费用则可以实现更多的利润。企业坚信该市场需求价格弹性较高,而促销弹性较小。实施这一策略的基本条件是:市场容量较大;潜在顾客易于或已经了解此项新产品,且对价格十分敏感;有相当数量的潜在竞争者准备加入竞争行列。

2. 成长期的特点与营销策略

成长期的市场特点:①消费者对新产品逐渐熟悉,更多顾客开始购买;②销售量增长很快;③技术比较成熟,促销费用分摊到更多销量上,单位生产成本迅速下降;④企业利润迅速上升;⑤大批竞争者加入,市场竞争加剧。

成长期营销策略的核心是把握一个"好"字,具体来说,有以下营销策略:

(1) 根据用户需求和其他市场信息,不断提高产品质量,努力发展产品的新款式、新型号,增加产品的新用途。

(2) 加强促销环节,树立强有力的产品形象。促销策略的重心应从建立产品知名度转移到树立产品形象上,主要目标是建立品牌偏好,争取新的顾客。

(3) 重新评价渠道、选择决策、巩固原有渠道,增加新的销售渠道,开拓新的市场。

(4) 选择适当的时机调整价格,以争取更多的顾客。

企业采用上述部分或全部市场扩张策略会加强产品的竞争能力,但也会相应地加大营销成本。因此,在成长阶段,面临着"高市场占有率"或"高利润率"的选择。一般来说,实施市场扩张策略会减少眼前利润,但能够加强企业的市场地位和竞争力,有利于维持和扩大企业的市场占有率,从长期利润观点看更有利于企业发展。

3. 成熟期的特点与营销策略

成熟期的阶段划分和市场特点:①多数人(早期大众和晚期大众)使用该产品;②销量达到顶峰,呈稳定状态或可能出现下降趋势;③平均成本达到最低;④利润增长率变低,但利润总量达到最高;⑤市场竞争最为激烈。

成熟期的营销策略应把握一个"改"字,目标是实现一个"长"字,即通过改良营销策略尽可能延长产品的成熟期。

(1) 市场改良。寻求新的细分市场,把产品引入尚未使用过这种产品的市场,重点是发现产品的新用途并应用于其他的领域;让消费者在每个场合使用更多的产品量(如增大牙膏口、用更大的饮料杯等);让消费者采用新的使用方式。

(2) 产品改良策略。这也称为"产品再推出",是指以产品自身的改变来满足顾客的不同需要,吸引有不同需求的顾客,具体包括:品质改良、特性改良、式样改良、附加产品改良等。

(3) 营销组合改良。这是指通过改变定价、销售渠道及促销方式来刺激销售,延长产品成熟期。

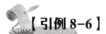【引例 8-6】

上海大众"桑塔纳"的兴衰

桑塔纳(这里指的是老款普通桑塔纳,俗称"普桑")在刚进入中国市场的时候,已经处于产品生命周期的最后一个阶段,即将退出汽车市场。德国公司此时实行了抛弃政策,放弃了对它在经济发达地区的销售,转而把它引入汽车产业刚刚起步的中国。由于此时的中国市场潜力巨大,对汽车有巨大的渴求,再加上竞争不激烈,可以很好地进行销售,因此此时是他们进行产业转移的好时机。

德国大众抓住这一难得的机遇,授权上海大众生产桑塔纳。在这个时候,我国的汽车产业刚刚发展起来,国内几乎没有什么有力的竞争对手。于是,桑塔纳把目标定为公司用车和政府用车,上海大众进行了大量的广告宣传,并高价销售。随着政府和公司纷纷选用,桑塔纳很快就火了起来,获得了较多的利润,也开始进行批量化生产。

随着桑塔纳在我国进入成熟期,它也开始遭遇巨大的竞争压力。上海大众采取了一系列措施才延长了产品生命周期。首先,它有敏锐的市场嗅觉,开始着眼于出租车市场,利用桑塔纳油耗低、车内宽敞舒适的特点迅速席卷出租车市场。其次,开始推行促销策略,加大广告投入，维持它的销量和市场份额。

2003年后，桑塔纳终于因为落后的发动技术而停产，进入了生命的衰退期，也终于有其他车型代替它了。2012年，上海大众正式宣布旧版桑塔纳停产。

(资料来源：赵蕾．浅谈产品生命周期与营销策略的关系 [J]．商场现代化，2015 (17)：77)

4. 衰退期的特点与营销策略

衰退期的市场特点是：①落伍者采用，早期消费者的兴趣已完全转移；②销量大幅减少；③成本较低；④价格已下降到最低水平，利润也很低；⑤竞争者减少，多数企业无利可图，被迫退出市场，留在市场上的逐渐减少产品附带服务，削减促销预算等，以维持最低水平的经营。

衰退期的营销策略总体应考虑一个"放"字，但根据具体情况，可以有如下选择：

(1) 收获策略。维持销售额的同时，逐步减少产品和业务成本。降低销售费用、广告费用、服务费用，大幅度精简推销人员等，虽然销售量有可能迅速下降，但是可以增加当前的现金流。

(2) 剥离策略。对于分销渠道完善、声誉良好的产品，可以考虑将它卖给其他公司。有些公司专注于收购或重新活化那些大公司剥离出来的"孤儿"品牌，如当年联想收购IBM的PC事业部。

(3) 放弃或清算策略。对于确实衰弱，也没有买家收购的产品，就坚决放弃或清算。如果企业决定停止经营衰退期的产品，那么应在立即停产还是逐步停产问题上慎重考虑，并应处理好善后事宜，使企业有秩序地转向新产品。

最后，对产品生命周期各阶段特征和营销策略做一小结，见表8-3。

表8-3　产品生命周期各阶段特征和策略小结

时期		介绍（导入）期	成长期	成熟期	衰退期
特征	销售	低销售额	快速上升	高峰	衰退
	成本	单位顾客成本高	单位顾客成本一般	单位顾客成本低	单位顾客成本低
	利润	亏损	上升	高利润	利润下降
	顾客	创新者	早期采用者	中期大众	落后者
	竞争者	极少	逐渐增加	稳中有降	减少
营销目标		创造知名度和试用	最大限度地占领市场份额	保卫市场份额获取最大利润	对该品牌削减支出获取收益
战略	产品	提供一个基本产品	提供产品的扩展品、服务保证	品牌和样式的多样性	逐步淘汰销量疲软品种
	价格	成本加成	市场渗透定价	较量或击败竞争者的价格	降价
	分销	建立选择性分销网	建立密集广泛分销	建立更为密集广泛的分销	进行选择；逐步淘汰无盈利的分销网点
	广告	在早期采用者和经销商中建立产品的知名度	在大众市场中建立知名度和引起兴趣	强调品牌的差异和利益	减少到维持坚定忠诚者需求的水平
	促销	大力加强销售促进以吸引试用	充分利用大量消费者需求，减少促销	增加对品牌转换的鼓励	减少到最低水平

8.5 新产品开发与扩散

8.5.1 从营销角度认识新产品

对新产品的理解有助于我们开阔产品创新的思路。在营销中，凡是企业向市场提供过去没有生产过或经营过，能满足顾客某种需求的产品，都叫作新产品。新产品大体上分为以下几类。

1. 全新产品

全新产品是指采用新原理、新结构、新技术、新材料制成的具有全新功能的产品，如汽车、飞机、蒸汽机等在其第一次出现时就属于全新产品。全新产品开发市场的风险最大，占新产品的比例仅为10%左右。

2. 换代产品

换代产品是指在原有产品的基础上，部分采用新技术、新材料、新工艺研制成的性能有显著提高的产品，如从黑白电视机到彩色电视机。

3. 改进产品

改进产品是指在原有老产品的基础上进行改进，使产品在结构、功能、品质、花色、款式及包装上具有新的特点和新的突破，如在电熨斗上加上蒸汽喷雾，给电风扇加上遥控开关等。

4. 仿制产品

对市场上已经出现的产品进行引进或模仿、研制生产出的产品为仿制品。仿制不需要太多资金和尖端技术，风险最小，但要注意对原有产品的某些缺陷和不足加以改进，不要全盘照抄。

5. 形成系列型新产品

形成系列型新产品是指在原有的产品大类中开发出新的品种、花色、规格等，从而与企业原有产品形成系列，扩大产品的目标市场占有率。

6. 重新定位新产品

塑造新的产品定位，以新的市场或细分市场为目标的产品。

课堂思考

企业为什么要进行新产品开发？

【引例 8-7】

维珍集团的创新文化

创新性思维方式帮助维珍集团（Virgin Group）成长为拥有 200 多家公司的集团，从维珍大西洋航空公司和维珍移动等老牌巨头到维珍游戏和维珍酒等小型初创企业。维珍创始人理查德·布兰森将公司的成功归功于其创新文化。他经常说："如果没有一群稳定的创新者不断发现和开发新的机会，经常带领大家做违反常规的努力，维珍不可能成长得如此成功。"根据布兰森所说，创新精神从顶层管理者开始，其关键是给予关键员工自由和支持，使他们能够追求自己的愿景，开发新的产品、服务和系统。CEO 应该是"首席授权官"，他寻找那些具有创新精神的人，支持他们，然后退一步，让他们以自己的方式运作。布兰森这样做时,维珍进入手机行业。"我们没有经验,因此我们寻找我们竞争对手那里最好的经理,把他们挖过来,摘下他们的领带,并且给他们在维珍小组之内建立他们自己的企业的自由。"新的经理人变得如此专注于经营新的业务,以至于他们并不真的觉得自己是员工,他们觉得自己更像一家创业企业的老板。

(资料来源:科特勒,阿姆斯特朗. 市场营销原理:第 15 版 [M].
郭国庆,译. 北京:清华大学出版社,2019:539)

8.5.2 新产品开发过程

企业新产品的开发一般由 8 个阶段构成,如图 8-6 所示。

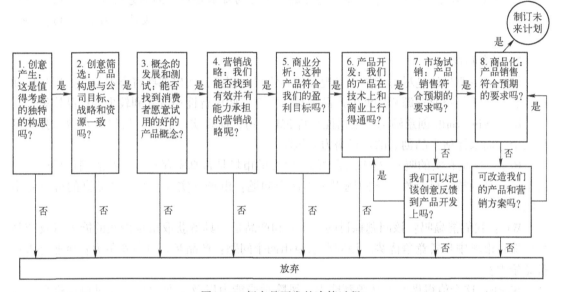

图 8-6 新产品开发的决策过程

1. 创意产生

新产品开发的第一个阶段是寻找创意。营销人员在一个广泛的范围内搜集与公司使命匹配的、能提供新利益的创意。长远来看,公司应该形成一种创新的文化,培养创新的意识,抓住一切机会,从顾客、员工、供应商及竞争对手那里获取有价值的创意。

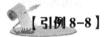【引例 8-8】

日本 FANCL 化妆品的创意设计

相比年轻一代,第二次世界大战后出生的团块世代经历过战后日本经济快速发展时期,也经历过泡沫经济,有较雄厚的财富基础和强劲的购买能力。日本团块世代的消费者大多已退休,安享晚年生活。他们的消费动机主要以维持原有生活水平,或者提升生活质量,保持身体健康为主。FANCL 公司在 4500 名 60 岁以上的女性消费者中做调查发现,大多数 60 岁以上的女性比较关心健康和美貌。FANCL 公司根据市场调查结果

于 2016 年开发、设计套装化妆品 Beauty BOUQUET（如图），成功开拓老年女性消费者市场。Beauty BOUQUET 在核心产品设计方面，使用无添加的发芽米发酵液，在化妆品的美容功能上增加了健康功能，这两种功能的结合不仅满足了老年女性消费者的对美的需求，也满足了保持身体健康的生理需求，从而成功开拓了化妆品的新领域。在包装设计方面，考虑到随着年龄的增长而出现的握力和视力的弱化，设计防滑的盖子，容易挤压的泵头，应用视觉冲击较强的深红色的颜色。系列化包装设计采用统一的色彩，给人视觉上的统一性和协调性。图形设计简洁明了，突出 FANCL 的"无添加"主义，自然健康。Beauty BOUQUET 的包装设计在 2017 年日本包装设计大赛上获得了 Accessible Design 包装奖。

（资料来源：白金龙，王浩．基于顾客价值的日本企业产品创意设计思路研究［J］．设计，2020（33）：106）

2. 创意筛选

筛选的主要目的是尽可能早地发现和放弃错误的创意，选出那些符合本企业发展目标和长远利益，并与企业资源相协调的产品创意，摒弃那些可行性小或获利较少的产品构思。

Real-Win-Worth 创意筛选构架据说来自 3M 公司，即真实、胜利、值得。它指引我们可从三个方面来评估产品创意的市场潜力和风险。

Real：这是真实的吗？该问题探讨的是潜在的市场是否真实存在，以及能满足目标市场需求的产品的技术可行性。该问题引申出两个问题：市场真实存在吗？产品真的可以做出来吗？

Win：我们能赢吗？该问题探讨的是企业和产品是否具备获取市场份额的能力以及产品是否能在市场中具备竞争优势。该问题引申出两个问题：产品是否具备竞争力？企业是否具备竞争力？

Worth：这个值得做吗？从盈利能力、风险承受能力以及企业战略层面对市场机会进行更深入的评估，该问题引申出两个问题：产品是否具有足够的潜在利润？推出的产品是否符合公司的总体发展战略？

 营销视野

发现伟大的新产品创意的十种方法

1. 举办面向顾客群体的非正式论坛，使公司的工程师，设计师与顾客群体面对面地一起讨论问题和需求，通过头脑风暴找到潜在的解决方案。

2. 允许技术人员花费时间从事自己喜欢的项目，谷歌允许员工有 20% 的时间处理自己的事情，3M 公司为 15%，罗门哈斯为 10%。

3. 使顾客头脑风暴，会议成为工厂参观活动的一个固定项目。

4. 对你自己的顾客进行调查，找到他们喜欢或者不喜欢你的产品和竞争对手产品的因素。

5. 花大量的时间对顾客进行现场调研，在不被客户觉察的情况下观察他们的产品使用情况。

6. 使用迭代法，让一群顾客待在一个房间里，集中讨论他们在产品使用过程中的问题，让一群技术人员在另一个房间里聆听顾客的讨论，并使用头脑风暴法提出解决方案，然后立即把所提出的方案交给顾客进行测试。

7. 建立关键词搜索制度，定期检索和浏览各个国家的商业出版物，以便获取新产品发布等方面的信息。

8. 把行业展会作为情报的一个来源，观察你的产业出现的所有新产品。

9. 让技术和营销人员参观供应商的实验室，并与供应商的技术人员讨论研发的最新进展。

10. 建立创意库，并保持其开放和检索的方便，同时允许员工评价这些创意，并提出建设性的方案。

(资料来源：科特勒，凯勒. 营销管理：第15版 [M]. 何佳讯，等译. 上海：格致出版社，2016：410)

3. 概念的发展和测试

产品概念是可以用消费者术语表达的详细的构思，即用文字、图像、模型等予以清晰阐述，使之在顾客心目中形成一种具体的产品形象。一个产品构思能够转化为若干个产品概念，每一个产品概念都有自己的定位。

产品概念需要用合适的目标消费者进行测试，并收集消费者的反应。产品概念可以用符号或实体形式表示，有时可以借助计算机程序模拟。概念越接近最后的真实产品，概念测试的可靠性越高。

4. 营销战略

企业选择了最佳的产品概念之后，必须制订把这种产品引入市场的初步市场营销战略计划，并在未来的发展阶段中不断完善。初拟的计划包括三个部分：①描述目标市场的规模、结构、消费者的购买行为、产品的市场定位以及短期（如一年）的销售量、市场占有率、利润率预期等；②概述产品预期价格、分配渠道及第一年的营销预算；③分别阐述较长期（如3~5年）的销售额和利润目标，以及不同时期的市场营销组合等。

5. 商业分析

商业分析即从经济效益分析新产品概念是否符合企业目标。包括两个具体步骤：预测销售额和推算成本利润。预测新产品销售额可参照市场上类似产品的销售发展历史，并考虑各种竞争因素，分析新产品的市场地位、市场占有率等。

公司可以使用简单的损益平衡分析法来评估产品概念的价值。管理层需要估计出应该销售多少单位的产品才能在假定的价格和成本结构上得以平衡。

6. 产品开发

这一环节主要是将通过商业分析后的新产品概念交送研究开发部门或技术工艺部门试制成实体产品。这是新产品开发的一个重要步骤，只有通过产品试制，投入资金、设备和劳动力，才能使产品概念实体化，发现不足与问题，改进设计才能证明这种产品概念在技术、商业上的可行性。

应当强调，新产品样品研制出来后必须选择真实的顾客试用，经过一系列严格的功能测试和消费者心理测试，确保具有产品概念所规定的所有特征。

7. 市场试销

新产品开发出来以后，就要开始给产品准备品牌名称、包装设计并制订一个准确的营销方案，在一个更可信的消费环境中进行市场试销。

试销的方法有四种：

（1）销售波研究。公司开始免费提供给消费者使用，然后再以低价提供该产品和竞争者的产品。这样重复提供3~5次，观察消费者的满意度和评价。

（2）模拟市场测试。找30~40名熟悉品牌和有偏好的购买者，邀请他们先看一些简短的广告片，新产品的广告片也混在其中。然后，公司发给每人少量的钱，邀请他们前往一家商店，他们可以自己决定是否购买产品。最后公司观察消费者的购买情况，并把他们召集在一起，请他们回答买与不买的理由。

（3）控制营销测试。公司与商店合作，给予其一定的费用支持和货物摆放指导，让其销售新产品，然后观察试销期间的情况。

（4）测试市场。公司选择少数几个有代表性的市场实施既定的营销方案，观察销售情况。

新产品试销应对以下问题做出决策：①试销的地区范围；②试销时间；③试销中所要获取的信息；④试销所需要的费用开支；⑤试销的营销策略及试销成功后应进一步采取的战略行动。

8. 商品化

新产品试销成功后就可以正式批量生产，全面推向市场。这时要对几个问题做出决策：①何时上市；②在何地上市；③卖给谁（目标市场）；④用什么方法导入市场。

8.5.3 跨越消费者采用的"死亡之井"

1. 跨越"死亡之井"

有一些曾经很棒的科技产品，比如激光投射到桌面上的投影键盘，一夜之间火遍微信朋友圈的脸萌软件……都在最美丽的瞬间销声匿迹。为什么会这样？有春天的播种，夏天的火爆，却没能迎来秋天的收获，而是直接进入了严酷的寒冬？

美国作家杰弗里·摩尔说，因为这些勇敢的创业者在技术创新的道路上一路狂奔时，掉进了技术采用生命周期的"死亡之井"。

技术采用生命周期就是当技术推向市场时必然会面临的五个阶段，每个阶段要面对截然不同的消费者类型，如图8-7所示。

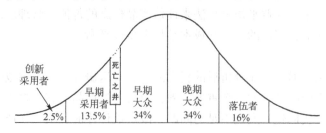

图8-7 新产品采用者类型

第一阶段，创新采用者（Innovator），约占所有采用者总人数的2.5%。这个群体对新科技充满好奇，极具冒险精神，并且愿意承担使用新产品的风险。创新采用者一般都是受过良好教育的年轻人，经济状况优于其他群体。某种程度上来说，并不是新产品找到了他们，而是他们找到了新产品，他们甚至愿意参与创造。

第二阶段，早期采用者（Early Adopters），大约占采用者总人数的13.5%。他们在产品扩散的早期购买产品，但要晚于创新采用者。与创新采用者不同的是，他们非常注重大众对新产品的看法，因此他们倾向于购买别人觉得前卫或者时髦的东西。通常，这一群体很信赖媒体的报道，自身又常充当意见领袖的角色。因此，营销人员往往需要针对早期采用者展开广告攻势或其他沟通来努力打动他们。获得这一群体的认可的企业千万不要沾沾自喜，因为他们并不代表大众。

第三阶段，早期大众（Early Majority），约占采用者总数的34%。该群体是理性务实主义者，做事谨慎认真。他们往往只关心需求，并不关心技术本身。这部分人的受教育水平和经济水平略高于社会平均水平。当早期大众接受了新产品后，新产品从本质上说已经不被认为是新产品了。

在早期采用者和早期大众之间有一个"死亡之井"。没能完成跳跃，把创新采用者喜欢的"有趣科技"变成早期大众喜欢的"有用产品"，是许多新产品昙花一现的真正原因。

第四阶段，晚期大众（Late Majority），约占采用者总数的34%。他们是怀疑主义者或保守者，年龄偏大，收入和受教育程度略低于社会平均水平。晚期大众在知道产品风险消除的时候才会采用新产品。此时，新产品已经成为一种生活的必需品，或者说周围的人多数已经使用了该新产品。营销者可以通过降低价格或者推出优质的改进产品来吸引晚期大众。

第五阶段，落伍者（Laggards），约占采用者总数的16%。他们是传统的保守者，抵制创新，直到无法维持现状时才不得不采用新产品。此时，这项新产品可能已经被其他新产品取代了。比如，你试图说服他们使用移动支付，他们却坚持使用现金，甚至都没有绑定移动支付要用的银行卡。

那么，该如何应用摩尔的技术采用生命周期理论跨越"死亡之井"呢？

第一，能够分辨用户处在哪个阶段。怎么分辨？可以问一个简单的问题：你愿意买电动汽车吗？

如果回答：早买了，家里和公司都装了充电桩。这人多半是个创新采用者，或者早期采用者。

如果回答：等到路上有随处可见的充电桩时，我再买。这应该是早期大众。

如果回答：等到汽油车被淘汰，路边没有加油站时，我才买。这人，可能是晚期大众。

如果回答：我是不会买的。那他基本上就是落伍者。

第二，用"诺曼底登陆法"把"有趣科技"变成"有用产品"。

首先找到一个空白细分市场，就像诺曼底登陆一样准备开始。在美国电视剧《硅谷》里，创业者有一项文件压缩技术，既可以用来做音乐分享，也可以用来做企业存储，这项技术红透了整个硅谷，却一直没有成功。直到他找到了自己的诺曼底海滩——视频直播，才成功登陆了"早期大众"这个战场。

其次，要打造整体产品集团作战。早期大众对科技无感，但他们痛恨死机重启。因此，除了提供解决核心问题的功能外，还要提供整体的产品体验、优秀的售后服务、充沛的配件、无微不至的培训、完善的用户社群等。要打大仗，坦克兵、步兵、医务、后勤都要参战，而不能只靠游击队。

再次，找到精准打击战术。想一想，你的产品在主流市场中要替代的竞争对手是谁？你的产品定位有没有直接竞争对手未能解决的用户痛点？根据答案选好主攻武器和打击策略。

最后，诺曼底登陆之后，你需要认真铺设营销渠道，做好打一场又一场艰苦巷战的准备。

2. 影响创新产品采用率的特征

有些新产品一夜之间就会大受欢迎，而有些新产品则要经过较长的时间才会被接受。一般来说，在对创新产品采用率产生影响的因素中，有五个特征表现得尤为重要。下面就结合家用数字硬盘录像机（DVR）的采用率，对这些特征进行探讨。

第一个特征是创新的相对优势（Relative Advantage），即优于现有产品的程度。如果消费者觉得 DVR 的相对优势越大，比如能方便地录下喜爱的节目、能让电视节目暂停或是看电视时可以跳过广告，那么采用这种产品的速度就会很快。

第二个特征是创新的兼容性（Compatibility），即新产品与社会中的个人价值、传统和经验相吻合的程度。DVR 就特别适合那些喜欢看电视的人。

第三个特征是创新的复杂性（Complexity），即了解和使用新产品的相对困难程度。DVR 在使用时是有一定的复杂性的，因此要经过一段时间才能渗透到各个家庭。

第四个特征是创新的可试用性（Trialability），即新产品在有限基础上被试用的程度。这一点对 DVR 来说具有很大的挑战性，因为"试用"基本只会出现在零售店或朋友家里。

第五个特征是可传播性（Communicability），即新产品的好处能否被观察到或是很容易向别人描述。DVR 有明显的优点，它可以令人产生兴趣和好奇心。

另外也存在其他一些影响采用率的因素，如成本、风险、不确定性、科学可靠性和社会的赞许等。新产品营销者必须对所有这些因素进行研究，并在设计新产品和营销方案时对这些关键因素给予最大的关注。

思考自己最近购买的一种产品是否符合创新产品的五个特征。

8.6 能力实训

8.6.1 营销思辨：形式还是功能

第 8 章 小结

一些营销人员认为，产品的性能是产品最重要的方面。另一些营销人员则认为产品的外观、使用感，以及其他设计因素才是真正代表产品个性的因素。

辩论双方

正方：产品的功能是品牌成功的关键。

反方：产品的设计是品牌成功的关键。

8.6.2 案例讨论：宝洁的"众包"创新

第 8 章 案例讨论

作为世界上最大的日用消费品公司之一，宝洁公司的产品每天被使用 46 亿次，在 180 多个国家和地区拥有超过 300 个品牌。除了是多品牌战略的"范本"外，宝洁也常常作为公司应如何创新的例证。曾经扭转大厦将倾局面的宝洁前掌门人雷富礼曾说："我们持续地创新我们创新的方式。"虽然这听起来像是口号式的宣传，但是从内部创新到开放式创新，宝洁实际上就是这么做的。

一直以来，宝洁公司拥有自己的研发实验室，其分布全球的26个研发机构拥有8000多名研发人员。宝洁每年在研发方面投入20多亿美元，比其最大的竞争对手多投入50%。即使这样，宝洁自己的研发实验室也根本无法满足公司增长所需要的创新数量。2000年，宝洁公司的创新生产力日趋平缓，创新成功率（达到财务目标的新产品比例）停滞在35%，高额的创新开支无法换取等价的回报。

宝洁公司意识到，随着互联网的发展，公司必须从旧的"只能在实验室里创新"的文化转变为包容其他创新来源的文化。2001年，宝洁推出了"Connect+Develop"众包计划，从世界各地的外部来源中发掘有潜力的创新想法。"Connect+Develop"网站邀请企业家、科学家、工程师和其他研究人员，甚至消费者自己，提出关于新技术、产品设计、包装、营销模式、研究方法、工程或推广的新想法，或者任何有潜力创造更好产品和服务的东西，这将有助于宝洁公司实现"在世界更多地区改善更多消费者生活"的目标。在网站上，宝洁还提供了一个清单，为已经确定的创新需求寻找解决方案。"如果把我们选作合作伙伴，我们将为您提供更多，"宝洁在Connect+Develop网站上说，"相信我们可以一起创造出比以往任何时候都更多的价值。"

推出"Connect+Develop"的最初目标是通过外部协作提供宝洁超过50%的创新，而后来的实践证明它远远超过了这一目标。如今，宝洁公司与真正的全球创新网络合作，超过50%的创新涉及外部合作伙伴。到目前为止，"Connect+Develop"已经达成了1000多项活动的设计，其推出的成功的新产品包括Olay Regenerist、Swiffer Dusters、Tide Total Care、Clairol Perfect 10、Oral B脉冲声波牙刷、CoverGirl眼镜、Febreze蜡烛和Clean先生魔术清洁擦。

有了"Connect+Develop"，创新的思想和技术来自四面八方，节省了宝洁的时间和金钱。例如，宝洁公司的新一代价值20亿美元的品牌Olay Regenerist的想法来自一家法国小型公司。Oral B脉冲声波牙刷来自与日本公司的合作，在第一次会议后不到一年的时间，这款产品就出现在了市场上。

"Connect+Develop"众包计划为宝洁公司带来了巨大收益。宝洁的首席技术官布鲁斯·布朗说："Connect+Develop打开了外部协作的思路，它将我们的文化从'发明于此'改为'以更大的价值进行合作'。"实施该计划的结果是，宝洁的研发生产力提高了60%，其创新成功率已经翻了一番，而创新成本下降。宝洁公司首席执行官鲍勃·麦克唐纳说："'Connect+Develop'已经创造出一种开放式创新文化，产生了可持续增长，但是我们知道我们可以做更多事情。我们想要与世界上最具头脑的人一起，在更多的地区创造出能更好地触及和改善更多消费者生活的理念。"

（资料来源：科特勒，阿姆斯特朗. 市场营销原理：第15版 [M]. 郭国庆，译. 北京：清华大学出版社，2019：264）

问题讨论

1. "Connect+Develop"给宝洁公司带来了哪些好处？
2. 你认为"众包"和"外包"的区别与联系是什么？

8.6.3 实践应用：产品分析与策略改进

选择一件你最近购买（或自己喜欢）的新产品，分析该产品的包装你是否满意？该如何改进？运用所学理论判断其处于产品生命周期的哪个阶段？并根据这个阶段的特点，分析该如何优化其营销策略？

8.6.4 学习笔记：总结·记录·关联

总结	自己动手，总结本章的学习要点
记录	记录下老师补充的新知识
关联	联系自身，你认为本章对你成长最有价值的知识是什么？为什么

第 9 章　服务营销管理

> 企业的目的是赢得顾客,而赢得顾客唯一而有效的方式就是服务。
>
> ——彼得·德鲁克

开篇案例

小创新、大效果

在美国拉斯维加斯的一家酒店,当顾客结完账离开时,门童会顺手递给顾客两瓶冰冻的矿泉水。对于酒店来说,这两瓶水的成本实属九牛一毛,却能给用户带来极佳的体验感——从这家酒店开车到最近的机场大概需要40分钟,中间几乎没有加油站和休息区,这就意味着沿途无法取得补给。要知道,拉斯维加斯靠近沙漠,夏季经常出现35℃以上的高温,顾客在前往机场的车程中无疑需要补充水分,此时这两瓶水正好派上用场。请注意一个细节:酒店送出这两瓶水的时间是顾客结账之后,严格意义上说,这两瓶水属于酒店的馈赠。设想一下,如果顾客下回再来"赌城",会选择哪家酒店下榻?

鉴于行业的特殊性,无论服务还是产品,一家酒店都很难在同行中脱颖而出,同业竞争极为激烈。拉斯维加斯的这家酒店仅为三星级,在酒店林立的"赌城"并不具备明显的竞争优势,然而该酒店却从"送水"这个细节入手,进行微创新,为客户营造出一种温馨、周到的体验,从而吸引了大量的回头客。

(资料来源:周鸿祎. 极致产品 [M]. 北京:中信出版集团,2018:194-195)

9.1　服务带来的营销挑战

9.1.1　服务的概念、分类和特征

1. 服务的概念

我们已经迈入服务时代,几乎每一个人对"服务"一词都不陌生,但如果要回答"什么是服务",相信很少有人能说得很清楚。由于服务是看不到、摸不着的东西,而且应用的范围也越来越广泛,难以简单概括,直到今天也没有一个权威的定义能为人们所普遍接受。

营销学之父菲利普·科特勒(Philip Kotler)给服务下的定义是:一方能够向另一方提供的、基本上是无形的任何活动或作业,结果不会导致任何所有权的发生。而且,服务可能与某种有形产品联系在一起,也可能毫无关联。美国营销思想家西奥多·莱维特认为,"所有行业都是服务业,区别不过是服务贡献率大小而已,每个人都在接受服务"。

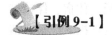【引例 9-1】

服务无处不在

或许我们从事的不是服务业,但都会有被服务的经历。事实上,我们每天都在与服务打交道,如打电话、微信支付、坐公交车、下载音乐、上网、住酒店、到银行取款……这些服

务已经成为我们日常生活中不可或缺的组成部分。如果这些服务不出问题，你可能都意识不到它们的存在。有些服务可能比较复杂，更加难忘，如外出度假、接受理财服务或者到医院做检查。在我们的一生中，上大学也许是要做出的最重大、最复杂的服务决策之一。大学是非常复杂的服务组织，因为大学提供的服务不仅涉及教育，还包括图书馆、学生宿舍、餐饮、医疗保健、体育设施、博物馆、安保、心理咨询以及职业生涯规划等。在校园里，你可以通过不同的设施来接受不同的服务，如书店、邮政快递、复印、银行和食品店，可以上网，也可以娱乐、放松自己。这些都是典型的个人服务消费，或称为 B2C 服务。

除此之外，公司或非营利组织都会涉及 B2B 的服务问题，行业不同，程度不同，但其规模会远远大于 B2C 服务。现在，很多企业会采取服务外包的形式，以保持自己的核心竞争力。

（资料来源：沃茨，洛夫洛克. 服务营销：第 8 版 [M]. 韦福祥，等译. 北京：中国人民大学出版社，2018：4）

2. 服务供应物的分类

根据无形服务所占的比重，可以把服务分成以下五种类型：

（1）纯粹的有形产品。此类供应物主要是有形产品，如肥皂、牙膏或盐等，一般并没有任何辅助服务。

（2）有形物品加辅助服务。此类供应物包括有形的产品以及一种或多种辅助服务。一般而言，越是高科技的产品，越是需要高质量的服务。对汽车、计算机和手机来说，服务要素是十分重要的。

（3）混合供应物。此类供应物中包括相当比重的商品和服务。例如，餐厅所提供的既有食品，又有相应的服务。

（4）主体服务加辅助产品或服务。此类供应物是由一项主体服务和某些辅助的产品或服务构成的。例如，航空公司的乘客所购买的主要是运输服务，但旅程中也包括了像点心和饮料等有形产品。

（5）纯粹的服务。此类供应物主要是服务，如照顾小孩、精神治疗和按摩等。

实际上，从纯粹的有形商品到纯粹的无形服务之间并没有严格的界限，图 9-1 是市场实体排列，展示了按形态来分类的一组产品。

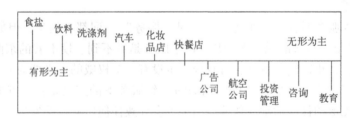

图 9-1 市场实体排列

如果基于过程视角，可以把服务分为四类：即人体服务、所有物服务、精神服务和信息服务。远古时期，人们就开始寻求满足自己的形形色色的服务，旅行、吃饭、住宿、保持健康，或者让自己变得更漂亮。为接受这些服务，顾客需要将身体作为服务要素投入。很多情况下，顾客想要组织提供的是针对他们所有物的一些有形服务，如房屋清洁、修理家具、邮寄包裹，或是帮助治疗生病的宠物。如果服务的目的是矫正人的态度和影响人的行为，我们称之为精神服务，如教育、心理咨询、宗教、影视等。服务提供者利用信息和沟通技术或自己的专业知识对信息进行搜集整理，为顾客提供信息服务，如财务、法律、市场调研等。

3. 服务的基本特征

为了将服务同有形商品区分开来，自 20 世纪 70 年代以来，西方市场营销学者从产品特征的角度来探讨服务的本质特征。对于大多数服务而言，无形性、可变性、不可分离性和易逝性是四个基本特征（见图 9-2）。

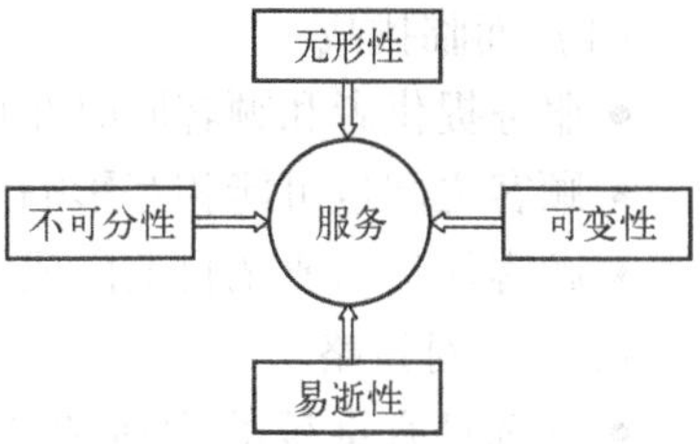

（1）服务的无形性。服务与有形产品不同，在购买之前往往是看不见、尝不到、摸不着、听不到、闻不出

图 9-2　服务基本特征示意图

的。有人想做"面部整形手术"，但在购买之前是看不见成效的。在区别商品与服务的四个特征中，无形性是造成其他三种特性的基本原因。

（2）服务品质的可变性。服务的主体和对象均是人，人是服务的中心，而人又具有个性，人涉及服务方和接受服务的顾客两个方面。服务品质的可变性既由服务人员素质的差异所决定，也受顾客本身的个性特征所影响。因此，服务的可变性有时也称差异性。不同素质的服务人员会产生不同的服务质量效果；同样，同一服务人员在不同时间、不同地点为不同素质的顾客服务，也会产生不同的服务质量效果。

（3）服务的不可分离性。多数服务具有不可分离性，尤其是人体服务，服务的生产过程与消费过程同时进行，服务人员服务于顾客时，也是顾客消费、享用服务的时刻。由于服务是一个过程或一系列的活动，故在此过程中，消费者与生产者必须直接发生联系，消费者如果不参与服务生产过程，就不能享受服务。由于在服务的生产过程中顾客也在场，因此服务提供者和顾客之间的互动就成为服务营销的一个典型特征。随着技术的发展，一些服务开始产销分离。

（4）服务的易逝性。服务的易逝性又叫不可储存性，是指服务产品既不能在时间上贮存下来，以备未来使用，也不能在空间上将服务转移回家。如不能及时消费，即会造成服务的损失，如车船、电影院、剧院的空位现象，其损失表现为机会的丧失和折旧的发生。

课堂思考

教育是一种典型的服务，请举例说明教育服务的四个特征。

9.1.2　服务的营销挑战与应对

1. 服务无形性面临的挑战和应对

（1）面临的挑战
- 展示或传达服务存在困难，因为消费者看不到服务时，很难予以关注。
- 促使购买决定存在困难，因为消费者看不到服务时，会有很强的防范心理。
- 给服务定价存在困难，因为生产服务的主要成本是劳动力，劳动力价值很难衡量。
- 申请专利困难，服务创新很容易被竞争对手模仿。

（2）应对策略
- 通过服务场所、设施、标志、员工着装、宣传材料等实体证据，化无形为有形。
- 把无形的服务转化为具体的利益和完美体验（如感官体验、情感体验、行为体验和智力体验）。
- 投入大量的精力、时间和费用来塑造组织品牌形象，采用消费者认知定价法。

2. 服务不可分离性带来的挑战和应对

（1）面临挑战

- 服务提供者和顾客同时在场，构成服务的一部分，增加了服务的不确定性。
- 顾客之间也可能相互影响。
- 顾客往往需要亲自上门或等待，而时间越来越成为稀缺资源，顾客讨厌距离和等待。

（2）应对策略

- 挑选具有卓越的沟通和公共关系技能的服务人员，重视对一线接待人员的选择和培训。
- 加强消费者管理，尽量减少消费者对服务过程的干扰。
- 增加服务网点，加快服务速度。

3. 服务可变性带来的挑战与应对

（1）面临挑战

- 服务满意度取决于员工和顾客的行动。
- 服务质量受许多不可控因素的影响。
- 无法确切知道提供的服务是否与计划或宣传相符。

服务的标准化和质量控制特别难实现。

（2）应对策略

- 利用每个服务过程中存在的、固有的差异性，提供定制化的服务。
- 勾画出服务流程、顾客接触点，通过强化服务流程的培训，实现服务的标准化。
- 充分利用新型服务技术，用机器代替人工，如自动取款机的使用。

【引例 9-2】

标准化：麦当劳的长盛之本

麦当劳是世界上最大的快餐集团，从 1955 年创办人雷·克罗克在美国伊利诺伊州斯普兰开设第一家麦当劳餐厅至今，它在全世界已拥有 3 万多家餐厅。麦当劳的黄金双拱门已经深入人心，成为人们最熟知的世界品牌之一，更是餐饮行业中公认的世界第一品牌！麦当劳每个门店的菜单基本相同，产品、加工和烹制程序，乃至厨房布置，都是标准化的，严格控制。无论市场怎样变化，麦当劳始终都紧紧抓住最根本的市场需求。这些最根本的需求集中表现为：顾客在消费时总是精打细算；随着生活节奏的加快，顾客需要快捷的服务、清洁的环境和高质量的食品。这些之所以是最根本的需求，是因为它们不会因国家与市场的改变而改变，而是普遍存在的。在"品质、服务、清洁和物有所值"的经营宗旨下，人们不管在纽约、东京、香港还是北京光顾麦当劳，都可以吃到同等品质的食品，享受到同样快捷友善的服务，感受到同样整齐清洁的门店环境。

（资料来源：佚名．麦当劳：标准化管理的典范 [J]．上海经济，2011（10）31-32）

4. 易逝性带来的挑战和应对

（1）面临挑战。

- 服务供求很难保证完全同步匹配。
- 一些服务消费后不能退货或转售（如理发）。
- 一些限时服务不能延期销售或交付。

(2) 应对策略
- 管理需求：采用差别定价，使需求从高峰转向非高峰；培养非高峰需求，如麦当劳提供早餐；在高峰期提供补充服务，如给等候的顾客提供休息、娱乐服务；提供预订服务。
- 管理供给：高峰时期雇佣兼职人员，高峰时期启动更高效的程序，鼓励顾客参与部分工作，通过合作或外包解决。

9.2 服务类企业的营销策略

要做好服务营销，除了传统的4P策略，还要增加一些要素。专家认为，服务营销应该再加上3个P：人员（People）、过程（Process）和实体证明（Physical Evidence）。

9.2.1 人员策略

1. 员工在服务业中更重要

在服务营销中，人是第一位的因素，他们是顾客忠诚和竞争优势的源泉，尤其是一线员工，具体原因为：

- 一线员工本身是服务产品的"核心部分"。服务业员工是服务中的可见部分，会极大地影响服务质量。
- 服务业员工也是服务企业本身。一线员工代表了服务企业，顾客对企业的感知是通过一线员工获得的。
- 服务业员工是一种品牌。品牌承诺能否实现取决于一线员工。
- 服务业员工影响销售。大部分服务员可能并不是销售员，但服务本身就是最好的营销。
- 服务业员工是顾客忠诚度的关键驱动力。一线员工能够在预测顾客需求、提供定制服务，以及在与顾客建立个性化关系的过程中发挥重要作用。
- 服务业员工决定了服务生产率。

2. 成功的循环圈

满意的员工才会带来满意的顾客，对员工进行合理的投资才能形成服务营销成功的循环圈（图9-3）。通过高于平均水平的工资吸引高素质的员工，以拓展工作内涵、提供丰富培训、授予权利等方式让前台员工控制服务质量。有针对性地选拔员工、高薪和集中培训都会让员工满意，态度积极，提供更高质量的服务，从而带来满意的顾客以及稳定和忠诚的客户关系。这一切会带来营销成本的降低和利润的提高，也就使企业更有条件实施顾客保留战略，进入良性循环。

进入良性循环的企业，员工的情绪劳动最低。相对于体力劳动和脑力劳动，情

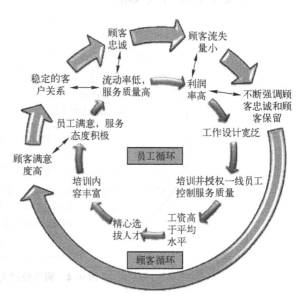

图9-3 服务营销成功循环圈

绪劳动是员工为了达到组织所期望的情绪表达（如微笑、热情、友好、谦卑等）而进行的心理调节和加工。如果企业只是一味地要求员工服从，而不减轻员工的压力，同样也是对员工的剥削。

【引例 9-3】

海底捞授权一线员工

对员工信任的唯一标志是授权。很多公司用上百万元的年薪挖来职业经理人当总经理，可是这个总经理连 5 万元的签单权都没有，这叫什么信任？相反，海底捞的普通服务员有给客人免单的权力，这才叫真信任。人有权，才有胆；有胆，才不怕犯错；不怕犯错，才能创新。

聪明的管理者能让员工的大脑为他工作，当一名员工不仅是上级命令的执行者时，他就是一名管理者了。海底捞对员工的授权，等于让每个员工都成了管理者，因此海底捞其实是由一万名管理者组成的公司！

如果把员工的心留下，再把权力交给员工，员工的脑袋就开始产生创意了。这就是海底捞创造出那么多令人称道的服务的根本原因。

海底捞创始人张勇说："创新在海底捞不是刻意推行的，我们只是努力创造让员工愿意工作的环境，结果创新就不断涌现出来了。没想到这就是创新。后来公司大了，当我们试图把创新用制度进行考核时，真正的创新反而少了，因为创新不是想创新就能创出来的，考核创新本身就是假设员工没有创新的能力和欲望，这是不信任的表现。"

海底捞员工的笑是真诚的，这种真诚同海底捞对员工的授权有直接关系。

（资料来源：黄铁英. 海底捞你学不会 [M]. 北京：中信出版集团，2011：30）

3. 服务公司人员管理

任何服务公司都想进入成功的循环圈，这依赖于成功的人力资源管理。图 9-4 概括了服务公司人力资源管理的主要战略。

图 9-4　服务公司人力资源管理

(1) 聘用合适的人。《基业长青》的作者吉姆·柯林斯曾说："'人力资源是最重要的财富'的说法是错的，只有合适的人才是最重要的财富。"最优秀的员工往往是无法通过培训获得的，这取决于每个人内在的品质。一项研究发现，工作中的活力是没办法学到的，只能通过雇佣得到。魅力、注重细节、职业道德、整洁等特征也多是如此。有些品质可以通过工作培训或者奖励得到加强，但总的来说，这些品质是与生俱来的。

(2) 积极的员工培训。对员工来讲，培训不仅是技能的提高，还是一种福利，优秀的企业都非常注重培训。培训的内容包括：企业文化、目标和战略，人际关系和沟通技巧，产品及服务知识。

(3) 组织与激励员工。授权、加强服务团队建设，以及有力的激励措施都会推动员工服务积极性的提高。激励的方法包括工资、奖金、赞赏、工作内容和目标实现等。

(4) 企业领导力会成为最终的决定力量。成功的领导者不是处在金字塔的顶尖，高高在上的。新的传统是"倒金字塔"，最高处是顾客，其次是一线员工。领导应该处于倒金字塔的最下面，应该为一线员工提供足够的支持，并做出榜样；同时，应注重企业文化建设，让一线员工的价值观、目标和抱负与公司高度一致。

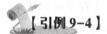
【引例9-4】

榜样的魅力

米歇尔·瑞金医学博士在波士顿贝斯以色列医院担任院长的30年间，因定期去医院各个部门做非正式访问而闻名。他说："你会从走动式管理中学到很多东西，而且你的行踪大家都看到了。当我参观另一家医院并由CEO陪同时，我观察那个CEO如何与他人互动，每一个瞬间的身体语言是什么，这对我很有启迪。不仅如此，这对树立行为榜样也非常重要。"为了强调这一点，瑞金博士喜欢讲下面这个真实的故事。

我们的董事长之一，已故的麦克斯费·尔德伯格，也是扎耶尔集团的总裁，有一次让我陪着他绕着医院散步，他问："为什么这间监护室病房的地上有这么多碎纸片？"

我回答："那是因为人们不捡它。"

他说："你看，你是个科学家，我们来做一个实验。我们沿着楼梯往下走，每隔一张纸片就捡起一张。然后我们上楼，那儿有另外一间病房，同样的环境，差不多同样多的纸片，但我们什么都不捡。"

于是，这位72岁的老人和我一起，在一个楼层上交替捡着纸片，而不捡另一个楼层的。当我们10分钟以后回来再看，第一个楼层剩下的纸片已经被捡干净了。当然，这一举动也影响了第二个楼层的情况。麦克斯先生对我说："你看，并不是人们不捡它，而是因为你不捡它。如果你自视甚高，做不到弯腰去捡这些纸，别人为什么就应该去捡呢？"

(资料来源：沃茨，洛夫洛克. 服务营销：第8版 [M]. 韦福祥，等译. 北京：中国人民大学出版社，2018：323)

4. 把顾客当作"半个员工"管理

在对人服务和其他涉及供需双方面对面接触的服务中，顾客往往参与服务的生产与传递，以"半个员工"的角色出现，如理发、管理咨询、教育、医疗、自助服务等。在服务的过程中，顾客的行为往往会对服务质量产生重要影响。

服务类企业可以借鉴人力资源管理的方法，对顾客实施引导和管理，可以尽量避免因顾客方面的原因而降低服务质量。具体可以遵循以下四个步骤：

第一，对顾客在服务中所发挥的作用进行"工作分析"，对与公司对他们的期望角色进行比较。

第二，判断顾客是否有相应的实施技能。有必要的话，可以进行简单培训，或者制作详细的操作说明，如一些自助服务。

第三，要让顾客相信，他们出色的表现必将得到回报，如获得更加个性化、更便捷的服务，成本更低。

第四，定期评估顾客表现，如果表现欠佳，试着改变他们的角色和所参与的环节，甚至放弃服务。

顾客也需要挑选，并非所有的顾客都是上帝，目标顾客才是上帝。

9.2.2 服务过程设计

服务本质上是一个活动过程，过程结束，服务就结束。因此，服务过程的便捷高效，以及顾客在服务过程中愉快的体验至关重要。

时间对于今天的顾客而言具有特别重要的意义，他们常常来去匆忙，非常看重时间成本。因此，创造和传递服务要设计并执行有效的流程，否则会带来低效和令人失望的服务体验。

1. 流程图与服务蓝图

流程图和蓝图是设计开发服务流程的重要工具。

流程图是展示服务步骤的技术，是全面理解服务的简单方法，例如，图 9-5 让我们对汽车旅馆的服务步骤一目了然。

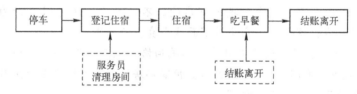

图 9-5 汽车旅馆简单流程图

服务蓝图是详细描画服务系统与服务流程的图片。服务过程中涉及的不同人员可以理解并客观使用它，而无论他们的角色或个人观点如何。服务蓝图由四个主要的行为部分和三条分界线构成：四个主要行为部分包括顾客行为、前台员工行为、后台员工行为和支持过程，三条分界线分别为互动分界线、可视分界线和内部互动线（图 9-6）。服务蓝图有助于服务企业了解服务过程的性质、潜在的失误点、控制和评价服务质量以及合理管理顾客体验等。

2. 失误点与防呆设计

一个好的服务蓝图应该标出服务传递过程中可能出现特定风险的地方或者容易导致顾客无法接受产品的失误点。一旦已经识别出失误点，对服务流程中失误的原因进行认真的分析就是非常必要的，这会为防差错提供机会，以减少甚至消除出错的风险。

防呆设计（Poka-yoke）来自日语单词 poka（疏忽的错误）和 yokeru（阻止），是一种预防矫正的行为约束手段，运用避免产生错误的限制方法，让操作者不需要花费注意力，也不需要经验与专业知识，即可直接无误地完成正确的操作。例如，外科医生的外科手术盘上有为每一个手术器械设计的锯齿状缺口。在手术中，所有的外科手术器械都应该在盘子里，如果医生在缝合伤口之前没有从患者身上拿出所有的手术器械，就可以一目了然地发现。

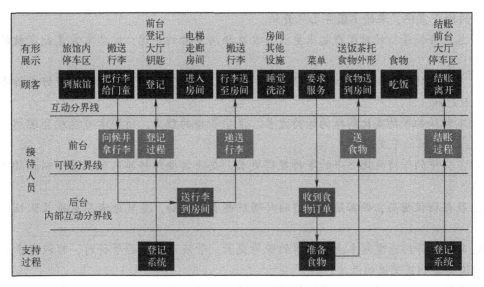

图 9-6 汽车旅馆的简单蓝图

3. 服务流程再造

技术发展和顾客需求的变化常常会造成现有服务流程的失效，重新设计流程（流程再造）才能使其焕发生机。重新设计流程一般要做如下工作：

- 取消无附加值的步骤。通常是简化服务的开头和结尾，增加服务接触中创造利益部分的投入。
- 充分利用自动化技术和网络信息技术完善自助服务，提高服务质量。
- 妥善处理服务流程中的瓶颈问题。瓶颈不处理，就会导致顾客等待。
- 针对特定顾客群，将多种服务捆绑或组合为一种服务。
- 对服务流程实体方面的重新设计，如更新服务设施和设备，提高生产能力。

4. 服务流程中增加感情的原则

- 强劲开始。良好的开端是成功的一半。顾客的第一印象会影响他们对后续服务质量的判断，容忍区域会扩大。
- 建立提升趋势。人们普遍喜欢处于上升趋势的事物，后续服务好会弥补前面的缺憾。
- 创立高点。即服务必须有亮点。
- 将不好的体验控制在前期。"先苦后甜"是人们普遍接受的观点，有助于人们忘记前面的不快。
- 分割愉悦，合并痛苦。这样可以增加整体的愉快感。
- 强劲结束。喜剧演员将最好的笑点放在最后，焰火表演总是把最多彩的颜色放在最后。

营销视野

等待时间的心理学

1. 等待时无所事事比有事可干时感觉时间更长。成功的服务公司已经学会为顾客找事做来分散他们的注意力。

2. 过程前等待的时间比过程中等待的时间更长。例如，医生经常把等待着的病人领到一个空的检查室中,来暗示服务已经开始。

3. 焦虑会使等待的时间看起来更长。要减轻消费者的焦虑,信息常常是最有效的一种工具。

4. 不确定的等待要比已知的有限的等待更长。例如,如果飞机延误,最好告诉乘客等待的大致时间。

5. 不解释的等待要比解释的等待更长。说明等待的理由,消费者可能就会理解,也会感到等待的时间似乎变短了。

6. 不公平的等待要比公平的等待显得更长。企业需要维持排队的秩序,制止插队,保证公平。

7. 服务价值越高,顾客愿意等待的时间就越长。例如,多数患者愿意排长队挂专家号看病。

8. 单独的等待感觉起来要比群体的等待更长。管理消费者的等待时,可以考虑采取积极鼓励消费者相互交流的做法。

9. 身体不舒适的等待比舒适的等待感觉时间更长。设置座位和舒适的等待区域可以减少顾客的抱怨。

10. 不熟悉的等待比熟悉的等待感觉时间更长。老顾客知道下面会发生什么事情,等待时也就不那么焦虑。

(资料来源:洛夫洛克,沃茨. 服务营销:第6版 [M]. 谢晓燕,赵伟韬,译. 北京:中国人民大学出版社,2010:232)

9.2.3 打造服务实体环境

因为服务的无形性,消费者对服务质量是很难做出客观评价的,因此,消费者经常依赖于服务周围的实体环境帮助他们做出评价。服务环境的设计是一门艺术,需要投入大量的时间和精力。服务环境涉及实体环境的风格和外观,以及顾客在接受服务的场所所触及的体验元素。一旦设计完成,服务环境不容易改变。

1. 打造服务实体环境的目的

- 塑造顾客的体验和行为。人是环境的动物,环境及周边的氛围会严重影响消费者的购买行为。
- 质量信号、服务定位、差异化和强化品牌。在树立企业服务形象方面,服务环境通常扮演重要角色。
- 价值主张的核心部分,如许多游乐园有效地运用服务场景理念来提升服务。
- 为服务接触提供便利并提高生产率,如一些服务场所的指示标志。

2. 服务场景模型

美国的玛丽·比特纳(Marry Bitner)开发了一个"服务场景模型"(图9-7),又称"比特纳模型",主要维度包括:①环境条件;②空间/功能;③符号、标志和人工物品。因为个体倾向于整体感知这些维度,所以每个维度更好地适合全局成为有效设计的关键。

比特纳模型的一个重要贡献是包含员工对服务环境的反应,毕竟员工在服务环境中待的时间要比顾客长得多。顾客和员工的反应可分为认知反应(如质量观念和信仰)、情绪反应(如感情和情绪),以及心理反应(如疼痛和安慰)。这些反应最终会导致一些外在的行为。例如不愿在一个拥挤的百货商店中逗留或因为喜欢某个轻松的购物环境而愿意在那里逗留。

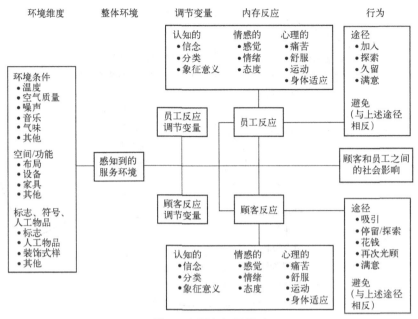

图 9-7 服务场景模型

【引例 9-5】

迪士尼用写实环境演绎童话故事

迪士尼乐园追求让每块木头、每块石头充满故事。迪士尼雕刻师擅长"用自然手法模拟自然",比如一截木桩,它"很陈旧已经不能当柴火烧了",为了体现老树的年轮效果,就会选材多种树木,把真实生长的年轮剖面用于造景;再比如一块岩石,被安设在"被海浪长期冲刷"的故事背景中,那么雕刻师就会用水枪反复冲刷这块人造石。

迪士尼特设幻想工程师一职,负责了解世界各地真实的场景表现,并把这些真实场景效果还原到迪士尼乐园中。例如,梦幻世界景区,包含灰姑娘、木偶奇遇记、爱丽丝梦游仙境等多个主题,需要布置成欧式田园风光,为呈现大量自然状态下的泥土道路,工人们就把混凝土调配成黄灰色,并刻意在未干时用树叶、钱币、马蹄铁、老式车轮按压,营造车水马龙的景观细节。

在探险岛园区和宝藏湾园区之间有一条河水相隔,为了区分这两侧不同的主题,探险岛讲述的是"人猿泰山:丛林的呼唤"故事,这个故事发生在热带雨林中,工程师模拟原始无人森林的景象,到处挂着深绿色的藤蔓,加上幽深的湖水,整体风格诡谲阴暗;宝藏湾讲述的是加勒比海盗的故事,工程师充分考虑了加勒比海的盐度和潮汐规律,打造出风景秀丽的海岸线,透明海水冲击着仿真的加勒比海沙滩,充满了热带风情,让游客一眼就能看出不同的故事背景。

(资料来源:丁苑. 国际品牌主题乐园本土化设计研究 [J]. 建筑与文化, 2019 (03):72)

9.3 顾客忠诚战略

忠诚的顾客对企业盈利至关重要:一方面,忠诚的顾客可通过增加购买、向其他顾客推荐,以及价格敏感度降低给企业带来利润;另一方面,服务忠诚的顾客,企业还可以降低服务成本和稀释促销成本。下面,按照忠诚之轮的框架(图 9-8),论述如何促使顾客成为忠诚顾客。

图 9-8 忠诚之轮

9.3.1 构建顾客忠诚的基础

1. 选择正确的顾客

发现和找到正确的顾客是构建顾客忠诚的逻辑起点。管理者必须认真考虑顾客需求与企业运营能力（如速度、质量等）、一些有形的要素（如服务设施等）、服务人员的风格和技术等是否匹配。如果匹配良好，就能实现双赢：不但顾客满意，员工工作也会变得愉快。

正确的顾客是有价值的顾客，在质而不在量。例如，喜达屋度假酒店发现，前2%的顾客创造了高达30%的利润。营销的精髓是做最好的生意，而不是更多的生意。"正确的顾客"来自这样一个群体：其他企业无法为他们提供更好的服务，他们也有能力而且愿意为了获得这种服务而支付费用。

2. 顾客分层管理

企业不能将资源平均分配给顾客，而是要分层管理。研究表明，对于服务企业来讲，根据不同顾客的消费能力有效配置服务资源，是服务企业成功的关键。例如，航空服务中的头等舱、商务舱和经济舱。还有一种基本的分类方法，是把顾客分为白金顾客、黄金顾客、铁顾客和铅顾客。

白金顾客比例最低，但对企业利润贡献率最高，因此企业要向他们提供其他细分市场享受不到的服务。黄金顾客数量较多，利润贡献率低于白金顾客，需求价格弹性较为敏感，企业也为他们提供很好的服务，但特殊待遇方面会少于白金顾客。铁顾客数量最多，他们的存在使企业获得规模经济的好处，但为企业创造的利润有限。铅顾客给企业带来的利润微乎其微，但服务需求却和铁顾客类似，因此，要么驱动他们向铁顾客迁移，要么通过设置最低消费将其从目标顾客中剔除。

3. 服务质量让顾客满意

顾客满意与顾客忠诚的关系可以分为三大类：背叛区（Defection）、无差异区（Indifference）和热爱区（Affection）（见图9-9）。背叛区发生在低满意度情况下，顾客会参考

图9-9顾客满意与忠诚度的关系改变服务供应商，除非转移成本很高或者别无选择。极度不满意的顾客还可能成为企业的"破坏分子"，给服务供应商带来大量的负面新闻。无差异区发生在中等满意度的情况下，顾客如果找到更好的供应商便会选择改易其主。最后，热爱区享有相当高的满意度，顾客因此也会有相当高的忠诚度，他们不会选择其他的服务供应商，而且会充当该服务商的"倡导者"。

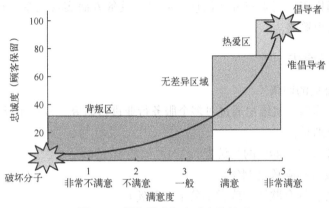

图9-9 顾客满意与忠诚度的关系

没有顾客满意，就不会有顾客忠诚。真正的忠诚包含态度忠诚和行为忠诚。行为忠诚包括重复购买、大量购买以及为企业传播好口碑；而态度忠诚则指顾客对企业、企业服务和品牌是发自内心的喜欢，是一种情感。

9.3.2 创造忠诚约束

1. 深化顾客关系

交叉销售和捆绑销售是深化顾客关系的有效策略。例如，银行会将尽可能多的金融产品销售给一个顾客或一个家庭。一旦一个家庭在一个银行办理了活期存款、信用卡、储蓄账户、保险箱或汽车抵押、房屋贷款等诸多业务，企业与顾客的关系无疑得到了深化，顾客转换的概率就会大大降低。

除了增加转换成本，顾客向单一服务商购买不同服务对其本身也是有利的。一站式购买肯定比向不同的服务商购买服务更为便利。顾客从一家购买很多服务时，通常会被升级，从而得到更好的服务，而且还会享受一系列的折扣优惠。

2. 经济奖励与非经济奖励

经济奖励又称"硬利益"，对顾客有非常好的激励作用，典型如购买折扣、顾客忠诚计划奖励等。例如，向常客赠送飞行里程几乎成了航空服务行业顾客忠诚奖励计划的"硬通货"。但要注意，如果顾客认为经济奖励没有价值或价值很小，或兑换非常麻烦、耗时，那么经济奖励反而会成为负担。

非经济奖励也称为"软利益"，是指货币形式以外的奖励。例如，企业给予参与忠诚计划的顾客服务预定优先权，优先接入咨询电话，等等。一些航空公司允许忠诚顾客携带更多的行李，优先升舱，使用专门的候机室，等等。

3. 构建更高层次的约束

构建更高层次的约束有利于构建企业持久的竞争优势。一般有三种约束：一是社会约束。它建立在服务提供者与顾客个人关系基础之上，通过长期的感情投入，上升到了"朋友"层面,竞争者就很难模仿。如你去理发店时,服务员会亲切叫出你的名字,询问近况。二是定制化服务。当企业能够为忠诚顾客提供定制化服务时,就会形成定制化约束。例如,当酒店长期为一名顾客提供他喜欢的房间类型、床的类型、枕头的类型、餐饮品种时,他就很难再接受其他的酒店。三是结构性约束。结构性约束是通过结构性关系的建立,将顾客融入企业流程之中,进而与企业联系起来。在这种情况下,竞争对手很难将顾客抢走。例如,对某个项目的共同投资,买卖双方在信息、流程和设备方面实现共享。在B2B市场上,企业常采用结构性约束策略。

9.3.3 减少顾客流失

1. 影响顾客流失的因素

美国营销学者苏珊·凯维尼通过对多个服务行业进行研究,发现了导致顾客流失的一些关键因素。它们分别是:

(1) 核心服务失误(44%的受访者)。
(2) 对服务接触不满意(34%)。
(3) 价格过高、具有欺诈性或者不公平(30%)。
(4) 服务时间、地点不方便或者承诺的服务时间延迟(21%)。
(5) 服务失误处理得不好(17%)。

很多顾客更换服务企业,原因并不是单一的,而是许多因素共同作用的结果(图9-10)。

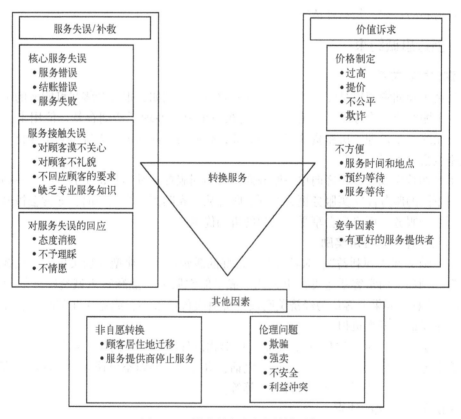

图9-10 影响顾客流失的关键因素

2. 顾客抱怨与服务补救

从图 9-10 可以看出，减少服务失误、价格透明、方便顾客、遵守伦理可以降低顾客流失，但从顾客抱怨出发，有效补救才是减少顾客流失的关键切入点。

也许，服务的第一性原理是：第一次就将事情做对。然而，服务失误总会发生，顾客的抱怨也如影随形。顾客的抱怨并不可怕，只要能够进行有效的服务补救。研究表明，抱怨但对服务补救满意的顾客向其他顾客推荐企业服务的概率，是抱怨但对服务补救不满意的顾客的 15 倍。TARP 研究发现，如果顾客不满意却不抱怨，回头率是 9%~37%。如果顾客不满意，投诉了，公司认真倾听投诉，虽然解决方案没能令顾客满意，但顾客保留率也会从不满意但是不抱怨的 9% 提高到 19%。如果投诉的解决方案令顾客满意，保留率会升至 54%。如果顾客问题迅速得到纠正，特别是在现场得到纠正的话，顾客保留率最高可达 82%。

由此得出结论，企业应该构建"抱怨就是机会"的企业文化，认真倾听顾客抱怨、有效解决顾客抱怨，并从中汲取经验，争取一次做到位。因此，解决抱怨应该被视为利润中心而不是成本中心。在服务补救上的投资，从获取长期利润的角度看是非常值得的。图 9-11 总结了顾客抱怨管理和服务补救的基本框架，帮助我们更好地处理顾客抱怨。

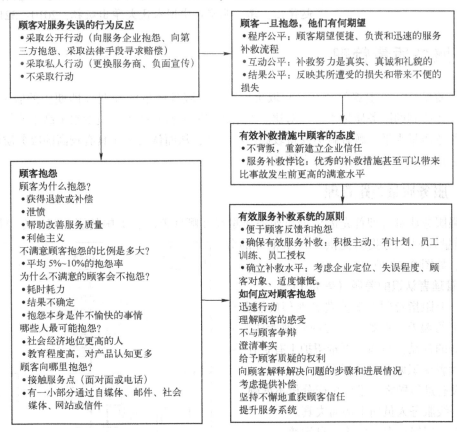

图 9-11　顾客抱怨管理与服务补救

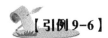

【引例 9-6】

波士顿万豪长码头大酒店

大厅内空无一人，波士顿万豪长码头大酒店的当班经理正与一位晚到的客人交谈。

经理说:"是的,琼斯博士,我们正在等候您的到来。我们知道您预订了三晚的客房。先生,但是我很抱歉地通知您,今晚我们没有空房了。我们原以为今天会有大量的客人退房,但是没有。先生,您明天在哪里开会?"

琼斯博士告诉前台服务员会议的地址。

服务员说:"会议就在奥尼派克酒店附近,离这儿不远。请让我给他们打个电话,今晚给您安排一个房间。我马上回来。"

几分钟后,前台服务员带着好消息回来了。

"奥尼派克酒店今晚给您安排了一个房间,我们帮您叫出租车。我们会把所有找您的电话转给您。给您这封信,信中向他们说明了情况,方便您登记入住。这是我的名片,您有任何问题在前台就可以联系到我。"

博士转恐为安。但是前台服务员还没有说完,他取出现金,对琼斯博士说:"这里是10美元,作为您乘出租车从这里往返奥尼派克酒店的车费。我们明晚将有客房腾空。这里是一份礼券,明天早上您可以免费在5层的餐厅享用欧陆风味的早餐……再次为此向您道歉。"

(资料来源:洛夫洛克,沃茨. 服务营销:第6版 [M]. 谢晓燕,赵伟韬,译. 北京:中国人民大学出版社,2010:321-322)

9.4 服务质量管理

服务质量是一个主观的范畴,它取决于顾客对服务质量的预期(即期望的服务质量)同其实际体验到的服务质量水平的对比。如果顾客所体验到的服务质量水平高于或等于顾客预期的服务质量水平,顾客就会获得较高的满意度,从而认为企业具有较高的服务质量;反之,则会认为企业的服务质量水平较低。

9.4.1 服务质量差距管理

加强服务质量管理首先需要分析服务质量存在哪些差距,美国的服务问题专家提供的"服务质量模型"为我们提供了一个很好的分析思路,如图9-12所示。

1. 管理者认识的差距(差距1)

这一差距指管理者对消费者期望的服务存在认识上的偏差。例如,医院的管理者认为病人需要好的食品,而病人更希望护士有责任感。产生管理者认识偏差的原因有:

- 没有进行顾客需求分析或分析不准确。
- 一线服务人员向上沟通失真。
- 组织层级过多,影响信息沟通。

解决办法:

- 加强市场调研,深入了解顾客需要。
- 执行有效的客户反馈系统,加强管理者和客户之间的互动。
- 促进和鼓励一线员工和管理者之间的沟通。

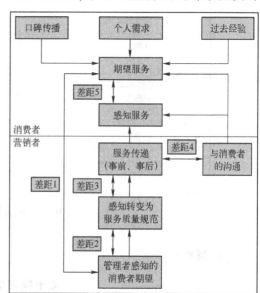

图9-12 服务质量差距分析模型

2. 质量标准差距（差距2）

这一差距指管理者对顾客期望的感受与对服务提交所设定的实际标准之间存在的差距。例如，医院领导可能会告诉护士要提供"快速的"服务，但并没有给出明确的时间标准。标准差距原因有：
- 管理者并不认为自己能够或应当满足顾客对服务的要求。
- 计划过程不够充分或缺少流程设计能力。
- 组织无明确目标，管理粗放。

解决办法：
- 充分认识满足顾客服务要求的意义。
- 设计严谨、系统的、以顾客为中心的服务流程。
- 为服务流程的每一步骤建立明确的质量标准。

3. 服务传递差距（差距3）

这一差距是指在服务生产和交易过程中，员工的行为不符合质量标准。这是因为：
- 标准太复杂或太苛刻，严重脱离实际。
- 员工缺乏服务的意愿和能力。
- 缺乏支持条件。
- 顾客阻碍或破坏了服务的高效进行。

解决办法：
- 基于行业现状制定切实可行的服务标准。
- 挑选、培训、激励一线服务员工。
- 配备合适的技术、设备、支持流程生产力。
- 教育、培训、引导客户，加强客户管理。

4. 营销沟通的差距（差距4）

这一差距是指营销沟通行为所做出的承诺与实际提供的服务不一致。产生的原因是：
- 广告等营销沟通过程中往往存在承诺过多的情况。
- 外部营销沟通的计划与执行没有和服务生产统一起来。

解决办法：
- 外部营销活动中做出的承诺能够做到言出必行，避免夸夸其谈所产生的副作用。
- 建立外部营销沟通活动与服务生产统一协调的制度，使沟通更加准确和符合实际。

5. 感知服务质量差距（差距5）

这一差距是指顾客感知或经历的服务与期望的服务不一样。感知服务差距的产生是前面四种差距积累起来的结果，原因可能是前面所谈众多原因中的一个或是它们的组合，也有可能是其他未被提到的因素。因此，如果前面四种差距得到了解决，差距5也将得到有效解决。

差距分析是一种直接有效的工具，利用它可以发现服务提供者与顾客之间对服务观念存在的差异，有助于指导管理者发现引发质量问题的根源，并寻找适当的消除差距的措施。

9.4.2 服务质量的测量

研究人员根据上述服务质量模型，得出了影响服务质量的五种重要因素：

（1）可靠性（Reliability）——可以信赖地、精确地提供已允诺服务的能力。

（2）响应性（Responsiveness）——帮助顾客和提供快速服务的意愿程度。

(3) 可信性（Assurance）——员工的知识、礼貌以及他们传递信任和信心的能力。

(4) 移情性（Empathy）——对顾客进行照顾、对顾客给予个性化关注的能力。

(5) 有形性（Tangible）——实体设施、设备、人员等。

基于上述五种因素，研究者又开发出了服务质量测量模型——SERVQUAL 量表（见表 9-1）。

表 9-1 SERVQUAL 模型的属性指标

可靠性 • 提供所承诺的服务 • 处理顾客服务问题时诚恳可靠 • 从一开始就提供具有足够水准的服务 • 在承诺时间提供服务 • 保持无差错记录 • 员工具有回答顾客问题的知识	移情性 • 关注每一位顾客 • 员工对顾客很关心 • 将顾客的最大利益放在心上 • 了解顾客需要的员工 • 方便的营业时间
响应性 • 让顾客知道自己将会在何时得到服务 • 向顾客提供快速而及时的服务 • 热心帮助顾客 • 随时准备响应顾客的要求	有形性 • 现代化的设备 • 有视觉吸引力的设施 • 有着整洁职业外表的员工 • 有视觉吸引力的、与服务有关的材料
可信性 • 可以向顾客传递信心的员工 • 使顾客对服务放心 • 始终保持礼貌的员工	

9.4.3 服务质量分析工具与提升方法

1. 分析服务质量的工具

（1）鱼骨图。鱼骨图是由日本管理大师石川馨发展出来的，故又名石川图。鱼骨图是一种发现问题"根本原因"的方法，它也可以称为"因果图"。问题的特性总是受到一些因素的影响，我们通过头脑风暴找出这些因素，并将它们与问题特性一起，按相互关联性整理成的层次分明、条理清楚，并标出重要因素的图形就叫特性要因图。因其形状如鱼骨，因此又叫鱼骨图。鱼骨图是一种透过现象看本质的分析方法，最早应用在制造业中，近来应用到服务业中。

（2）帕累托分析法。该方法是意大利经济学家帕累托首创，试图确认引起所观察到结果的主要原因。这种方法的基础是我们所熟悉的 80/20 法则：通常能够反映出 80%的变量值（如服务失误的数量）主要是由 20%的原因引起的。将鱼骨图和帕累托分析结合应用，可以找出服务失误的主要原因。

（3）绘制蓝图。服务蓝图的知识在前面已有论述，这里是要强调说明，绘制蓝图是确认服务失误点的有力工具。鱼骨图和帕累托分析能够找出引起服务失误的原因及其重要程度，但是绘制蓝图让我们可以深入分析服务失误发生在哪个节点上，以及频频出现失误的具体类型，从而可以给予特别关注。

【引例 9-7】

鱼骨图和帕累托分析法在飞机出发延误分析中的应用

飞机出发延误是各大航空公司经常出现的服务质量问题。图 9-13 是应用鱼骨图法做的一个分析，共列出了8组、27个可能的原因。

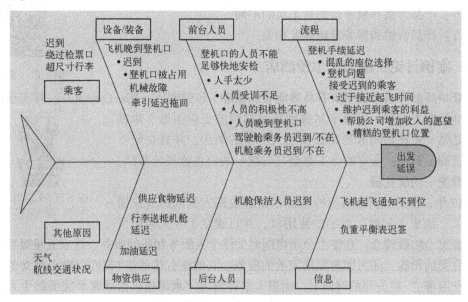

图 9-13　飞机出发延误分析图

当确认所有导致航班出发延误的原因之后，就可以利用帕累托分析法进行统计概率计算，从中找出造成服务失误的主要原因。分析表明，公司航班从机场出发，88%是由所有可能原因中的接受迟到的乘客、等待牵引、等待加油、负重平衡表迟签4个原因造成的。实际上，超过一半的延误是其中一个原因造成的：接受迟到的乘客。

（资料来源：约亨·沃茨，克里斯托弗·洛夫洛克. 服务营销 [M]. 8版. 韦福祥，等译. 北京：中国人民大学出版社，2018：415）

2. 提高服务质量的系统方法

系统提高服务质量，需坚持全面质量管理（Total Quality Management，TQM）。服务企业整体质量涉及服务的管理过程、企业所有部门及全体员工，因此，服务质量管理是全过程、全员性、全面内容的质量管理。服务企业必须把服务意识贯穿于整个服务过程，让每一名员工都树立质量意识，参与提高服务质量。由于绝大多数服务企业是感情密集型企业，这就要求服务企业搞好企业文化建设，创造和谐的人际关系和工作氛围，从而使员工关心服务质量的提高，能设身处地地为顾客着想，理解顾客的需要和期望，关心顾客，为顾客提供优质服务。

系统提高服务质量的方法大多也是从生产企业的质量管理中借鉴过来的，除了全面质量管理外，还有ISO9000、六西格玛、戴明环、鲍德里奇国家质量奖等。

9.5　能力实训

第9章　小结

9.5.1　营销思辨：服务营销和产品营销是否不同

一些服务营销人员坚持认为服务营销和产品营销有本质的区别，需要完全不同的技能。一些传统的产品营销人员认为，"好的产品营销就是好的服务营销"，两者没有不同。

辩论双方：

正方：产品营销和服务营销有本质的不同。

反方：产品营销和服务营销高度相关。

9.5.2 案例讨论：丽思卡尔顿酒店

在豪华品牌酒店中，很少有品牌能够像丽思卡尔顿酒店（Riz-Carlton）一样实现这样一种高标准的客户服务。丽思卡尔顿酒店最初叫波士顿丽思卡尔顿酒店，是第一家在每间客房都提供私人浴室的酒店，并且在整个酒店都摆满了鲜花；所有的员工都会打着统一的白色或黑色领结，或者身着统一的晨礼服。

1983年，酒店经营者霍斯特·舒尔茨和由四人组成的开发团队获得了"丽思卡尔顿"名字的使用权，并且建立了今天人们所熟知的丽思卡尔顿理念：在整个公司内同时关注个人服务和职能服务。这家五星级酒店不仅提供了完美的设施，还为顾客提供完美的服务。它的座右铭是："我们以绅士淑女的态度为绅士淑女服务。"在公司的网站上，丽思卡尔顿酒店"承诺提供给顾客最完美的个人设施和服务，并让顾客永远享受一个温暖的、放松的、文雅的氛围"。

丽思卡尔顿酒店通过对员工提供完美的培训和遵循服务三步骤及12条服务准则来履行自己的承诺。其中，服务三步骤是：员工必须亲切而又真诚地使用顾客的名字问候顾客；满足顾客的预期和现有的需要；最后在顾客离开的时候再一次给顾客温馨的告白（同样也要叫出顾客的名字）。每一位经理手中都会拿着写有12条服务准则的卡片，其中包含了编号，如准则3："我得到授权为宾客创造出独特、难忘和个性化的体验"；准则10："我为自己专业的仪表、语言和举止感到自豪"；准则12："负责使清洁度保持最高标准，创造安全无忧的环境"。该公司的一位首席运营官说："这些准则都是与人相关的，每个人对一件事情都会有情感体验。"丽思卡尔顿酒店在29个国家共有35 000名员工，他们都在用自己的方式为顾客创造独特而难忘的经历。

丽思卡尔顿酒店在培训员工为顾客提供卓越服务方面特别出名。当然，这主要得益于酒店每天都会强化对公司使命和价值观的体会。每天，管理人员都会将员工聚集在一起，开一个15分钟的"晨列例会"（line-up），在这期间，管理人员与员工进行探讨，解决任何即将发生的问题，剩余的时间用来阅读和讨论所谓的"精彩故事"（Wow Story）。这些真实的故事会让员工认识到自己在客户服务中的杰出表现，同时也强调了12条服务准则中的某一个准则。

举例来说，有一家人住在巴厘岛丽思卡尔顿酒店，由于儿子对一些食物过敏，需要特殊类型的鸡蛋和牛奶。但问题是：酒店的工作人员在当地找不到合适的材料。这时，酒店的执行官想起在新加坡的某个酒店里出售这种产品。于是，他立即联系自己的岳母，帮他购买了这些材料，然后空运到巴厘岛，最后提供给顾客。这个例子阐述了第6条服务准则："我勇于面对并快速解决宾客的问题。"

在另外一个例子中，一个服务生无意中听到一对夫妇的谈话，妻子坐在轮椅上，丈夫很难带她去海滩。这个服务生立刻告知了自己所在的维护小组，第二天，他们铺设了一条通往海滩的木板路，并在路的尽头搭建了一个帐篷，这对夫妻可以在这里享用晚餐。根据库珀所说："超出职责之外的'精彩故事'，是我们世界各地员工交流的最好方式。每一个故事都强化了我们在寻找的服务方式,并且展现了我们组织中的每一位员工是如何对我们的服务做出贡献的。"根据公司政策,每一位员工都有 2000 美元的预算权,用来帮助顾客满足他们的预期需求。

此外,丽思卡尔顿酒店也会通过电话回访来衡量客户服务的成功程度。而且,每一位顾客都会被问到有关功能和情感两方面的问题。丽思卡尔顿酒店会利用调查结果以及每天积累的经验来提高和改进服务水平。

在 30 多年的时间里,丽思卡尔顿酒店从最初的 4 家分店发展为现在分布在 29 个国家、拥有 87 家分店的连锁酒店,并计划在欧洲、非洲、亚洲、中东和美洲深入发展。丽思卡尔顿酒店还曾两次获得美国国家质量奖,也是唯一一家两次获此殊荣的公司。

(资料来源:菲利普·科特勒,凯文·莱恩·凯勒. 营销管理(第 15 版)[M]. 何佳讯,等译. 上海:格致出版社,2016:397)

问题讨论

1. 丽思卡尔顿酒店是如何超越同行业的竞争者的?二者的关键区别是什么?
2. 丽思卡尔顿酒店每天分享和讨论"精彩故事"的做法,在客户服务方面的重要性是什么?

9.5.3 实践应用:如何营销自己的学校

大学是典型的服务组织,招生就业处就类似于营销部门。运用本章所学习的服务营销知识,你认为如何做才能让自己所在的学校实现更好的营销效果?

9.5.4 学习笔记:总结·记录·关联

总结	自己动手,总结本章的学习要点
记录	记录下老师补充的新知识
关联	联系自身,你认为本章对你成长最有价值的知识是什么?为什么

第10章 产品定价

任何市场中都有两种傻子：一种要价太低，另一种要价太高。

——俄罗斯民谚

 开篇案例

小米低价走量的成本领先战略

小米是一家以手机、智能硬件和物联网平台为核心的互联网公司。企业的使命是坚持做感动人心、价格厚道的好产品，让全球每一个人都能享受科技带来的美好生活；并始终承诺整体硬件业务的综合利润率不超过5%，若超过也将回馈给客户。

在小米公司的战略里，硬件并不是利润的主要来源，手机、音响等硬件设备是用户入口，通向小米集团为用户提供的互联网服务，开启由扫地机器人、空调、冰箱等万物互联的智能生活。手机在整个战略中更是火箭推进器般的存在，为小米系列的产品和服务带来流量，推动其向上发展。可以说，小米想给用户提供的不只是手机，而是智能化的生活。为了更多的流量，小米手机采用了贴近成本的定价方式，这种成本领先战略既符合企业的总体战略，又可以在手机增量市场时期行得通，低价走量，迅速占领市场。

小米公司成立之后，不到三年时间就跻身中国手机行业前列。尽管在2015—2016年，因线上市场的恶性竞争和忽略线下市场错过了县乡换机潮，小米经历了出货量暴跌，但也立即通过效率革命在2017年迅速翻盘，实现了营收过千亿元的成就，仅用九年时间就进入了世界500强。这在很大程度上都得益于小米的成本领先战略，在手机市场还在增量市场的阶段低价走量，抢占了很大的市场份额。

（资料来源：周紫薇. 小米手机涨价，成本领先战略失灵了吗 [J]. 河北企业，2020（08）：61）

价格并不只是商品标签上的一个数字，它有多种形式，发挥着多项功能。例如，租金、学费、交通费、定金、工资、佣金等都可能是购买商品或服务时支付的价格。价格是4P营销组合中唯一能带来收益的要素，而其他要素都代表成本。而且价格操作灵活，能很好地传递公司的品牌定位。

 课堂思考

以你拥有的手机为例，按照你的理解，你觉得厂家给手机定价都会考虑哪些因素？

10.1 影响定价的因素

决策一件事情，要想考虑得比较全面，需要从"你我他"三个维度考虑。具体到定价来说，企业需要从自身角度、顾客需求角度以及竞争和环境角度三大方面思考。

10.1.1 从企业自身角度应考虑的因素

1. 定价目标

做任何事情都要有目标，选择定价目标是企业制定价格的首要步骤。作为一个企业来说，一般有五个主要定价目标（图10-1）。

图10-1 公司角度的定价目标

（1）生存目标。如果公司遇上生产能力过剩、竞争激烈或者消费者需求改变时，它们要把维持生存而不是产生利润作为其主要目标。生存目标是企业处于不利环境中实行的一种特殊的过渡性目标。为避免倒闭，渡过难关，企业在短期内可以亏本销售产品，只要价格能够补偿可变成本和部分固定成本即可。

（2）最大市场占有率目标。市场占有率是衡量企业营销绩效和市场竞争态势的重要指标，因为赢得最高的市场占有率之后，企业将享有最低的成本和最高的长期利润。为了成为市场份额的领导者，企业把价格尽可能地定低。

（3）当期利润最大化目标。追求最大利润几乎是所有企业的共同目标，但利润最大化并不等于定价偏高。定价偏高，消费者不能接受，产品销售不畅，反而难以实现利润目标。同时，高价会刺激竞争者介入以及仿冒品增加，更有损于市场地位。一般做法是，企业估计不同价格所对应的需求和成本，然后选择能够产生最大现期利润、现金流动和投资回报的价格。

课堂思考

按照当期利润最大化的目标要求，你认为表10-1中的卖出价格应该定多高？

表10-1

单件成本（元）	卖出价格（元）	卖出数量（件）	获得收入（元）	利润（元）	单件成本（元）	卖出价格（元）	卖出数量（件）	获得收入（元）	利润（元）
5	10	100	1000	500	5	50	60	3000	2700
5	20	90	1800	1350	5	60	50	3000	2750
5	30	80	2400	2000	5	70	30	2100	1950
5	40	70	2800	2450	5	80	20	1600	1500

(4) 产品质量最优化。一个公司要想在市场上占据产品质量领先的地位，就要用高价格来弥补高质量和研究开发的高成本。在产品优质优价的同时，还应辅以相应的优质服务。

(5) 市场撇脂最大化。追求市场撇脂最大化的公司采用撇脂定价法。"撇脂定价法"（Market-Skimming Pricing）又称高价法，即将产品的价格定得较高，尽可能在产品生命初期，在竞争者研制出相似的产品以前，尽快地收回投资，并且取得相当的利润。然后，随着时间的推移再逐步降低价格，使新产品进入弹性大的市场。一般而言，对于全新产品、受专利保护的产品、需求价格弹性小的产品、流行产品、未来市场形势难以测定的产品等，可以采用撇脂定价策略。

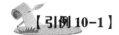

【引例 10-1】

苹果公司的撇脂定价

苹果公司的产品普遍较贵，尤其是 iPod 产品：第一款 iPod 推出的时候，定价 399 美元，这在当时是非常高昂的价格，可是凭借苹果公司强大的吸引力和市场领导力，以及人们对新事物的好奇心，还是有很多人愿意花大价钱去购买。苹果公司看到销量很好，于是又加紧研发，在原来的基础上生产出了一款容量更大的新的 iPod，价钱比以前又增加了 100 美元，可是销量依然很好。不得不说，苹果公司的产品凭借其走在市场潮流前端的优势，能够在新产品问世的时候应用撇脂定价的策略得到丰厚的回报，这是如索尼等竞争者们所不能相比的。索尼看见苹果的 iPod 获得的丰厚报酬，也想进入这个能够获得巨大利益的市场，可是索尼只是在单纯地跟随苹果，却没有走出自己独特创新的道路，这是很难或几乎不可能成功的。

（资料来源：李雪菊，徐雨佳，崔晨明. 撇脂定价的应用 [J]. 中外企业家, 2020 (17)：95)

当然，对于一些非营利组织来说，可能有不同于上述目标的其他目标。如我国一些教育机构的目标可能是在财政约束下，为社会培养更多更好的人才。

2. 自身成本因素

(1) 成本的类型

短期内，一个企业的成本分为固定成本和可变成本。

固定成本（Fixed Cost），是在一定的经营规模范围内，不随生产或销售收入的变化而变化的成本。如企业内的机器设备、土地使用费、厂房折旧、利息、管理人员的薪水等。从长期来看，固定成本也是可变的。

可变成本（Variable Cost），可变成本是随着生产水平的变化而直接发生变化的成本。如原材料、零配件、包装费用等。可变成本对每一单位是固定的，之所以称为可变成本是因为总可变成本随产量而变化。

总成本（Total Cost），是在一定的经营规模范围内，所需的固定成本与可变成本之和。平均成本（Average Cost）是某产量水平下的单位成本，等于总成本除以产量。管理人员希望制定的价格至少能弥补一定产量下的总生产成本。

(2) 成本与规模经济

为了明智地定价，管理者必须了解在不同生产规模下其成本是怎样变化的。按照权威性的经济学解释，规模经济指的是在给定技术的条件下（指没有技术变化），对于某一产品（无论是单一产品还是复合产品），如果在某些产量范围内随着产量增加，平均成本下降，就说明存在着规模经济；如果随着产量上升平均成本也开始上升，就说明规模不经济。

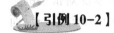【引例10-2】

不同生产水平的成本

如图10-2a所示，假设三星公司建造了一个平板计算机工厂，短期内的生产能力是1000台，当产量低于1000台时，随着产量增加，单位成本降低，这时存在规模经济。当产量等于1000台时，单位成本最低。高于1000台时，成本会增加，出现规模不经济。因为工人可能为等待机器而排队，机器的故障也会增加，工人之间还会发生摩擦等。长期来看，三星公司可以考虑扩大工厂、增加设备。这时，一天生产2000台，成本会比1000台更低（见图10-2b）。随着市场需求增大，公司又有足够的管理能力，实际上日产3000台的工厂会更有效益。但是，日产4000台，工厂的生产效率就会降低，有太多的人需要管理，规划工作会变慢，单位成本就开始上升，就会出现规模不经济。这种情况下，日产3000台就是最优规模。

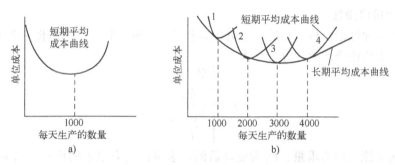

图10-2 不同规模产量的成本

a）在固定规模工厂中的成本特性 b）不同规模工厂的成本特性

（资料来源：科特勒，凯勒. 营销管理：第15版［M］. 何佳讯，等译. 上海：格致出版社，上海人民出版社，2016：443）

除了生产规模影响单位成本外，经验的积累也是一个不可忽视的因素。随着管理者不断创新管理方法，工人不断找到生产捷径，产品的成本会逐渐降低。

3. 自身品质与广告支出

产品最终价格的确定，还需要考虑自身产品与相似产品比较品质和广告等支出。研究表明，具有相对平均的质量但广告预算较高的品牌能获得溢价。消费者愿意为知名产品支付更高的价格；高质量和高广告费的品牌必须制定高价格；反之，低质量、低广告预算的产品只能制定低价格。高价格和高广告支出之间的正相关关系在产品生命周期的最后几个阶段表现得尤其明显。

10.1.2 从顾客需求角度应考虑的因素

考虑需求对定价的影响时，应把握以下内容：

1. 供求关系

对于一般商品，在其他因素不变的情况下，商品的供给量随价格的上升而增加，随价格的下降而减少，因此，供给曲线是一条向右上方倾斜的线。而商品的需求量则随价格的上升而减少,随价格的下降而增加,是一条向右下方倾斜的线。供给曲线和需求曲线的交点决定了市场均衡价格(图10-3)。企业在给产品定价时,必须考虑到市场供求状况对价格的影响。对于一些奢侈品,其需求曲线有时向上倾斜————家香水公司提高其产品价格后,反而卖出了更多的香水,因为一些消费者认为更高的价格代表了更好的产品品质。但是,如果价格过高,那么需求水平也会降低(图10-4)。

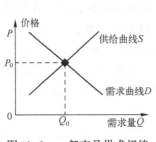

图10-3 一般产品供求规律

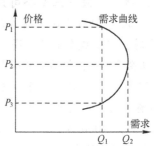

图10-4 奢侈品需求曲线

2. 需求的价格弹性

需求的价格弹性指价格变动的比率引起需求量变动的比率,反映需求变动对价格变动的敏感程度。需求价格弹性的计算公式为

$$E = \left| \frac{\frac{Q_1 - Q_0}{Q_0}}{\frac{P_1 - P_0}{P_0}} \right|$$

其中,Q_0为原来的需求量,Q_1为变动后的需求量;P_0为原来的价格,P_1为变动后的价格;E为需求弹性系数。

不同产品具有不同的需求弹性,弹性的大小决定企业的价格决策,可考虑如下三种情况:

(1) $E=1$,如图10-5a所示,表示标准需求弹性。反映需求量与价格等比例变化,商品价格的上升或下降会引起需求量等比例地减少或增加。因此,价格变化对销售额影响不大。企业进行价格决策时,可选择预期收益率为目标,采用随行就市定价策略,同时辅以其他促销措施。

(2) $E>1$,如图10-5b所示,表示需求弹性大。反映需求量的变化幅度大于价格的变化幅度,商品价格稍微上升或下降会引起需求量大幅度下降或上升。对这类商品,企业可采用降价策略,薄利多销达到增加利润的目的,而涨价时则需慎重考虑,以免引起需求量锐减,影响企业收入。

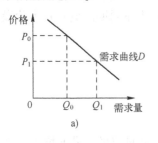 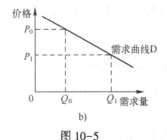 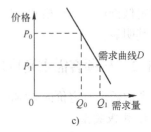

图10-5
a) $E=1$ b) $E>1$ c) $E<1$

（3）$E<1$，如图 10-5c 所示，表示需求弹性小。反映需求量变化的幅度小于价格的变化幅度，商品价格较大幅度地上升或下降仅会引起需求量较小幅度地下降或上升。对这类商品，低价对需求量的刺激不大，薄利也未必多销，大米、食盐、食油等生活必需品的需求弹性较小。

举出一些顾客对商品价格不敏感（即需求价格弹性小于1）的例子。每位同学至少列出三个例子。

谷贱伤农

"谷贱伤农"是经济学的一个经典问题。农民粮食收割后到底能卖多少钱取决于两个因素：产量和粮价。但这两个变量并不是独立的，而是相互关联的，其关联性由一条向下倾斜的对粮食的需求线来决定。也就是说，价格越低，需求量越大；价格越高，需求量越小。另外还要注意的是，粮食需求线缺少弹性，也就是说，需求量对价格的变化不是很敏感。当粮价下跌时，对粮食的需求量会增加，但需求量增加的比例没有价格下降的比例大。其基本的道理在于，粮食是一种必需品，对粮食的需求最主要的是由对粮食的生理需求所决定的，不会因为粮食价格便宜，人就吃更多的粮食。此外，当今对大部分人来说，粮食方面的花费在全部花费中所占比例已经很小了，并且还会越来越小，这也导致人们对粮价的变化反应不敏感。

这样，当粮食大幅增产后，粮食价格会下降，这对粮食消费者是好事儿，但对农民却未必。因为粮食需求缺少弹性，造成粮价下跌的百分比超过粮食销量增加的百分比，农民则增产不增收，甚至减收，这就是"谷贱伤农"。

（资料来源：https：//wiki.mbalib.com/wiki/谷贱伤农）

10.1.3 从竞争及环境角度应考虑的因素

企业成本决定最低价，顾客需求决定最高价，最高价和最低价之间的具体价格则需要考虑竞争及外部环境因素。

1. 竞争者的成本、价格和产品

企业必须通过适当的方式了解竞争者的产品质量和价格，与竞争者的产品比质比价，更加准确地制定本企业的价格。如果企业具有竞争对手所没有的特征，而且对消费者具有价值，那么可以定出高于对手的价格。如果竞争者的产品具有本企业所不具有的特征，本企业就应该从自身价格中减去这一价值，价格定得低于竞争对手。

在完全竞争的市场中，产品高度同质化，价格最终由市场决定，行业中的任何企业只能是价格的接受者。垄断竞争的市场下，市场上只有少数几家销售者，因此需要每一个销售者都要对竞争者的价格和营销活动保持机警的反应。

2. 其他环境因素

经济环境会对企业定价产生很大的影响。经济景气或衰退、通货膨胀和利率之类的经济因素会影响定价决策，因为它们会影响消费者支出。新冠肺炎疫情的蔓延，全球经济衰退，不少消费者开始勒紧皮带，导致营销者更加强调物有所值的定价策略。

技术环境的变化同样给企业带来了定价策略方面的压力。近年来，互联网技术的发展使得购买者比价变得更加方便，价格更透明，还催生出了诸如"共享经济"这样的商业模式，都给企业定价带来了挑战。

政府的影响。例如，许多国家都会对关系国计民生的产品进行价格干预。另外，许多国家的法律都禁止价格合谋及操纵市场价格。

10.2 定价的方法

企业在制定价格的时候应全面考虑成本、顾客需求、竞争者价格三个因素。但是在实际定价中往往只能侧重某一个方面的因素，并以此作为定价的主要导向。企业大致有三种导向定价法（图10-6）。

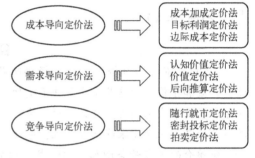

图10-6 三种导向定价法

10.2.1 成本导向定价法

1. 成本加成定价法

成本加成是按照单位成本上加上一个标准的利润加成，是最基本的定价方法。假定某产品制造商的固定成本是300 000元，单位变动成本是10元，预计单位销售量是50 000个。则该制造商的单位成本为：单位成本=单位变动成本+固定成本/预计单位销售量=（10+300 000/ 50 000）元=16元。假设制造商想在销售额中有20%的利润加成，则

$$价格 = 单位成本 \div (1-加成率) = [16 \div (1-20\%)] 元 = 20 元$$

制造商以20元的价格把产品卖给经销商，其利润是4元。如果经销商打算赚50%，则定价40元（20元+0.5×40元），这个数字代表100%的成本加成。

课堂思考

成本加成定价法有何利弊？

2. 目标利润定价法

目标利润定价法是根据损益平衡点的总成本及预期利润和预期销售量来制定产品价格的方法。

假设用Q表示预期销售量，L表示目标利润，P表示价格，V表示单位变动成本，F表示固定成本，根据目标利润=总收入-总成本，有

$$L = QP - QV - F$$

当$L=0$，即总收益等于总成本时，$L=0=QP-QV-F$，则$P=\dfrac{F}{Q}+V$，这就是保本价格的计算公式。

当$L>0$时，即L为目标利润时，总收益大于总成本

$$P = \dfrac{F+L}{Q} + V$$

上例中，假设预计销售50 000个，如只想保本的话，则保本点价格定位为：

$$P = \frac{F}{Q} + V = \left(\frac{300\,000}{50\,000} + 10\right)元 = 16\ 元$$

上例中，假设预期销售量达到 50 000 个时，如想赚取 200 000 元目标利润的话，价格为

$$P = \frac{F+L}{Q} + V = \left(\frac{300\,000 + 200\,000}{50\,000} + 10\right)元 = 20\ 元$$

利用上述公式也可以计算保本量（图 10-7），如果以 20 元的价格出售上述商品，则保本销售量为

$$Q = \frac{F}{P-V} = \left(\frac{300\,000}{20-10}\right)个 = 30\,000\ 个$$

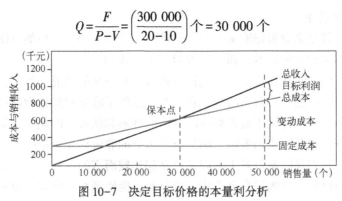

图 10-7 决定目标价格的本量利分析

3. 边际成本定价法

边际成本定价法，是指企业在定价时只考虑变动成本，不计算固定成本。在经济学中，企业短期的固定成本称为沉没成本，企业决策时可以不予考虑，因为毕竟"覆水难收"。上例中，单位固定成本为 300 000 元÷50 000 = 6 元，单位可变成本为 10 元，单位总成本为 16 元，意味着价格低于 16 元就要亏损。现在假设出现一个机会，有人愿意以 13 元的价格购买企业的产品，这时企业应不应该抓住这个机会呢？答案是，如果市场竞争激烈，企业的短期目标是生存，而生产能力过剩或者固定成本已经收回，那么可以利用边际成本定价法抓住这一机会。因为 13 元除了可以弥补 10 元的变动成本之外，还可以弥补 3 元的固定成本。

当市场价格低到什么程度就不应该销售了？

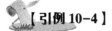

概念：价量之秤：卖得更贵或者卖得更多

一个公司的存在是以有利润为前提的，只要商品的毛利乘以销量大于经营成本，这家公司就是赚钱的。那要怎么做才能有利润呢？

一是卖得更贵，尽量提高每件商品的毛利率。这世上有一个行业，把所有的砝码都加在了卖得更贵的那边，就是奢侈品行业。曾经有一则消息称，北京某著名奢侈品专卖店遭遇失窃，其店长报警说，一个价值 2 万多的包被偷了，但是最后警方并没有刑事立案，因为那个包的进价也就几百元。逻辑相同的还有钻石行业。曾经有一位消费者拿着自己花了 10 万元买来的钻石到典当行去典当，结果典当行只给出了 2 万多元的估价。

二是卖得更多，扩大这个商品的销量。在美国，有一家非常大的连锁会员超市叫作

"好市多"(Costco),超市挺大,但是里面的品类很少,每一个品类的商品都是精挑细选后上架的,从而使得每一件商品的销量都巨大无比,进而能够跟厂家协商更便宜的特价。"好市多"所有商品的加价率大概是6%或者7%,最高不超过14%。

(资料来源:根据得到大学"五分钟商学院"刘润老师课程"价量:该把货卖得更贵,还是卖得更多"整理)

10.2.2 需求导向定价法

1. 认知价值定价法

认知定价法,就是企业根据购买者对产品的认知价值来制定价格的方法。在这种定价法中,定价的关键不是卖方的成本,而是买方对价值的认知。

消费者对商品价值的认知价值,是他们根据自己对商品的功能、效用、质量、档次等多方面的印象,综合购物经验、对市场行情和同类产品的了解而对价格做出的评判,其实质是商品的效用价格比,其关键是消费者对商品价值的理解和认可。因此,认知价值定价法的关键有两点:①充分运用各种营销策略,例如营销组合的非价格变量影响,以及提高消费者对商品的认知价值,特别是同竞争对手的同类产品相比较而言的认知价值。②尽量准确估测购买者对商品的认知价值。估测过高会造成定价过高,而使消费者感到企业漫天要价,进而抑制购买;估测过低又会造成定价太低,而使消费者怀疑产品的质量,也不愿购买。

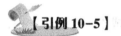【引例10-5】

卡特比勒公司的认知价值定价

卡特比勒公司可能把其出产的拖拉机定价为100 000美元,竞争者的同类产品可能定价90 000美元。而卡特比勒公司可能获得比竞争者更多的销售额。因为当一位潜在顾客询问卡特比勒的经销商为什么购买卡特比勒公司的拖拉机要多付10 000美元时,这个经销商回答说:

90 000美元	仅相当于竞争者拖拉机的价格
7000美元	为产品优越的耐用性增收的溢价
6000美元	为产品优越的可靠性能增收的溢价
5000美元	为优质的服务增收的价值
2000美元	为零配件较长时期的担保增收的溢价
110 000美元	卡特比勒拖拉机的总价值
-10 000美元	折扣额
100 000美元	最终价格

卡特比勒的经销商向顾客解释了为什么卡特比勒的拖拉机贵于竞争者。顾客认识到虽然多付了10 000美元的溢价,却增加了20 000美元的价值,最终还是选择了卡特比勒公司的产品。

(资料来源:科特勒,凯勒.营销管理:第15版[M].王永贵,陈荣,何佳讯,等译.上海:格致出版社,上海人民出版社,2016:448)

2. 价值定价法

价值定价法是指价格应该迎合消费者强烈的物超所值的感觉,即用相当低的价格出售高质量的产品,在消费者心目中形成较多的"消费者剩余",促成消费者购买。如果一件商品的成本是10元,顾客愿意付30元,结果15元成交,那么成交价和顾客心理价位之间相差的15元就是"消费者剩余"。

近年来,一些公司采用了价值定价法(Value Pricing):他们通过低价提供高质量的产品或服务来赢得忠实顾客。价值定价法不是简单地制定低价,还要求企业重新安排经营活动,降低成本却不牺牲质量,吸引了大量的注重产品价值的顾客。价值定价法的最佳实践者有宜家、塔吉特超市和美国西南航空公司。

价值定价法的一种重要的形式就是"天天低价"(Every Day Low Pricing, EDLP),主要运用于零售环节,如沃尔玛。采用这种定价方法的零售商往往制定一个固定的低价,但很少进行价格促销或产品特卖。这些固定的价格降低了价格的不确定性,也减少了以促销为导向采用"高-低定价法"(High-low Pricing)的竞争者。采用"高-低定价法"的零售商会在高价的基础上挑选一些产品进行暂时性的低价促销。如美国的梅西百货,会通过举办经常性的促销日、先到先得的打折促销活动来实行"高-低定价"策略。

3. 后向推算定价法

后向推算定价法是指企业依据消费者能够接受的最终销售价格,逆向推算出产品的出厂价、批发价。这种定价方法不以实际成本为主要依据,而是以市场需求为定价出发点,力求使价格为消费者所接受。例如,在出口定价中可以用这种方法推算FOB价(离岸价)。假定国外市场可以接受的价格是100美元,减去40%的零售商毛利,零售商的成本就是60美元;减去经销商15%的毛利(60×15%=9),经销商的进货成本是51美元;减去10%的关税(51×10%=5.1)得CIF(成本+保险费+运费)价45.90美元;减去运费保险费5美元,则得到FOB价为40.90美元。

10.2.3 竞争导向定价法

1. 随行就市定价法

随行就市定价法是指企业按照行业的平均现行价格水平来定价。在以下情况下往往采取这种定价方法:①难以估算成本;②企业打算与同行和平共处;③如果另行定价,很难了解购买者对本企业价格的反应。

随行就市是运用十分广泛的定价方法之一,它有利于与竞争者和平相处,避免价格竞争带来的风险,保证企业获得恰当的利润。同时,市场通行价格也易于被消费者接受,从而保证产品销路。

2. 密封投标定价法

密封投标定价法即由密封投标竞争的方式确定商品价格的方法。企业定价的基点与其说是依赖企业成本或需求的密切联系,还不如说是取决于预期的竞争者将制定怎样的价格。某企业想要赢得某个合同,就需要制定比其他企业更低的价格。同时,公司不能将价格定得低于成本,以致无利可图,并恶化它的地位。

3. 拍卖定价法

随着互联网的广泛应用,拍卖定价法也越来越流行。拍卖主要有两种形式:

(1)英式拍卖(递增出价)有一个卖家和多个买家。比如在雅虎、易趣等网站上,卖家放上一件商品,买家出价竞投直至达到最高价格,报价最高者便可买到该商品。现在,英式拍卖主要用于出售古董、牲口、房产和二手设备、二手车等。

(2)荷兰式拍卖(递减出价)有一个卖家和多个买家,或一个买家和多个卖家。在第一种情况下，拍卖者报出一个很高的价格，然后逐渐降低报价直至有人出价接盘。在第二种情况下，买家先说出自己想购买的商品，潜在的卖家通过提供最低价格来竞得此笔交易。每一个卖家都可以看到最后一个报价是多少，然后决定是否要报出更低的价格。

 营销视野

第二价格密封拍卖告诉你：诚实是最优选择

第二价格密封拍卖是由1996年度诺贝尔经济学奖获得者维克瑞教授在1961年提出的，因而又叫作"维克瑞拍卖"。维克瑞拍卖的具体流程是：潜在的买主向拍卖主持人递交密封出价，出价最高的买主赢得交易，但他只需要付出等于第二高的出价的价格。表面上看，卖方得到了一个更低的价格，违反了"价高者得"的直觉。但深入考察，则发现在维克瑞拍卖法则下，投标者的最好投标策略就是依照自己对标的物的评价据实报价，如果投标者的报价偏低，则竞争对手将会从你的偏低报价中占便宜。

打一个比方：假如一件拍品价值1000元，在正常情况下，每一位竞拍者都会压价，不讲真话。而维克瑞拍卖法告诉竞拍者，其实报价的多少只决定你能否得到拍卖品，而不决定你付多少钱。你如实报价1000元，别人报价970元，你只需支付970元。反之，你不讲真话，报价970元，你的竞争对手报价1000元，你将面临如下的尴尬局面：你失去了你很想要的拍卖品，还让你的竞争对手从你的假话中得了便宜。在自私动机的驱使下，竞拍者有动力报出真实的高价。

维克瑞拍卖方便投标者在决定报价时只需评估自己的需求，而不需费力去搜集与评估竞争对手的需求，这样可以大大地减少投标者的准备工作。

（资料来源：https：//zhuanlan.zhihu.com/p/136986277）

10.3 定价策略

企业在考虑经营目标、需求、成本、竞争者的基础上，利用一些基本的定价方法能选定最终的价格范围，但面对最终的顾客往往需要灵活调整。因此，定价不仅是一门科学，更是一门艺术。

10.3.1 心理定价策略

1. 声望定价

声望定价是利用顾客"一分价钱一分货"以及仰慕名牌商品或名店的声望所产生的某种心理，制定高于其他同类产品的价格。顾客购买名牌产品不仅是为了消费，还要显示他们的身份和地位，因此，名牌产品价格如果定得低，反而不能满足消费者的心理需要。这种声望定价不仅在零售业中广泛应用，在餐饮、服务、修理、科技、医疗、文化教育等行业也被广泛应用。

【引例10-6】

台湾"牛爸爸"牛肉面2000元一碗

台湾的"牛爸爸"牛肉面店位于台北市民权东路，一碗最贵的牛肉面要卖到人民币

2000元，而且还要提前预约。该店店面不大，显得十分低调，门口贴着店主和老顾客的合影照片，店铺菜单也直接贴在墙壁上，价格从人民币100元到2000元不等，共有7种牛肉面口味供食客选择。

王聪源，祖籍山西，"牛爸爸"牛肉面的创始人，1990年创立"牛爸爸"牛肉面，五六年内小店里已经天天人声鼎沸。此时，他开始研究如何做出一碗真正顶级的牛肉面，从选择牛肉到烹制手法，再到餐具厨具等面面俱到。如今，牛肉面中用到日本、澳大利亚、美国和巴西等国家的进口顶级牛肉，每一块牛肉都切成特定形状，五六种不同的汤汁也都是用牛身上的不同部位熬出来的。还有二十多种面条可供选择。

王聪源推出的牛肉面创造了餐饮界热点，不少人慕名而来，甚至坐飞机到台北只为吃一碗顶级牛肉面。王聪源说，他希望来到店里的客人能够静下心来感觉到厨师的用心，好的食物会令人在品尝的时候心生感动，会令他觉得这个世界上除了他的家人之外，在餐饮界中真的有人愿意为平凡的食客用心做一碗面。那份初衷会让食客觉得搭飞机来吃这一碗面很值得。

（资料来源：张伟勋.2000元一碗！"牛爸爸"为啥敢卖天价面［J］.中国食品工业，2019（06）：42.有改动）

2. 尾数定价

利用消费者数字认知的某种心理，尽可能在价格数字上不进位，而保留零头，使消费者产生价格低廉和卖主经过认真的成本核算才定价的感觉，从而对企业产品及其定价产生信任。例如，本应定价200元的商品现定价199元，虽只低了1元，但感觉上却便宜了许多，还给人定价精确的感觉。而且消费者看价格是从左到右的，199元给人感觉是100元的价位。这种策略适用于单位价值较低的日常生活用品，如0.99元、1.99元等。

在价格尾数数字的确定上应注意什么问题？

3. 整数定价

整数定价是采取合零凑整的办法制定商品价格，这样给人以高档的感觉。如将价格定为1000元，就比999元显得高一个档次。炫耀性商品、贵重物品适合整数定价。

4. 招徕定价

招徕定价就是指利用消费者的求廉心理和投机心理，以较低的价格（特价）吸引消费者，以达到连带销售其他商品的目的。实施招徕定价应注意以下条件：①"特价品"必须是大多数顾客熟悉且日常生活必需、购买频率较高的商品；②"特价品"的数量必须适当，不能太多也不能太少，太多会伤企业元气，太少会使顾客失望，甚至产生不信任感；③降价应有吸引力；④降价应有时间限制；⑤特价品要经常变换；⑥经营的规模要大，否则无法达到经营目的。

5. 错觉定价

因为数字排列不同，人们对数字很容易产生错觉。例如，标示"29元70个"的时候，顾客不一定觉得便宜；但如果标示"70个29元"，把价格放在较大的数量右边的时候，顾客就会产生"好便宜"的错觉。甚至，只要标示已经有"2387名顾客买了29元的这款产品"，这个毫无关联的大数字2387，都会让29元显得"很便宜"。

营销视野

价格的心理作用

美国行为经济学家丹·艾瑞里利用一种号称能"提高运动能力、改善思维"的"超常机能"饮料SoBe做过两次实验。

第一次实验，把销售柜台摆在大学健身馆入口处出售SoBe饮料。第一组学生按正常价格付款，第二组学生按正常价格的1/2付款。锻炼结束后，两组学生都喝完了该饮料。实验人员问他们与正常运动相比感觉如何，是否感觉更轻松一些？喝过饮料的两组学生都回答比平时更轻松一些。但是，高价买饮料的学生比那些半价买饮料的学生感觉更轻松。

第二次实验同样分为全价和半价购买两组，喝下饮料后，先让他们看10分钟电影（解释说是为了让饮料在体内发挥效力）；然后发给两组学生每人15道单词组合题，要求他们在30分钟里把给出的字母组合成单词，组合得越多越好，多者为优。结果，全价买饮料的一组学生平均答对9道题，半价买饮料的一组同学平均答对6.5道题。价格决定成绩，在这次实验中，两组学生组词的表现有28%的差别。（需要说明的是，让一部分没有喝SoBe的学生做摸底测验，平均也答对9道题，可见饮料并没有使人变聪明。）

（资料来源：艾瑞里.怪诞行为学：可预测的非理性［M］.赵德亮，
夏蓓洁，译.北京：中信出版集团，2010：146-147）

10.3.2 折扣和折让策略

企业为了鼓励顾客尽早付清货款、大量购买、淡季购买或配合促销，常常给予顾客一定的价格折扣或折让。

1. 现金折扣

现金折扣是企业给那些当场付清货款的顾客的一种减价。例如，顾客在30天内必须付清货款，如果10天内付清货款，则给予2%的折扣；20天内付清货款，则给予1%的折扣。

2. 数量折扣

数量折扣是企业给那些大量购买某种产品的顾客的一种优惠，以鼓励顾客购买更多的商品。例如，顾客购买某种商品100件以下，每件10元；购买100件以上，每件9元。

3. 功能折扣

功能折扣又叫交易折扣，是制造商给某些批发商或零售商的一种额外折扣，促使他们执行某种市场交易功能（如推销、储存、服务等）。

4. 季节折扣

季节价格折扣是企业给那些购买过季节商品的顾客的一种优惠，以鼓励顾客提前购买或在淡季购买，使企业的生产和销售一年四季保持相对稳定。

5. 价格折让

价格折让是另一种类型的价目表价格的减价。例如，一台洗衣机标价为4000元，顾客以旧洗衣机折价500元购买，只需付给3500元，即为以旧换新折让。如果经销商同意参加制造商的促销活动，制造商卖给经销商的物品就可以打折扣，这叫作促销折让（或功能折扣）。

课堂思考

在销售淡季，商品5折出售和买一送一，哪种对企业更有利？

10.3.3 差别定价策略

差别定价策略，也称价格歧视，是指企业按照两种或两种以上不反映成本费用的比例差异的价格销售某种产品或服务。一般来说，同一产品不同价格彼此之间的成本差异小于价格差异时，就会产生价格歧视。

1. 差别定价的主要形式

（1）顾客差别定价。即企业按照不同的价格把同一产品或服务卖给不同的顾客。例如，许多博物馆和展览馆对学生给予价格优惠；公园对晨练的人给予优惠价格；航空公司通过订票提前时间的长短、制造退票和改签难易程度的方式区别出个人旅客和商务旅客，从而卖给商务旅客全价机票，卖给个人旅客打折机票。

（2）产品形式差别定价。即企业对不同型号或不同形式的产品分别制定不同的价格，但是，不同型号或不同形式产品的价格之间的差额和成本费用之间的差额并不成比例。如奥运会期间，标有奥运会标志的衣服比没有标志的衣服价格更高。

（3）产品地点差别定价。即企业对于处在不同位置的产品或服务分别制定不同的价格，即使这些产品或服务的成本费用没有任何差异。如体育馆的座位，虽然前后排的成本费用都一样，但由于观赏效果有所不同，因此制定不同的价格。同样品牌的酒在酒吧里和高级餐厅里的价格会远远高于超市中的价格。

（4）销售时间差别价。即企业对于不同季节、不同时期，甚至不同重点的产品或服务分别制定不同的价格。例如，旅游服务企业在淡季和旺季的收费不同，电影院晚场和日场的定价不同。

2. 差别定价的适用条件

（1）市场必须是可以分割的，而且各个细分市场表现出不同的需求弹性。
（2）以较低价格购买某种产品的顾客没有可能以较高价格把这种产品倒卖给别人。
（3）竞争者没有可能在企业以较高价格销售产品的市场上以低价竞销。
（4）细分市场和控制市场的费用不得超过因实行价格歧视而得到的额外收入，即不能得不偿失。
（5）价格歧视不会引起顾客反感从而放弃购买，影响销售。
（6）价格歧视的形式不能违法。

10.3.4 产品组合定价策略

当企业同时经营多种产品时，定价需着眼于整个产品组合的利润实现最大化，而不是单个产品。具体的做法有以下几种：

1. 产品线定价法

在许多行业，企业定价时，要为一个产品线内产品确定公开的价格点。如服装店可以将其男式西服定在三种价格水平上：300元、800元和1500元。有了这三个价格点，企业更容易实现自己的销售意图，顾客更容易根据自己的情况选择、比较。产品线的价格间距要考虑产品线的成本差异、顾客对不同品种特征的评价和竞争者价格。营销者的任务就是确立认知质量差别，从而使价格差别合理化。

【引例10-7】

价格锚点的应用举例

1992年，托奥斯基提出，消费者在不确定产品价格的时候，会采取非常重要的两个原则来判断价格是否合适：第一，避免极端，就是在有3个或者更多选择的时候，很多人不会选择最低或者最高的版本，而更倾向于选择中间的那个商品；第二，权衡对比即当消费者无从判断价值是高还是低的时候，他会去选择一些他认为同类的商品去做对比，让自己有一个可衡量的标准。

例如，原来只有1399元和2288元两款净水器的时候，大家都买1399元的那款，而你特别想卖2288元那款。最简单的办法是，让产品部门再去生产一款4399元的净水器。这时候，你就会发现2288元的版本会卖得比以前好很多。再如，假如你有个体检的产品是600元，如果你这样说："您一年愿意花6000元的价格来保养您的汽车，为什么不愿意花600元来保养您自己呢"？这可能会打动很多人。

（资料来源：根据得到大学"五分钟商学院"刘润老师的课程"价格锚点"整理而成）

2. 选择品定价

许多企业在提供主要产品的同时还会附带一些可供选择的产品，但给选择品定价却是一件棘手的事。例如，饭店顾客除了享用饭菜外也购买酒类。许多饭店的酒价很高，而食品的价格相对较低。食品收入可能只相当于食品的成本和饭店的其他成本，而酒水类则可以带来利润，这就是为什么服务人员极力推荐顾客购买酒水饮料的原因。也有的饭店会将酒价定得较低，而对食品制定高价，以吸引爱喝酒的消费者。

3. 互补品定价

当企业同时生产与主要产品一起使用的附属品或补充产品时，可以有意识地降低弹性大、购买频率低的商品的价格，同时提高弹性小、购买频率高的商品的价格。例如，惠普的打印机价格便宜，实际上靠出售打印机墨盒赚钱。

4. 分部分定价

服务性企业经常收取一笔固定费用，再加上可变的使用费用。例如，游乐园或公园一般先收固定的门票，如果游玩一些特殊的地方，再另外交费。服务性企业一般收取较低的固定成本费用，以推动人们购买服务，利润可以从特殊部分收费中获取。

【引例10-8】

免费增值定价模式

免费增值定价模式在互联网和软件行业比较普遍。比如，使用百度的云盘或者网盘时，可能平台会免费送你多少个GB的空间，但是你需要增加更多的云盘空间的时候可能就需要付费了。还有当你在听音乐的时候，例如你使用网易云音乐时，可以使用APP听你喜欢的音乐。但是当你需要听更多有版权的音乐时，或者说需要下载一些音乐的时候，或者需要更高品质的音乐的时候，你就需要加入一个叫作网易云音乐黑胶 VIP 的计划。你付了钱，就可以获得前面我所说过的更多权益。

这个模式其实在今天全球互联网时代，在很多的产品当中被应用，它的主要的特点是我们开始提供给用户一个基础的版本，这个基础的版本我们是免费给用户使用的。可是当用户使用之后，需要一些更加个性化的或者功能更多的产品的组合的时候，就要为此支付一定的费用，才能获得这样的使用权了。

（资料来源：http://www.woshipm.com/chuangye/2502062.html）

5. 副产品定价

在生产加工食用肉类、石油产品和其他化学产品时，常常会产生副产品。如果这些副产品对某些顾客群具有价值，就必须根据其价值定价。副产品的收入多，将使公司更易于为其主要产品制定较低的价格，以便在市场上增加竞争力。比如买一条胖头鱼，鱼贩一刀把鱼头剁下来，鱼身的价格可以便宜很多，因为鱼头更有价值。

6. 组合产品定价

组合产品定价也叫捆绑式定价，企业经常以某一价格出售一组产品，如超市门口的水果礼盒，假期旅游公司为顾客提供的一系列活动方案等。一组产品的价格低于单独购买其中每一产品的费用的总和。因为顾客可能并不打算购买其中的所有产品，所以这一组合的价格必须有较大的降幅，以此来推动顾客购买。

7. 互替产品定价

互替产品是指买主在购买和使用过程中能够相互替代的产品。一般来说，对于互替品，企业应该适当提高畅销品的价格，降低滞销品的价格，以使两者的销售相得益彰，增加企业总盈利。

10.4　价格调整策略

企业处在一个不断变化的环境之中，为了生存和发展，有时候需要主动降价或提价，有时候又需要对竞争者的变价做出适当的反应。

10.4.1　企业降价

1. 企业何时应该降价

有几种情况可能导致企业考虑降价，即使这样可能会引发一场价格战争。

（1）过多的生产能力。

（2）以低成本为基础进行降价，争取在市场上居于支配地位。

（3）发动降价以期望扩大市场份额及降低成本。

（4）在经济衰退时期，需求下降不得不降价。

2. 发动降价战略的风险

（1）低质量认识困境：消费者会认为"便宜没好货"。

（2）脆弱的市场占有率困境：低价能买到市场占有率，但是买不到市场的忠诚，顾客会转向另一个价格更低的公司。

(3) 浅钱袋困境：因为售价高的竞争者和低价者相比具有深厚的资金储备，他们也能降价并能持续更长时间。

(4) 价格战困境：引起竞争者制定更低的价格，促发价格战。

3. 企业降价策略

(1) 降价次数宜少不宜多。若降价频繁，顾客反而可能继续观望。

(2) 降价幅度应能引起顾客的注意。通常，商品降价幅度以10%~30%为宜，降幅小无法实现促销意图。

(3) 灵活运用直接降价与间接降价策略。

(4) 宜主动降价，不宜被动降价。主动才能吸引注意力，获得领先优势。

【引例10-9】

格兰仕微波炉的降价策略

格兰仕曾有"价格屠夫"之称，价格战的确打得比一般企业出色，总结起来有四大特点：

特点之一是梯度降价。规模每上一个台阶，价格就大幅下调。当自己的规模达到125万台时，就把出厂价定在规模为80万台时企业的成本价以下；当规模达到300万台时，格兰仕又把出厂价调到规模为200万台时企业的成本线以下；当规模做到2000万台时，就按规模1200万台的成本定价。此时，格兰仕还有利润；而规模小于格兰仕的企业，多生产一台就多亏一台。除非对手能形成显著的品质技术差异，在某一较细小的市场获得微薄利润，才能抵挡这种价格冲击。结果是一大批规模小且技术无明显差异的企业陷入了亏本的泥潭，从而在家电业创造了市场占有率达到61.7%的壮举。

格兰仕降价的特点之二是狠，价格不降则已，要降就要比别人低30%以上。这种幅度足以击垮消费者对其他任何品牌的忠诚度。格兰仕的绝对低价不仅令消费者趋之若鹜，对竞争对手也构成了强大的震慑力。

特点之三是降价策略多样。格兰仕的降价策略每次都有所不同，有时是全面降价，有时只是一个规格降价，有时是一个系列降价；方式更是不断翻新，如曾采用"买一送一""买一送三"等活动。

特点之四是降价与其他促销形式相配合。格兰仕的价格调整变化多，力度大，同时配合强大的媒体宣传、促销攻势，使降价活动实现最大效果，使格兰仕降价事件人尽皆知。

(资料来源：屈冠银. 市场营销理论与实训教程 [M]. 3版. 北京：机械工业出版社，2014：206)

10.4.2 企业提价

虽然提价会引起消费者、经销商和企业推销人员的不满，但是一次成功的提价可以使企业的利润大大增加。例如，假定一家超市的利润是销售额的3%，倘若销售量未受影响，那么提价1%将增加33%的利润。

1. 企业提价的原因

(1) 企业的成本费用提高，迫使企业不得不提价以确保获取目标利润。

(2) 企业产品供不应求，不能满足所有顾客的需要。

（3）竞争者少，提价可以获得更多的利润。

2. 顾客对提价的反应

提价虽然通常会阻碍销售，但也可能促进销售。顾客可能会认为：这种产品是"热门"的，除非马上购买否则可能买不到，或者这种产品具有非常优良的品质。

【引例 10-10】

销售一空的绿宝石

美国亚利桑那州一家珠宝店采购到一批绿宝石，由于数量较大，店主担心短时间内卖不出去，影响资金周转，便决定只求微利，以低价销售。店主本以为会一抢而光，结果却事与愿违。后来，店主急着要去外地谈生意，便在临走时匆匆留下了一纸手令：我走后若仍销售不畅，可按1/2的价格卖掉。几天后老板返回，见绿宝石已销售一空，一问价格，却喜出望外。原来店员们把老板的指令误读成：按1~2倍的价格卖。他们开始还犹豫不决，后来购买者反而越来越多。薄利多销未必一贯正确，有时，高价策略反倒更能促进销售。

（资料来源：屈冠银. 市场营销理论与实训教程 [M]. 2版. 北京：机械工业出版社，2009：188）

一般来说，购买者对于价值高低不同的产品的反应有所不同。对于那些价值高、经常购买的产品的价格变动较敏感，而对于那些价值低、不经常购买的小商品，即使单位价值较高，购买者也不大注意。此外，购买者虽然关心产品价格变动，但是通常更关心取得、使用和维修的总费用。因此，如果卖主能使顾客相信某种产品取得、使用和维修的总费用较低，那么，他就可以把这种产品的价格定得比竞争者高，赚取较多的利润。

3. 常用的几种提价方法

（1）采用延缓报价：公司决定到产品制成或者交货时才制定最终价格。生产周期长的产业，如工业建筑和重型设备制造业等，采用延缓报价定价法相当普遍。

（2）使用价格自动调整条款：公司要求顾客按当时的价格付款，并且支付交货前由于通货膨胀而引起的增长的全部或部分费用。多用在大型的工业项目，如飞机制造和桥梁建设。

（3）分项定价：公司维持产品原价不变，但对原来产品的一项或几项售后服务收费。

（4）减少折扣：公司减少常用的现金和数量折扣，指示其销售人员不可为了争取生意而不按目录价格报价。

4. 提价策略

（1）掌握时机，适时提价。比如，在市场上总体价格水平处在高位，而且一直居高不下的条件下提价，顾客一般难以察觉，即使察觉到了也常表示理解。

（2）提价幅度不宜太大，速度不宜太快。

（3）宜被动提价，不宜主动提价。采用被动提价可以巩固老客户，还可以发展新客户。而且，对于以后的被动提价，顾客也会理解和接受。

（4）宜间接提价，不宜直接提价。间接提价是指企业维持商品价格不动，而是采取诸如减少包装数量、提高购买点、降低折扣率、佣金率等方法。

课堂思考

根据你的日常经验，企业还可以采取哪些名义上没有涨价，但实际上变相涨价的方法？

10.4.3 应对竞争者价格变化

在同质产品市场上，如果竞争者降价，企业必须随之降价，否则顾客就会购买竞争者的产品；如果某一个企业提价，且提价会使整个行业有利，其他企业也会随之提价，但如果某一个企业不随之提价，那么最先发动提价的企业和其他企业也不得不取消提价。

在异质产品市场上，企业对竞争者改变价格的反应有更多的选择。因为在这种市场上，顾客选择卖主时不仅会考虑产品价格因素，还会考虑产品质量、服务、性能、外观、可靠性等多方面的因素。因而在这种产品市场上，顾客对于较小的价格差异并不在意。

1. 企业做出反应前必须考虑的问题

（1）竞争者为什么变价？

（2）竞争者打算暂时变价还是永久变价？

（3）如果对竞争者变价置之不理，将对企业的市场占有率和利润有何影响？

（4）其他企业是否会做出反应？

（5）竞争者和其他企业对于本企业的每一个可能的反应又会有什么反应？

2. 应对竞争对手降价的策略选择

面对对手的"侵略性降价"，企业需要根据掌握的信息做出评估后再做选择（图10-8）。

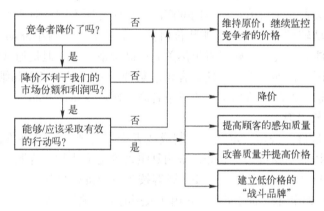

图10-8 应对竞争对手降价的逻辑

（1）维持原价格。企业在下列情况下可以维持其原来的价格和利润幅度：①如果降价会失去很多的利润；②不会失去很多的市场份额；③必要时会重新获得市场份额；④感到能抓住好的顾客，而放弃一些较差的顾客给竞争者。

（2）提高被认知的质量。企业可以维持原价格，但要增加产品的认知质量。企业可以提升产品质量、服务和信息沟通效果，以便使顾客能看到更多价值。企业可以发现维持原价并花钱去改进产品质量比降价经营要合算得多。

（3）降价。企业可以降低自己商品的价格，以达到竞争者价格的水平。它可以这样做是因为：①它的成本将随着数量增加而下降；②它将失去很多的市场份额，因为本市场对价格是敏感的；③一旦它失去市场份额，它要全力去重新获得市场份额。当公司降价时应努力去维持它所提供的商品的价值。

（4）提高价格的同时改进质量。提高价格改进质量，使自己的品牌进入高层次的市场定位。高质量支持高价格，可以保证更高的利润率。

（5）推出廉价产品线反击。一种最佳反应是在经营产品中增加廉价品种，或者另外创立一个廉价品牌（称作低价"战斗品牌"）。如果某个正在丧失的细分市场对价格敏感，这种做法就很有必要。

【引例10-11】

休布雷公司巧定酒价

休布雷公司是美国生产和经营伏特加酒的专业公司，其生产的史密诺夫酒在伏特加酒市场上享有较高的声誉，占有率一度达20%以上。20世纪60年代，另一家公司推出一种新型伏特加酒，其质量不比史密诺夫酒低，每瓶却比它便宜1美元。

面对此种情况，按照惯常做法，休布雷公司将采用三种对策：第一，降低1美元，以保住市场占有率；第二，维持原价，通过增加广告费用和推销支出与对手竞争；第三，维持原价，听任其市场占有率降低。

然而该公司的市场营销人员经过深思熟虑后，却采取了对方意想不到的第四种策略，即将史密诺夫酒的价格再提高1美元，同时推出一种与竞争对手的伏特加酒价格一样的瑞色加酒和另一种价格低一些的波波酒。事实上这三种酒的味道和成本几乎相同，但该策略却使休布雷公司扭转了不利局面：一方面，提高了史密诺夫酒的市场地位，使竞争对手的伏特加酒变得普通；另一方面，未影响公司的销售收入，而且由于销量大增而使得利润大增，令人拍案叫绝。

（资料来源：程云喜. 休布雷巧定酒价 [J/OL]. 业务员网, [2000-08-03] http://www.yewuyuan.com/article/200008/200008030038.shtml）

10.5 能力实训

10.5.1 营销思辨：正确的价格是公平的价格吗

第10章 小结

价格的制定通常是为了满足需求，或者反映顾客愿意为一种产品或服务支付的溢价。但是，一些批评者却对一瓶水卖15元人民币，一双运动鞋卖1000多元人民币的现象深感厌恶。

辩论双方

正方：价格应该反映消费者愿意支付的价值。

反方：价格主要反映生产产品或服务所消耗的成本。

10.5.2 案例讨论：Priceline的自我定价模式

第10章 案例讨论

1. 公司简介

1998年，美国人Jay Walker创立了Priceline，并将其核心业务模式"Name Your Own Price"进行了专利注册。打开Priceline的网站，最直观的可选项目就是"机票""酒店""租车""旅游保险"。Priceline属于典型的网络经济，它为买卖双方提供一个信息平台以便交易，同时提取一定的佣金。对于希望按照某一种住宿条件或者指定某一品牌入住的客人，Priceline也提供传统的酒店预订服务，消费者可以根据图片、说明、地图和客户评论来选择自己想要的酒店，并且按照公布的价格付款。但是 Priceline 所创立的"Name Your Own Price"（自我定价系统）十几年来一直独树一帜，被认为是网络时代营销模式的一场变革，而 Priceline 公司则在发明并运用这一模式的过程中迅速成长。

2. 自我定价模式分析

Priceline 发明的"Name your own price"（自我定价）系统是经济学中价格与价值相互关系原理的延伸解读，即产品的价值和使用价值可以通过价格体现出来，但是产品越接近保质期，它的使用价值就越小，理论上达到保质期时点之时，产品的使用价值就会变为 0。具体到机票或者酒店行业，越临近登机或者入住，机票和酒店客房的实际价值就越小，而一旦飞机起飞或者客房空置超过 24 点，其使用价值便会为 0。

Priceline 中国大陆地区的市场负责人表示："对于航空公司来说，在临近'保质期'时刻，多售出一张机票，多搭乘一个旅客的边际成本是机舱食物，而边际效益却可以达到最大化；对于酒店运营商来说，售出最后一间客房的边际成本只是洗浴用品和水电费用。因此，飞机即将起飞时的最后空位和酒店最后的空置客房，对供应商来说当然是多卖一个赚一个。"

Priceline 公司正是基于以上经济学原理和现实情况，提出了一种独创的商业模式："Name your own price" system（自我定价系统）。这种模式允许消费者通过网络向 Priceline 网站就某种商品或服务报出自己愿意支付的价格，由 Priceline 负责从自己的数据库或供应商网络中寻找愿意以消费者所定的价格出售该种产品的供应商。

而这种定价模式并不适合所有人群，它只对价格敏感型客户起作用，对时间效率要求较高的商务人士或者高端客户并没有足够的吸引力，因为他们不缺钱。因此，Priceline 主要是针对价格敏感型客户和希望能够低价旅行的消费者设计自己的产品和服务，而正是这些价格敏感的群体构成了 Priceline 的主要客户群。

我国有携程网或者艺龙网等大型旅游服务网站，国外有 Expedia，它们主打的是"旺季"销售。而 Priceline 作为后来者，并没有抢占传统 B2C 模式的市场份额，而是巧妙地避其锋芒，深入挖掘"淡季"客户资源。在"淡季"，较多的旅游资源供较少的消费者选择，因而存在大量临近"保质期"的旅游商品。消费者只需要在线提供自己期望的产品和价格，剩下的都由 Priceline 完成，这不仅降低了商品价格，还节约了交易成本，从而赢得"淡季"客户的青睐。

3. 一个例子

《5 分钟商学院》的作者刘润举了一个例子来说明自我定价模式：假如我今天飞到西雅图，约微软的老同事一起吃饭。西雅图的五星级宾馆 200 美元一晚，这时，我在 Priceline 上出价 80 美元寻求入住，估计没有哪家酒店愿意搭理我。没关系，我边吃边等，等到晚上 9 点的时候，可能就会有酒店搭理我了；如果没有，我就继续等。酒店的房间就是库存，这种库存和衣服不同，一旦过了半夜就彻底清零了。因此，到了晚上 10 点，酒店在基本确定今晚有库存风险后，就可以接下我 80 美元住一晚的订单，至少比空在那里好。假如某家酒店准备晚上 10 点接单，而另一家酒店也想做这笔生意，或许会提前半小时接单，而其他酒店可能 9 点就开始接单了……因此，我在西雅图住一晚上酒店，价格是我自己定的。

（资料来源：https://baike.baidu.com/item/Priceline/7927470?fr=aladdin#3. 有补充修改）

问题讨论

1. 你认为"自我定价"模式体现了哪种导向的定价方法？

2. 你认为"自我定价"模式除了用在订机票和酒店上,还可以用在哪些地方?

10.5.3 实践应用:如何应对竞争性降价

某公司开发了一种饲料添加剂产品并获取了专利,定价 78 元每单位,利润率高达 200%。产品上市不久,其竞争对手就推出了另外一种竞争性产品,价格却低到了 50 元每单位。该公司希望通过该产品树立企业科技创新的形象,但却面临降价的压力。公司该如何应对?

10.5.4 学习笔记:总结·记录·关联

总结	自己动手,总结本章的学习要点
记录	记录下老师补充的新知识
关联	联系自身,你认为本章对你成长最有价值的知识是什么?为什么

第 11 章 渠道管理

未来的十年、二十年，没有电子商务这一说，线上、线下和物流必须结合在一起，才能诞生真正的新零售。

——马云（2016 云栖大会）

 开篇案例

疫情加速家电渠道变革，董明珠带头直播

奥维云网（AVC）全渠道推总数据显示，2020 年第 1 季度，国内空调市场零售量规模为 477 万套，同比大降 51.3%，零售额为 138 亿元，同比大跌 61.4%。而格力一直引以为豪、深度依赖的传统渠道面对"宅家关门"的大势无能为力，其一季度营收大降 49%，净利润下降近 73%。

疫情期间的残酷市场现实让格力也不得不低下头，重审原先过分倚重、单一的自建渠道模式，加速渠道变革。

一个月时间不到，格力电器在董明珠带领下已经进行了 3 次直播。2020 年 5 月 10 日，格力电器 CEO 董明珠再度直播卖货。在开售 30 分钟后，3 款产品的销售额便已突破 1 亿元，100 分钟后突破 2 亿元。快手官方数据显示，全场直播 3 小时总销售额高达 3.1 亿元。而最新一次在 2020 年 5 月 15 日的京东直播间，成交额突破 7.03 亿元，创下家电行业直播带货历史上的最高成交纪录。据《中国证券报》2020 年 12 月报道，董明珠全年一共进行了 13 场直播，创下 476.2 亿元的销售额。

直播的爆发让格力看到了普通线上购物平台（如淘宝、京东、国美等）所不具备的全新销售模式的魅力，而直播过程中的思想交流和服务沟通，让企业与 C 端客户的距离更为快捷、丰富、高效，使得格力对直播的态度也由"直播，但不为带货"转变为"未来，格力直播可能会常态化"。

（资料来源：林州波. 渠道大变革，家电企业如何直播带货 [J].
销售与市场，2020（08）：88. 有补充）

11.1 认识分销渠道

菲利普·科特勒认为，一条分销渠道是指某种货物或劳务从生产者向消费者移动时取得这种货物或劳务的所有权，或帮助转移其所有权的所有企业和个人。简单来说，就是商品和服务从生产者向消费者转移过程的具体通道或路径。一条分销渠道主要包括商人中间商（因为他们取得所有权）和代理中间商（因为他们帮助转移所有权）。

分销商虽然面临来自网络销售和直销方式的冲击，但它永远不会消失，因为它的存在使社会交易次数减少，交易成本降低（图 11-1）。

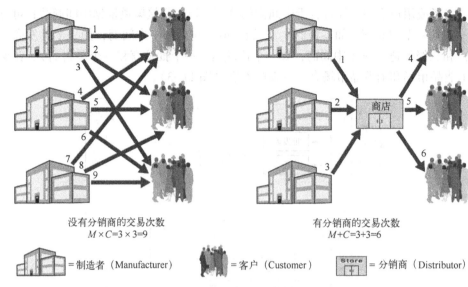

图 11-1　分销商减少了交易次数

课堂思考

对于制造企业来说，利用分销渠道完成销售工作有哪些好处？

11.1.1　分销渠道的功能

分销渠道成员的重要功能（图 11-2）包括：

- 信息：收集和传播营销环境中潜在和现行的顾客、竞争对手和其他参与者的营销信息。
- 促销：发送和传播有关产品的富有说服力的沟通材料。
- 谈判：尽力达成有关产品的价格和其他条件的最终协议，以实现所有权的转移。
- 融资：获得和使用资金，补偿分销渠道的成本。

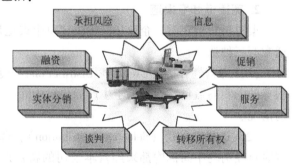

图 11-2　渠道的主要功能

- 承担风险：在执行渠道任务的过程中承担有关风险（如库存风险、呆账风险等）。
- 实体分销：运输和储存货物。
- 转移所有权：所有权从一个组织或个人转移到其他组织或个人。
- 服务：服务支持是渠道商提供的附加服务（如交货、安装、修理、培训等）。

11.1.2　分销渠道的结构

1. 直接渠道和间接渠道

按商品在交易过程中是否经过中间环节，可以分为直接渠道和间接渠道。直接渠道是指生产企业不通过流通领域的中间环节，将产品直接卖给消费者；间接渠道是指商品从生产者转移至消费者或用户手中要经过若干中间商的分销渠道。间接渠道根据中间商数目可分为一级渠道（包括一个中间商，如零售商）、二级渠道（包括两个中间商，如一个批发商、一个零售商）和三级渠道（三个中间商，如一个代理商、一个批发商和一个零售商）。在渠道长度上，工业品市场和消费品市场有一些细微差别（图11-3）。

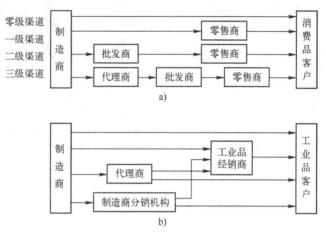

图11-3 消费品市场和工业品市场的分销渠道
a）消费品市场分销渠道 b）工业品市场分销渠道

思考哪些产品适合直接渠道，哪些产品适合间接渠道？

2. 宽渠道和窄渠道

渠道长短确定后，企业还必须决定每个渠道层次使用多少中间商，即决定渠道的宽窄。通常有三种选择：

（1）专营性分销（Exclusive Distribution）。专营性分销是严格地限制经营本公司产品或服务的中间商数量。它适用于生产商想对中间商实行大量的服务和对服务售点进行有效控制的情况。

（2）选择性分销（Selective Distribution）。选择性分销是利用一家以上，但又不是让所有愿意经销的中间机构都来经营本公司的特定产品。一些已建立信誉的公司或者一些新公司，都利用选择性分销方式来寻找和选择经销商。

（3）密集性分销（Extensive Distribution）。密集性分销又称广泛分销，特点是尽可能多地使用商店来销售本企业的商品或劳务。当消费者要求在当地能方便地购买商品或劳务时，密集性分销就至关重要。

专营分销、选择性分销和广泛分销分别适合哪些类别的商品？

11.1.3 渠道组织类型

分销渠道的组织类型可分为垂直营销系统（Vertical Marketing System，VMS）、水平营销系统（Horizontal Marketing System，HMS）和多渠道营销系统（Multichannel Marketing System，MMS）。

1. 垂直营销系统

垂直营销系统的出现是对传统营销渠道的挑战。传统营销渠道由独立的生产者、批发商和零售商组成，每个成员都是作为一个独立的企业实体，追求自己利润的最大化，即使以损害系统整体利益为代价也在所不惜。没有一个渠道成员对其他成员拥有全部的或者足够的控制权。

垂直营销系统是由生产者、批发商和零售商所组成的一种统一的联合体。VMS 形成的形式有：公司式、管理式和合同式三种垂直营销系统，如图 11-4 所示。

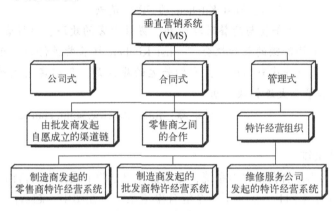

图 11-4 垂直营销系统

（1）公司式垂直营销系统：将从生产到分销的一系列步骤都统一起来，归于同一个公司的所有权下。协调和冲突管理工作通过常规的组织渠道完成。

（2）管理式垂直营销系统：管理式垂直营销系统是通过某一家规模大、实力强的企业出面组织形成一个连续的生产和分销系统，有人称之为威望型。掌握领导权的可能是制造商（如宝洁），也可能是零售商（如沃尔玛），关键看谁的牌子大、影响力强。

（3）合同式垂直营销系统：合同式垂直营销系统是由在不同的生产和分销水平上的各自独立的公司组成，它们以合同为基础来整合各自的行为，以求获得比其独立行动时所能得到的更大的经济效果。有人称之为契约型。合同式垂直营销系统有批发商倡办的自愿连锁组织、零售商合作组织和特许经营组织三种形式。其中，特许经营发展较快，表现为三种主要形式：制造商发起的零售特许经营系统（福特公司+经销店）、制造商发起的批发特许经营系统（可口可乐公司+装瓶厂）和服务公司倡办的零售特许经营系统（香格里拉管理集团+香格里拉饭店）。

2. 水平营销系统

水平营销系统是同一层次的两个或多个企业联合起来，共同开发营销机会。通过共同工作，各企业将资产、生产能力和营销资源结合起来，以达到单一公司不可能达到的经营效果。这种共同工作可以是竞争者之间的联合，也可以是非竞争者的联合。阿德勒（Adler）将其称为"共生营销"。例如，在商场和超市里面开餐饮店，在餐馆里面销售图书，就起到了彼此引流的效果。

【引例11-1】 餐饮"合作店"，吃出两家饭

你想在一家快餐店吃两家快餐店的东西吗？采用这种合作模式的快餐店在日本受到了欢迎。尝试这种经营模式的是美国快餐品牌 Wendy's 与日本快餐品牌 First Kitchen。

2015年，Wendy's先在两家First Kitchen试水了合作店模式。他们在外国食客较多的东京六本木与浅草开设了实验店，出乎意料的是，两家店的销售额分别增长了63%和31%。前者主打的是地道的美式汉堡，后者则主打意大利面和小食。两个品牌菜单重合率较低，用餐时段与主要消费群体也完全错开，合作店模式可以说是各取所需。由于下午茶时间段菜单品种丰富，First Kitchen约70%是女性食客。而Wendy's则在午餐与晚餐时段受到了男性食客的欢迎，男性食客比例约占60%。

"这是我们扩大市场份额的最后机会。"First Kitchen社长紫关修说。于是，Wendy's与First Kitchen打算加快合作店布局速度，它们长远的愿景是：年销售额达到100亿日元，取代摩斯汉堡成为日本第三大连锁快餐店。

（资料来源：https://www.sohu.com/a/151707219_139533）

3. 多渠道营销系统

多渠道营销又称为混合营销渠道系统，是指企业建立两个或更多的营销渠道以到达一个或多个目标市场的做法。图11-5展示了一个混合渠道系统。在图中，制造商通过邮购目录、互联网或电话直接向消费者细分市场1销售；通过零售商向消费者细分市场2销售；通过分销商和经销商间接向产业细分市场1销售；依靠自身的销售队伍向产业细分市场2销售。

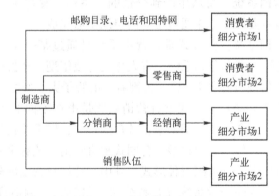

图11-5　多渠道营销系统

【引例11-2】　联想计算机的多渠道模式

联想计算机的营销渠道主要有以下几种模式：代理制渠道模式、经销制渠道模式、直销式渠道模式和直营式渠道模式。

代理制渠道模式可以减轻联想公司的库存压力，拓宽销售面，但存在代理商不注重品牌形象的市场培育和开拓，忽视市场的长期建设开发，还有市场信息的反馈不及时、全面等问题；经销制渠道模式的收入是商品销售价格减去购入价格后的销售差价。这种渠道模式的经营风险比代理制要小，但是厂家和经销商容易存在目标和观点不一致、期望不同等多方面的矛盾，导致一些冲突难以解决和协调。联想所采取的经销营销渠道占有相对市场份额大，获得了很好的效果；直销式渠道模式要求联想公司直接与最终消费者进行交易，而不需要代理商、经销商或零售商等中间环节的一种模式；直营式渠道模式有利于厂家全面控制市场和掌握终端用户，对市场可进行长期建设和培养。但如果采用直营式渠道模式，原来由商家承担的网络开发、销售、促销、融资、运输等职能，就全部由联想公司独自承担，这无疑对企业资金、人员管理等提出了更高的要求。

(资料来源：卫苗. 联想电脑营销渠道浅议 [J]. 现代营销（下旬刊），2017（01）：63)

11.1.4 渠道设计决策

分销渠道设计是指建立以前从未存在过的分销渠道或对已经存在的渠道进行变更的营销活动。设计渠道一般包括分析顾客需求和渠道服务产出水平、确定渠道目标、确定渠道结构方案和评估主要渠道方案四个方面。

1. 分析顾客需求与服务产出水平

顾客会基于价格、产品品类、便利程度和他们自己的购物目标来选择喜欢的渠道。即使同一名消费者也会出于不同的原因而选择不同的渠道。

渠道一般有五种服务产出：

（1）批量大小，是指顾客每次可以购买商品的数量。

（2）等候时间，是指顾客在订货或现场决定购买后，直到拿到货物的平均等待时间。

（3）便利程度，是指分销渠道为顾客购买商品提供方便的程度。

（4）选择范围，是指分销渠道提供给顾客的商品花色、品种、数量。

（5）售后服务，是指分销渠道为顾客提供的各种附加服务，包括信贷、送货、安装、维修等内容。

2. 确定渠道目标

渠道目标应该根据目标市场消费者的期望服务产出水平来确定。面对每一个细分市场，企业渠道的目标市场是在满足顾客服务的前提下实现总渠道成本最小。

公司渠道目标一般受以下五种因素的影响：

（1）产品因素：包括产品的物理化学性质、单价高低、技术复杂程度、标准化程度和新旧程度等。

（2）市场因素：包括目标市场范围、顾客集中程度、顾客的购买习惯、需求的季节性、竞争状况等方面。

（3）生产企业本身的因素：如生产企业本身的资源条件、经营能力与管理经验、控制渠道的愿望，以及售后服务能力。

（4）中间商状况：包括中间商提供服务的能力、中间商对生产商的态度和要求、经销商的经销费用、中间商的规模等。

（5）环境因素：包括经济是否景气、专门的法律法规、市场准入规定等。

3. 确定渠道结构方案

明确了企业的渠道目标和影响因素后，企业就可以设计几种渠道方案以备选择。一个渠道结构方案一般涉及三个要素：

（1）渠道的长度：即确定渠道的层级，到底该采用直销，还是一级渠道、二级渠道，还是更多层次？

（2）渠道的宽度：确定在各个层次上的渠道数量，是独家分销、选择性分销还是密集性分销？

（3）中间商类型：确定是批发、零售、代理、经销，还是租赁；是线上中间商还是线下实体店？

课堂思考

上述影响渠道目标的五种因素，分别对渠道的长度、宽度结构有什么影响？

4. 评估主要渠道方案

评估主要渠道方案的任务，是在那些看起来都可行的渠道结构方案中选择出最能满足企业长期营销目标的渠道结构方案。因此，必须运用一定的标准对渠道进行全面评价，其中常用的有经济性、可控制性、适应性三方面的标准。

（1）经济性标准，不同的渠道模式会产生不同的收益和成本，企业的最终目的在于获取最佳经济效益。

（2）控制性标准，不同中间商要求的控制权不同，在其他条件相同的条件下，企业希望保留更多的控制权。

（3）适应性标准，企业要求保持灵活性以适应市场需求和相关环境的变化。

课堂思考

根据你的经验，谈谈经销商、代理商、分销商、批发商、零售商有什么区别和联系。

11.2 渠道管理

11.2.1 选择中间商

选择经销商就像选择婚姻的另一半，经销商和制造商的关系有点像夫妻关系，选择对了会幸福一生，尽管可能会出现小矛盾，但不会有大问题。

1. 市场覆盖范围

市场覆盖是选择分销商最关键的因素。首先，要考虑分销商的经营范围所包括的地区是否和企业产品预期销售地区一致。其次，要考虑分销商的销售对象是否是企业所希望的潜在顾客，这是最基本的条件，因为生产企业希望所选的分销商能打入自己选定的目标市场。

2. 声誉

在目前市场游戏规则不健全的情况下，中间商的声誉尤为重要，它不仅直接影响货款回收，还直接关系到市场的网络支持。一旦中间商中途有变，企业就会欲进无力、欲退不能，重新开发市场往往需要付出更大的成本。

3. 中间商的历史经验

许多企业在选择中间商时很看重历史经验，往往会认真考察其一贯的表现和盈利记录。若中间商以往经营状况不佳，则将其纳入营销渠道的风险就大。而且，经营某种商品的历史和成功经验是中间商自身优势的另一个来源，但也要防止过于依赖经验而忽略学习能力。

4. 合作意愿

分销商与企业合作得好，就会积极主动地推销产品，这对双方都有利。态度决定销售业绩，因此，企业应该根据销售产品的需要，考察分销商对企业产品销售的重视程度和合作态度，然后再考虑合作的具体方式。

5. 产品组合情况

一般认为，在经销产品的组合关系中，如果经销商经销的产品与自己的产品是竞争关系，那么应避免选用；但是，如果产品组合有空当，或自己产品的竞争优势非常明显，那么选用这样的经销商未尝不可。

6. 财务状况

生产企业倾向于选择资金雄厚、财务状况良好的分销商，这样可以还款有保证，还可能在财务上给生产企业一些帮助，从而有助于扩大产品生产规模、拓宽销路。

7. 中间商区位优势

分销商理想的位置应该是顾客流量大的地点。批发商的选择则要考虑其所处的位置是否有利于产品的储运，通常以交通枢纽为宜。

8. 中间商的促销能力

分销商推销产品的方式以及促销手段的运用直接影响到销售业绩。要考虑分销商是否具有促销能力以及愿意承担一定的促销费用，有没有必要的物质、技术和人才优势。

【引例 11-3】 经销商选择要避免三大误区

误区一：有钱、有网络的大经销商就是好经销商。

某世界 500 强粮油巨头的销售人员抱怨，一家合作近半年的大经销商因为每吨 20 几元钱的差价而选择了经营竞争对手的豆粕。可见，在选择经销商时，资金实力和网络覆盖能力固然相当重要，但不应该是唯一的标准。厂商关系应该定位在利益共同体、长期战略合作伙伴关系上，这需要深入了解经销商的经营理念和战略目标，也需要考察经销商的声誉，清楚老板的为人等方方面面。

误区二：选就选做过多年的老资格经销商。

某著名饮料企业签了一家老经销商，对方在饮料行业摸爬滚打多年，市场经验相当丰富，可在短暂的甜蜜之后，痛苦接踵而至。饮料行业由于近几年的激烈竞争越来越难做，依仗以往的粗放终端管理打法已经远远跟不上市场需求。在这种形势下，企业制订了种种对终端精耕细作的策略，而经销商却对此非常不屑，因为他们以往的经营模式都是从厂家拿货，卖给二批商或直接批发给大超市，结账收钱万事大吉，既简单又赚钱。经销商有一定的营销经验固然好，但任何经验都是在特定环境下形成的，当营销环境发生变化时，经销商若固执地抱着已经不合时宜的经验不放，反而有可能成为包袱。

误区三：经销商和分销商越多，我的产品卖得越好。

某品牌白酒山东区域经理非常苦恼：虽然去年在 A 市又签了 5 家分销商，但是公司产品销量停滞不前，更为恼人的是，市场价格也变得非常混乱，与周边城市的窜货现象也开始露出苗头。原来由于 A 市属于地级市，市场狭小但分销商数量却多达 20 几家，区域重叠导致了分销商之间的恶性竞争。

选择恋人未必选择万人迷，适合自己的才是最好的。选择经销商也是一样，未必要选择钱最多的、网络最大的、经验最丰富的、越多越好，适合企业的才是最好的。

（资料来源：http://www.cmmo.cn/article-32959-1.html）

11.2.2 渠道权力、中间商激励与调整

1. 渠道权力

渠道权力（Channel Power）是改变渠道成员的能力。本质上，"渠道权力是一个渠道成员对另一个渠道成员行为的控制力和影响力"。制造商渠道权力来源于以下五个方面（图11-6）：

（1）强制权力（Coercive Power）：制造商通过行使某种强制性的措施而对中间商产生影响的权力。如果中间商不合作，就收回资源或者终止合作关系。这种权力可能有效，但过于强势的压力往往会招致中间商的反抗。

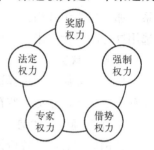

图11-6 渠道权力来源

（2）奖励权力（Reward Power）：当中间商执行制造商要求的特定活动或功能时，制造商给予其额外的利益。奖励权力比强制权力要好，但容易让中间商形成得到奖励的预期，从而降低奖励效果。

（3）法定权力（Legitimate Power）：制造商依据合同，要求中间商实施某种行为的权力。一旦中间商认为制造商是合法领导者，法定权力就会发挥作用。

（4）专家权力（Expert Power）：制造商因为拥有中间商认为的有价值的知识而产生的影响力。一旦中间商掌握了这些知识或技术，该权力就削弱了。因此制造商必须不断开发新的专门技术，使中间商愿意继续合作。

（5）借势权力（Referent Power）：制造商拥有巨大品牌影响力，受到行业尊敬，以至于中间商以与其合作为荣。例如，IBM、宝洁、华为等公司都有很高的借势权利。

2. 激励中间商的方法

美国哈佛大学心理学家威廉·詹姆士在《行为管理学》一书中认为，合同关系仅能使人的潜力发挥20%~30%，而如果受到充分激励，其潜力可发挥至80%~90%。我国的不少企业把大量的精力放在了增加网点，调整渠道模式上，而常常忽略对经销商的激励。

（1）直接激励。直接激励往往借助于物质的刺激，给予中间商附加利益。如较高的毛利、特殊优惠、各种奖金、返利、合作性广告补贴、陈列津贴以及推销竞赛等。这种授之以鱼的做法往往会导致中间商越来越多地要求报酬，如果附加利益被取消，中间商往往会感到不满，有受骗的感觉。

（2）间接激励。间接激励着眼于对中间商长期激励，帮助他们提高管理效率，是授之以渔的做法。主要方法有帮助中间商制定分销计划、管理库存、共享信息、销售能力培训等。我国一些企业甚至送经销商去上MBA或直接向分销商输出经理人，切实帮助他们提高管理水平。

有些情况下，正面激励并非总是有效，这时需要一些负面强化激励。中间商如果不能很好合作的话，可以减少毛利、放慢供货，甚至终止合作关系。在分销商对制造商高度依赖的条件下，这种方法尤其有效。

【引例11-4】　　　疫情期间，OPPO让经销商死心塌地

疫情期间因为居民不能外出，不少门店都陷入了困境之中，虽然没人到店消费，但租金还是要付的。为了稳住经销商，OPPO和省级代理商以房租补贴的方式给予支持，基于门店的不同地段、不同城市和不同的租金压力，实际补贴为60%、50%、40%、30%不等。在行情不佳的时候支持这些前哨阵地，行情转好的时候他们便会是OPPO最忠实的合作伙伴。

虽然收益下降，但OPPO承诺的返点照常支付，言出必行。在海南，OPPO从前一年的返点中拿出了300余万元答谢客户，2020年4月尽管受疫情影响比较严重，但也依然坚持拿出300余万元答谢客户、兑现承诺，因此OPPO在海南收获了一大批忠诚度极高的头部、腰部和底部客户，拥有强大的战斗力。

在经销商人才培养方面，OPPO也很有自己的一套。OPPO的许多渠道管理层都有丰富的工厂总部工作经验，极大地保留了代理商的积极性和忠诚度。在经销商遇到困难的时候他们可以第一时间去帮助他们，并且在经销商当中树立共赢心态，帮经销商处理售后，处理库存，做好销售、做好形象，实现真正的渠道共赢。

（资料来源：https://m.sohu.com/a/406785690_397514/）

3. 渠道调整

生产者的任务不能仅限于设计一个良好的渠道系统，并推动其运转，还要定期进行改进，以适应市场新的变化。当消费者的购买方式发生变化、市场扩大、新的竞争者兴起和创新的分销战略出现，以及产品进入产品生命周期的下一阶段时，便有必要对渠道进行调整。

企业市场营销渠道的调整可从三个层次上来研究。从经营层次上看，可能涉及增加或剔除某些渠道成员；从特定市场的规划层次上看，其调整可能涉及增加或剔除某个特定的市场渠道；在企业系统规划层次上，可能涉及整个渠道模式的调整。

增加或减少某个渠道成员，要观察企业利润将如何变化。在实际业务中，还要考虑对其他中间商的销售量、成本和情绪的影响。当制造商在某个目标市场上只通过增减个别中间商不能解决根本问题时，就会增减某一特定分销渠道。如某化妆品公司发现其经销商只注意成年人市场而忽视儿童市场，为了促进儿童化妆品市场的开发，就可能增加一条新的分销渠道。随着时间的推移，原有的分销模式往往会落伍，不能很好地满足目标市场的需要，这时需要对整个分销模式进行调整。如我国一些以前只有实体店的品牌，在电子商务快速发展的冲击下，也开始增加网上销售渠道。同时，一些线上渠道也开始重视线下渠道。

【引例11-5】 良品铺子的两次渠道变革

2006年，良品铺子正式成立。所谓"良品铺子"，表达的是"良心的品质，大家的铺子"的创业初心和价值观——企业要凭"良心"做吃的，注重食品安全，要让消费者在"铺子"里拥有极致的体验，享受美味的食品。

良品铺子发展初期采用直营模式扩充门店网络，建立线下渠道覆盖体系。然而线上消费的兴起不仅增加了人们的购买渠道，而且也改变了人们的消费习惯。面对加速变化中的外部环境，良品铺子意识到，仅靠传统线下门店作为销售渠道不足以支撑企业的快速发展和可持续发展。为此，良品铺子开始了持续的渠道变革。

2010年—2016年，良品铺子经历了第一阶段的变革：成立了独立于门店业务的电商部门，采取多渠道模式，通过各个渠道产供销独立运作，促进各个渠道业务的发展。随着线上业务规模的扩大以及新零售环境的发展，线上线下独立运作的多渠道模式逐渐在线上和线下的品牌认知一致性、价格协调性、商品规划的复杂性、供应链的规模经济性等方面显现出问题。

从2017年开始，走过多渠道阶段的良品铺子开始致力于新一阶段的渠道转型。一方面，良品铺子紧跟商业潮流，扩充渠道，构建全方位的渠道矩阵，实现多触点触达消费者。另一方面，良品铺子开始布局跨渠道模式；在渠道融合方面，良品铺子实现了门店端与移动端（例如，小程序、APP和外卖）的线上线下融合（O2O）；在产品规划和定价、品牌推广与促销、客户管理方面，良品铺子的线上线下渠道在品类和价格方面的差异缩小，在线上线下的产品规划、定价策略和营销规划上有所协同，同时在会员体系上进行线上线下打通，使得消费者的购物体验得到了提升。

（资料来源：胡左浩，孙倩敏.良品铺子：数字化助力渠道变革［J］.
清华管理评论，2020（09）：18-25）

11.2.3 渠道冲突管理

1. 渠道冲突类型

渠道冲突是渠道成员之间因为利益关系产生的各种矛盾与不协调。冲突的类型如图11-7所示。

（1）纵向渠道冲突，也叫垂直渠道冲突，指在同一渠道中不同层次企业之间的冲突。例如，某些批发商可能会抱怨生产企业在价格方面控制得太紧，留给自己的利润空间太小，而提供的服务（如广告、推销等）太少。

（2）横向渠道冲突，也叫水平渠道冲突，是渠道中同一层次的渠道成员之间发生的冲突，例如同级批发商之间或者同级零售商之间的冲突。低价窜货是一种典型的横向渠道冲突。窜货，又称为倒货或冲货，也就是产品跨区销售，包括自然性窜货、

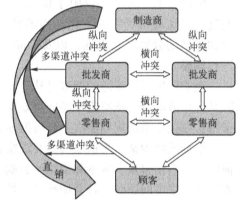

图 11-7 渠道冲突的类型

良性窜货和恶性窜货。恶性窜货是指为获取非正常利润，经销商蓄意向自己辖区以外的市场倾销产品的行为，会扰乱价格体系，给企业带来巨大伤害，必须加以治理。

（3）多渠道冲突。即厂家建立了两条或两条以上的渠道，向同一市场销售产品而发生的不同渠道之间的冲突。现实中，这种冲突主要表现为新兴渠道对传统分销渠道的冲击，如网络直销或者厂家跨过原有区域批发商，与大型连锁卖场直接进行交易，结果引发原有区域批发商强烈不满。

查阅相关资料，思考窜货的原因可能有哪些？治理窜货有哪些策略？

2. 化解渠道冲突的对策

低水平的渠道冲突对分销效率没有影响，甚至还会帮助发现渠道管理中的漏洞，但激烈的渠道冲突可能导致渠道崩溃。我们应该想办法化解高水平的渠道冲突。化解渠道冲突先采用积极的对策，再考虑消极的对策（图11-8）。

积极的对策主要有以下五种：

（1）真诚沟通。适当解释、经常沟通可以消除误解、增进感情，是保证渠道畅通的一个很重要条件。

（2）增加激励。分销商也需要不断得到肯定和激励，尤其是在市场竞争激烈、经营困

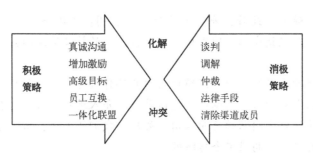

图 11-8　化解渠道冲突的对策

难的情况下，加大激励的力度会取得较好的效果。

(3) 高级目标。当整个渠道面临外部的威胁时，和分销商一起制定更高的目标会暂时缓和内部矛盾，例如，目标可以是共生共存、提高市场份额、品质高或客户满意等。

(4) 员工互换。在两个或两个以上的渠道层次上互换人员，促使换位思考，加深相互理解。

(5) 一体化联盟。一体化战略联盟可以把竞争关系变为合作关系，冲突双方通过并购或签订协议的方式，形成风险利益共同体。

根据冲突程度和性质，也需要采用一些消极的方法，主要有以下几种：

(1) 谈判。谈判的目的在于停止成员间的冲突。妥协也许会避免冲突爆发，但不是解决导致冲突的根本原因。谈判是渠道成员讨价的一个方法，在谈判过程中，每个成员会放弃一些东西，从而避免冲突发生，但利用谈判或劝说要看成员的沟通能力。

(2) 调解。调解是这样的一个过程：第三方试图劝说争论双方，要么继续谈判，要么考虑接受调解程序性的或是独立的建议。调解人一般会对情况有一个全新的看法，并且能发现"局内人"所不能发现的机会。有效的调解可以成功地澄清事实，保持对方的接触，寻求达成共识。

(3) 仲裁。仲裁能够代替调解，它可以是强制的或自愿的。强制性的程序是：双方必须按照法律规定服从于第三方，由它做出最终和综合性的决定。而自觉仲裁的程序是：双方自愿服从于第三方，由它做出最终和综合的决定。

(4) 法律手段。冲突有时要通过政府来解决，诉诸法律也是借助外力来解决问题的方法。对于这种方法的采用也意味着渠道中的领导力不起作用，即谈判、劝说等途径已没有效果。

(5) 清除渠道成员。对于不遵守游戏规则、屡教不改的渠道成员，就必须采用渠道成员清除的办法了。

【引例 11-6】 渠道冲突中第三方介入的调节作用

新浪网的一篇报道指出：连日来，在"汽车之家"网站宣布对经销商会员服务提价后，运通、中升、庞大等国内十余家汽车经销商决定并宣布暂时停止与"汽车之家"网站的合作。受此影响，汽车之家的股价短时间内下跌了 13.82%。全国工商联汽车经销商商会（以下简称"商会"）在第一时间介入此事件，集合经销商与汽车之家召开沟通协商会议。会上，各经销商提出了会员服务价格偏高等问题，希望汽车之家能够给予优惠。对此，汽车之家表示会借助于科技、服务、活动等方式进一步改进服务的水平与质量，开展活动让利优惠，为经销商带来更好的赋能。此外，商会会长朱孔源表明："商会介入调解是一个良好的开始，促进了汽车之家与经销商的共同发展，通过接下来的持续沟通与互动，相信任何问题与冲突都会化解。"

研究表明，渠道冲突对制造商和经销商之间的协作行为有负向影响，会减少双方共同制定计划与共同解决问题的行为；而制造商邀请第三方介入进行调解，则有助于弱化渠道冲突对共同制定计划与共同解决问题的负向作用。另外，我们还发现，第三方介入能够促进企业间协作行为，进而有助于提高渠道合作绩效。

（资料来源：卢亭宇，庄贵军．渠道冲突与企业间协作：第三方介入的调节作用 ［J］.
中国管理科学，2020（09））

11.3　物流系统

把商品送达顾客的过程传统上称为实物分配（Physical Distribution），而我们今天认识的物流概念涵盖整个供应链。

11.3.1　物流的概念与功能

1. 物流的概念

根据我国国家标准《物流术语》（GB/T 18354—2006），所谓物流（Logistics）是指物品从供应地向接收地的实体流动过程。根据实际需要，将运输、储存、装卸、搬运、包装、流通加工、配送、信息处理等基本功能实施的有机结合。对物流的理解需要注意以下几点：

（1）物流的对象不仅仅是物品，还应该包括人、服务和信息。

（2）物流是一个过程和系统，由许多环节和要素组成，需要实施一体化管理。

（3）物流的范围包括整个社会再生产过程，除了销售物流，还包括采购、生产、回收和废弃物流。

（4）物流追求效率和效果的统一，尽可能实现低成本下的高水平服务。

2. 物流系统的目标

物流系统目标概括地说就是以较低的成本和优良的顾客服务完成商品实体从供应地到消费地的运动。具体可表现为 7 个 R，即适合的质量（Right Quality）、适合的数量（Right Quantity）、适合的时间（Right Time）、适合的地点（Right Place）、适合的成本（Right Cost）、适合的顾客（Right Customer）、适合的产品或服务（Right Product or Service）。

不同类型物流系统对各目标的重视程度是不同的，典型情况有两种，一是以成本为核心，兼顾其他目标。对于价格、费用比较敏感的顾客，这样的目标体系是适合的。二是以服务、速度为核心，兼顾其他目标。这种物流系统适用于对价格、收费不敏感，而对服务水平、准时性等要求较高的顾客。

3. 物流的基本功能

（1）运输（Transportation）。运输是指用设备和工具，将物品从一地点向另一地点运送的物流活动，其中包括集货、分配、搬运、中转、装入、卸下、分散等一系列操作，主要业务有集货、运输方式和工具选择、路线和行程规划、车辆调度、送达等。

（2）储存（Storing）。储存是指保护、管理、贮藏物品，可以进一步细分为仓储管理（包括收货、检验、分拣、保管、拣选、出货）和库存控制（包括库存品种、数量、金额、地区、方式、时间等结构的控制）。前者偏重对确定的库存进行动态和静态的管理，后者属于储存决策（确定储存组合）。

（3）装卸（Loading and Unloading）。装卸是指物品在指定地点以人力或机械装入运输设备或卸下。在这个功能里还包括搬运（Handling/Carrying），即在同一场所内，对物品进行水平移动为主的物流作业。

（4）包装（Package/Packaging）。包装为在流通过程中保护产品、方便储运、促进销售，按一定技术方法而采用的容器、材料及辅助物等的总体名称，也指为了达到上述目的而采用容器、材料和辅助物的过程中施加一定技术方法等的操作活动，可以进一步细分为工业包装、销售包装和物流包装。

（5）配送（Distribution）。配送是指在经济合理范围内，根据用户要求，对物品进行拣选、加工、包装、分割、组配等作业，并按时送达指定地点的物流活动。

（6）流通加工（Distribution Processing）。流通加工是指物品在从生产地到使用地的过程中，根据需要施加包装、分割、计量、分拣、刷标志、拴标签、组装等简单作业的总称，可以进一步细分为生产型加工（剪切、预制、装袋、洗净、搅拌等）、促销型加工（分级、贴条形码、换装、分割、称量等）、物流型加工（冷冻、冷藏、理货、贴物流标签等）。

（7）物流信息（Logistics Information）。物流信息包括物流要素信息（流体、载体、流向、流量、流程）、管理信息（物流企业或者物流部门人、财、物等信息）、运作信息（功能、资源、网络、市场、客户、供应商等）和外部信息（政策、法律、技术等）。

11.3.2 运输决策

在物流的几大功能中，运输是最重要的功能之一，它创造了空间价值和时间价值，是物流过程中最主要的增值活动

1. 运输方式分类

按运输设备及运输工具不同，可以将运输分为铁路运输、公路运输、水路运输、管道运输、航空运输（图11-9）。

图 11-9　运输方式种类

2. 运输方式选择

运输方式的选择是物流合理化的重要内容。选择运输方式主要根据货物的性质、数量（重量）、运输距离、价格和时间要求来确定，如图11-10所示。

当然，在具体选择运输方式的时候，往往要受到当时特定的运输环境的制约，因而必须

综合判断运输货物的各种条件来加以确定。

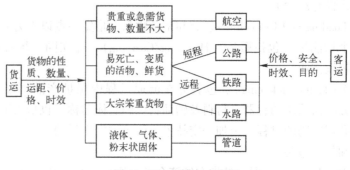

图 11-10　运输方式选择

11.3.3　库存管理

储存和运输被称为物流功能的两大支柱，尤其是储存中的库存控制，是降低渠道成本的关键。

1. 库存分类

库存可从几个方面来分类。从生产过程的角度可分为原材料库存、零部件及半成品库存、成品库存三类。从库存物品所处状态可分为静态库存和动态库存。静态库存指长期或暂时处于储存状态的库存，这是人们一般意义上认识的库存概念。实际上，广义的库存还包括处于制造加工状态或运输状态的库存，即动态库存，是指处于加工状态，以及为了生产的需要暂时处于储存状态的零部件、半成品或成品。运输过程的库存是指处于运输状态或为了运输的目的而暂时处于储存状态的物品。从经营过程的角度可将库存分为以下六种类型：

（1）经常库存。在正常的经营环境下，企业为满足日常需要而建立的库存。这种库存随着每日的需要不断减少，当库存降低到某一水平时（如订货点），就要进行订货来补充库存。这种库存补充是按一定的规则反复地进行的。

（2）安全库存是指为了防止由于不确定因素（如大量突发性订货、交货期突然延期等）而准备的缓冲库存。

（3）季节性库存是指为了满足特定季节中出现的特定需要（如夏天对空调机的需要）而建立的库存，或指对季节性出产的原材料（如大米、棉花、水果等农产品）在出产的季节大量收购所建立的库存。

（4）促销库存是指为了应对企业的促销活动产生的预期销售增加而建立的库存。

（5）投机库存是指为了避免因货物价格上涨造成损失或为了从商品价格上涨中获利而建立的库存。

（6）积压库存是指因物品品质变坏不再有效用的库存或因没有市场销路而卖不出去的商品库存。

如果以是否盈利为标准来划分，还可以分为经营性库存和非经营性库存。后者又叫国家储备，主要是为了防止自然灾害和战争，如国家粮食储备库。

2. 库存控制

库存水平会影响到顾客满意度。如果存货太少，可能面临缺货风险，丧失销售机会。为了补充新货，企业可能需要额外付出紧急配送和加急生产的成本。库存太多则导致不必要的库存成本和物品过时成本。因此,库存控制的核心是要做好成本和利润的平衡,实现顾客满意条件下的成本最小化。下面是一些降低库存的方法和技术。

(1) 通过准时制(JIT: Just In Time)物流系统降低库存水平。准时制的概念于1953年由日本丰田公司的副总裁大野耐一提出,准时制运作的基本理念是按需供应,即供给方根据需要方的要求,不早不晚、不多不少地运送,并且确保所送物资没有任何残次品。传统的观念认为,库存可以对运作起到缓冲作用,库存管理者总是思考如何能在成本最小的基础上提供缓冲;而信奉准时制运作的管理者则是思考我们怎样才能消除对库存的依赖。

(2) 消费者对工厂(C2F: Customer-to-Factory)。C2F是指将工厂、消费者、产品、信息数据互联,最终达成万物互联,利用物联网、大数据、移动互联网的手段,重构整个社会的供需关系。与JIT类似,C2F以消费者为主导,使工厂实现按需生产,降低生产成本,减少中间环节,降低工厂资金风险,避免库存积压,从而将零售价降到最低,消费者与工厂实现双赢。

(3) 经济订货批量(EOQ: Economic Order Quantity)是指在一定时期内进货总量不变的条件下,使订货费用和储存费用总和最小的采购批量。

订货费用是指随着订货次数变动而变动的费用,包括差旅费、运输费、业务费等。订货费用与订货批量成反比例关系,因为每订货一次就要花费一次订货费用。当在一定时间内订货总量一定时,每次订货批量大,订货的次数少,订货费用就低。反之,订货批量小,订货次数多,订货费用就多。

储存费用包括搬运费、资金占用利息费、商品损耗费、折旧费等,它同订货批量成正比例关系。因为当该商品的销量均匀时,每次订货批量大,平均库存量就大,因而付出的储存费用就高;反之,订货批量小,平均库存量小,需要支付的储存费用就小。

在订货过程中,必须从系统的角度,运用科学的方法,找到能使两种费用之和最小的批量,也就是经济订货批量。图11-11可以加深大家对经济订货批量的理解。

(4) 无线射频识别(RFID: Radio Frequency Identification)技术。RFID通过无线射频方式进行非接触双向数据通信,利用无线射频方式对记录媒体(电子标签或射频卡)进行读写,从而达到识别目标和数据交换的目的。使用RFID的企业可以在任何时刻知道产品在供应链中流动的准确位置,从而知道该何时订货,订多少货。如此精确的技术将会带来分销系统的革命。目前,世界上不少实力雄厚的公司都在投资推行RFID技术。

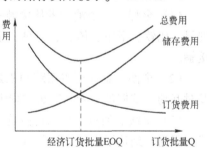

图 11-11 经济订货批量模型

11.4 全渠道与新零售

麦肯锡全球研究院报告指出,在消费与零售行业,绝大多数中国消费者已成为全渠道购物者,对购物体验的期望水涨船高,品牌商和零售企业应注重打造全渠道体验。随着购物场景日益丰富和分散,企业和消费者的触点不再局限于单一商场、网站等高流量入口。布局全渠道、发展新零售,提升消费者购物体验成为行业发展方向。

11.4.1 全渠道零售

1. 全渠道零售的概念

全渠道零售（Omni-Channel retailing），是指企业为了满足消费者任何时间、任何地点、任何方式的购买需求，整合实体渠道、电子商务渠道和移动电子商务等多种零售渠道的优势，给消费者带来无缝、一致的消费体验的一种战略。

2. 全渠道的演变过程

渠道的发展大致经过了单渠道、多渠道、跨渠道和全渠道四个阶段，但后面三个阶段之间的界限越来越模糊。

单渠道零售是零售商只通过一种零售渠道向消费者提供商品及服务，多渠道零售则是通过多种零售渠道向消费者提供商品及服务，能够更好地满足消费者需求，进而提高零售效率。随着互联网、大数据、云计算的快速发展，渠道之间的界限被打破，企业拥有了更加丰富的渠道资源，能够为消费者提供无缝、一致的购物体验，从而逐步进入跨渠道和全渠道零售阶段。

从传统单渠道到多渠道，将产品和服务拓展到独立电商渠道，通过渠道创新和多渠道组合零售，带来更大的市场空间和渠道便利性，实现渠道价值提升。在跨渠道零售阶段，围绕线下渠道主动与外部资源进行渠道互补，通过渠道整合与跨渠道合作，实现渠道价值交互。在全渠道零售阶段，不断进行适应性调整，打造系统化的渠道竞争优势，通过整合内外部资源，塑造平台化资源，构建全渠道产业链，实现全渠道价值共创以及与产业链利益相关者的共赢。

3. 全渠道特征

（1）全程。一个消费者从接触一个品牌到最后购买的过程中，全程会有五个关键环节：搜寻、比较、下单、体验、分享，企业必须在这些关键节点保持与消费者的全程、零距离接触。

（2）全面。企业可以跟踪和积累消费者的购物全过程的数据，在这个过程中与消费者及时互动、掌握消费者在购买过程中的决策变化、给消费者个性化建议，提升购物体验。

（3）全线。消费者可以自由选择线上、线下、移动购买方式，不再受时间、地点、方式的限制，到达了渠道全线覆盖。

【引例 11-7】 永辉超市的变革

永辉超市起源于福建省福州市。1998-2003 年，永辉超市只通过一种渠道（实体门店）向顾客提供产品及服务。由于销售渠道单一，企业盈利门槛低、获客成本高，消费者渠道选择严重受限。在这一阶段，永辉超市一直在通过整合企业内部资源，尽量满足消费者的需求，并努力提升门店绩效。

在渠道转型压力和外部资源支持下，2004—2008 年，永辉超市进入了以生鲜为主的多渠道发展阶段。"生鲜+超市"模式的确立，标志着永辉超市的区域发展战略迈出了关键性的第一步。在这一阶段，面对自身渠道资源的不足，永辉开始实施多渠道组合策略，增开电话购物、电视购物等新渠道，进一步提升了渠道便利性，促进了企业销售额增加，实现多渠道价值提升。

2009—2015 年，永辉进入促进渠道差异化的跨渠道零售阶段。2010 年，创建永辉西部物流中心；2015 年，永辉超市与京东在网上运营和物流配送等方面进行战略合作，并入驻"京东到家"移动 App（应用软件）。同时，通过"自建+投资"等方式，建立了"自营+合作"的农业基地以及远程采购体系，从而深入商品流通的整个链条。在这一阶段，永辉超市一方面通过优化仓储和物流系统，完善物流配送体系，实现了存货价值的最大化和存货成本的最小化；另一方面通过跨渠道整合，提高企业渠道融合能力，促进合作双方协同发展，实现了资源优势互补，提升了跨渠道交互价值。

2016 年至今，永辉进入价值共创的全渠道零售阶段。通过战略合作，永辉超市补齐了线上渠道拓展不力的"短板"，逐步构建了价值链生态体系，涵盖了"云超、云创、云商、云金"四个主要业务。在该阶段，永辉超市在推进"地网"（线下渠道）的基础设施建设的同时，搭建"天网"（线上渠道），强化供应链优势，实现线上线下的全渠道深度融合，从而打破了渠道之间的壁垒，并通过构建"生鲜+超市+餐饮"的全渠道产业链，实现了与全渠道利益相关者的互利共赢。

（资料来源：李玉霞，庄贵军等. 传统零售企业从单渠道转型为全渠道的路径和机理——基于永辉超市的纵向案例研究 [J]. 北京工商大学学报（社会科学版），2021，36(1)：10）

11.4.2 新零售

1. 新零售概念

根据百度百科的定义，新零售（New Retailing），即企业以互联网为依托，通过运用大数据、人工智能等先进技术手段，对商品的生产、流通与销售过程进行升级改造，进而重塑业态结构与生态圈，并对线上服务、线下体验以及现代物流进行深度融合的零售新模式。

《关于推动实体零售创新转型的意见》（国办发〔2016〕78 号）提出："建立适应融合发展的标准规范、竞争规则，引导实体零售企业逐步提高信息化水平，将线下物流、服务、体验等优势与线上商流、资金流、信息流融合，拓展智能化、网络化的全渠道布局。"

2. 零售业发展

我国零售业的变革经历了近百年的历程。第一次零售变革在 20 世纪 80 年代基本完成，百货商店迅速成为各大城市的主力零售业态。以超级市场为标志的第二次零售变革和以连锁经营为标志的第三次零售变革几乎同时完成。1999 年，联华超市超过上海第一百货公司而名列零售业榜首，标志着我国零售业的主导业态成功转型。第四次变革是以 2003 年 5 月 10 日淘宝创始为标志的电子商务革命。传统零售历经十多年的大发展终于在 2012 年出现拐点，这一年，线下零售业增速出现历史性下滑。第五次变革发生在 2016 年，我国电子商务发展趋于成熟，已成功渗透到了各行各业，并不断抢滩线下零售市场，同时遭遇发展瓶颈，电子商务引发的第四次零售变革进入其生命周期的成熟阶段。正如马云所说，单一功能的电商时代已经过去，未来将不再有电子商务，而只有电商平台、物流配送和实体体验店紧密结合在一起的"新零售"。

【引例 11-8】 盒马鲜生

盒马鲜生在 2015 年 3 月成立，2016 年 1 月正式投入运营。是阿里巴巴集团旗下以数据和技术驱动的新零售平台，为消费者打造社区化的一站式新零售体验中心，一经上市出现，便成

为异军突起的新零售代表企业。"生鲜超市+餐饮"的新业态备受顾客喜欢，迅速赢得消费者口碑，在市场中拥有一席之地。

盒马鲜生的目标客户主要集中在 80 后与 90 后。其中，25~45 岁女性是其主要的消费群体。盒马的价值主张是"鲜美生活，新鲜每一天"，正好迎合目标消费者的诉求。客户在盒马鲜生 App 下单后，门店周边 5 公里内 30 分钟送达的配送模式也满足了消费者对速度的要求。

盒马注重体验式消费，开放式的门店布局和陈列导流极大地提升了消费者的门店体验感受。大数据时代为精准零售提供了可能，零售商不仅可以从数据中看到消费者现在的喜好，还能预测消费者未来的动向。基于用户的购买记录数据对用户的消费行为进行分析，精准满足消费者诉求，不断扩大市场份额。盒马鲜生发掘用户偏好，实现精准营销，还有利于提高用户忠诚度和用户黏性。

盒马鲜生从选址到配送的全部流程都严格控制运营成本，在选址之初就考虑用户的分布密度，店址大多位于人流量多的居民区，从而实现物流配送成本的控制与降低。盒马的采购模式主要包括全球直采、本地化直采和自有品牌、门店发货也降低了仓储成本，库存周转快；商品流动效率高，运营成本也相应降低，不会存在商品积压卖不出的情况。盒马目前的盈利大部分来自门店营业收入，门店的会员体系也使收入更加多元化。此外，零售企业加盟模式也将是盒马未来的收入来源。

（资料来源：崔淑娟. 零售企业的商业模式创新：以盒马鲜生为例［J］. 现代营销（经营版）. 2021（01））

3. 新零售特征

（1）生态性。"新零售"的商业生态构建将涵盖网上页面、实体店面、支付终端、数据体系、物流平台、营销路径等诸多方面，并嵌入购物、娱乐、阅读、学习等多元化功能，进而推动企业线上服务、线下体验、金融支持、物流支撑等四大能力的全面提升，使消费者对购物过程便利性与舒适性的要求能够得到更好的满足，并由此增强用户黏性。当然，受自然生态系统思想指导而构建的商业系统必然是由主体企业与共生企业群以及消费者所共同组成的，且表现为一种联系紧密、动态平衡、互为依赖的状态。

（2）无界化。企业通过对线上与线下平台、有形与无形资源进行高效整合，以"全渠道"方式清除各零售渠道间的种种壁垒，模糊经营过程中各个主体的既有界限，打破过去传统经营模式下所存在的时空边界、产业和产品边界等现实阻隔，促成人员、资金、信息、技术、商品等的合理顺畅流动，进而实现整个商业生态链的互联与共享。

（3）智慧型。在产品升级、渠道融合、客户至上的"新零售"时代，人们经历的购物过程以及所处的购物场景必定会具有典型的"智慧型"特征。未来，智能试装、隔空感应、拍照搜索、语音购物、VR 逛店、无人物流、自助结算、虚拟助理等图景都将真实地出现在消费者眼前，甚至获得大范围的应用与普及。

（4）体验式。购物体验的好坏是决定消费者是否进行买单的关键性因素。现实生活中，人们对某个品牌的认知和理解更多地来源于线下的实地体验或感受，而"体验式"的经营方式就是通过利用线下实体店面，将产品嵌入到所创设的各种真实生活场景之中，赋予消费者全面深入了解商品和服务的直接机会，从而触发消费者视觉、听觉、味觉等方面的综合反馈，增强人们的参与感与获得感，也使线下平台的价值得以进一步被发现。

课堂思考

全渠道零售和新零售的联系与区别有哪些？

11.5 能力实训

11.5.1 营销思辨：渠道形象是否重要

一些营销者认为，只要产品质量好，销售产品的渠道形象无关紧要，重要的是顾客要光顾这个商店，产品摆放又很到位。而另一些专家则认为，渠道形象很重要，并且必须与产品形象保持一致。

辩论双方

正方：渠道形象对销售的产品影响甚微。
反方：渠道形象必须与销售的品牌形象一致。

11.5.2 案例讨论：娃哈哈的渠道变迁

娃哈哈作为快消行业的龙头老大，一直凭借其独创的"联销体"模式而遥遥领先。而近几年来，娃哈哈销量却逐步下降。营销渠道作为产品营销 4P 中的重要一环，一直对产品销售有着突出的影响。

一、娃哈哈"联销体"渠道模式的形成

（一）第一阶段

娃哈哈集团创建于 1987 年。成立之初，在代售模式的基础上，充分利用糖烟酒、食品、医药等三大国有批发企业及其下属的二三级批发企业为营销渠道，采取代销、售后结账的方式，成功解决了自身销售力量不足所造成的问题。

（二）第二阶段

20 世纪 90 年代，市场经济逐步发展，个体私营批发商以其灵活多变的机制把原有的国营渠道网络冲得七零八落。娃哈哈与时俱进，将新兴的小型个体批发商与市场大户结合，很快编织了一个新的、无比灵活的渠道网络，产品渗透到各个市场。但是，在这种模式下，娃哈哈窜货现象也尤为严重，各个区域即使明确划分，但还是有很多批发商为了一己私利而不顾要求，随意买卖，也导致了此时的渠道成员关系淡薄，无法合作。

（三）第三阶段

为加强对渠道商的深度掌控，娃哈哈创建了"联销体"垂直渠道模式，一度成为娃哈哈快速发展的核心竞争力，帮助娃哈哈在 2013 年达到顶峰，其基本架构如图 11-12 所示。

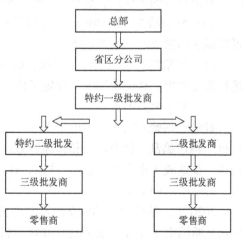

图 11-12 "联销体"模式的基本架构

1. 运作模式

（1）利用保证金制度，娃哈哈让一部分经销商先预支付一定金额的保证金，利息略高于银行（如银行月息为1.2%，则娃哈哈的返息为1.5%）。在月末结算时，若经销商未能及时支付货款或发生其他违反合同行为，公司将直接从保证金中扣除，而经销商可以日后及时补交保证金至原有水平。

（2）娃哈哈联销体模式还制定了批发商的销货数量，只有完成了目标的经销商才能拿到最终的一大笔年终返利，而未完成的则只能动态淘汰。

（3）为了防止窜货现象卷土重来，娃哈哈特地明确了区域销售责任制，对区域的经销商进行编号，详细说明每个编号人员负责的销售地区，一旦出现跨地区销售，那么整个区域的经销商都将受到经济惩罚。

（4）为了扩大市场，娃哈哈还制定了许多优惠政策来吸引优质经销商，比如设置高于市场同类产品的销售利润。

2. 渠道成员的选择

娃哈哈规定，在一个地区内只能有一家一级批发商，并时常会指派销售骨干帮助经销商进行市场细分、定位等流程。到现在为止，娃哈哈公司所属的一级批发商已经上千，这些批发商还要进行考核，一旦有成员不能达到娃哈哈要求，就会取消它的经销资格，并立即引进新的经销商。

3. 渠道控制

（1）以上文提到的保证金制度为基础，让经销商无法立即退出娃哈哈市场区域的销售。同时，娃哈哈拥有庞大的市场份额，而且并不断开发新品，无疑也有助于各级批发商忠诚度的建立。

（2）利润是吸引经销商的关键，娃哈哈在每一环节的价格上都给予了经销商高于市场的利益，这样就稳定了经销渠道，减少了渠道混乱的可能性。并且对于一级、二级、三级批发价格与零售价格，根据地区的不同，也有着不同的定价以及更加人性化的设计。

（3）重心下移，深耕农村市场。在农村各小卖部、批发店里随处可见娃哈哈的产品，用于建立强大的产品忠诚度。对于许多人来说，娃哈哈有着童年的回忆。经销商意识到了娃哈哈对消费者的重要性，也就不会轻易地停止销售。

（4）娃哈哈在产品销售区域建设生产线，一方面可以间接宣传企业产品，另一方面也可以减少运输成本和生产成本。

（5）娃哈哈制定联销体的协议，明确规定了协议成员的责任，要求各级成员按照协议进行批发销售，从法律制度上界定了彼此的义务。

二、拥抱电商渠道

娃哈哈创始人宗庆后对电子商务一度是不感兴趣的。在2014年某高峰论坛上，宗庆后痛批"网店搞乱了既有的价格体系，致使企业产品卖不出去，一些企业甚至只能关门歇业，这进一步造成了更多人失业"。然而，在行业数字化发展趋势以及企业业绩连年走低的情况下，娃哈哈终向电商妥协。

2020年，娃哈哈连续成立两家电商公司——杭州娃哈哈宏振跨境电子商务有限公司和杭州娃哈哈电子商务有限公司，并宣布打造4个电商平台——保健品电商平台、食品饮料电商平台、跨境电商平台以及哈宝游乐园。

就在2020年5月29日晚，从"对电商不感冒"到全面拥抱电商，娃哈哈集团董事长、

75岁的宗庆后从幕后走向台前,在抖音平台进行了直播"首秀",为垂直电商平台"康有利"上线造势。

(资料来源:严冬青. 娃哈哈营销渠道管理研究 [J]. 现代商贸工业,2019(33):69. 有改动和补充)

问题讨论

1. 结合案例,并查阅相关资料,分析"联销体"模式的优点和缺点有哪些?
2. 你认为娃哈哈拥抱电子商务会面临哪些挑战?电子商务是否会成为阻止企业业绩下滑的关键力量?

11.5.3 实践应用:渠道扩张

某公司原来在我国东部销售,后来想向中西部扩张。公司计划新增10名销售代表以保证产品分销的顺利,争取到新的零售商客户。每名销售代表的报酬是30万底薪加上2%的提成佣金。争取的每个零售商将为公司产生30万元的收入。

1. 如果公司的毛利率是40%,销售额的增长应达到多少,才能保证弥补新增销售人员的固定成本?
2. 在这个策略下,公司需要在中西部开发多少零售客户才能实现盈亏平衡?

11.5.4 学习笔记:总结·记录·关联

总结	自己动手,总结本章的学习要点
记录	记录下老师补充的新知识
关联	联系自身,你认为本章对你成长最有价值的知识是什么?为什么

第 12 章 促销沟通

传播的关键不在于播，而在于传。广告语不是我说一句话给顾客听，而是我提供一句话让他去说给别人听。

——华与华创始人华杉

 开篇案例

双 11 购物狂欢节

双 11 购物狂欢节，是指每年 11 月 11 日的网络促销日，源于淘宝商城（天猫）2009 年 11 月 11 日举办的网络促销活动，当时参与的商家数量和促销力度有限，但营业额远超预想，于是 11 月 11 日成为天猫举办大规模促销活动的固定日期。这场促销已成为中国电子商务行业的年度盛事。

2020 年双 11 购物狂欢节，天猫最终累计成交额达 4982 亿元人民币；截至 11 月 11 日 23 时 59 分，京东累计下单金额为 2715 亿元；截至 11 月 11 日 1 时，苏宁易购线上订单量同比增长 72%。与往年不同的是，2020 年天猫双 11 的战线被拉长，分为两波售卖期，成交金额超越往年。值得注意的是，2020 年双 11 还有两点与以往不同：一是计算规则，二是双 11 晚会成为参与双 11 的四大电商平台的"标配"。数据显示，从 11 月 1 日到 11 日，33 个淘宝直播间成交超过 1 亿元，近 500 个直播间成交超过 1000 万元。

双 11 的优异战绩，不是产品和渠道的胜利，而是集中彰显了促销创新对消费行为的巨大影响力。

（资料来源：百度百科，中国零售业动态 2020 年第 26 期）

企业不仅要开发好的产品，制定有吸引力的价格，设计合理的分销渠道，还要向公众和目标顾客传播产品信息。或者说，企业不仅要了解顾客，还要让顾客了解企业和产品。

12.1 促销组合与整合营销传播

12.1.1 传播环境变化

1. 媒体技术的发展

正确运用促销组合，首先必须关注媒体技术的发展。媒体技术的发展会不断改变传播渠道，而传播渠道不同，传播内容的表达方式就会变得丰富多彩。但有一点不会变：帮助顾客理解并信任品牌的承诺。

每一个新媒体、新工具的出现，都考验着营销团队的战略眼光和决策能力：

2009 年前后，是否要在新浪微博上投广告？

2013 年，是否需要将传统电视广告和户外大牌广告预算挪一部分给互联网电视上的贴片广告？

2014年,是否要投微信朋友圈广告?

2015年,是否让手机端的搜索引擎广告超过计算机端?同时,是否要将传统的客户关系管理升级为大数据管理平台?

2016年,是否要在抖音上投放视频广告?

2017年,是否该加大在微信公众号上的投入?

2018年,是否要让"头条系"的广告预算超过"腾讯系"的广告预算?

2019年,是否在关注KOL(关键意见领袖)的同时,把注意力分一点给KOC(关键意见消费者)?

2020年,直播变成了最热门的引流方式……

对于上面的诸多"是否",今天已经没有疑问。优秀的营销不是你比别人超前很多,而是超前一小步,就会在业绩上前进一大步。

2. POES 媒体分类

宝洁公司在2013年前后把媒体分为四种类型:付费媒体(Paid Media)、自有媒体(Owned Media)、赚得媒体(Earned Media)和共享媒体(Shared Media)。我国营销专家胡超在此基础上合并、增加内容,提出了POES迭代实战模型(图12-1)。

Paid Media 付费媒体	Owned Media 自有媒体	Earned Media 赚得媒体	Sales Platform 销售平台
认知	兴趣	分享、二次传播	购买　忠诚
传统广告:户外大牌广告、地铁公交广告、电梯广告、电视广播广告等;数字广告:搜索引擎广告、信息流广告、视频广告、KOL文章、网络电视广告等	官方网站(手机端/计算机端)、官方App、官方微信号、官方微博号、官方头条号、官方抖音号、官方B站等	免费新闻媒体、公共软文/活动、微信微博上的评论与转发、用户论坛、百度知道、百度贴吧、知乎等	线下实体店、线上天猫店、淘宝店、微店、呼叫中心、代理商体系、社群销售(QQ群、微信群)等;重复购买、"老"带"新"
	客户互动以塑造信任和转化率		
广告监测:曝光率、点击数等	官网/App监测:浏览人数、浏览页面数、停留时间、跳出率等	社交媒体监测:发帖数、评论数、转发数等	销售监测:销售数量、销售金额、转化率、投入产出比等

图12-1　POES模型

付费媒体(Paid Media)是企业付费购买才能使用的媒体,主要包括传统广告以及需要付费的在线媒体和数字媒体。

自有媒体(Owned Media)是企业自己拥有、不需要付费就能使用的媒体,包含官方网站、官方APP、官方微信号、微博号、头条号和抖音号。

赚得媒体(Earned Media)是不由企业付费或控制的媒体渠道,包含各类免费新闻媒体、客户或合作伙伴的口碑传播、各类社交媒体等,如公共软文、用户论坛、百度知道、百度贴吧、二次传播等。由于信息是由客户自发产生、自发传播的,企业不需要付费购买,好像企业"白赚"一样,所以称为"赚得媒体"。

销售平台(Sales Platform)是所有线上线下销售场景,包含线下实体店、线上天猫店、淘宝店、微店等。销售平台甚至可以包含其他驱动客户重复购买和老客户带新客户的工具或渠道。未来，"渠道媒体化，媒体渠道化"是大势所趋。

3. 消费者反应模型

经典的消费者反应模型是艾尔莫·李维斯（Elmo Lewis）在 1898 年首次提出的 AIDA 框架。它具体是指一个成功的促销必须把顾客的注意力（Attention）吸引或转变到产品上，使顾客对产品产生兴趣（Interest），顾客欲望（Desire）也就随之产生，尔后再促使采取购买行为（Action），达成交易。

在互联网和移动通信技术高度融合的今天，消费模式也悄然改变，形成了所谓 SCIAS 模式。消费者首先搜索需求品类或目标商品（Search），可通过搜索引擎、电商网站，也可以是在线下通过类似"我查查"（商品条形码比价 APP）的移动端进行搜索；通过品类搜索进行同类商品或服务的主动比较（Compare），主动了解、比较行为之后可能会产生兴趣（Interest）并产生购买决策；如果包括硬件、网络、站端服务器、支付系统在内的整个交易过程顺畅无阻，消费者就会完成购买行动（Action）；消费者在得到产品/服务后如果认为体验不错，还可能会通过社交媒体秀（Show）出来。

12.1.2 促销组合要素

促销（Promotion）是指企业通过人员和非人员的方式，沟通企业与消费者之间的信息，引发、刺激消费者的消费欲望和兴趣，使其产生购买行为的活动。从这个概念不难看出，促销的核心是信息沟通，目的是引发、刺激消费者产生购买行为。促销的各种方式构成促销组合（Promotion mix），主要包括面向大众的促销方式、面向个人的促销方式和顾客相互之间的口头宣传方式。与营销组合（4P）相比，促销组合是营销部门消耗精力、财力最多的模块，当然也是最能快速凸显营销部门业绩的模块。

1. 面向大众的促销

（1）广告（Advertising）：由明确的发起者以公开付费方式，通过任何形式的传播媒体进行的任何对创意、商品和服务的非人员展示和促销活动。

广告有多种形式和用途，是促销组合的一个重要组成部分。它的主要特点是：公开展示、渗透性、夸张的表现力和非人格化。

（2）销售促进（Sales Promotion）（也叫营业推广）：为鼓励尝试或购买商品（或服务）而进行的短期刺激。主要特点是：形式多样、刺激性强、短期效应。

（3）公共关系（Public Relations）：指设计面向公众或其他利害关系者的各种方案，以推广或维护公司形象，促进产品销售的活动。公共关系有四个明显特征：可信度高、影响面广、戏剧化（可能有意想不到的效果）、费用低。

2. 面向个人的促销

（1）人员推销（Personal Selling）：与一个或多个预期顾客进行面对面接触以展示介绍产品、回答问题和取得订单的活动。

人员推销在购买过程的某个阶段，特别是在建立购买者的偏好、信任和行动时，是最有效的工具。与广告相比较，人员推销有三个明显特性：面对面接触、利于人际关系培养、获得即时响应。

（2）直复营销（Direct Marketing）：利用信件、电话、传真、电子邮件或互联网直接与特定的顾客或潜在顾客沟通，或引发其反馈。直复营销有三个特征：定制化、实效性、互动性。

3. 顾客相互间的促销

在互联网时代,每个潜在顾客都可能成为营销者。"蜂鸣营销"(Buzz Marketing)创始人埃曼纽尔·罗森认为,"消费者都有自己的个人圈子。他们基本不听厂商的推销,但都听朋友说的话"。美国口碑营销协会(Word of Mouth Marketing Association,WOMMA)对口碑营销(Word of Mouth Marketing)的术语做出了界定:给人们一个理由,让人们通过线上或线下的方式传播产品或服务的优点及使用经验。口碑营销有三个主要特征:影响力大、个人化、及时。

12.1.3 整合营销传播

1. 整合营销传播的内涵

整合营销传播(Integrated Marketing Communication,IMC)兴起于20世纪90年代,主要倡导者是美国营销学者唐·舒尔茨,他对营销理论发展做出了卓越贡献。

整合营销传播的概念很多,本质上是将与企业进行市场营销有关的一切传播活动一元化的过程,是升级版的促销组合。具体可以定义为:整合营销传播以消费者为核心重组企业行为和市场行为,综合、协调地使用各种传播方式,以统一的目标和统一的传播形象传递一致的产品信息,实现与消费者的双向沟通,迅速树立品牌在消费者心目中的地位,建立长期关系,更有效地达到品牌传播和产品销售目标。

整合营销传播无论如何定义,都强调了以下三个主要内容:

(1)以消费者为核心:由原来的"请消费者注意"转变为"请注意消费者"。

(2)横向上统一:以"一种声音说话"为最重要特征。整合企业的一切营销工具和传播活动,围绕主题概念进行最佳组合,让人们从不同信息渠道获得一致信息,使它们相互配合,发挥最大的传播效果。

(3)纵向上持续:强调营销活动的连续性,为保持"同一种声音",就要保持各个阶段的逻辑一贯性。

【引例12-1】 哈根达斯珍爱蜜蜂

一种神秘的蜂群衰竭失调症正在威胁着美国的蜜蜂数量。而人们食用的天然食品中有1/3要靠蜜蜂传授花粉。哈根达斯的冰淇淋所用的天然香料中,有40%以上也要靠蜜蜂来传授花粉。为了加强与消费者的情感联系,哈根达斯启动了"哈根达斯珍爱蜜蜂"活动。

不仅仅是发布一些广告来传递"帮助蜜蜂"的信息,哈根达斯借助了一系列能够协调配合的媒体开创了一场内容丰富的整合营销传播运动。这场运动始于广播和印刷广告,这些广告能够增加人们点击 helpthehoneybees.com 网站的次数,网站里有关于蜜蜂的信息,顾客在该网站上可以获得信息并明确自己所能够给予的帮助。在网站上,访客可以进入名为"The Buzz"的新闻提要频道,打开"蜜蜂电视台",购买带有类似"女王万岁"和"英雄蜜蜂"标语的T恤,发"蜜蜂邮件"给朋友们,或者也可以直接捐赠以支持蜜蜂研究。为了引起更大的反响,哈根达斯在全美范围内的农资市场分发了很多香草蜂蜜冰淇淋样品和野花种子,并赞助了由当地社区和学校组织的募捐项目。该运动还将社交网络工具整合到沟通组合中,比如"推特"和"脸书"等。该运动对各种沟通因素的完美协调成功传递了哈根达斯独特的诉求和定位,使它成了"一个具有心灵和灵魂的品牌,"哈根达斯负责人说,

"我们不只是提升消费者的品牌意识,也致力于将世界变得有所不同。"

(资料来源:科特勒,阿姆斯特朗.市场营销原理:第15版[M].郭国庆,译.北京:清华大学出版社,2019:415)

2. 整合营销传播决策

图12-2描述了整合营销传播过程决策模型,这个过程包含若干一般选择(选择目标受众、设立目标、制定预算、推拉战略)、具体选择(促销要素组合、信息创意、媒体选择、时间安排)和活动评估(衡量传播效果)。

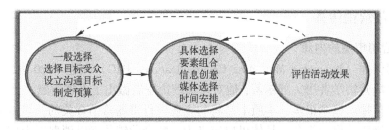

图12-2 整合营销传播过程决策

(1)一般选择。目标受众选择可以使营销沟通人员更精确地传达信息,防止向目标市场以外的人群做无用功。因此,目标受众的选择是营销沟通的第一步。

沟通目标的设立因促销能力的不同而不同。例如,大众媒体广告是为一个新品牌建立消费者认知的理想手段,购买现场的销售促进对消费者店内选择品牌有较大影响,人员推销对消费者异议处理和促进成交的推动作用是无与伦比的。但是,营销沟通的所有要素应该结合成一个整体,"用一个声音说话",力求达到最终的购买行为目标。

传播活动需要在预算范围内进行,主要预算方法有:

- 量入为出法:也叫可用资金法,是指根据企业实际承受能力安排预算。不成熟的、财力不足的、跟在市场领导者后面亦步亦趋的小公司常用这种方法。
- 竞争对等法:按部分竞争对手的大致费用来决定自己的促销费用。
- 销售百分比法:以现行或预测的销售额百分比来安排企业的促销费用。
- 目标和任务法:经营人员要明确自己特定的目标,确定达到这一目标而必须完成的任务以及完成这些任务所需要的费用,以此为依据来决定促销预算。这种方法根据实际目标及工作来制定预算,把费用与工作紧密联系在一起,但企业必须知道广告费用与实际效果的关系,并要有一定的经济实力。

课堂思考

上述四种预算方法各有什么优缺点?你认为哪一种方法最好?

(2)具体选择。在众多促销组合中选择合适的促销方式是一件困难的事情,一般要考虑产品类型、市场特点、推式或拉式战略、消费者反应阶段、产品生命周期等因素。例如,推式战略对于工业品效果更好,拉式战略需要广告发挥作用,产品衰退期往往需要采用销售促进中的多种方式。

信息创意需要解决三个问题:说什么,怎么说,谁来说。信息内容应该和品牌定位相吻合，然后将其转化为合适的传播方式。选择一位可信度高、和品牌形象一致、受众喜欢的名人做代言能够得到更多的关注和记忆。

促销信息需要借助媒体得以传播。任何承载信息的载体都可以称为媒体。尽管广播、电视、报纸、杂志等传统大众媒体仍然保持重要地位，但数字化媒体发挥的作用越来越大。

做促销同样不能"三天打鱼，两天晒网"，做出一个时间规划至关重要。丰田销售公司副总裁曾说："即使在需求旺盛时，在市场中保持动量也十分重要。"沟通的效果需要充分和持久的努力。

（3）评估活动效果。传播方案实施后，企业必须评价其效果。公司需要向目标顾客了解以下问题：能否识别和回忆所传播的信息，看到该信息的次数，能记住的信息内容，对信息的感觉，对公司产品过去和现在的态度等。最好能收集到顾客的数据，多少人购买了产品，多少人喜爱它，以及多少人同别人讨论它。

假设80%的目标顾客知道一个品牌，60%的人试用过，但试用过的人中只有20%的人满意，则说明传播是有效的，但产品不能令人满意。但如果目标顾客中40%的人知道该品牌，30%的人试用过，试用过的人中80%的人对产品感到满意，这种情况下就需要改进传播方案，发挥品牌优势。

12.2 广告决策

要做到广告的"强有力"，需要做好广告的每一项决策。营销管理者在制订广告促销方案时，在确定目标市场并了解购买者动机的基础上，需要做好以下五个方面的决策（图12-3），即广告的5M：任务（Mission）：广告的目标是什么？资金（Money）：要花多少钱？信息（Message）：要传送什么信息？媒体（Media）：使用什么媒体？衡量（Measurement）：如何评价结果？

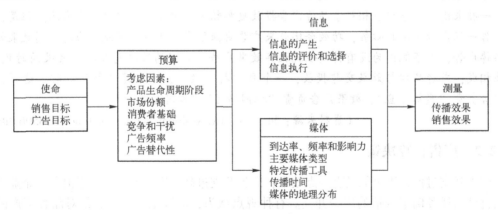

图 12-3 广告 5M 决策

12.2.1 建立广告目标

所谓广告目标是指在一个特定时期内，对于某个特定的目标受众，企业所要完成的特定的传播任务和所要达到的沟通程度。如，广告要达到在3000万个拥有洗衣机的家庭成员中认识到品牌A是低泡沫且去污能力强的人数，在一年中从10%上升到40%。广告的功能目标主要有四类：

通知性广告（Informative Advertising），主要用于为新产品或现有产品的新特性建立知晓度和知识。如佳得乐饮料起初是在剧烈运动时饮用的，但广告中说它可用于为流感患者补充液体。

说服性广告（Persuasive Advertising），是以创造对产品或服务的喜欢、偏好、购买意愿或订单为目标，大多数广告属于这一类型。说服性广告对建立品牌偏好、改变顾客态度、说服消费者购买作用巨大。

提醒性广告（Reminder Advertising），以促进产品或服务的重复购买为目标。提醒性广告会提醒最近没有买过某个品牌的消费者，这个品牌的产品依然买得到，促使消费者在销售淡季也能记住这个产品。

强化性广告（Reinforcement Advertising），以说服现有购买者相信自己做出了正确的选择为目标。在汽车广告中常常出现享受自己新车特性的心满意足的购车者。

品牌广告与效果广告

根据百度百科的解释，品牌广告是以树立产品品牌形象、提高品牌的市场占有率为直接目的，突出传播品牌在消费者心目中确定的位置的一种方法。传统广告基本都是品牌广告，特点是长、久、慢。效果广告是在基于效果为基础的广告系统中，广告主只需要为可衡量的结果付费。数字广告基本都是效果广告（也有人称其为流量广告），特点是短、平、快。

品牌广告花钱换曝光率，抑或是效果广告花钱换取用户关注，都是希望这波被广告打到的用户转化为自己的用户，花钱使用公司的产品。随着技术的进步，品牌广告和效果广告的界限越来越小。比如，曾经疯狂砸钱投分众的某咖啡在电梯的平面广告中会放置个二维码，扫描即可免费领取一杯咖啡。这就是品牌广告和效果广告合而为一了。

一般来讲，效果广告相对于品牌广告投放更加精准，更能核算出投入产出比。但是，品牌广告一旦占领了用户心智，功效会比效果广告要强很多。所以，不能因为看不到效果就不投品牌广告，也不能因为没有持续性就放弃效果广告。较好的策略是品牌与效果同时投放，相辅相成；或者品牌与效果交替投放，一个月"打"效果，一个月"打"品牌。这样，品牌广告负责"轰炸赶鱼"，效果广告负责"拉网捞鱼"，各司其职。

（资料来源：http://www.woshipm.com/marketing/1018506.html）

12.2.2 广告预算决策

广告开支过低，则可能没有一点效果；广告开支过高，则可能造成许多浪费。企业需要根据自己的任务确定合适的广告开支。有种观点认为，应该把广告看成是对品牌资产的投资，而不应把广告看成是费用。

制定广告预算时应该考虑的主要因素有：

1. 产品生命周期阶段

新产品一般需花费大量广告预算，以便建立知晓度和取得消费者的试用。已建立知晓度的品牌所需预算在销售额中所占的比例通常较低。

2. 市场份额和消费者基础

市场份额高的品牌只求维持自身的市场份额，因此其广告预算在销售额中所占的百分比通常较低，而企图通过提升市场销售或从竞争者手中夺取份额时，则需要大量的广告费用。另外，根据单位印象成本（Cost-Per-Impression）来计算，让广告信息到达被广泛使用品牌的消费者的费用比到达低市场份额品牌的消费者的费用要少，因为前者的消费者基础好。

3. 竞争与干扰

在一个有很多竞争者和广告开支很大的市场中，一个品牌必须大力传播，甚至来自不是直接针对本品牌的其他广告的干扰，也会使得本品牌需要花费大量的广告费用。

4. 广告频率

把品牌信息传达到顾客所需要的重复次数也会决定广告预算的大小。

5. 产品替代性

大众类商品（如香烟、啤酒、软性饮料）的品牌需要做大量广告以树立有差别的形象。即使在品牌可提供独特的物质利益或特色的情况下，广告也起重要作用。

12.2.3 广告信息选择

广告首先必须有效。为此，广告必须为特定的客户制作，以反映营销战略。好的广告必须懂得人们买的不是产品，而是产品提供的利益。

有效的广告通常都是有创意的，创意远比广告花费的金额更为重要。因为有创意的广告能够带来关注和兴趣，并最终产生销量。

广告主通过下面四个步骤开发具有创造力的广告：

1. 广告信息的产生

一位资深国际广告人说："有效的广告词是用脚写出来的。"当接到一个广告创作任务时，不是马上开始写作，而是要去深入了解该公司的产品，了解市场，走访专家，了解消费者心理，了解竞争者的广告。有用的信息常常在走访中得到，并激发广告人的灵感。

2. 广告信息的评价和选择

广告主应该评价各种可能的广告信息。广告信息可根据合意性（Desirability）、独占性（Exclusiveness）和可信性（Believability）来加以评估，即信息要说明一些人们所期待的或者感兴趣的有关产品的事；信息必须说明有别于同类产品中其他品牌的独到之处；广告信息必须是可信的，或者是可以证实的。广告主应该进行市场分析和研究来确定哪一种诉求的感染力对目标受众最成功。

3. 广告信息（创意）执行

广告的影响效果不仅取决于它说什么，还取决于它怎么说。莎士比亚叙述的都是老掉牙的故事，却在他的妙笔下化腐朽为神奇。

（1）广告信息定位。广告信息必须反映产品定位，定位明确才更易于传播。没有定位的广告就像没有灵魂的人。通过定位明确的广告，向受众宣传产品特色、赋予产品形象，将自己的产品与其他同类产品区别开来，从而在消费者的心目中确立一个与众不同的有价值的位置。

【引例12-2】 青花郎新老广告

青花郎老广告：传承、超越，沉淀光阴，绽放尊贵。青花国粹，典藏价值，青花郎。

青花郎新广告：云贵高原和四川盆地接壤的赤水河畔，诞生了中国两大酱香白酒，其中一个是青花郎。青花郎，中国两大酱香白酒之一。

对比新老广告可以看出，老广告是形象广告，完全是内部思维，自说自话，让人看不懂，也记不住。虽然它也诉求中国高端酱香酒，但没有实质性内容。新广告则是定位广告，首先，它发现中国酱香白酒第二品牌的位置是个空位，具有巨大的潜在价值。它可以坐享酱香白酒红利，甚至部分替代茅台酒。其次，它巧妙地运用了关联定位法。关联了中国白酒代表品牌，有中国国酒之称的茅台。立意高远。如何关联？青花郎和茅台，一个在四川一个在贵州，好像没有什么关联的，但它通过赤水河关联起来了。出乎意料又合乎逻辑。

（资料来源：鲁建华．定位如何挽救白酒广告 [J]．中国广告，2020（07）：61）

(2) 广告诉求。广告诉求指的是在广告中用来吸引消费者注意或兴趣，影响其对产品、服务及事业的感觉的基本方法，主要包括感性诉求、理性诉求和道德诉求。广告诉求点则是指某商品或服务在广告中所强调的、企图劝服或打动广告对象的主题。

- 感性诉求（Emotional Appeal）：采用感性说服方法的广告形式，又称情感诉求。它通过诉求消费者的感情或情绪来达到宣传商品和促进销售的目的，也可以叫作兴趣广告或诱导性广告。感性诉求的广告不作功能、价格等理性化指标的介绍，而是把商品的特点、能给消费者提供的利益点，用富有情感的语言、温馨或浪漫生活场景、恐惧、性感、幻境、气氛、音乐、幽默等手段表现出来。

- 理性诉求（Rational Appeal）：采用理性说服方法的广告形式，通过消费者的理智来传达广告内容，从而达到促进销售的目的，也称说明性广告。这种广告说理性强，常常利用可靠的论证数据揭示商品的特点，以获得消费者理性的承认。它既能给消费者传授一定的商品知识，又能激起消费者对产品的兴趣，从而提高广告活动的经济效益。通常的理性诉求广告有承诺广告、旁证广告、推荐广告、防伪广告、比较性广告等。

- 道德诉求（Moral Appeal）针对的是受众有关什么是"对"和"应该"的理解。它通常会用来激励人们支持社会事业，例如清洁环境或帮助弱势群体。EarthShare 的一则广告提醒人们"我们居住在我们共同建造的房子里，我们所做出的每一个决定都会有后果……我们既然选择了我们所生活的这个世界，那么就请做出正确的选择……"，以此来敦促人们参与环保。

(3) 创意执行具体方式。广告创意团队必须找出最好的方法、式样、格调来执行创意，以吸引目标市场的注意和兴趣。常见的表现形式有展现生活片段、生活方式、制造幻境、建立一种情调或形象、谱写歌曲、人物象征、表现专业技术、科学证据、担保推荐等，总之要让目标受众感觉广告有趣、有益、有娱乐性、可信。

【引例 12-3】 洋河蓝色经典：感性背后的理性

蓝色经典《男人的情怀篇》这支形象广告为什么能够获得如此大的成功？

我们来回顾一下蓝色经典《男人的情怀篇》广告：世界上最宽阔的是海，比海更高远的是天，比天更博大的是男人的情怀，洋河蓝色经典，绵柔的，洋河的。

这确实是一支非常感性的形象广告片，但它与一般形象广告不完全相同。

一是在广告最后提出了最重要的一点:"绵柔的"。"绵柔"是一个新概念,一下子就能让人记住。也就是说,《男人的情怀篇》是建立在一个新的理性概念基础上的,这是很多纯形象广告没有的。

二是洋河蓝色经典的这个新名字和它的蓝色包装强化了这个绵柔概念,让它与其他所有白酒均不同。

三是它化用了雨果名言"世界上最宽阔的是海洋,比海洋更宽阔的是天空,比天空更宽阔的是人的胸怀",有助于记忆和传播,也帮助品牌树立了一个比较高端的形象。

洋河的成功有很多原因,情怀广告只是洋河蓝色经典取得成功的一小部分原因。

一直以来,白酒都是被引导按照香型为标准来评判高下。洋河蓝色经典主动地跳出了这一陷阱,提出了白酒要与时俱进,要以口感为评判标准,从而开创了属于洋河蓝色经典自己的绵柔白酒新时代。这是一个在白酒行业不多的、堪称典范的创新,也是洋河能够进入中国白酒前三强的根本原因。

(资料来源:鲁建华. 定位如何挽救白酒广告 [J]. 中国广告, 2020 (07): 62)

(3) 标题的重要性。信息表达中,标题(广告词)的独创性最为重要。显然,"非可乐"比"七喜不是一种可乐"更有表现力、更易记。美国广告巨人大卫·奥格威说过:"阅读广告标题的人是阅读广告正文人的 5 倍,如果你创作的标题不吸引人,那么就浪费了广告主 80% 的费用。"广告界也有一句俗语:"好的标题等于广告成功的一半"。

【引例 12-4】 我国近年来知名广告语举例

抖音:"记录美好生活";瓜子二手车:"没有中间商赚差价";飞鹤:"更适合中国宝宝体质";亚马逊:"读书的人有梦可做";饿了么:"爱什么来什么";方太:"每个幸福的故事,作者都叫太太";百度:"愿你不必百度,也能找到答案";西贝莜面村:"闭着眼睛点,道道都好吃";得到:"知识就在得到";快手:"点赞可爱中国"。

(4) 形象代言人的选择。正确选择形象代言人有助于增加广告信息的影响力,特别是时尚产品,请明星作形象代言人是十分必要的。人们会因为喜欢这个明星,而喜欢他代言的产品。但是,代言人策略一定要注意产品形象、代言人和目标受众三者的匹配,至少应该有一定的关联性,否则可能会适得其反。

4. 信息的社会责任

广告主和代理商必须保证他们"创造"的广告不超越社会道德和法律准则。根据法律,公司必须避免虚假和欺骗广告。《中华人民共和国广告法》第 4 条规定:广告不得含有虚假的内容,不得欺骗和误导消费者;第 5 条规定:广告主、广告经营者、广告发布者从事广告活动,应当遵守法律、法规,诚实信用,公平竞争。同时,广告商还必须为自己的行为承担社会责任,不能损害宗教团体、少数民族和特殊社会群体的利益。

【引例 12-5】 疫情期间的虚假广告

新冠肺炎疫情肆虐,全国人民都在奋力抵抗。然而,总有一些无良商家利欲熏心,竟然"借势"疫情做起了恶劣的虚假营销。

据《天津日报》消息，天津市市场监管综合行政执法总队在落实市委疫情防控专项督查工作过程中发现，天津市绿之源大药房橱窗内张贴的宣传海报中把普通药品"抗病毒丸"和"清热解毒胶囊"虚假宣传成含有"抗战新型冠状病毒性肺炎、流感，预防和治疗良药，抗病毒丸、清热解毒胶囊"的内容。

截至检查时，该药店共计销售"抗病毒丸"和"清热解毒胶囊"3584盒。经查，当事人对其销售的药品做虚假宣传，欺骗、诱导消费者的行为违反了《反不正当竞争法》的相关规定，构成虚假宣传的违法行为。

2020年1月31日，市场监管委拟对天津市绿之源大药房虚假宣传的违法行为处以200万元罚款，并将该违法线索移送公安机关。

(资料来源：吕加斌. 疫情相关虚假广告典型案例分析[J]. 现代广告，2020 (Z1)：43)

12.2.4　媒体决策

1. 常见广告媒体比较

常见广告媒体比较见表12-1。

表12-1　广告媒体的比较

媒　体	优　　点	局　　限
报纸	灵活、及时，本地市场覆盖面大，能广泛地被接受，可信性强	保存性差，印制质量低，传阅者少
杂志	地理、人口可选性强，可信并有一定的权威性，复制率高，保存期长，传阅者多	购买前置期长，发行数数量有限
广播	大众化宣传，地理和人口方面的选择性较强，成本低	只有声音，不如电视那样引人注意
电视	综合视觉、听觉和动作，富有感染力，能引起高度注意，触及面广	成本高，干扰多，瞬间即逝，观众选择性少
网络	选择性、交互性非常高，相对成本低	在某些落后国家，作为新媒体，用户少
直接邮寄	接受者有选择性，灵活，在同一媒体内没有广告竞争，人情味较重	相对来说成本较高，可能造成滥发"垃圾邮件"的现象
户外广告	灵活，广告展露时间长，费用低，竞争少	观众没有选择，缺乏创新
黄页	本地市场覆盖面大，可信性强，广泛接触率，低成本	竞争激烈，导入时间长，创意有限
宣传手册	灵活性强，全彩色，展示戏剧性信息	制作成本不易控制
智能手机	使用人多，使用时间长，可结合APP、短视频平台、游戏等多种软件播放广告	屏幕小，易受网速、流量限制

2. 选择广告媒体应考虑的因素

媒体计划者必须了解各类主要媒体在触及面（在一定时期内，某一特定媒体一次最少能触及的不同的人或家庭数目）、频率（在一定时期内，平均每人或每个家庭见到广告信息的次数）和影响（通过某一特定媒体进行一次展露的有效价值）等方面所具备的能力，以便有效地选择媒体。在媒体选择方面的考虑因素有：

（1）目标受众的媒体习惯。例如，儿童识字率不高，报纸广告就很难奏效，电视则是理想的儿童用品广告媒体。

（2）产品特征。原理复杂的产品，可以在报纸、杂志等媒体刊登广告；妇女服装广告刊登在彩色印刷的时装杂志上最吸引人。

（3）广告信息。宣布重要出售信息就要求用广播或报纸作媒介。一条包含大量技术资料的广告信息，可能要求选用专业性杂志或者寄邮件。

（4）费用。电视广告费用相对昂贵，而报纸广告则较便宜。当然，应该考虑的是每千人展露的平均成本，而不是总的成本。

本质上讲，任何媒体都是广告信息的载体。反之，任何能承载广告信息的事物都可以是"广告媒体"，这样，我们的思路就扩大了。

【引例 12-6】 网络游戏中植入广告

网络游戏中植入广告最常用的方式有两种：

一是在游戏场景中植入广告。游戏场景指的游戏中的天空、树木、建筑物、机械等，这些元素均可以根据品牌推广的需要进行利用。在《奇异世界 3：Munch 历险记》中，美国著名饮料公司 SoBe 在游戏中植入了自家的饮料机。在《火爆狂飙：天堂（Burnout：Paradise)》中，竟然树立了一块奥巴马竞选总统的广告牌。需要注意的是，场景植入要做到使广告有机地融入场景，场景因广告而超脱虚拟愈显真实，广告因场景而和谐自然不突兀。如，FIFA 足球游戏在场景中植入的 Adidas 广告牌也是在遵循着真实感。

二是运用"体验式"道具植入广告。"体验式"道具是给游戏玩家提供方便的物品，包括一些消耗品（如食物、药品、原料、暗器等）和装备品（如武器、头盔、铠甲、腰带、靴子、饰物等），这些是通过游戏币购买而获得的。如在网游《魔兽世界》中，可口可乐就被作为一种神奇的道具、一种魔水，游戏人物只要喝了它，就能转死回生、恢复体力、继续战斗，魔水的魔力隐晦地传达了"喝可口可乐，要爽由自己"的价值诉求。网游《街头篮球》中，某品牌的鞋被作为一种有效武器，游戏人物只要拥有了它，就能大大增强弹跳能力，投篮也会百发百中。

（资料来源：张鹏．网络游戏的广告植入策略探析 [J]．今传媒，2018，26(10)：101-103）

12.2.5 广告效果衡量

约翰·沃纳梅克是美国费城的著名零售商，他曾抱怨说："我敢肯定地说，我花在广告上的钱一半都浪费掉了。问题在于我不知道是哪一半。"对广告进行评估以增强信息传递效果对公司来说是很重要的。

1. 传播效果的研究

传播效果研究的目的是分析广告活动是否达到预期的信息沟通效果。常用的测试方法有三种：

（1）直接评分。即由目标消费者对广告依次打分。其评分表用于估计广告的注意力、可读性、认知力、影响力和行为等方面的因素。直接评分法不一定能完全反映广告对目标消费者的实际影响，主要适用于帮助淘汰和剔除那些质量差的广告。

（2）组合测试。即请消费者观看一组试验用的广告，要求他们愿看多久就看多久，等到他们放下广告后，让他们回忆所看到的广告，并尽其最大能力描述这个广告。所得结果可以判别一个广告的突出性及其期望信息被了解的程度。

(3) 实验室测试。即有些研究人员利用仪器来测量消费者对于广告的心理反应情况。比如心跳、血压、出汗等。然而，这些生理测试只能测量广告的吸引力，无法测量消费者的信任、态度或者意图。

2. 销售效果的研究

衡量广告的销售效果非常困难，到目前为止，仍然是一门不精确的学问。常用的方法有两种：①历史资料分析法，即企业根据过去的销售额与企业过去的广告支出数量分析，衡量广告效果的一种测量方法。②实验设计分析法。例如，可以在不同市场区域投入不同的广告费，分析销售额的差异，从而评价广告活动对企业销售究竟有多大影响。

12.3 销售促进决策

销售促进决策主要包括：确定目标、选择工具、制订方案、预试方案、实施和控制方案、评价结果。

12.3.1 确定销售促进目标

销售促进对近期目标十分有用，但具体目标一定要根据目标市场类型和促销的目的来定。

就消费者而言，目标包括鼓励消费者更多地使用商品和促使其大批量购买；争取未使用者试用；吸引竞争者品牌的使用者。

就零售商而言，目标包括吸引零售商经营新的商品品目和维持较高水平的存货，鼓励他们购买过季商品，鼓励储存相关商品，抵消竞争性促销的影响，建立零售商的品牌忠诚和获得进入新的零售网点的机会。

就销售队伍而言，目标包括鼓励他们支持一种新产品或新型号，激励他们寻找更多的潜在顾客和刺激他们推销过季商品。

12.3.2 选择促销工具

选择促销工具要考虑市场的类型、促销目标、竞争条件，以及每一种促销工具的成本效益。根据对象的不同，促销工具分为三类：面向消费者促销工具、面向中间商的交易促销工具、业务和销售队伍的促销工具。

1. 面向消费者的主要促销工具（表 12-2）

面向消费者的主要促销工具见表 12-2。

表 12-2 面向消费者的主要促销工具

工 具	描 述	例 子
样品	样品一般免费或收取部分费用，可以挨家挨户地送上门，邮寄发送，在商店内提供，附在其他产品上赠送，或作为广告的方式。赠送样品是最有效也是最昂贵的介绍新产品的方式	美国利佛兄弟公司赠送了价值4300万美元的免费样品给4/5的美国家庭
优惠券	优惠券可以有效地刺激成熟期产品的销售，诱导对新产品的早期使用，是一种特别常用的优惠凭证。随着电子商务的发展，数字优惠券所占比例在迅速上升	在双11促销期间，天猫、京东、拼多多等电商平台的商家几乎都在广泛使用优惠券促销

(续)

工 具	描 述	例 子
返现	返现的本质是一种购物后（而不是在现场）根据一定条件给予顾客的一种现金折扣返还	消费者到酒店入住后的一个月后，希尔顿酒店曾返还当初会员住宿费用的5%作为感谢一个月前的光临
特价包装	以低于正常价格的价格向消费者提供一组商品的促销方法。其做法是在商品包装上或标签上标明，它们可以采取减价包的形式，或者采取组合包的形式，将两件相关的商品合并在一起销售（譬如牙刷和牙膏）。特价包在刺激短期销售方面甚至比折价券更有效	空气清新剂公司有时在特价包中把几种空气清新剂放在一起。例如，喷雾、地毯清洗剂和固体的空气清新剂
赠品（礼品）	以比较低的代价或免费向消费者提供赠品，刺激其购买某一特定产品。赠品可以附在包装内外，或免费邮寄。目前，商家给予消费者名目繁多的赠品，这些赠品上都印有公司的名字，可以起到提醒式广告的作用	如雀巢咖啡赠送咖啡杯，麦当劳给到店消费的小朋友赠送玩偶等
奖品（竞赛、抽奖、游戏）	奖品是指在消费者购买某物品后，向他们提供赢得现金、旅游或物品的各种获奖机会。获取奖品可以通过竞赛、抽奖或游戏的方式	2020年12月，海尔在山东济南举办第二届"买海尔抽汽车"活动，17位幸运儿收获了现代瑞纳手动档焕新版汽车
光顾奖	它是指以现金或其他形式按比例地用来奖励某一主顾或主顾集团的光顾，如购买积分卡也是一种光顾奖励	大多数航空公司搞的"经常乘机者计划"是为航空旅行达到一定里程的乘客提供免费的航空旅游
免费试用	邀请潜在顾客免费试用产品，以期他们购买此产品	汽车经销商鼓励人们免费试乘，以刺激人们的购买兴趣
联合促销（交叉促销）	两个或两个以上的品牌或公司联合促销；用一种品牌来为另一种非竞争的品牌做广告	广告专家叶茂中把自己的专著《冲突》印到了阿甘锅盔的包装袋上
售点陈列和商品示范（POP）	指在零售商店内的墙壁上、天花板上、橱窗里、通道中、货架上、柜台上张贴或摆放的各种制造商的广告物和产品模型，一般由供货商协助零售商完成现场布置	厨邦酱油的终端销售点陈列做得非常到位，"绿格子"符号给人留下了深刻的印象

2. 面向中间商的主要交易促销工具

面向中间商的主要交易促销工具见表12-3。

表12-3 面向中间商的主要交易促销工具

工 具	描 述
价格折扣（发票折扣或价目单折扣）	在某段指定的时期内，每次购货都给予低于价目单定价的直接折扣，这一优待鼓励了经销商去购买一般情况下不愿购买的数量或新产品。中间商可将购货补贴用作直接利润、广告费用或零售价减价
补贴或津贴	制造商提供补贴，以此作为零售商同意以某种方式突出宣传制造商产品的报偿。广告补贴用以补偿为制造商的产品做广告宣传的零售商。陈列补贴则用以补偿对产品进行特别陈列的零售商
免费商品	制造商给购买某种质量特色的、一定风味的或购买达到一定数量的中间商额外赠送产品。他们也可向零售商提供促销资金或免费广告礼品。如制造商免费赠送附有公司名字的特别广告赠品，如钢笔、铅笔、年历、备忘录等

3. 面向业务和销售队伍的主要促销工具

面向中间商的主要交易促销工具见表12-4。

表 12-4　面向业务和销售队伍的主要促销工具

工具	描述
贸易展览会和集会	行业协会一般都组织年度商品展览会和集会。向特定行业出售产品和服务的公司在商品展览会上租用摊位，陈列和演示他们的产品。业务市场营销者每年将35%的促销预算用于商品展览会。他们要做出一系列的决策，包括参加哪个商品展览会，如何将展台布置得富有吸引力，如何有效地追踪销售线索等
销售竞赛	销售竞赛是一种包括推销员和经销商参加的竞赛，其目的在于刺激他们在某一段时期内增加销售量。方法是谁成功谁就可获得奖品。许多公司出资赞助，为其推销员举办年度竞赛，或经常性的竞赛。他们用刺激性项目来激励经销商或业务完成较高的公司指标。优胜者可以获得免费旅游、现金或礼品等。有些公司则给各参赛者打分，可用这些得分去换取各种奖品
纪念品广告	纪念品广告是指由推销员向潜在消费者或顾客赠送一些有用的低成本的物品，条件是换取对方的姓名和地址，有时还要送给顾客一条广告信息。常用的物品有钥匙链、油笔、日历、打火机和笔记本等

12.3.3　制订销售促进方案

在制订方案时，必须对以下问题做出决策：

1. 刺激大小

对销售促进对象的激励规模，要根据费用与效果的最优比例来确定。要获得销售促进活动的成功，最低限度的激励物是必要的，并且，最佳激励规模要依据费用最低、效率最高的原则来确定。

2. 刺激对象

营销管理者必须制定参与条件，是面向每一个人还是有选择的部分人，并且意识到这种选择的正确与否会直接影响到销售促进的最终效果。通常，某种赠品可能只送给那些寄回包装物的购买者；抽奖不允许企业员工的家属或一定年龄以下的人参加。

3. 刺激期限

任何销售促进方式，在实行时都必须规定一定的期限，不宜过长或过短。具体的活动期限应综合考虑产品的特点、消费者购买习惯、促销目标、竞争者策略及其他因素，按照实际需求而定。例如2020年双11活动，天猫就延长了促销时限。

4. 送达方式

企业要根据激励对象，以及每一种渠道方法的成本和效率来选择送达方式。每一种途径的送达率和费用都不相同。每种方法各有其优点，应从费用与效果的关系角度仔细斟酌、反复权衡后选择最佳的送达方式。如赠券就有附在包装内、邮寄、零售店分发、附在广告媒体上，以及通过移动互联网发放等多种送达方式。

5. 时机选择

销售促进时机的选择一般应根据消费需求时间的特点，结合总的市场营销战略来定，日程的安排应注意与生产、分销、促销的时机和日程协调一致，并与战略相匹配。一般节假日或者某种产品销售旺季到来前以及热销过程中，都是不错的时机。

6. 预算及分配

有两种方法可供选择：一种是从基层做起（自下而上的方式），营销人员根据所选用的各种促销办法来估计它们的总费用，促销成本由管理成本（如印刷费、邮费等）和刺激成本（奖品或减价成本等）构成；另一种是按照习惯比例来确定各项销售促进预算的比例。

12.3.4 预试、实施和控制方案

销售促进方案制订后一般要经过试验才予以实施。通过试验以明确：选择的销售促进工具是否适当，刺激规模是否最佳，实施的方法效率如何等。对于每一项销售促进工作都应该确定实施和控制计划。实施计划包括前置时间和销售延续时间。前置时间是从开始实施这种方案前所必须准备的时间。销售延续时间是指从开始实施优惠措施起到大约95%的采取此优待办法的商品已经达到消费者手中为止的时间。在实施计划制度的制定及执行过程中，应有相应的监控机制作为保障，应安排专人负责控制事态的进展，一旦出现偏差或意外，应及时予以纠正和解决。

12.3.5 评价销售促进结果

对每一次销售促进的结果都应该进行细致科学的评价，为后来的活动提供参考。制造商可用三种方法对促销的效果进行衡量：销售数据、消费者调查和经验。

要正确对待销售数据。如一个公司在促销前有6%的市场份额，促销期间升到10%，促销后跌到5%，过些时间后又回升到7%的市场份额（图12-4），显然，促销吸引了新的试用者，也刺激了原有的消费者。促销后销售量下降是由于顾客在消费他们已购的存货，是正常的。关键要看过些时间后，市场份额是否超过了促销前。本例中的7%就说明促销是有效的，因为通过促销出现了新的长期客户。

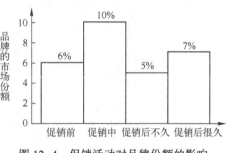

图 12-4 促销活动对品牌份额的影响

如果销售促进过后一段时间，市场份额又回到了促销前的水平，甚至不如以前，有可能是什么原因呢？

12.4 公共关系

公共关系（Public Relations，PR）即通过宣传与有关公众建立良好关系，树立良好的公司形象，处理不利的谣言、传闻和事件。

菲利普·科特勒在其《营销管理》（第11版）一书中提到，公共宣传对消费者的影响大约相当于广告的5倍。良好的公关策略可以处理好和各类公众的关系，达到"安内攘外"的效果，为企业营造一个很好的经营环境。因此，近年来企业用在公共关系上的费用逐年增加，大企业尤甚。

12.4.1 公共关系概述

1. 建立营销公关目标

（1）树立知名度。公共关系可以借助媒体讲述一些情节，吸引人们对某产品、服务、人员、组织或创意的注意力。

（2）树立可信性。公共关系借助于权威媒体传播信息，提高可信性。

（3）刺激销售队伍和经销商。在新产品公开上市前以公共宣传方式披露，有助于销售队伍推销产品。

（4）降低促销成本。公共宣传成本比直接邮寄成本和广告成本低得多，促销预算少的企业更应该运用这种手段。

2. 选择公关信息和载体

公关经理必须寻找甚至创造一些宣传信息，并选择恰当的媒体向公众传递信息。主要宣传工具见表12-5。科特勒称其为"PENCILS"（铅笔公关）。

表12-5 主要的营销公关工具

工具	描述
公开出版物（Publication）	公司大量依靠各种公开出版物去接近和影响其目标市场，例如企业发展故事、创始人传记、年度报告、小册子、文章、视听材料、影视剧以及公司的商业信件和杂志
事件（Event）	事件指经营者在真实和不损害公众利益前提下，有计划地策划、组织、举办和利用具有新闻价值的活动，通过制造有"新闻"效应的事件，吸引媒体和社会公众的关注与兴趣，以达到提高社会知名度、塑造企业良好形象和最终促进产品销售的目的
新闻（News）	公关专业人员的一个主要任务是：发展或创造对公司、产品或员工有利的新闻。新闻的编写要求善于构想出事件概念，广泛开展调研活动，并撰写新闻稿，然后推动媒体进行报道或参加新闻发布会
社区关系（Community Relation）	通过和某种社会组织建立一种良好的关系达到优化企业形象的目的，这些组织如社区公众、宗教团体、行业协会等；可以主动承担社区内的一些公益事业，关心社区政治、经济、文化等各方面的发展。随着社区商务的发展，社区关系更加重要
身份媒体（Identity Media）	在一个传播过度的社会中，公司需要创造一个公众能迅速辨认的视觉形象。视觉形象可以是公司标志、文件、信纸、宣传册、招牌、企业模型、业务名片、建筑物、制服及着装要求等
演讲或游说（Lecture or Lobby）	越来越多的公司主管必须在贸易协会或销售会议上回答媒体提问或进行演讲，这种曝光可以为公司树立形象。游说是面对政府等特定公众，利用充分的理由和沟通技巧，使其与公司看法保持一致
公益服务活动（Social Clause）	公司可以通过向某些公益事业捐赠一定的金钱，以提高其公众信誉。大公司通常会要求其经理资助其办公和工厂所在地的一些社区活动。在另一场合，公司则为某项特定的事业捐赠金钱。越来越多的公司正在运用一种所谓的"事业相关营销"（Cause-related Marketing）来建立公众信誉和亲切感（Goodwill）

【引例12-7】 鸿星尔克事件营销

鸿星尔克实业有限公司创立于2000年6月，总部位于福建省厦门市，是一家集研发、生产、销售为一体，员工近2万人的大型运动服饰企业。

2021年7月21日，鸿星尔克通过官方微博发布：守望相助，风"豫"同"州"，我们在一起！鸿星尔克心系灾区，通过郑州慈善总会、壹基金紧急捐赠5000万元物资，驰援河南灾区，河南加油！

随后，就有网友纷纷表示："感觉你都要倒闭了还捐这么多""明星捐50万直接冲热搜，良心企业捐5000万没人关注……"一时间，关于鸿星尔克低调捐款、巨亏2亿元仍心系灾区等相关消息在网络上不胫而走，让其狠狠地"火"了一把。据有关数据，7月23日当天，鸿星尔克线上

销售额甚至同比暴增了52倍。不仅线上销售火爆，线下的店铺同样被热情的消费者"攻占"，多家鸿星尔克专卖店的收银台前排起长队，有几家店铺甚至被消费者"抢购一空"。鸿星尔克的抖音直播间两天销售额冲上1.9亿元，官方抖音账号粉丝新增1400多万人。

更值得一提的是，鸿星尔克总裁吴荣照也在直播间露面，呼吁网友理性消费，不要"神化"鸿星尔克，可以说再次刷了一波好感！

不管是刻意策划还是低调的壮举，也不谈未来企业能走多远，就目前看到的信息而言，鸿星尔克此次捐赠事件客观上已经成了事件营销的标杆。

（资料来源：根据鸿星尔克官方微博内容和有关新闻资料整理）

3. 执行公关营销计划

执行公共关系要求小心谨慎。就以在宣传媒体上发表故事来讲，一个重大的故事是容易发表的，但大多数故事并不重大，可能通不过繁忙编辑的审查。公关人员要把媒体看成一个需要满足的市场，为的是让那些媒体能继续使用他们的故事。

4. 评估公共关系效果

由于公共关系常与其他促销工具一起使用，尤其与广告的界限已经很模糊了，故其使用效果很难衡量。有效营销公关最常用的三种衡量方法是：

(1) 展露次数。
(2) 知晓、理解和态度的变化。
(3) 对销售额和利润的贡献。

12.4.2 危机公关

危机公关是指当企业遭遇突发事件或重大变故，其正常的生产经营活动受到影响，特别是原有的良好形象受到破坏时，如何从公共关系的角度应对、处理，使企业以尽可能低的成本完成经营危机的公关活动。

危机的出现是任何一个公司无法避免的，墨菲定律指出，如果坏事有可能发生，不管这种可能性多么小，它总会发生。《危机管理》一书的作者Steven Fink所做的调查发现，80%的《财富》500强公司的CEO认为，现代企业界面对的危机就如同死亡一样，几乎是不可避免的事。有55%的被访者认为危机影响了公司的正常运转，而危机困扰公司的时间平均历时8周半。

危机是一位不速之客，无论你是否喜欢，总是要发生的。面对危机，积极成熟的公司总是能够防止可以预防的，延迟不可避免的，减轻已经发生的，最厉害的是把危机转化为公关机会。

管理人员平时要注意培养危机公关意识，出现危机后，应树立企业形象高于成本的思想，遵守"5S"危机处理原则：

(1) 承担责任原则（Shoulder）：不辩解、不推诿，勇于担责，才能树立形象。
(2) 真诚沟通原则（Sincerity）：一真遮百丑，真诚沟通才能获取公众谅解。
(3) 速度第一原则（Speed）：处理危机就像救火，时间是最大的敌人，要与时间赛跑。
(4) 系统运行原则（System）：迅速成立危机公关小组，兼顾内外沟通，防止顾此失彼。
(5) 权威证实原则（Standard）：取得政府部门和独立第三方权威机构的支持和背书。

【引例12-8】 钉钉危机公关

2020年春节后，为了应对新冠肺炎疫情，响应教育部门"停课不停学"的号召，全国各级学校采取了线上授课的教学方式。由于可靠的性能与便捷的操作方式，阿里巴巴旗下的办公软件钉钉被众多学校选为在线授课工具，下载量大幅上升。但与此同时，大量的学生用户用差评宣泄着对在家上网课的不满情绪，钉钉在各大移动应用商店的评分一落千丈。众多"控诉钉钉"的用户原创内容获得了巨大的浏览量，并得到了广泛共情，其中鬼畜音乐《你钉起来真好听》连续多日占据微博热搜榜。一时间，许多新媒体平台用户被海量的"讨伐钉钉"信息刷屏，一些针对钉钉的谣言与猜忌，如"老师可以偷偷打开学生的摄像头进行监视"也借势迅速传播。这些状况对钉钉的品牌形象造成了不良影响，品牌危机开始浮现。

面对危机，钉钉团队进行了科学有效的品牌公关活动。其官方微博主动降低姿态，打破大型企业与普通用户之间的不平等关系，用贴近年轻人的语言，请求大家给钉钉"在阿里巴巴家留点面子"；钉钉在其他新媒体平台的官方账号也纷纷以诙谐的语气，在恶搞钉钉的内容评论区留言调侃，建立起与公众沟通的渠道，引发大量跟帖；钉钉在知乎的官方账号在提问"钉钉侵犯过个人隐私吗"下发声，针对"摄像头可以被偷偷打开"的谣言，从技术与法律的角度进行辟谣，并提供证伪方式；钉钉在哔哩哔哩的官方账号发布了有自嘲性质的鬼畜动画《钉钉本钉，在线求饶》，钉钉的吉祥物钉三多在动画中泪流满面，跪地求饶，称呼广大学生用户为"少侠"，占据了B站当日播放量排行榜的第一。钉钉以投降认输的姿态加入了这起事件并澄清了谣言后，有效协调了与广大学生用户的冲突，品牌危机开始趋向缓和。这时，钉钉团队着手进一步巩固积极态势，利用事件的热度，提高品牌影响力。钉钉官方微博多次转发声援钉钉的各类小作品，并与评论者积极互动；钉钉在哔哩哔哩的官方账号发布了多个带有调侃性质的鬼畜视听作品，其中歌曲《我钉起来真好听》与之前受到广泛关注的鬼畜音乐《你钉起来真好听》"短兵相接"，填词对"偷开摄像头"谣言进行辟谣，还将钉钉刻画为帮助学生金榜题名的亲切助手。此外，钉钉举行了二次元形象征集活动，吸引了许多青少年参与。经过一系列的公关活动，钉钉与广大学生用户建立了有效的沟通渠道，遏制了"差评潮"，掌握了这次危机事件的主动权，并成功地化危机为契机，带动了品牌影响力的提升。

(资料来源：刘书羽. 从"钉钉求饶"事件看新媒体时代的品牌公关 [J]. 视听，2020（06）：150)

12.5 人员推销

12.5.1 销售队伍管理

1. 招聘和选择销售人员

招聘和选择销售人员是销售队伍管理成功的关键。一项调查显示，25%的销售员创造了公司52%的销售额。

销售人员必备的素质是选择销售人员的依据，但标准却并不完全统一。罗伯特·迈克默里说："我认为一个具有高效率推销个性的销售员是一名习惯性的追求者，一个怀有赢得和抓住他人好感的迫切需求的人。"他列出了超级销售员需具备的五项品质：旺盛的精力，强烈的使命意识，对金钱的追求，坚忍不拔的毅力，挑战异议跨越障碍的斗志。

盖洛普管理咨询公司认为，优秀的销售员都具有四种素质或能力：内在驱动力、工作作风严谨、最终成交能力和建立顾客关系的能力。

招聘销售员可以通过现有销售人员的推荐、使用就业服务机构、刊登招聘广告、网上搜索、投放分类广告、校园招聘、从竞争对手那里吸引等方式。

2. 销售人员培训

对销售人员培训的花费是一种投资，能够带来高回报。一项研究表明，由一家行政服务公司主导的仅 90 天的销售培训带来了 338%的投资回报率。

企业培训的内容有：公司各方面的情况；本公司的产品情况；了解本公司各类顾客和竞争对手的特点；如何进行有效的推销展示；懂得推销工作程序和责任。

目前，销售人员的培训方法有：讲授培训（课堂教学）、模拟培训（如角色扮演）、实践培训（在职锻炼）、会议培训法（可以内部经验交流）等。企业仍在不断探索着新的培训方法。

亚里士多德曾说："优秀是一种习惯。"史蒂芬·柯维提出，高效能人士应养成七个习惯（图12-5），养成从依赖、独立到互赖的人际关系。销售人员可以从以下 7 个方面学习。

(1) 积极主动：从"不得不做"，

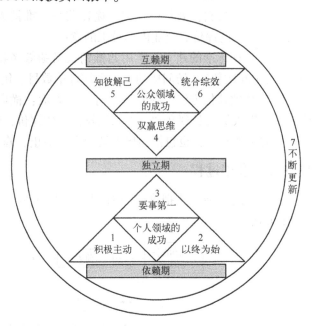

图 12-5 高效能人士的 7 个习惯

变成"我想做"，发扬人类四项独特的禀赋：自知、良知、想象力和自主意志，积极主动，以由内而外的方式来创造和改变。

(2) 以终为始："先在脑海中构建未来，才可能在现实中实现未来。"

(3) 要事第一："多做重要的事情，就会减少紧急的事情。"永远把重要的事情摆在第一位。

(4) 双赢思维：双赢思维是一种基于互敬、寻求互惠的思考框架与心意，目的是争取更多的机会、财富及资源，而不是你死我活的敌对竞争。

(5) 知彼解己："比被别人理解更重要的是理解别人。"当我们舍弃焦躁心，改以同理心去聆听别人，便能开启真正的沟通，增进彼此的了解。

(6) 统合综效：通过创造性合作，找到"1+1>3"的第三方案。

(7) 不断更新：习惯的形成不是一蹴而就的，需要从生理、社会、情感、心智及心灵方面不断练习、持续积累，才能养成。

3. 销售人员的激励

(1) 物质性激励。通过增加物质报酬来刺激员工的行为动机，以调节其积极性。这类激励方法是企业最常使用的，包括金钱激励（如工资、奖金、优先认股权、公司支付的保险金等)、奖品激励等。

(2) 非物质激励。非物质激励是对员工能力的认可、尊重其价值的重要体现,如梦想激励、弹性工作时间激励、选择工作区域激励、决策激励、家庭激励(帮助优秀销售人员解决家庭后顾之忧)、荣誉激励、提升激励、文化激励。

(3) 逆向激励。逆向激励即表现为惩罚性措施,主要是对业绩长期欠佳的员工进行必要的惩罚,其作用是让员工感觉到更大的压力,自动寻找更好的解决方案。目前,经常采取的逆向激励方法有自动淘汰、罚款、降薪、辞退等。

4. 销售员评价

(1) 考评资料主要从以下四个途径获得:推销人员销售工作报告,企业销售记录,顾客及社会公众的评价,企业内部员工的意见。

(2) 考评标准的建立。常用的推销人员绩效考核指标主要有:销售量、毛利、访问率(每天的访问次数)、访问成功率、平均订单数目、销售费用及费用率、新客户数目等。

(3) 绩效评估方法。绩效评估有三个方面:横向评估,销售人员之间进行比较;纵向评估,销售人员自身现在和过去的比较;工作评价,包括对企业、产品、顾客、竞争者、本身职责的了解程度,也包括销售人员的言谈举止、修养等个性特征。

12.5.2 推销过程

大部分的培训方法把推销过程视为销售人员必须掌握的、有效销售的主要步骤,如图 12-6 所示。

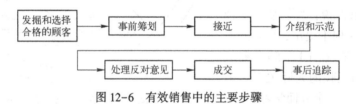

图 12-6 有效销售中的主要步骤

1. 发掘和选择合格的顾客

推销过程的第一步是发掘(Prospecting)和鉴定合适的潜在客户。一位专家说:"如果销售人员不加挑选地追逐每一位客户,很可能就会积累出这样一批客户:服务成本高,难以取悦,并且无论你提供什么好处,他都不会有反应。"

销售人员可以通过以下途径发现潜在客户:请求现有顾客推荐潜在客户;建立信息来源网,比如供应商、经销商、非竞争者的销售人员,以及银行家;加入潜在客户所属的组织或者从事能够吸引潜在客户的演讲和写作活动;在报纸或工商指南上寻找潜在客户,并利用电话或信件来追踪线索;或者未经预约直接到各处办公地点拜访客户。

2. 事前筹划(准备工作)

销售人员访问潜在客户前应尽可能了解客户(公司需要什么、谁参与购买决定)及其采购人员(他们的个性和购买方式),这个步骤称为事前筹划。销售人员可以向行业标准指南和网络资源、熟悉的朋友或者其他人咨询公司的情况;销售人员应制定访问目标,收集他们的信息;确定最佳接近方式——亲自拜访、电话联络或者信函。由于许多潜在顾客在某些时间会特别忙,因此销售人员也应小心考虑最佳访问时间。最后,销售人员应考虑对某个潜在客户的总体销售策略。

【引例 12-9】 乔·吉拉德：要更多地了解顾客

乔·吉拉德是世界第一推销员，曾创下年销售 1425 辆汽车的记录。他曾说："不论你推销的是什么东西，最有效的方法就是让顾客相信——真心相信——你喜欢他，关心他。"如果顾客对你抱有好感，你成交的希望就增大了。

乔中肯地指出："如果你想要把货卖给某人，你就应该尽自己的力气去收集他与你的生意有关的情报……不论你推销的是什么东西。如果你每天肯花一点时光来分析自己的顾客，做好筹备，那么，你就不愁没有自己的顾客。"

刚开始工作时，乔把征集到的顾客资料写在纸上，塞进抽屉里。后来，有几回因为没有收拾而忘记追踪某一位准顾客，他开始意识到自己着手建立顾客档案的重要性。他去文具店买了日记本和一个小小的卡片档案夹，把本来写在纸片上的资料全体做成记录，建立起了自己的顾客档案。

乔说："在建立自己的卡片档案时，你要记下有关客户和潜在客户的所有资料，他们的家庭成员、爱好、学历、职务、成绩、旅行过的处所、年纪、文化背景及其他任何与他们有关的事件，这些都是有用的推销情报。所有这些材料都可以帮助你，使你可以有效地跟顾客探讨问题，念叨他们感兴趣的话题；有了这些资料，你就会晓得他们喜欢什么，不喜欢什么；你能够让他们高谈阔论、乐不可支……只要你有办法使客户开心，他们就不会让你失望。"

（资料来源：销售名人乔·吉拉德的故事，http://www.daxues.cn/lz/gushi/201609/6606.html）

3. 接近

在接近（Approach）阶段，销售人员应该知道如何会见和招呼买主，并使彼此的关系有个好的开始。其范围包括销售人员的仪表、开场白以及接下去的话题。开场白应该是积极的，如"张先生，我是来自某公司的销售人员某某。我的公司和我都非常感谢您在百忙之中抽空与我见面。我将尽最大的努力使您和贵公司能从这次访问中获益。"在这个开场白以后，就可以接着洽谈一些关键性的问题，以更多地了解客户的需求，或者展示货样以引起客户的注意及好奇心。

4. 介绍和示范

介绍（Presentation）产品要抓住关键，可按照 FABE 的模式介绍：突出产品的特征（Features），和竞争对手相比的优势（Advantages），带给消费者的利益（Benefits），相关的佐证（Evidences）。最终满足 AIDA 模式中所描述的消费者不同层次的要求。

以自己为主导，客户处于被动位置的介绍方法已经落伍，需要满足法成为有效的方法。这种介绍方法需要具有出色的倾听和解决问题的技巧。"我觉得自己更像个心理学家"，一位经验丰富的销售人员谈道，"我听顾客讲话，听他们的愿望、需求和问题，并尽力找到解决方案。如果你不是个好的倾听者，你就得不到订单。"

产品货样或演示可以使销售介绍的效果更好，可视的辅助设施可以展示产品的性能并提供其他相关信息，宣传册可留给顾客日后参考之用，因此要充分利用先进的演示技术，如音频和视频、演示软件以及相关网络资源等。

【引例 12-10】 乔·吉拉德：让产品吸引顾客

每一种产品都有自己的味道，乔·吉拉德特别善于推销产品的味道。与"请勿触摸"的做法不同，乔在和顾客接触时总是想方设法让顾客先"闻一闻"新车的味道。他让客户坐进驾驶室，握住方向盘，自己触摸操作一番。

如果顾客住在附近，乔还会提议他把车开回家，让他在自己的家人面前夸耀一番，他会很快沉醉于新车的"味道"了。依据乔自己的经验，凡坐进驾驶室开了一段车的顾客，都买了他的车。即便不是立刻就买，过后也会来买。新车的"味道"已深深烙印在他们的脑海中，使他们难以忘记。

乔认为，人们都喜欢自己尝试、接触和操作，人们都有好奇心。不管你推销的是什么，都要千方百计展现你的商品，而且要记住，让顾客亲自参加，假如你能吸引住他们的感官，那么你就能控制住他们的情感了。

（资料来源：销售名人乔·吉拉德的故事，http://www.daxues.cn/lz/gushi/201609/6606.html）

5. 处理异议

在销售过程中，客户对你的任何一个举动或在展示过程中的说法提出的不赞同、反对、质疑等称为客户异议。从接近客户、调查、产品介绍、示范操作、提出购买建议到签订合同的每一个环节，客户都有可能提出异议。因此，处理异议是销售人员必备的一项技巧。

一句销售名言说："销售是从客户的拒绝开始的，没有异议的客户才是最难处理的客户。"因为通过异议判断客户需求，迅速修正销售技巧，异议是客户内心想法的最好反映。

客户产生异议的原因有三方面：①销售员的原因，如无法赢得客户好感、做夸大不实的陈述、使用过多的专门术语、引用不正确的调查资料、说得太多听得太少等；②客户的原因，如拒绝改变、情绪处于低潮、没有意愿、预算不足等；③与产品有关的原因，如价格因素、产品本身因素、服务因素、货源因素、时间因素。处理异议的常见技巧有：忽视法、比较法、太极法、反问法、间接反驳法等。

【引例 12-11】 处理异议方法举例

1. 忽视法的运用

一个销售人员去拜访服装店的经销商，经销商一见到销售人员就抱怨："哎呀！你们这个广告怎么不找某某明星呢？如果你们找比较有名的明星的话，我早向你们进货了。"这个销售人员只是面带微笑说"您说得对"，然后就开始向经销商介绍产品了。

2. 比较法

客户说："你这个皮包的设计、颜色都非常棒，令人耳目一新。可惜呀，这个皮子品质不是最好的。"销售人员说："张先生，您眼力真好，这个皮料的确不是最好的，若选用最好的皮料的话，价格可能要比这个高出好几倍了。"

3. 太极法

一个经销店老板说："你们这个企业把太多的钱花在了广告上，为什么不把钱省下来作为我们进货的折扣，让我们多赚一点钱，那该多好呀。"销售人员说："就是因为我们投了大量的广告费用，客户才被吸引来购买我们的产品。这不但能节省您的销售时间，您的总利润也增加了吧?"

4. 反问法

客户说:"我希望你们的价格再下降10%。"销售人员说:"我知道您一定希望获得100%满意的服务,难道您希望我给您的服务也打折吗?"

5. 间接反驳法

客户买房子时说:"公共设施占面积太大了吧?"销售人员说:"您大概有所误解,这次推出来的某某花园公共设施占总面积的18%,而一般大厦要占到19%以上,相比来说,我们的公共设施面积还是较低的。"

(资料来源:刘敏兴. 销售人员专业技能训练[M]. 北京:中国社会科学出版社,2004:3)

6. 成交

在解决了潜在顾客的反对意见后,销售人员就试着达成交易。有些销售人员无法进入这一成交阶段,或者不能处理好它。他们可能对自己缺乏信心,或是对顾客要求订单有疑虑,或是没有掌握适当的成交时机。销售人员应该知道如何识别购买者发出的特定的成交信号,包括身体的动作、言辞或者意见。如顾客主动往前坐、不断点头赞许、询问价钱或付款条件,这时销售人员就可以使用各种达成交易的技巧,向潜在顾客要求订单,重申双方协议的要点,提议帮助顾客填写订单,询问顾客想要这一类型的产品还是另外一种类型的产品,或者告诉购买者如果现在不买就可能买不到了。销售人员也可以提出成交的特殊理由,如特价优惠或额外赠送。

7. 事后追踪

如果销售人员希望确保顾客满意,并与顾客继续保持业务上的往来,事后追踪(Follow-up)这个最后的步骤是必不可少的。销售人员通过追踪访问来确保所有的安装、指导与服务都准确无误。追踪访问的目的在于发现各种问题,向顾客表明销售人员的关注,消除顾客在售后可能产生的任何担心。销售员还应该制订一个维护客户关系的长期计划。

【引例12-12】 乔·吉拉德:销售始于售后

乔·吉拉德有一句名言:"我相信推销活动真正的开始在成交之后,而不是之前。"推销是一个连续的过程,成交既是本次推销活动的结束,又是下次推销活动的开始。推销员在成交之后继续关心顾客,将会既能赢得老顾客,又能吸引新顾客,使生意越做越大,客户越来越多。"成交之后仍要继续推销",这一观念使得乔把成交看作是推销的开始。乔在和自己的顾客成交之后,并不是把他们置于脑后,而是继续关心他们,并恰当地表现出来。乔每月要给他的1万多名顾客寄贺卡:一月份祝贺新年,二月份纪念华盛顿诞辰日,三月份祝贺圣帕特里克日……凡是在乔那里买了汽车的人都收到了乔的贺卡,也就记住了乔。正因为乔没有忘记自己的顾客,顾客才不会忘记乔·吉拉德。

(资料来源:销售名人乔·吉拉德的故事,http://www.daxues.cn/lz/gushi/201609/6606.html)

12.5.3 SPIN 销售法

SPIN 销售法是尼尔·雷克汉姆(Neil Rackham)创立的。尼尔·雷克汉姆的 SPIN 销售法是在 IBM 和 Xerox 等公司的赞助下通过对众多高新技术产品营销高手的跟踪调查总结出来的。SPIN 销售法是一个通过询问潜在顾客而发现问题,解决问题的过程,特别适用于向工业品、高科技产品等行业的大客户销售，有助于建立长期的顾客关系。

1. 状况问题（Situation Questions）

状况问题或称背景问题，主要是了解顾客现在的基本情况，如所在企业的销售额、员工、历史、设备使用时间等。背景问题是效力和威力最低的，对成功有消极影响，而大部分人问得太多。虽然问得多可以让销售代表获得的信息增多，但同时也会给客户带来许多潜在的压力，会使客户产生一种强烈的抗拒心理。销售员应事先做好准备工作，去除不必要的背景问题。

2. 困难问题（Problems Questions）

困难问题是针对顾客的难点、不满意问题进行询问，如"您对现在的设备是否满意？""您正在使用的系统存在哪些缺陷？"，等等。经验丰富的人倾向于问更多的困难问题，因为你的产品或服务正是为了解决顾客的潜在问题的。建议销售员以帮助买方解决的困难为条件，来考虑所售的产品和服务，而不要以产品拥有的细节和特点为条件来考虑。

3. 暗示问题（Implication Questions）

暗示问题是询问客户关心的困难、不满问题所产生的后果，如"该系统存在的缺陷在多大程度上影响了你们的生产效率？"这一暗示问题让客户明白困难问题对其深刻的影响，是将客户的隐性需求转化为显性需求的工具。最终，使买方逐渐清楚自己的问题与卖方所提供的产品或解决方案的关系。暗示问题是所有SPIN问题中最有效的一种，出色的销售员会问许多暗示问题。

4. 需求与回报问题（Need-payoff Questions）

需求与回报问题要将顾客的需求转化为对产品或解决方案的渴望，回答顾客可以得到的利益或回报，如"解决目前系统的缺陷，能为您节约多少成本？"等。这些问题注重对解决方案的询问，可以使顾客告诉你你的对策可以提供的利益，而不是强迫你对顾客进行解释。

需要提醒的是，不要把SPIN模式看成一个公式，应该把SPIN模式看作一个灵活的会谈路径图（图12-7），它会帮助你顺利完成销售。

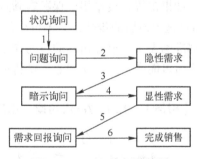

图12-7 SPIN询问路线图

【引例12-13】SPIN具体应用示例

Step1：状况问题询问

销售人员：咱们企业机房大概有多大规模？

客户：大概有几十台服务器。

销售人员：那规模也不小了。都有哪些业务呢？每天产生的数量应该很大，用的什么存储方案？

客户：有很多业务，有生产的、财务的、销售的。数据都是按不同业务挂磁盘阵列存储。

Step2：困难问题询问

销售人员：那数据存储的安全性怎么样？如果存储出现问题，就很容易造成数据丢失，以前有数据丢失的情况发生吗？

客户：确实有，不过一直没有什么好的解决办法。

销售人员：那以往如果出现像服务器宕机、存储出问题这种情况，都是怎么处理的呢？
客户：基本都是人工恢复，数据能恢复多少就尽量恢复多少。

Step3：暗示问题询问

销售人员：如果企业的一些关键数据丢失了，岂不是造成很大损失？
客户：是啊，但没办法，只能是日常多巡检、多维护，出了问题赶紧处理。
销售人员：那你们的工作也够辛苦的，得24小时绷紧神经，出了问题你们的部门绩效和个人奖金也要受影响吧？
客户：是啊，一出问题，那些业务部门就找我们抱怨，领导也责怪我们，上个月我们整个部门都被扣了绩效工资……

Step4：需求与回报

销售人员：那有没有考虑过优化数据存储方案呢？比如说在现有数据存储的基础上额外进行增量备份？
客户：以前确实这样考虑过，但一直没找到太好的解决方案，以前考虑的是能够对所有业务数据进行自动备份，出问题了后可以按时间节点进行数据还原，你们能做到吗？
销售人员：我们公司现在有一款产品，可以自动对数据中心所有数据进行增量备份，这样即使服务器挂掉、存储坏掉都没关系，都可以做数据的无缝还原，从而最大限度保障数据的安全。
客户：你们真有这样的设备吗？
销售人员：是啊，这样既避免因设备故障带来的业务中断和数据丢失，同时又能减轻你们的工作压力。您感觉怎么样？

（资料来源：http://www.pinlue.com/article/2019/07/2422/119377894954.html）

12.6 能力实训

12.6.1 营销思辨：伟大的销售员是否是天生的

第12章 小结

销售领域的一个争论是后天培训和先天素质对塑造优秀销售人员而言哪个更重要。一些人认为，最优秀的销售人员是与生俱来的，他们的成功取决于他们良好的性格和在成长中发展出来的良好的人际沟通能力。而另一些人认为，前沿销售技术的应用可以使人人都成为销售明星。

辩论双方

正方：发展高水平销售队伍的关键是在人员招聘时的选择。
反方：发展高水平销售队伍的关键是培训。

12.6.2 案例讨论：小葵花成功之道

第12章 案例讨论

在儿童药市场，小葵花是第一品牌。"小葵花妈妈课堂开课啦！孩子咳嗽老不好，多半是肺热，用葵花牌小儿肺热咳喘口服液，清肺热，治疗反复咳嗽，妈妈一定要记住哦！"这段广告词可谓家喻户晓。

1. 广告传播

葵花药业对于传播的重视程度远超同行，早在1998年就展开立体广告攻势，投入重金占领各地电视台黄金剧场和天气预报这类黄金时段。在葵花药业的创始人关彦斌的经营战略中，"广告"是排在首位的。

"小葵花"品牌推出后，葵花药业集团为新品牌打造了一整套的"语言钉"和"视觉锤"。例如：设计出"小葵花"卡通形象的"视觉锤"；运用"小葵花妈妈课堂""孩子咳嗽老不好，多半是肺热"等经典的"语言钉"。

"小葵花"品牌推出后，在农村市场的广告投放上，葵花药业曾经将重点放在电视广告和墙体广告上，因为农村市场可利用的媒体较少，除电视外，其他媒体类型的覆盖率低，传播效果不佳。

葵花药业选择了大媒体覆盖的战略，即在央视和各大卫视频道投放广告，力求提高产品的知名度。另外，葵花药业依靠墙体广告很好地实现了传播的落地。

除电视广告外，葵花药业还利用其他多种方式加强在社区基层医疗市场的传播。城市社区消费者文化水平高、消费能力强，同时更为理性。

因此，葵花药业重点通过举办疾病防控和药品使用相关的科普教育活动做传播。同时通过在社区入口处摆放广告牌等方式，加大对社区消费者的渗透力度。针对社区诊所的医师，葵花药业主要通过举办小型座谈会以及专家讲座等方式推广品牌。

2. 公共宣传

在小葵花登顶儿童药品类领导者后，其品牌传播的重心就开始发生转移。小葵花站在儿童药品类的高度，就社会上儿童药紧缺的情况以及公众欠缺儿童安全用药常识问题进行讨论，大范围地传播儿童药品类价值。

与华与华咨询公司合作策划"小葵花妈妈课堂"，并将之发展成为一个品牌体验平台（http://www.xiaokuihua.net）。以"小葵花妈妈课堂"为起手式，定位为"儿童用药专家"，全力打造专业的儿童健康公益平台。"小葵花妈妈课堂"通过与医院、社区和幼儿园及其他协作伙伴的合作，开展大量有关儿童健康的公益活动，形成丰富的内容，并在网上分享互动，建立起葵花儿童药的品牌体验。

在甲型流感肆虐时期，先后在新浪等门户网站上开辟小葵花妈妈课堂防甲型流感专题课堂，网络点击率剧增，培养了一批忠实的消费人群。

2017年，小葵花联合央视播出了一支关注儿童安全用药的公益片，片中河北迁安的5岁女孩用手语无声诉说自己因药致聋的故事。该片引发了全社会对于儿童用药的大讨论，网络播放量超过1亿次。

除此以外，小葵花还联合院士、医生等高势能人群，就儿童用药问题进行大规模的公关传播。例如：葵花药业联合国家卫计委宣教中心主办的"首届儿童安全用药传播与发展大会"，会上四位院士、两位国医大师向公众呼吁：儿童不是成人的"缩小版"，儿童要用儿童药。

除了公关外，小葵花还联合区域强势媒体和各大连锁药店，推行"儿童要用儿童药"这一儿童安全用药的公益理念。山东是小葵花儿童药最大的市场之一，小葵花选择了山东地面第一媒体——齐鲁频道，并携手漱玉平民大药房，把山东作为样板市场，共同打造"小葵花安全调查"公益项目，传播儿童药品类价值。

3. 销售团队

葵花药业集团覆盖全国的销售网络为小葵花品牌取得成功打下了坚定的基础。目前,葵花药业拥有 19 个事业部级销售单元,在全国建立了超 400 支省级销售团队,与全国 1000 多家一、二级医药商业,2350 家大中型医药连锁,3000 多家等级医院,30 万家各级药品终端建立了合作关系。销售网络具备了超强的"地推"能力,销售能力也位于业内前列,具备七天内将新产品铺遍全国的能力。

这样的渠道网络,得益于葵花药业在国内药品营销界的首创的"游击队"策略——早在 1998 年,葵花药业就组建了面向县乡镇终端的销售队伍。

通过承包经营、单兵作战,去抢夺占中国人口 70%以上的县城和乡镇市场。葵花药业由最初的跑马圈地到今天的精耕细作,其渠道不断加密、不断下沉,如今这张网络的触角已延伸到了乡镇一级的终端。

(资料来源:东极定位咨询 http://www.360doc.com/userhome/69721408)

问题讨论

1. 小葵花品牌用了哪些促销沟通方式?
2. 小葵花品牌的传播是否属于整合营销传播?为什么?

12.6.3 实践应用:设计销售促进方案

某超市新上架一功能饮料品牌,应用你所学习的销售促进知识,为该品牌设计一个节日促销方案。

12.6.4 学习笔记:总结·记录·关联

总结	自己动手,总结本章的学习要点
记录	记录下老师补充的新知识
关联	联系自身,你认为本章对你成长最有价值的知识是什么?为什么

第13章 企业成长战略

营销起始于一个价值承诺,营销战略就是增长战略,就是不断把价值承诺转化成行动体系的实践!

——菲利普·科特勒

 开篇案例

可口可乐 CMO 和 CGO 的变动

可口可乐取消全球 CMO(首席营销官,Chief Marketing Officer)职位的消息一度在营销业内引起轰动。2017 年在时任全球 CMO Marcos de Quinto 退休后,可口可乐宣布从 1993 年开始设立的全球 CMO 职位被取消,同时设立 CGO(首席增长官,Chief Growth Officer)的新职位,负责包括营销在内的公司整体增长。

不过就在宣布改革的两年后,可口可乐的全球 CMO 又回来了。

最近,可口可乐重新任命了亚太地区业务总裁 Manolo Arroyo 作为全球 CMO,从 2020 年 1 月开始正式任职,同时他仍将担任亚太区总裁一职。

2017 年开始担任全球 CGO(首席增长官)兼可口可乐副总裁的 Francisco Crespo 将在 2018 年初退休,此后作为咨询顾问在可口可乐留到明年 6 月 30 日。

正如我们前文提及的,2017 年 3 月设立的 CGO 负责公司增长,其主要职责有三块:营销、公司的整体战略以及顾客关系。在公司 CGO Francisco Crespo 退休后,这一岗位的职责将被重新拆分。回归的 CMO 一职将重新接手公司的全球整合营销;现任 CFO(首席财务官,Chief Financial Officer)接手公司战略部分,而 COO(首席运营官,Chief Operating Officer)则负责客户关系和商业经营。

可口可乐的这轮职位增减表面看是职位名称的变更和组织架构调整,本质仍然是在数字化时代企业对"如何增长"以及"如何迅速找到消费者"两大问题的探索。

(资料来源:刘雨静. 取消 CMO 这一职位两年后,可口可乐又重新任命了新 CMO [N]. 界面新闻,2019-12-17)

13.1 确定发展方向

13.1.1 确定企业使命

简单说,企业使命就是企业重大的社会责任和存在的理由。管理学家德鲁克认为,确定企业使命必须回答以下问题:企业存在的目的是什么?我们的业务是什么,将是什么,应该是什么?谁是我们的顾客?我们提供给顾客的价值是什么?我们的经营政策和价值观是什么?回答了上述问题,就等于对企业使命做出了阐述。当企业的使命能够反映企业的愿景,从而可以在未来 10~20 年里为企业发展提供可靠方式时,就达到了使命的最高境界。

【引例 13-1】 华为是谁

打开华为官方网站"企业简介"一栏，可以清楚找到华为关于德鲁克经典问题的答案。

"华为创立于 1987 年，是全球领先的 ICT（信息与通信）基础设施和智能终端提供商，我们致力于把数字世界带入每个人、每个家庭、每个组织，构建万物互联的智能世界：让无处不在的连接，成为人人平等的权利；为世界提供最强算力，让云无处不在，让智能无所不及；让所有的行业和组织，因强大的数字平台而变得敏捷、高效、生机勃勃；通过 AI 重新定义体验，让消费者在家居、办公、出行等全场景中获得极致的个性化体验。"

"我们为世界带来什么：为客户创造价值、保障网络安全稳定运行、推动产业良性发展、促进社会可持续发展。"

"华为坚持打开边界，与世界握手，与合作伙伴一起建立'互生、共生、再生'的产业环境和共赢繁荣的商业生态体系，实现社会价值与商业价值的共赢。"

(资料来源：华为官网 https://www.huawei.com/cn/corporate-information)

杰克·韦尔奇认为，有效的使命要在可能的目标与不可能的目标之间寻求一种平衡。它既要给大家一个清晰的方向感，又以赢得商业利益为导向，也要充满壮志雄心，让员工感觉到自己是伟大事业的一部分。如，迪士尼的使命是"使人人都快乐幸福"；腾讯的使命是"用户为本，科技向善"；百度的使命是"用科技让复杂的世界更简单"。

确定企业使命应该考虑的因素有：企业历史、所有者和高层管理当局的偏好和意图、市场环境、企业资源，以及企业的独特能力。

企业为了让管理者、员工和顾客共享使命，需要制定一份清晰、有效的使命声明，具体要求是：

（1）集中在有限数量的目标上。如谷歌的使命，"整合全球信息，使人人皆可访问并能从中受益"。

（2）强调公司的主要政策和崇尚的价值观。政策规定了公司如何处理股东、雇员、顾客、分销商、供应商和其他利益集团的关系，公司的价值观理应支持其使命。

（3）明确公司要参与的主要竞争范围，如行业范围、能力范围、市场细分范围、垂直范围、地理范围等。

（4）使命声明必须立足于长期视角。使命声明应该保持稳定，只有在背离企业目标时才进行调整。

（5）使命声明必须尽可能简单易记。有营销专家甚至提出可以用三四个词汇描述使命。

13.1.2 建立战略业务单位

1. 如何定义业务单位

定义战略业务单位有两种导向：产品导向和市场导向。产品导向直观、较窄，具有短暂性；市场（需要）导向抽象、较广，具有长期性。营销思想家莱维特（Levitt）指出，业务的市场定义比业务的产品定义更为重要。业务必须被看成一个满足顾客的过程，而不是一个生产产品的过程。因为没有永恒的产品，只有永恒的顾客需要。

【引例 13-2】 定义业务导向的比较

产品导向的业务定义与市场导向的业务定义见表 13-1。

表 13-1 产品导向的业务定义与市场导向的业务定义比较

公司	产品导向定义	市场导向定义
露华浓	我们制造化妆品	我们出售生活方式、回忆、希望和梦想
施乐公司	我们生产复印设备	我们帮助提高办公效率
丽思卡尔顿酒店	我们出租客房	我们创造丽思卡尔顿式的体验
哥伦比亚电影公司	我们制作电影	我们经营娱乐
不列颠百科全书	我们出售百科全书	我们从事信息生产和传播事业
星巴克	我们出售咖啡	我们传递心情愉悦的咖啡体验

2. 战略业务单位的特征

可以从下面三个特征识别战略业务单位，目的是为每个业务单位制定独立的战略并分配合适的资源：

① 是单一业务或相关业务的集合体，能与公司其他业务分开而独立进行业务计划。

② 有自己的竞争者。

③ 有一位经理负责该业务的战略计划和利润业绩，并由他控制影响该业务利润的大多数因素。

13.1.3 评价业务单位并分配资源

波士顿咨询公司根据市场增长率（纵轴）和相对市场份额（横轴，例如，A 企业相对于 B 企业的相对市场份额如果是 1X，就表示二者占有的市场份额相等），把业务分为四类（图 13-1）。

图 13-1 波士顿咨询公司市场增长率-相对市场份额矩阵

1. 问题类（Question Marks）业务单位

处在这个领域中的产品带有较大的风险，这些产品可能成长率很高，但占有的市场份额很小。这往往是一个公司的新业务，为发展问题业务，公司必须建立工厂，增加设备和人员，以便跟上迅速发展的市场，并超过竞争对手，这意味着大量的资金投入。管理者需要慎重考虑哪些业务需要加以扶持，使之转化为明星业务，哪些应当放弃。

2. 明星类（Stars）业务单位

这个领域中的产品属于高增长和高市场份额领域，也许会或也许不会产生正现金流量，这取决于新工厂、设备和产品开发对投资的需要量。明星型业务是由问题型业务继续投资发展起来的，可以视为高速发展市场中的领导者，它将成为公司未来的现金牛业务。但这并不意味着明星业务一定可以给企业带来源源不断的现金流，因为市场还在高速成长，企业必须继续投资，以保持与市场同步发展，并击退竞争对手。

企业是否明星类业务越多越好？

3. 现金牛类（Cash Cows）业务单位

明星类业务单位的市场增长率下降到10%以下，就转入现金牛类。这类业务属于低市场增长率和高相对市场份额。因为相对市场份额高，赢利多，现金收入多，可以提供大量现金。企业可以用这些现金支付账单，支援需要现金的问题类、明星类和瘦狗类业务单位。

4. 瘦狗类（Dogs）业务单位

那些低增长率、低市场份额的产品或业务属于瘦狗类。瘦狗型业务存在的原因更多的是由于感情上的因素，虽然一直微利经营，但像养了多年的狗一样恋恋不舍而不忍放弃。其实，瘦狗型业务通常要占用很多资源，如资金、管理部门的时间等，多数时候是得不偿失的。

企业的最高管理层对其所有的战略业务单位加以分类和评价之后，就应采取适当的战略。公司可以采取四种战略（表13-2）。

表13-2 针对不同业务单位的四种战略

战　　略	目的和适用对象
发展（Build）	目的是扩大战略业务单位的市场份额，甚至放弃近期收入来达到这一目标，适用于明星类和有前景的问题类业务
维持（Hold）	目的是保持战略业务单位的市场份额。如果继续产生大量的现金流量，适用于强大的现金牛类业务
收割（Harvest）	目的在于增加战略业务单位短期现金流，而不是考虑长期影响，适用于处境不佳的现金牛类业务和瘦狗类业务
放弃（Divest）	目的在于出售或清算业务，以便将资源转移到更有利的业务领域，适用于瘦狗类和问题类业务，这类业务常常拖公司盈利的后腿

13.2 确定公司成长战略

如果企业在期望的销售量和当期销售量之间有一个战略计划缺口（Strategic Planning gap），则公司必须确定一个获得业务增长的方式以便填满这个缺口（图13-2）。通常，公司可以通过密集型成长、一体化成长和多元

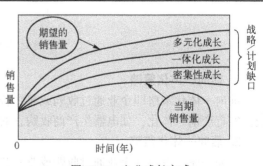

图13-2 企业成长方式

化成长三种途径填补这个缺口。

13.2.1 密集型成长战略

密集型成长战略主要类型包括以下三种：

1. 市场渗透策略

市场渗透策略即企业通过各种方式和途径，使现有顾客多购买本企业的现有产品；吸引竞争者的顾客；在现有市场上把产品卖给从未买过本企业产品的顾客等，提高本企业的市场份额。

2. 市场开发策略

市场开发策略即企业考虑为现有产品开发出新的市场，主要是通过在新地区或国外增设新商业网点或利用新分销渠道、加强广告促销等措施，在新市场上扩大现有产品的销售量。

3. 产品开发策略

产品开发策略即企业为其现有市场发展若干有潜在利益的新产品，主要是通过增加花色、品种、规格、型号等向现有市场提供新产品或改进产品。

图 13-3 安索夫矩阵

安索夫（Ansoff）的产品-市场扩展矩阵（图 13-3）能够帮助读者更好地记忆和理解这三种策略。

13.2.2 一体化成长战略

企业如果在供产销等方面实行一体化能提高效率，加强控制和扩大销售的机会，就可以实行一体化增长战略。这种战略主要包括三种类型（图 13-4）。

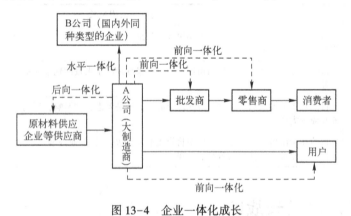

图 13-4 企业一体化成长

1. 前向一体化策略

前向一体化策略即企业通过收购或兼并若干批发商或零售商，或者拥有和控制其分销系统，实行产销一体化，如电器生产商收购它的销售商，自己组织自己产品的销售。

2. 后向一体化策略

后向一体化策略即企业通过收购或兼并若干原材料供应商，拥有和控制其供应系统，实行供产一体化，以增加盈利和加强控制，如生产奶制品的厂商收购养牛场。

【引例 13-3】 曹德旺的玻璃梦

1983年，曹德旺开始承包一家乡镇小厂做水表玻璃。凭借曹德旺杰出的管理能力，加上当时水表玻璃市场正处于蓬勃发展阶段，工厂在短短一年内就扭亏为盈，并在后续几年占领了全国90%以上的市场份额，成了中国水表玻璃大王。1985年，曹德旺的汽车玻璃生产线正式投产，1987年，福耀玻璃有限公司正式成立，1993年成功上市。

上市后的福耀玻璃先后涉足过装修公司、加油站、配件公司、高分子公司、金融领域等。特别是福耀工业村项目，共投资4.8亿元巨款，而公司对房地产开发行业并不熟悉，导致该项目一度使公司深陷泥沼。直到1996年，公司才将福耀工业村剥离出上市公司，关停装修公司，转卖了加油站等业务，确立了"以主营汽车安全玻璃及相关工业作为发展方向"的战略定位。

为了更有效地降低成本，保证产品质量，公司开始尝试发展汽车玻璃上游业务，着眼点就是汽车玻璃的重要原材料"浮法玻璃"，其在汽车玻璃制造成本中占比约35%。2003年，公司投资16亿元在福清兴建浮法玻璃项目。随后，公司又陆续在国内外汽车玻璃生产基地附近建了浮法玻璃工厂。正是由于对浮法玻璃的尝试，开启了福耀上下游垂直一体化的建设步伐。

2019年，福耀玻璃又收购德国破产的铝饰条企业SAM。铝饰条是汽车玻璃下游产品，通过收购SAM，不但可以完善企业的垂直一体化战略，还可以通过SAM开拓欧洲市场，可谓一举两得。至此，曹德旺最初的"为中国做一片玻璃"的梦想彻底实现了，福耀不但成为我国汽车玻璃行业的龙头企业，还成了世界级汽车玻璃龙头企业，占全球市场份额已达23%。

（资料来源：李沐．不断进取的福耀玻璃还有多大成长空间．新浪财经，1月7日）

3. 水平一体化策略

水平一体化策略即企业收购、兼并竞争者的同种类型的企业，或者在国外与其他同类企业合资生产经营等，如美国联合航空公司和美国大陆航空公司的合并。

单纯研究一体化的含义和类型没有任何意义，企业要结合自己的行业、地域，确定在多大规模时进行一体化，以及进行什么样的一体化；最忌讳的是企业家为了满足自己的虚荣心而盲目进行水平一体化扩张。

13.2.3 多元化成长战略

企业在充分考虑到原有产品或劳务需求规模与经营规模的有限性，外界环境与市场需求的变化性，以及单一经营的风险性与多种经营的安全性之后，应该做出是否实行多元化成长战略的决定。多元化成长战略是企业为了减少或避免潜伏的经营危机与风险而采取的一种未雨绸缪的防范措施，它的主要类型有：

1. 同心多元化策略（技术关联）

同心多元化策略即企业开发与本企业现有产品线的技术有协同关系的新产品，以便这些产品可能吸引一群新顾客。比如海尔生产冰箱，后来又利用原有的技术优势开发了电视、洗衣机等其他电器产品。

2. 水平多元化策略（市场关联）

水平多元化策略即企业利用原有市场，采用不同的技术来发展新产品，增加产品种类。水平多元化的特点是原产品与新产品的基本用途不同，但存在较强的市场关联性，可以利用原来的分销渠道销售新产品。如卖化肥的商店开始经营农机、农药和种子，生产轮椅的企业开始制造拐杖。

3. 集团多元化策略（资本关联）

集团多元化策略又称跨行业多元化，即企业开发某种与企业现有技术、产品或市场毫无关系的新业务。这是实力雄厚的大企业集团常采用的一种经营战略。多元化成长战略要求企业自身具有足够的资金支持，具备相关专业人才作为技术保证，具备关系密切的分销渠道作为后盾或拥有迅速组建分销渠道的能力，企业的知名度高，企业综合管理能力强等。

查阅资料，思考多元化经营与多元化投资有什么区别？

【引例13-4】 洽洽瓜子的多元化难题

早在2010年，想要打破瓜子业务一家独大局面的洽洽食品便开始涉足薯片，随后又相继进军调味品和果冻行业。洽洽食品更是一度把瓜子以外的业务收入占比目标定为50%。不过，洽洽食品多元化的步伐似乎并不顺利，据2016年年报显示，洽洽葵花子的营业收入为35.13亿元；薯片和其他产品的营业收入仅分别为2.12亿元、7.65亿元。2016年，洽洽食品瓜子以外的业务收入仍占27%左右，距离50%的目标依然遥远。同一时期，洽洽食品营收净利双降。

有专家表示，洽洽食品净利润下滑与企业本身的多元化有很大关系，在多元化发展后，企业的资金、资源、精力都被分散，因此利润的下滑在此阶段是必然的。洽洽食品由于多元化的发展，在主业上并没有认真经营，虽然在瓜子业务方面是行业老大，但在该业务领域的业绩提升方面没有发力，多元化方面也并不成功，这对企业的运营来说是不小的挑战。

（资料来源：销售与市场网http://www.cmmo.cn/article-210866-1.html）

13.2.4 企业成长战略选择

1. 同心多元化魅力无限

在三种多元化扩张类型中，针对我国企业的发展现状、大多数企业的能力和市场情况，同心多元化具有较多的优势：

（1）发挥资源优势。同心多元化使自身的技术、人才资源优势得到最大限度的发挥。

（2）节约渠道成本。同心多元化的产品走的销售渠道几乎是一样的，产品越多，每件产品分摊的渠道成本就越低，这就是渠道的规模经济。

（3）产品阵列的互动优势。行为学里有一个概念，叫作协同效应，也就是实现一加一大于二。当今家电企业，品种最齐全的就是海尔。当我们走进家电卖场，海尔产品遍布冰箱、空调、洗衣机、彩电、热水器等门类，有家电的地方，就有海尔的产品，这本身就是一种广告效应，海尔品牌会通过不同产品的组合进入消费者心中。

（4）满足消费者对产品的系列化心理需求。根据行为学研究，人们在消费任何消费品的时候，都有系列化的心理倾向，因为系列化代表一种档次和品位。

（5）节约售后服务费用。同心多元化可以统一培训售后维修服务人员，因为同心多元化技术关联性强，一名售后服务人员可以一专多能。

2. 绕过多元化的"陷阱"

可能是我国企业有太多的多元化失败案例，以致有经济学家专门写出了《多元化陷阱》一书，专门研究多元化的种种误区。实际上，多元化本身并无好坏之分，只是企业发展的一种战略模式，关键在于企业家怎么根据企业的内、外部条件去选择，以及选择战略之后怎样很好地去执行。

在企业走向多元化的过程中，有四方面的问题必须解决好，才可能绕过"陷阱"。

- 选择扩张战略要有先后顺序。一般而言，企业第一步应该考虑密集型成长，第二步再考虑一体化策略，第三步开始考虑多元化策略。就多元化来说，也应该有顺序：先同心多元化，然后水平多元化，最后集团多元化。
- 企业开展多元化要把主业做好。海尔总裁张瑞敏说，多元化不是要"东方不亮西方亮"，而是要"亮了东方再亮西方"。
- 必须有很好的机会。美国市场营销学者西奥多·李维特警告企业家们要小心评价市场机会，他说："这里可能是一种需要，但是没市场；或者这里可能是一个市场，但是没有顾客；或者这里可能有顾客，但目前实在不是一个市场。"
- 具备多元化的资源条件。企业多元化要具备相关人、财、物、管理等资源条件。

3. 学会放弃是企业成熟的标志

按照我国道家的哲学，人做事要经过"有为"，到"无为"，最后才能"无所不为"。

同样的道理，企业也要"有所为有所不为"。为了企业发展，企业不仅要学会做"加法"，更要会做"减法"，这是企业成熟的标志。

即便是被称为多元化成功典型的通用电气也并非没有选择。杰克·韦尔奇"不是第一就是第二"的理念就是一种学会放弃的思想，通用电气旗下的十几个事业部，都是世界第一或第二，做不到的就把它卖掉。

【引例13-5】华为任正非：企业业务要继续做减法 坚持有所为、有所不为

华为心声社区发布了任正非2020年11月4日在企业业务及云业务汇报会上的发言。任正非表示，企业业务要聚焦战略重点，继续做减法，坚持有所为、有所不为。要收缩战线，不要再增加和扩大作战面。要讲清楚作战的战略方针，要讲过河的"船"和"桥"，不能"口号治企"。领袖要有架构性思维，领袖的责任是讲明方向、发现问题。

他进一步称，原来确定的四个行业，不要再增加扩大作战面，把战略打散就没有战斗力了。因为华为是力量有限的公司，确定要做的项目就一定要做好、做精。要抓住一点，标准化的梯次推进，逐渐走向做厚、做多、做强。

众所周知，前段时间，华为其实已经开始了其"减法运动"，整体打包出售荣耀品牌，收缩智能手机业务，将有限的芯片资源用来支撑华为品牌手机的运行。而整体出售荣耀品牌后，华为获得了1000多亿元的资金，为投入更多的研发资金提供了必要的弹药，也使荣耀品牌获得了重生。

（资料来源：《证券时报》，2021年1月2日，腾讯新闻客户端，2021年1月4日）

13.3 增长黑客

近几年来,营销人见面不提"增长黑客"都不好意思和人打招呼。其实,增长黑客和我们经常谈到的"用户增长""用户运营"的最终目的都是要实现用户的增长,这是任何一个企业的成长都绕不过去的。

13.3.1 增长黑客的内涵

1. 增长黑客的本质

增长黑客(Growth Hacker)的概念最早起源于美国硅谷。2010年,肖恩·埃利斯在自己的博客上首次提出了"增长黑客"的概念,他也因此被称为"增长黑客之父"。肖恩对增长黑客这样描述:"增长黑客的唯一使命就是增长,因为公司估值与增长息息相关,增长是公司的核心指针。""在技术控眼里,品牌、创意、媒体、公关等这些传统市场手段是效率并不高的增长方式,甚至需要被增长黑客取代。"因此,增长黑客的出现是为了提升"市场营销"的生产力。

用一句话可以概括增长黑客的本质,即"增长黑客是一套通过高速度、跨职能的试验来驱动客户拉新、激活、变现、留存和推荐增长的方法"。

2. 增长黑客流程

增长黑客的流程非常简单,但帮助了无数企业。

步骤一:提出一些可能带来增长的想法。

步骤二:把这些想法排出优先级。

步骤三:快速测试。

步骤四:分析结果,并依据结果快速迭代。

最后将上述四个步骤快速而无限地循环运用。

13.3.2 AARRR增长模型

AARRR是近几年兴起的增长黑客中提到的App运营增长模型(图13-5),希望在用户全生命周期的五个阶段都实现增长,从而实现用户价值最大化。

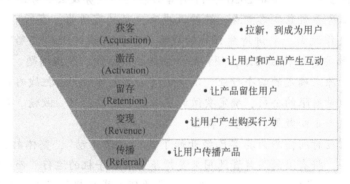

图13-5 AARRR增长模型

1. 获取用户（Acquisition）

获取用户是运营一款移动 App 的第一步，所有企业建立品牌、推广营销的目的都是获客拉新。没有用户，就谈不上运营。

2. 激活用户（Activation）

很多用户第一次使用产品的场景其实都很被动。有些品牌，用户使用一次就离开了，或者成为僵尸用户。种种原因都可能影响到用户的后续体验和消费，一名用户的活跃频次决定了该用户是否是此产品真正的用户。企业要通过各种有趣的营销手段快速提高用户的消费频次，将初次用户转化为忠实用户。

3. 留存用户（Retention）

有些应用在解决了活跃度的问题以后，又发现了另一个问题："用户来得快、走得也快。"有时候，我们也说这款应用没有用户黏性。我们都知道，保留一位老客户的成本通常远远低于获取一位新客户的成本。因此，狗熊掰玉米的情况是应用运营的大忌。但是很多应用确实不清楚用户是在什么时间流逝的，于是他们一方面不断地开拓新用户，另一方面又不断地有大量用户流失。

解决这个问题首先需要通过日留存率、周留存率、月留存率等指标监控应用的用户流失情况，并采取相应的手段，在用户流失之前激励这些用户继续使用应用。

【引例 13-6】 Facebook 留存用户的方式

Facebook 早期发现用户流失非常严重。为了避免用户流失进一步扩大，Facebook 在注销流程后面增加了一个页面。当用户要离开的时候，系统便会读出好友列表中互动最亲密的 5 个人，询问："你真的确定要离开吗？"很多本来要注销的用户担心见不到这些朋友，看不到他们的状态，心一软就留下了。这个页面上线后，在没花一分钱的情况下，一年之内就为 Facebook 减少了 2% 的损失，留下了 300 万名用户。

（资料来源：杨飞. 流量池［M］. 北京：中信出版集团，2016：109）

4. 收益变现（Revenue）

获取收入其实是应用运营最核心的一块。极少有人开发一款应用只是纯粹出于兴趣，绝大多数开发者最关心的就是收入。即使是免费应用，也应该有其盈利的模式。

收入有很多种来源，主要的有三种：付费应用、应用内付费和广告。付费应用在我国内的接受程度很低，包括 Google Play Store 在中国也只推免费应用。在我国，广告是大部分应用开发者的收入来源，而应用内付费目前在游戏行业应用比较多。

5. 推荐传播（Referral）

这一环节在社交网络兴起的当下至关重要。如果用户觉得有趣，或者有利益驱动，就会自发地将产品分享到社交媒体中。然后，通过老用户找新用户，使产品获得更大范围的扩散。推荐传播，就是产品的流量裂变，其核心在于产品是否真正满足了用户的需求且产生了价值。通过推荐传播获取新用户，产品就进入了一个螺旋式上升的通道，用户群体可能会产生爆炸式的增长。

【引例 13-7】 肯德基的裂变方式

2017 年是肯德基进入中国 30 周年，他们做了一个"经典美味价格回归 1987 年"的活动,即把两款经典产品调整回 30 年前的价格,回馈用户。消费者只需要通过微信或者官方 App 成为肯德基会员,在餐厅内即可凭券购买 2.5 元一份的"吮指原味鸡"和 0.8 元一份的"醇香土豆泥"。

这个活动本身并没有多少创意,但创新的是广告推广方式:采用裂变手段,通过品牌自媒体(微信公众号、官方 APP、支付宝平台)发放优惠券,在限定时间内仅供会员使用。由于会员数量巨大,又是通过社交平台分享,活动推出 36 小时后微信指数即突破 1000 万。整个活动期间,社交媒体的总体声量超过 9100 万。

(资料来源:杨飞. 流量池 [M]. 北京:中信出版集团,2016:118)

13.3.3 需要说明的两个问题

1. 增长黑客不会取代广告

增长黑客成为热门的重要原因是大家希望增长但同时不花钱或者少花钱。特别对于没钱投广告的公司来说,更是备受 CMO 和 CEO 们的喜欢。

实战中,增长黑客也的确争气。增长黑客正在用户全生命周期的各个阶段提升效能。在很多优秀企业中,仅"用户推荐拉新"这一项带来的销售金额占总销售额的比重就已经超过 50%,甚至更多。目前,资本市场上的投资人经常问的一个标准的问题是"客户推荐拉新的占比是多少"。甚至,一些企业为了证明自己健康成长,会主动在媒体上公布自己的推荐拉新占比数字。

那么,有了增长黑客,还需要投广告吗?需要注意的是,增长黑客不是万能的,它不能取代市场营销的 4P 组合,也不能取代整合营销传播中的品牌型广告和效果型广告。在企业"没钱"投广告的时候,增长黑客能帮助带来一定的流量和用户数量;但即使有增长黑客,也需要投广告,因为增长黑客能让广告投放的效率更高,还能提高所有工作环节的效率。

2. 增长黑客的团队设置和第一负责人

当下,各个企业在增长黑客的组织架构如何设置这个问题上有不同的答案,但基本有三种:第一种,企业独立设置增长黑客部,直接汇报给 CEO;第二种,企业在市场营销中心下面设立增长黑客部,直接汇报给 CMO;第三种,企业在各部门内设置增长黑客项目组,让部门内员工兼做增长黑客项目。经验表明,第二种和第三种相结合是很多优秀企业的最佳答案,也就是市场营销中心下设增长黑客部。同时,在企业关键部门内设立为增长黑客做贡献的兼职岗位或项目组。并且,企业内与 AARRR 增长相关的所有岗位都应该有增长黑客的思维和目标。

从市场营销"了解用户需求,满足用户需求"的本质出发,和市场营销部门肩扛"关注用户全生命周期价值"的使命出发,CMO 应该作为全公司增长黑客的总牵头人和第一负责人,同时获得 CEO 的特别支持与超级授权,以调动公司各部门的人、财、物资源。

可能正因为如此,非常多的企业,甚至那些在市场营销领域非常有建树的全球领先公司都在把首席营销官 CMO(Chief Marketing Officer)的岗位名称升级或修改为首席增长官 CGO(Chief Growth Officer)。

13.4 走向可持续营销

学习营销不仅要学习如何使企业盈利,还要认识到社会责任和道德的重要性。只有保护环境、增进社会福祉的企业,才能实现最终的可持续发展。

13.4.1 社会对营销的批评

社会评论家对营销的批评表现在三个方面:

1. 对个体消费者的影响

(1) 定价过高。高成本的分销、广告、促销,以及加价过度,导致产品价格过高。

(2) 欺诈行为。营销人员有时候被指责采取欺诈行为引导消费者在价值获得方面产生错觉。欺诈主要有三类行为:欺骗性定价、欺骗性促销和欺骗性包装。不过,如何定义"欺骗性"是个挺困难的问题。

(3) 强买强卖。一些销售人员会利用一些销售技巧,诱使消费者购买一些本来不需要的东西。

(4) 产品有害或不安全。例如产品质量不合格,并且服务不到位,或者安全不符合标准,产品不健康等。

(5) 提前淘汰。有些产品本来没必要那么快淘汰,有些公司却为了让消费更多、更为提前地购买而实行有计划的淘汰。

(6) 对穷人的服务恶劣。有些企业被指责对穷人存在明显的"歧视行为"。

【引例13-8】 美国对穷人的服务歧视

美国批评家指出,美国对穷人的恶劣服务在零售行业表现得较为突出。美国贫困地区的超市数量比富裕地区少30%。因此,许多低收入地区的消费者发现自己像处在"食物沙漠"中一样,被小超市的冷冻比萨、膨化食品、夹心面包和可乐所淹没,却难以买到水果、蔬菜或新鲜的鱼肉、鸡肉。目前有2350万美国人生活在低收入区,其中包括650万儿童,那里缺乏售卖价格公道却有营养的食物的商店。此外,230万名家庭主妇没有车却生活在距离超市超过1公里的地方,这就迫使她们在较为便利但食物价格很贵的商店采购。进一步地,难以买到健康又价格公道的新鲜食物对这些贫困地区消费者的健康产生了较大的负面影响。许多大型连锁商店,如沃尔玛和Super Valu,最近已经意识到了这些问题,同意为美国贫困地区开设更多的店铺。

(资料来源:科特勒,阿姆斯特朗. 市场营销原理:第15版 [M]. 郭国庆,译. 北京:清华大学出版社,2019:595)

2. 营销对整个社会的冲击

(1) 造成不实的欲望和物质主义。批评家指出,营销刺激人们的欲望,造成过分的物质主义。成功的营销会导致过度消费。一位批评家指出:"对于我们大多数人来说,我们的基本物质需要已经被满足了,多并不一定会更好,反而会更差。"

(2) 导致公共产品太少。批评家指责企业过量销售私有产品,而牺牲了有益于社会公众的公共产品。当私有财物增加时,便需要更多的公共服务来配套,而这些通常很难立即供应，如私家车增多导致道路拥挤。

（3）制造文化污染。批评家指出，人们的感官经常受到广告的骚扰，有意义的节目受到广告的干扰，印刷刊物几乎被广告占据，广告牌破坏了风景，垃圾邮件充满邮箱。这些广告还可能含有各种负面信息，从而污染人们的精神世界。

3. 营销对其他商家的冲击

（1）兼并减弱竞争。批评家指出，企业通过收购兼并而不是开发新产品获得成长，会使其他企业蒙受损失，并且竞争程度会大大降低。过去几十年中，大量兼并和行业整合已经引起社会各界的关注，具有活力的年轻企业被吞并，而应有的竞争被削弱。这种情形在零售、娱乐、金融服务、交通、电信、医疗等行业不断上演。

（2）制造行业进入壁垒。批评者指出，营销行为妨碍新公司进入行业。大公司利用专利和大量的促销费用，并联合供应商和经销商，使竞争者不能进入或被驱逐出去。

（3）进行不正当竞争。有些企业为了打击竞争对手，实际上采取了一些不正当的竞争手段。例如，他们可能把价格定得比成本还低，威胁中断与供应商的业务或阻碍消费者购买竞争者的产品等。

13.4.2 可持续营销及原则

在消费者保护主义、环境保护主义以及广大公众的共同促进下，越来越多的企业开始倡导并推行可持续营销。

1. 什么是可持续营销

简单来说，可持续营销即通过对社会和环境负责任的营销行为来满足消费者、企业及社会当下和未来的需求。图 13-6 可以直观地看出可持续营销的优势。

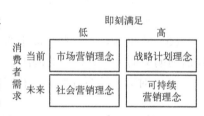

图 13-6 可持续营销

【引例 13-9】 麦当劳的"制胜计划"

有批评家认为，麦当劳和其他快餐连锁店造成了美国全国性的、长期的肥胖病，损害了顾客的健康，加重了国家医疗体系的负担。对此，麦当劳通过"制胜计划"做出了回应，推出沙拉、水果、烤鸡、低脂肪牛奶和其他多样化的健康食品。经过 7 年对健康食用油的研究，麦当劳还逐步淘汰了传统的会堵塞动脉的反式脂肪，但并未破坏薯条的味道。同时还启动了一个多方面的教育活动——叫作"这就是我吃的，这就是我做的……我就喜欢"——帮助顾客更好地理解和谐、积极的生活方式的关键所在。最近，麦当劳还开展了一项名为"最受欢迎的热量为 400 卡以下的食品"活动。活动中，麦当劳的广告和店内菜单都突出了那些热量在 400 卡以下的产品。麦当劳指出，在美国国内的麦当劳菜单中，80% 的食品的热量都在 400 卡以下，它希望消费者会更加喜欢自己选择的产品。

（资料来源：科特勒，阿姆斯特朗. 市场营销原理：第 15 版 [M].
郭国庆，译. 北京：清华大学出版社，2019：590）

2. 可持续营销五大原则

（1）消费者导向的营销。消费者导向的原则是指公司应该从顾客的观点来看待并组织自身的市场营销活动。它应致力于感受、服务及满足特定顾客的需求——包括现在和将来的需求。

（2）顾客价值营销。该原则要求公司将大部分资源投放到为顾客创造价值的营销上，而不是销售促进、装点门面的包装和夸大其词的广告上。不断提高消费者从公司获得的价值，以建立长期的消费忠诚关系。

（3）创新性营销。管理大师德鲁克曾指出，基于顾客，企业有且只有两项最基本的职能：营销和创新。创新性营销要求公司不断创新真正的产品并进行持续的营销改进。

（4）使命感导向的营销。使命感导向的营销奉行广泛的社会观点，而非狭隘的产品观点。企业为解决社会问题而存在。当公司定义了社会使命时，员工会对自己的工作感到愉悦并有明确的努力方向。品牌与更宽泛的使命结合，可以更好地服务于品牌和顾客的长期最佳利益。

（5）社会营销。根据社会营销员则，开明的公司在做决策时不仅考虑消费者的需求和公司的需求，还要考虑消费者和社会的长期利益。从操作的角度，社会营销也是一种运用商业营销手段达到社会公益目的或者运用社会公益价值推广商业服务的解决方案。

根据消费者即可满足和消费者长期利益可以把产品分为四类（图13-7）。既没有吸引力，也没有长期利益的产品是缺陷产品，如味道差而无效的药品；当时满意度高，但可能给消费者带来长远危害产品是取悦产品，如香烟和垃圾食品；有益的产品是当前吸引力低，但长远对消费者有益，如自行车头盔和一些保险产品；理性的产品是既提供高的即刻满意，又有长期利益，如美味可口的营养早餐。

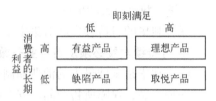

图13-7 产品的社会分类

3. 营销伦理

营销伦理是对营销策略、营销行为及机构道德的判断标准。好的伦理是通往可持续发展的基石。从长远看，违背伦理的营销危害着顾客和整个社会；最终，它也会危害公司的名誉和效力，甚至危及企业生存。因此，可持续营销的目的——消费者和公司的长期利益——只有通过合乎伦理的营销行为才能实现。美国市场营销协会规定了三项道德准则：不能对别人造成伤害，建立对营销体系的信任，合乎道德的价值观。

13.5 能力实训

13.5.1 营销思辨：营销是否是社会物质主义的罪魁祸首

当前社会物欲横流。一些批评家认为，社会物质主义是营销对社会造成的冲击。一位批评家指出："营销为了企业利益创造华而不实的错误需求，引导人们把奢侈产品作为身份的象征，引导人们在基本物质需求已被满足的情况下更多地购买，刺激了人们的欲望，导致物质主义盛行。"而企业营销人员则认为，批评家夸大了营销对需求的影响力，人们的欲望和价值观受文化、经济等多方面影响，企业无法操纵。

辩论双方

正方：营销是社会物质主义的罪魁祸首。

反方：营销对社会价值观的影响力是有限的。

13.5.2 案例讨论：联合利华可持续发展

如今，全球气候变暖，各项能源以及水资源稀缺，食品安全与贫富差距大等全球性问题极大地增加了广大人民群众的危机意识，大多数国家以及企业都将可持续发展加入到了发展战略内容中。像联合利华这一类的跨国公司，在这一过程中起着越来越重要的作用。

相关情况显示，为了能够将可持续发展理念真正落到实处，联合利华从 2010 年开始在全球推行可持续行动计划，承诺在公司的全价值链上落实该计划，并在业务方面制订可持续方案，希望可以在实现业务增长一倍的同时，尽可能地降低对生态环境的不利影响，且提升企业自身的社会影响力。联合利华的计划中主要有三大目标：第一，到 2020 年，帮助全球 10 亿人口改善健康卫生状况，第二，将联合利华的产品对生态环境的不利影响因素降低一半，第三，尽最大能力改善联合利华产业链上数百万人的生计。

联合利华的可持续发展对策主要有以下一些：

1. 可持续发展必须从自身业务做起

联合利华是全球最大的消费品制造商之一，首先必须对消费者与客户进行负责，认真做好每一种产品，保障所售产品的安全以及质量都符合相关质量标准的要求。如果这项工作做不好，那么其他工作项目就都将无从谈起。目前的联合利华，在全球一共拥有 264 个自主生产基地，严格执行联合利华的全球标准以及管理体系，并且都在向着安全、高效、优质与环保的层面发展，为产品的质量构筑起了一道严密坚固的防火墙。

2. 可持续发展必须建立良性循环的商业模式

联合利华首席执行官波尔曼认为，放弃季度报告能够有效促进联合利华的可持续发展。他认为，要想解决气候变化、实物安全、消除贫困以及获得清洁的水源、空气，就不能只局限于利用季度报表来评价企业的发展状况。实际过程中，大多数的公司都还是非常重视季度报表，一旦影响到企业的季度盈利以及市场指导，就会放弃那些真正正确的、着眼于长远的决策计划，使得管理者变得短视，因此，可持续发展必须建立良性循环的商业模式。

3. 可持续发展必须构建绿色环保的生产方式

2011 年 6 月，联合利华集团投资 1 亿美元，在天津空港经济区创建了北亚区日化用品生产基地，总占地面积大约 26.6 万 m^2，主要生产产品为日化品、牙膏以及食品。在一期过程中，主要生产奥妙洗衣液以及金纺柔顺剂等液洗类产品。在 2012 年 11 月 15 日竣工之后，生产基地实现了年产能 10 万 t，年产值 20 亿元。值得注意的是，这一生产基地是根据美国绿色建筑委员会开发、国际认可的绿色建筑体系标准设计与建造的，是联合利华在合肥生产基地之后的又一个世界级的绿色生产基地，为可持续发展做出了重要贡献。

4. 可持续发展必须改善受众生活产品的创新

联合利华是一个提供广大消费者日常生活产品的企业，已经将自己的使命定义为践行可持续发展。因此，为广大消费者提供优质的日用产品以及服务，从而有效提升人们的生活水平是联合利华的一项重要责任，同时也是联合利华谋求长远稳定发展的一个重要途径。正因为如此，联合利华投入了大量的人力物力用于各类产品的研发、改进以及创新。例如，在一款以灭菌抗菌为重要功能的洗手液产品卫宝的设计过程中，通过创新技术的使用做成了"10 秒变色洗手液"，它会随着洗手时间的变化产生不同颜色的泡沫，吸引儿童使用这一洗手液认真洗手，避免细菌侵扰。

5. 可持续发展必须具备可持续性

大量实践证明，要想解决严重的社会问题，公司就必须对自己的整个价值链担负责任，找到一种可持续增长的途径。联合利华制定了两条选择供应链合作伙伴的准则：第一，"供应商准则"，要求合作企业在人权、劳动实践、产品安全和环境保护上都负起社会责任；第二，针对农产品供应商的"可持续农作物标准"，详细阐述联合利华对可持续农业行为的要求。联合利华开创的这一崭新的局面既可以有效推进公司的发展，又能够尽可能地降低商业活动对生态环境的影响，已经成为当代经济新常态可持续发展的重要力量。

（资料来源：唐萍. 联合利华的可持续发展之路［J］. 科技经济导刊. 2017（23）：202）

问题讨论

1. 联合利华的发展策略短期内会增大营销成本，但长期实施对企业的好处有哪些？
2. 联合利华的发展策略遵守了哪些可持续营销的原则？

13.5.3 实践应用：如何处理道德难题

1. 你正考虑雇佣一位来自竞争对手的产品经理，她很乐意告诉你老东家明年的全部计划和相关商业机密，你该怎么办？
2. 一位重要销售区域的经销商最近因为家庭纠纷而销售业绩下降，看起来还得花一段时间他的家庭纠纷才能解决。此时，你已经失去了许多顾客的订单。在法律上，你可以终止该经销商的特许权并另觅伙伴，你会怎么办？
3. 你必须在广告代理商提出的三种方案中选出一种：①软性宣传方式，提供正式信息。②极端夸大产品的优点。③很吵闹的广告一定会吸引消费者的注意力。根据初步测试，广告效果的排序依次为③>②>①。你会如何选择？

13.5.4 学习笔记：总结·记录·关联

总结	自己动手,总结本章的学习要点
记录	记录下老师补充的新知识
关联	联系自身，你认为本章对你成长最有价值的知识是什么？为什么

参考文献

[1] 杜睿云,蒋侃.新零售的特征、影响因素与实施维度[J].商业经济研究,2018(4):7-9.

[2] 李玉霞,庄贵军,等.传统零售企业从单渠道转型为全渠道的路径和机理:基于永辉超市的纵向案例研究[J].北京工商大学学报(社会科学版),2021(1):10.

[3] 崔淑娟.零售企业的商业模式创新:以盒马鲜生为例[J].现代营销(经营版).2021(1):1-2.

[4] 科特勒,阿姆斯特朗.市场营销原理:第15版[M].郭国庆,译.北京:清华大学出版社,2019.

[5] 科特勒,凯勒.营销管理:第15版[M].何佳讯,于洪彦,等译.上海:格致出版社,2016.

[6] 科特勒.营销革命3.0[M].毕崇毅,译.北京:机械工业出版社,2011.

[7] 科特勒卡塔加雅,塞蒂亚万.营销革命4.0:从传统到数字[M].王赛,译.北京:机械工业出版社,2017.

[8] 胡超.极简市场营销[M].北京:北京联合出版公司,2021.

[9] 杨飞.流量池[M].北京:中信出版集团股份有限公司,2016.

[10] 科特勒,凯勒.营销管理:第14版[M].王永贵,陈荣,何佳讯,等译.上海:格致出版社,2012.

[11] 科特勒,凯勒.营销管理:第13版[M].卢泰宏,高辉,译.北京:中国人民大学出版社,2009.

[12] 凯勒.战略品牌管理:第3版[M].卢泰宏,吴水龙,译.北京:中国人民大学出版社,2009.

[13] 凯勒.战略品牌管理:第4版[M].吴水龙,何云,译.北京:中国人民大学出版社,2014.

[14] 洛夫洛克,沃茨.服务营销:第6版[M].谢晓燕,赵伟韬,译.北京:中国人民大学出版社,2010.

[15] 沃茨,洛夫洛克.服务营销:第8版[M].韦福祥,等译.北京:中国人民大学出版社,2018.

[16] 所罗门,马歇尔,斯图尔特.所罗门营销学:第5版[M].李东贤,杨露,刘青,译.北京:中国人民大学出版社,2009.

[17] 林斯特龙.感官品牌[M].赵萌萌,译.天津:天津教育出版社,2011.

[18] 里斯,特劳特.商战[M].李正栓,等译.北京:中国财政经济出版社,2007.

[19] 里斯,特劳特.定位[M].王恩冕,等译.北京:中国财政经济出版社,2002.

[20] 里斯A,里斯L,张云.21世纪的定位[M].寿雯,译.北京:机械工业出版社,2019.

[21] 凯特奥拉,吉利,格雷厄姆,等.国际市场营销学:第17版[M].赵银德,等译.北京:机械工业出版社,2017.

[22] 李维特.营销想象力[M].辛弘,译.北京:机械工业出版社,2007.

[23] 阿诺德.消费行为学中国版[M].2版.北京:电子工业出版社,2007.

[24] 曼昆.经济学原理[M].3版.梁小民,译.北京:机械工业出版社,2003.

[25] 波特.竞争优势[M].陈小悦,译.北京:华夏出版社,1997.

[26] 泽斯曼尔,比特纳,格兰姆勒.服务营销:第7版[M].张金成,白长虹,杜建刚,等译.北京:机械工业出版社,2018.

[27] 哈特利.市场营销成与败[M].梁忠,译.北京:中信出版集团股份有限公司,2002.

[28] 庞德斯通.无价:洞悉大众心理玩转价格游戏[M].闾佳,译.北京:华文出版社,2011.

[29] 艾瑞里.怪诞行为学:可预测的非理性[M].赵德亮,夏蓓洁,译.北京:中信出版集团股份有限公司,2010.

[30] 高.简单就是营销力[M].陈然,译.北京:中国市场出版社,2008.

[31] 屈冠银.市场营销理论与实训教程[M].3版.北京:机械工业出版社,2013.

[32] 屈冠银. 电子商务物流管理 [M]. 4版. 北京：机械工业出版社，2018.
[33] 李光斗. 情感营销 [M]. 北京：北京大学出版社，2008.
[34] 屈冠银. 市场营销理论与实训教程 [M]. 2版. 北京：机械工业出版社，2009.
[35] 华杉，华楠. 超级符号原理 [M]. 上海：文汇出版社，2019.
[36] 徐鼎亚. 市场营销学 [M]. 3版. 上海：复旦大学出版社，2004.
[37] 刘润. 5分钟商学院 [M]. 北京：中信出版集团股份有限公司，2019.
[38] 路长全. 切割营销 [M]. 北京：机械工业出版社，2008.
[39] 路长全. 先胜后战 [M]. 北京：机械工业出版社，2018.
[40] 屈冠银. 养老服务品牌创建与管理 [M]. 北京：中国商务出版社，2020.